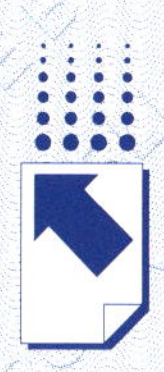

权威 · 前沿 · 原创

皮书系列为
“十二五”国家重点图书出版规划项目

2016年湖南产业发展报告

ANNUAL REPORT ON HUNAN'S INDUSTRIAL DEVELOPMENT (2016)

湖南省人民政府发展研究中心
主　编／梁志峰
副主编／唐宇文

社会科学文献出版社
SOCIAL SCIENCES ACADEMIC PRESS (CHINA)

图书在版编目（CIP）数据

2016年湖南产业发展报告 / 梁志峰主编. -- 北京：社会科学文献出版社，2016. 5
（湖南蓝皮书）
ISBN 978 -7 -5097 -8989 -6

Ⅰ. ①2… Ⅱ. ①梁… Ⅲ. ①产业发展 - 研究报告 - 湖南省 - 2016 Ⅳ. ①F127. 64

中国版本图书馆CIP数据核字（2016）第070253号

湖南蓝皮书
2016年湖南产业发展报告

主　　编 / 梁志峰
副 主 编 / 唐宇文

出 版 人 / 谢寿光
项目统筹 / 桂　芳
责任编辑 / 陈　颖

出　　版 / 社会科学文献出版社 · 皮书出版分社（010）59367127
地址：北京市北三环中路甲29号院华龙大厦　邮编：100029
网址：www. ssap. com. cn
发　　行 / 市场营销中心（010）59367081　59367018
印　　装 / 北京季蜂印刷有限公司

规　　格 / 开 本：787mm × 1092mm　1/16
印 张：25. 5　字 数：426千字
版　　次 / 2016年5月第1版　2016年5月第1次印刷
书　　号 / ISBN 978 -7 -5097 -8989 -6
定　　价 / 128. 00元

皮书序列号 / B -2011 -180

主要编撰者简介

梁志峰 湖南省人民政府发展研究中心主任，管理学博士。历任中共湖南省委办公厅秘书处秘书，中共湖南省委高校工委组织部部长，湘潭县委副书记，湘潭市雨湖区委书记，湘潭市委常委、秘书长、组织部部长。主要研究领域为资本市场和区域经济学，先后主持多项省部级研究课题，著有《资产证券化的风险管理》《网络经济的理论与实践》《古云村 古城村调查》《迈进全面小康》等。

唐宇文 湖南省人民政府发展研究中心副主任，研究员。1984 年毕业于武汉大学数学系，获理学学士学位，1987 年毕业于武汉大学经济管理系，获经济学硕士学位。2001～2002 年在美国加州州立大学学习，2010 年在中共中央党校一年制中青班学习。主要研究领域为区域发展战略与产业经济。先后主持国家社科基金项目及省部级课题多项，近年出版著作有《打造经济强省》《区域经济互动发展论》《洞庭湖区域新型工业化战略研究》等。

总　序

2016 年“湖南蓝皮书”系列丛书已编撰完成，丛书涵盖经济、社会、产业、两型社会、县域和电子政务六大主题，记录了 2015 年湖南全面深化改革、推进结构调整的艰难实践，凝聚了各级领导和专家学者对于推动湖南转型发展的智慧豪情，见证了湖南适应新常态、抢抓新机遇的战略创新，探讨了湖南在“十三五”规划开局之年的改革发展方略，描绘了湖南实现全面小康的壮美蓝图。

2015 年是“十二五”规划的收官之年，也是中国全面推进大改革与大调整的关键年。“十二五”时期湖南主动认识适应引领经济发展新常态，大力推进“四化两型”，着力促进“三量齐升”，更加注重大众创业、万众创新，经济规模持续扩大，发展水平持续提高，产业结构持续优化，基础设施持续夯实，民生保障持续加强。2015 年湖南经济总量达 2.9 万亿元，固定资产投资 2.6 万亿元，社会消费品零售总额 1.2 万亿元。全年用于民生的财政支出共计 1.54 万亿元，占一般公共预算支出的 69.1%，城乡居民人均可支配收入分别达 28838 元、10993 元，分别增长 8.5%、9.3%。“十二五”期间新增城镇就业 385 万人、农村劳动力转移就业 360 万人，减少贫困人口 541 万人，全民医保体系、基本养老保险、最低生活保障实现城乡全覆盖。

2016 年是“十三五”规划的开局之年，也是实现第一个百年奋斗目标、全面建成小康社会的决胜阶段。湖南经济正处在爬坡过坎的关键时期，“十三五”时期要继续坚持发展第一要务，充分发挥“一带一部”区位优势，坚持创新、协调、绿色、开放、共享的发展理念，突出抓好供给侧结构性改革，加快新旧发展动能接续转换，抓好去产能、去库存、去杠杆、降成本、补短板，持续推进民生保障，努力实现“十三五”时期经济社会发展良好开局。

“湖南蓝皮书”始终坚持真实记录、系统分析，以真正体现湖南发展实践、客观反映社情民意、为改革发展建言献策为己任。丛书涵盖湖南经济社会发展的方方面面，努力实现多角度记录湖南，全方位宣传湖南，高水平献策湖南。“湖南蓝皮书”始终坚持科学研究、建言献策，以全面性、科学性、权威性为目标。坚持采用来自各部门、各行业的第一手真实数据，以此为基础进行数据筛选、分析、挖掘和预测，最科学、最客观地反映湖南的真实现状，力争做到研究方法科学有效，数据来源权威可靠，研究结论可操作性强。各项研究紧扣时代脉搏，紧扣湖南改革发展新问题，紧扣省情民意，丛书逐渐成为内容权威、时效性强、覆盖面广、材料鲜活的“湖南窗口”。

“湖南蓝皮书”系列丛书的出版发行，得到了社会各界的支持和帮助。感谢各位领导和专家学者为湖南改革发展凝聚智慧力量，贡献新理念、新思想，使“湖南蓝皮书”在读者中形成了良好的口碑，丛书中作者职务有变动的，以收稿时职务为准；感谢皮书编辑们从统筹协调到字斟句酌，从版面设计到格式优化，都以最严谨、认真、热情的态度帮助我们改进文本；感谢“湖南蓝皮书”的读者们，你们的支持和鼓励是我们力量的源泉，也是我们不断向前的动力！

“十二五”已成辉煌的历史，“十三五”全面建成小康社会的号角已经吹响。“湖南蓝皮书”将继续以求真务实的态度、持之以恒的精神，奋发进取、创新图变，为富饶美丽幸福的新湖南做出新的贡献！最后，谨向支持和帮助“湖南蓝皮书”的各级领导、各部门和社会各界人士表示衷心的感谢和祝福！

“湖南蓝皮书”编委会

二〇一六年三月

摘 要

产业经济是国民经济的重要组成部分，在湖南发展大局中起着举足轻重的作用。加快产业经济发展，是湖南贯彻“五个发展”理念、推动供给侧改革、实施“一带一部”战略、促进“三量齐升”、推进“五化同步”的重要抓手。

本书由湖南省人民政府发展研究中心组织编撰，系统回顾了 2015 年湖南省产业经济发展情况，探讨了 2016 年产业发展面临的形势，并针对湖南产业发展中存在的问题提出对策、建议。本书共 7 个部分，包括主题报告、总报告、行业篇、区域篇、园区篇、专题篇和附录。“主题报告”是省领导对湖南产业经济发展重大问题提出的战略构想和发展思路；“总报告”是湖南省人民政府发展研究中心课题组对 2015 年全省产业发展形势和发展环境的分析研究及 2016 年产业发展的思路和对策建议；“行业篇”研究全省包括机械、电子信息、有色金属、医药、食品等特色行业本年度发展情况；“区域篇”介绍湖南各市州新型工业化发展情况及存在的问题；“园区篇”把湖南有代表性的产业园区发展现状作为研究对象，探讨全省产业集聚与合作趋势；“专题篇”是全省产业经济领域的专家学者对湖南产业发展热点问题的前瞻性研究成果。

目　录

Ⅰ　主题报告

Ⅱ　总报告

Ⅲ　行业篇

Ⅳ 区域篇

Ⅴ 园区篇

Ⅵ 专题篇

Ⅶ 附录

CONTENTS

Ⅰ Keynote Reports

Ⅱ General Report

Ⅲ Industry Reports

Ⅳ Regional Subjects

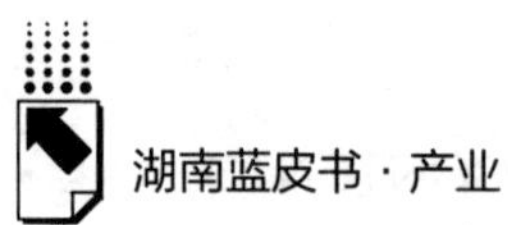

V Industrial Zone

Ⅵ Special Reports

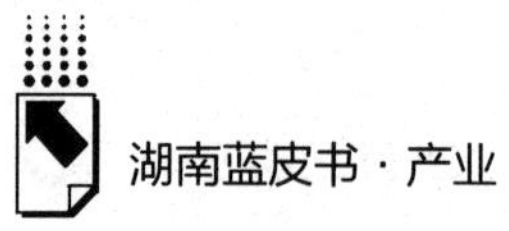

Ⅶ Appendix

主 题 报 告

Keynote Reports

B.1

努力打造湖南文化产业发展“升级版”

张文雄*

2015 年，全省文化战线认真贯彻落实党中央、国务院和省委、省政府关于文化产业发展的一系列重大决策部署，聚焦聚力破难题、补短板、强动力、防风险目标任务，加快推进各领域改革，全省文化产业保持了稳中向好、稳中提质的良好态势。据省统计局初步核算，2015 年全省文化和创意产业增加值约 1714.12 亿元，占 GDP 比重 5.9%，同比增长 13.2%，连续 3 年进入全国文化产业发展十强。一是深化改革实现新突破。成立湖南省国有文化资产监督管理委员会及其办公室，在省委宣传部层面实现了管人管事管资产管导向“四统一”。重组湖南日报报业集团、湖南广播影视集团、湖南出版投资控股集团，在湖南日报社（湖南日报报业集团）和湖南广播电视台（湖南广播影视集团）分别实行“一个党委、两个机构、一体化运作”的管理体制，解决了事企两张皮的问题。出台《关于推动国有文化企业把社会效益放在首位、实

* 张文雄，中共湖南省委常委、宣传部部长。

现社会效益和经济效益相统一的实施意见》，制定《湖南省省管国有文化企业监督管理办法》，确保国有文化企业正确发展方向和国有资产保值增值。二是融合发展取得新进展。在与旅游融合方面，保护性开发了老司城、里耶古城等一批文化旅游资源，规划建设12条文化旅游精品线路，推出首批12个湖湘风情文化旅游小镇；设立了首批大湘西地区非物质文化遗产生产性保护资金；举办张家界国际乡村音乐节、吉首鼓文化节等一批文化品牌节会。在与科技融合方面，电广传媒与阿里巴巴签署全面战略合作协议，开启家庭娱乐信息生态圈；天闻数媒在线教育产品覆盖20个省份87个县市区，文化产品的表现力、感染力和吸引力不断增强。在与金融融合方面，与多家银行建立经常性的沟通交流机制，举办湖南省文化产业与金融业合作对接会，文化企业与金融机构签约合作金额达207.8亿元；首批27家文化企业在联合利国文化产权交易所挂牌，“快乐购”成功上市，中广天择、华声在线、体坛传媒、华凯创意等一批企业进入证监会审批流程。在与体育融合方面，大力发展体育竞技表演、体育休闲健身和体育运动服务，用“体坛+”模式，致力打造“体育—文化—健康—食品”于一体的发展链条；由体育产业集团承办的国际篮联亚洲锦标赛，打出了国威、打出了影响、打出了效益。在与农业融合方面，观光、休闲、体验、生态农业风生水起，株洲耕食记、常德桃源“枫树花海”等成为现代农业与文化融合发展的典范。三是文化消费呈现新特点。与经济增速下滑相比，文化消费不降反升，呈现“井喷”之势，越来越成为消费的“刚需”。仅全省电影票房收入一项，5年间就翻了将近3倍，从2011年的2.82亿元增长到2015年的11.26亿元。而且文化产业消耗资源少，几乎没有污染，就业容量大，符合新常态“结构优化、动力转换”的发展趋向，越来越成为湖南省产业转型升级的引擎。四是“互联网+”形成新业态。出台《关于推动传统媒体和新兴媒体融合发展的实施方案》，“新湖南”、“时刻”、芒果TV等新媒体平台全面上线，“时刻”客户端被国信办列为全国五家重点客户端；芒果TV点播量居全国前六。拓维信息、快乐阳光入选2015年度“中国互联网企业100强”。对接国家和省委省政府“互联网+”行动计划，打造一批本土优秀的创意创客平台。长沙市移动互联网企业达1400余家，从业人员近3万，营业收入近300亿元。五是企业效益得到新提升。省管八大国有文化企业营业总收入约475亿元，利润44.5亿元；年末资产总额870亿元，净资产580亿元。

湖南广播电视台连续5年入选世界品牌实验室发布的“亚洲品牌500强”，位列全国省级广电第一，特别是湖南卫视单频道广告收入过百亿元，达到101.77亿元，同比增长35.7%，获省级卫视冠军。芒果TV全终端用户规模日均达3600万独立访问量，日常视频点击量超过1.2亿。湖南出版集团连续七年入选全国文化企业30强，旗下上市公司中南传媒市值和利润均居全国地方出版传媒上市公司首位，2015年入列全球出版企业前10强。湖南日报社先后获评“中国品牌媒体党报品牌10强”和“国家数字出版转型示范单位”。

与此同时，湖南文化产业发展也存在一些问题，主要表现在：产业结构不优。文化产业中制造业比重占比高达68.3%，批零业和服务业比重偏低，而服务业又主要集中在省级广电和出版两大板块。文化消费偏低，目前仍有6个市州城乡居民文化娱乐服务支出占家庭消费支出比重的小康指标实现程度低于70%。地域发展不均。14个市州的文化产业增加值占GDP比重在5%以上的只有长沙、株洲和郴州，其中排名第一的长沙市文化产业增加值达688.9亿元，排名第二的株洲为151.9亿元，其他12个市州的总和占比还不到45%，地域间的差异十分明显。尤其是县域文化产业总量不大、发展滞后，对国民经济的促进作用尚未充分显现出来。融资渠道不畅。文化资产与传统投融资渠道“接不上头”，融资难、融资贵的问题在小散弱、轻资产、高风险的民营文化企业中尤为突出。

2016年，是决胜全面建成小康社会的攻坚之年，是推进结构性改革的关键之年。推动全省文化产业发展总的思路是，坚持和完善文化经济政策，用好全面深化改革这个关键一招，大力推进文化体制改革，进一步激发产业发展的创新活力和内生动力，加快培育壮大文化骨干企业，做大做强做优文化产业，努力打造湖南文化产业发展“升级版”。

一　深入推进文化体制改革，培育壮大骨干文化企业

全面落实中央和省委关于文化体制改革的部署和要求，加强顶层设计和整体谋划，加大任务落实和政策保障，全面推进文化体制机制创新，充分发挥市场在文化资源配置中的积极作用，不断提高国有骨干文化企业的发展活力和整体实力。

1. 始终把社会效益摆在首位

认真落实《关于推动国有文化企业把社会效益放在首位、实现社会效益和经济效益相统一的实施意见》，尽快研究制定推动国有文化企业“两个效益”相统一的具体工作项目及责任分工方案。更加注重突出文化产业的意识形态属性，始终坚持把社会效益摆在首位，防止唯数据说话、唯经济指标说话的现象，当社会效益同经济效益发生冲突，经济效益也要让位于社会效益。坚持把正确导向要求贯穿于文化产业发展全过程，国有文化企业改革，不管改什么、怎么改，党的领导不能变、导向不能改、阵地不能丢、国有文化资产不能流失。在党报党刊党台党网和文资委管理的国有文化企业进一步强化和落实党的领导，作为“一把手”首先是党委书记，其次是社长、台长、站长，最后才是董事长、总经理，这个顺序不能变、不能颠倒，切实守住内容、导向这条底线。

2. 加强国有文化资产管理

虽然湖南省已完成国有文化资产管理机构组建工作，但目前仍处于起步阶段。今年，主要是着眼于管人管事管资产管导向相统一，进一步完善国有文化资产监管体制，认真落实《湖南省省管国有文化企业监督管理办法（试行）》文件要求，研究制定省管国有文化企业重大事项审核管理等方面实施细则，探索组建国有文化资产投资公司，着力破解融资难的问题，使文化产业在适应新常态、促进转型发展中担当更大作为。着力以资本为纽带加快联合重组，发行、影视、演艺集团交叉持股或进行跨行业跨所有制并购重组，鼓励符合条件的重点新闻网站、新兴媒体企业通过上市融资、新三板挂牌或者发行债券、票据等多种渠道融资发展。

3. 加大对省管国有文化企业支持力度

省管国有文化企业是全省文化产业发展的中流砥柱。全力支持芒果 TV、“新湖南”、红网“时刻”客户端做大做强，致力将湖南日报报业集团、湖南广播影视集团、湖南出版投资控股集团三大媒体集团建设成国内一流的传媒集团。加快湖南教育报刊集团挂牌及转企改制工作。继续支持湖南体育产业集团、潇湘电影集团、湖南省演艺集团深化改革、拓展市场，着力激发文化企业的创造活力和内生动力。

二　突出区域特色，优化文化产业发展布局

按照产业集聚、功能分区、错位协同、均衡发展的规划理念，突出龙头带动、加快圈层辐射、强化极核支撑，努力构建“一核两圈三板块”的文化产业发展格局。

1. 一核

即以长沙、株洲、湘潭三市为支撑的文化产业核心区。充分利用产业政策、资源禀赋、人才技术等核心区所具备的优势，以“新技术、新平台、新体系、新模式、新业态”为导向，重点发展互联网 + 新媒体产业、影视节目生产、数字出版生产、动漫游戏节目生产、广告会展、演艺娱乐、文化信息服务、建筑设计服务、专业设计服务等相关产业，努力将长株潭地区建成新的国家文化创意产业增长极。

2. 两圈

即以省会长沙为中心，从空间区位和高铁、高速公路交通关联上划分的内环协同和外环联动两大文化产业集聚发展圈。内环协同圈，即以长沙市为中心，形成高铁 1 小时、高速公路 2 小时到达所在地级市全域的产业经济圈，主要将推进圈内各大城市与长株潭核心区形成承接、配套和协作，与外围区域有机联动、融合发展，促进各区域产业差异化、协调化、系统化发展。外环联动圈，即以长沙为中心，形成高铁 2 小时、高速 4 小时到达所在地级市全域的产业经济圈，主要将巩固和提升以文化旅游产业为主导的文化产业体系，加强与长株潭地区产业的协调联动，加深与周边省域文化产业的协同融合发展，强化与长江经济带、武陵山和罗霄山片区、粤港澳、东盟地区的产业对接，拓展文产湘军的发展骨架。

3. 三板块

即大湘西、大湘南和环洞庭湖三大文化产业发展特色功能区域。大湘西板块，将依托武陵山片区区域发展与扶贫攻坚试点的扶持政策，突出文化生态旅游、工艺美术、民族民俗文化创意设计等特色，加大非物质文化遗产保护传承力度，致力于打造全省文化旅游融合发展的示范区。大湘南板块，将利用好国家级承接产业转移示范区这块金字招牌，加快推动文化产业与装备制造业、出

口加工、对外贸易、现代服务业等相关领域融合发展，致力于打造全省文化出口加工的集聚区。环洞庭湖板块，将积极抢抓洞庭湖生态经济区、长江经济带建设等国家战略机遇，重点发展生态经济、休闲农业、观光体验、科考培训等产业形态，致力于打造全省生态休闲文化产业发展的试验区。

三　大力推进“文化+”，加快文化产业转型升级

主动适应新常态，把“文化+”作为现代文化产业发展的基本方向，推动文化与科技、金融、旅游、体育、制造等跨界深度融合发展，让文化插上新媒体的翅膀，不断激发内生动力，加快文化产业转型升级。

1. 推动文化跨要素融合

积极推动文化与技术、信息、资本、市场、人才、品牌等生产要素的深度融合。加快“文化+科技”融合发展，研发一批具有自主知识产权的核心技术，促进新一代信息技术、高新技术成果在文化领域的转化应用，重点加强对出版印刷、广播影视等传统文化产业的技术改造，不断提升核心竞争力。推动“文化+金融”融合发展，健全文化投融资体系，引导各类社会资本投资文化领域，探索股权质押、知识产权质押、联保联贷、股权投资等多元化融资方式，坚持既助强助优又扶弱扶小，着力根治中小企业“贫血”“中梗阻”等顽疾。

2. 推动文化跨行业融合

通过文化与其他行业的功能互补、相互渗透，努力构建多领域、多业态融合发展新格局。鼓励文化企业与制造业深度合作，促进文化创意和设计服务渗透到制造业产品生产、销售流通、宣传推广全过程。推动文化与农业融合，大力发展观光、休闲、体验、生态农业，不断提升农业的文化创意水平和农业产业附加值。支持文化与旅游联姻，深入挖掘文化旅游资源，打造一批有湘味的品牌节会活动，力争推出更多有湘味的文化旅游品牌，形成一体共生的旅游文化发展新格局。

3. 推动文化跨平台融合

文化产业过不了网络关，就过不了时代关、传播关。要强化“互联网+”思维，认真抓好《关于推动传统媒体与新兴媒体融合发展的实施方案》的贯

彻落实，依托湖南文化的品牌效应和内容优势，大力发展移动互联网电视、平面媒体、微信、微博等自媒体，集中精力打造“中央厨房”，做到新闻信息内容一次性采集、多媒体呈现、多渠道发布，形成文化产业移动互联网完整产业链和移动互联网产业集群。支持文化产业领域内创新工场、创客空间、社会实验室、智慧小企业创业基地等新型众创空间发展，通过开展多领域、跨平台的融合创新，不断拓展文化产业发展空间。文化融合、媒体融合的关键是内容融合，虽然表达可以不同，但是立场不能二心。不管是“文化 + 互联网”，还是主流媒体办新媒体，只能帮忙不能添乱，必须坚持同一导向要求、同一管理标准，绝不能以牺牲导向为代价赚粉丝、博眼球。

四　加快文化供给侧改革，引导和扩大文化消费

根据文化部发布的《中国文化消费指数》，我国文化消费的潜在规模达 4 万亿以上，而实际消费仅为 1 万亿，还存在 3 万亿的消费缺口，大量消费市场潜力尚未释放，必须加快文化供给侧改革，提升文化产品生产和服务品质。

1. 加强文化小康建设，增强群众的文化“获得感”

文化是湖南省全面小康的一大短板，目前全省各市州文化建设平均实现程度不到 75%，在全面小康五大指标中排名最末。要深入研究供给侧结构性改革对公共文化服务体系建设的新需求，引导文化资源和文化生产要素向城乡基层倾斜，多做补齐短板的工作，下大力气解决“沙滩流水不到头”的问题，切实提高文化有效供给，实现由低水平供需平衡向高水平供需平衡的跃升。创新公共文化服务方式，把群众“要”文化与政府“送”文化结合起来，继续组织开展“欢乐潇湘”群众文艺会演、“雅韵三湘”高雅艺术普及计划、“演艺惠民”及民族民间文化节会活动，让群众的文化生活在三湘大地火起来。

2. 提供高质量的文化产品和服务，满足群众多样化需求

随着人们生活水平的提高，文化消费需求日趋多样化，更需要提供优质的文化产品和服务。要以作品为中心抓精品创作，踏踏实实出作品、出精品，努力推出更多有湘味的扛鼎之作。要像企业设立研发中心一样，依托文化生产单位设立重点项目研发机构，增强原创自觉，提高原创能力，破陈规、开生面、引风气，努力做“金字塔尖”的那部分内容，锻造出更多具有原创价值、自

主知识产权和核心竞争力的文艺作品和文化品牌。

3. 把文化消费嵌入各类公共场所，探索文化消费新模式

顺应群众文化消费层次和消费方式的新变化，将文化消费嵌入人员密集的公共场所，通过文化 + 咖啡厅、文化 + 营业厅、文化 + 影院等多种形式，努力实现物质消费与文化消费“比翼齐飞”，打造物质文化生活消费的现代版、升级版，推动新型文化消费业态由“天女散花”变成“遍地开花”。

五　补齐县域文化这块短板，构建产业发展新格局

县域文化产业是县域经济的重要组成部分，是文产湘军的重要支撑。近年来，虽然全省的文化产业得到长足发展，但县域文化产业普遍不强、区域差距不断拉大。“基础不牢，地动山摇”。必须把县域文化产业摆在更加突出的位置，切实筑牢文化产业大厦的根基。

1. 挖掘资源，发展特色文化产业

充分挖掘各县市区丰富的历史文化、民俗文化、红色文化、生态文化等自然禀赋和特色文化，走县域“文化 +”融合发展之路。目前，全省共有世界级非物质文化遗产 3 项，国家级非物质文化遗产 118 项，省级非物质文化遗产 202 项。要充分利用好这些宝贵资源，推进湘绣、湘瓷、烟花等特色传统工艺提质升级，鼓励有市场潜力的非物质文化遗产采取“项目 + 传承人 + 基地”“传承人 + 协会”“公司 + 农户”等模式开展生产性保护。办好具有县域特色的各类节庆活动，积极搭建非物质文化遗产等特色文化展示平台，着力提升文化产业的品牌影响力和市场竞争力。

2. 依托品牌，推进全省文化旅游特色县建设

支持凤凰、新宁、新化、炎陵、通道、南岳、韶山、永定、双牌、宁远、资兴、汝城、宜章等 13 个县市区的文化旅游特色强县建设。支持伟人故里韶山、宁乡花明楼，以及世界自然遗产武陵源、崀山，世界文化遗产永顺老司城，和平之城芷江等精品旅游目的地建设。积极打造高速、高铁沿线文化旅游产业带和景点集群，努力实现各地优势资源抱团发展、集群发展、错位发展。

3. 深化改革，加快释放县域文化产业发展活力

大力推进县域文化产业制度改革，加快培育成熟的市场主体、管理主体和

运行主体，不断激发县域文化产业活力。进一步转变政府职能，从经济调节、市场监管、公共服务等方面下功夫，为县域文化产业发展提供良好的环境。加大对县级文化产业发展资金的支持力度，鼓励和支持有实力的县级文化骨干企业转型升级、做大做强，积极培育新的文化产业增长点，切实提升县域文化产业的整体经济功能。

六　进一步增强湖南文化对外影响力，积极拓展国际发展空间

当今时代，全球实力扩张越来越体现为“文化领土”的扩张，体现为价值观等“深文化”的扩张。美国以好莱坞电影让很多国家的年轻人崇尚其精神、宗教和生活方式，印度以瑜伽文化让欧美的富人去买印度的心灵产品。要从拓展“文化领土”的高度，大力实施文化企业“走出去”战略，加大文化产品对外输出力度，不断提升湖南文化软实力和影响力。

1. 讲好湖南文化故事

2016 年 1 月 4 日，“湖南文化走进联合国”专题展览在联合国总部成功举办，通过讲述“一粒种子、一座书院、一部电影”三个故事，让海外受众直接感受到世界文明中的“湖南元素”，记住了湖南历史文化的“关键词”。这说明，对外宣传的效果，直接体现为讲故事的能力。会讲故事，就是话语权、就有穿透力。要抓住融通中外这个关键，积极开展对外文化研讨、文化年、文化演出、文化教育、媒介传播、展览展会等各类活动，探索运用跨文化传播技巧，采取海外受众乐于接受的方式、易于理解的语言，更加充分地、有感染力地表述湖南，让世界深入读懂湖南、让湖南真正走向世界。

2. 打造文产湘军品牌

2015 年，湖南有 17 家文化企业入选 2015 ~ 2016 年度国家文化出口重点企业。今年，将大力实施走出去战略，加强与世界行业领军企业的交流合作，通过“强强联合”，提高内容品质，放大自身优势和国际影响力。依托湖南出版、广电在资源、技术、市场、人才等方面的优势，推动具有湖湘特色的核心文化产品走向海外；加大烟花产品技术改造，提升烟花产品的科技文化含金量，让绚丽的烟花装点世界各地的夜空；加大对加拿大环球传媒集团、法兰克

福书展等国外知名文化企业和机构的战略合作，促进湖南图书出版、版权输出、电视输出、电视制作等扩展国际市场，推动湘绣、黑茶、毛瓷等湖湘特色产品走出国门。加强土家织锦、苗家银饰等非物质文化遗产的生产性保护，让更多有湘味的湖南文化产品走向世界。

3. 优化对外贸易环境

支持省内优势文化企业在境外投资收购文化企业、与境外企业合资合作组建文化企业。重点支持芒果国际等具有实力的传媒企业到海外设立国际业务联系站，将自身优势内容面向海外本地化运营，全面拓展海外受众和多元产业链收益。加大各类文化贸易专业人才的培养和引进力度，支持文化企业引进海外高端文化产业专业型、复合型人才。减少对文化产品出口的行政审批事项，简化因公出国（境）审批手续。启动一批省级文化出口重点企业、重点产品进入海关绿色通关目录，畅通文化走出去的绿色通道，为文产湘军“漂洋过海”借好风、扬好帆、掌好舵。

B.2

坚定信心精准发力努力开创湖南开放型经济发展新局面

何报翔*

一　湖南开放型经济发展势头好，基础实

“十二五”期间，尤其是党的十八大以来，在外部环境复杂多变、经济下行压力加大的背景下，湖南开放型经济实现了平稳较快发展，呈现稳中有进、稳中有新、稳中有好的态势。

1. 主要指标快速增长

2015 年，全省实现对外贸易近 300 亿美元，年均增长 14.9%。实际利用外资突破 100 亿美元，年均增长 17.4%；内联引资达到 3790 亿元，年均增长 16.4%。对外承包工程和劳务合作完成营业额 51.8 亿美元，年均增长 26.2%；中方合同投资额 27.8 亿美元，年均增长 31.8%，投资规模长期居全国前列、中部六省首位。航空口岸进出境人员达 188 万人次，年均增长 28.5%，进出境人数居中部第一位；其中，外籍进出境人员 58.3 万人次，超过中部其他五省总和。

2. 质量效益明显提升

对外贸易结构不断优化，机电和高新技术产品出口占比达到 67.2%，加工贸易进出口总额年均增长 38.5%，服务贸易进出口总额年均增长 21.7%，超出全国 10 个百分点。先后引进上海大众、广汽菲亚特、九兴控股、蓝思科技、富士康、花旗银行等一批大项目，入驻湖南的世界 500 强企业达到 135 家。国际工程承包业务成功进入发达国家市场，华菱集团、

* 何报翔，湖南省人民政府副省长。

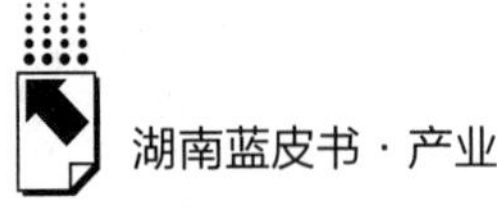

中联重科、三一重工、时代新材等企业在境外开展了多起有国际影响力的跨国并购。

3. 平台建设跨越发展

湘南承接产业转移示范区成功获批，国家级经济技术开发区达到8家，口岸功能区域达到19个，特殊监管区域及指定口岸数量居中西部第一。航空口岸开通了长沙、张家界至21个国家和地区的62条国际航线，长沙航空口岸实施部分外国人“72小时过境免签”政策；水运口岸开通了岳阳至香港直航和至东盟接力航班；铁路口岸开通了长沙至欧洲、中亚国际货运班列“湘欧快线”，开通至广东、上海等地五定班列（轮）线路6条。“港洽周”、“沪洽周”等省级重大经贸活动举办进入常态化，在促进招商引资、深化区域合作等方面的功能有效发挥。

4. 开放格局逐步优化

一是长株潭中心地位更加凸显。2015年，三市进出口总额176.51亿美元，占全省总量的60.1%。实际利用外资62.68亿美元，占全省总量的54.3%。长沙金霞保税物流中心，湘潭综保区，全国电子商务示范城市建设等一大批重大项目加快推进。二是“南北两口”发展优势正在形成。2015年，湘南三市进出口总额68.45亿美元，占全省总数的23.3%，其中，衡阳居全省第2位，郴州居全省第3位，永州居全省第9位；实际利用外资32.16亿美元，占全省总量的27.8%。岳阳城陵矶“一区一港四口岸”建设加快推进，逐步实现与长江沿线口岸的互联互通。

5. 改革创新深入推进

改革境内外投资管理体制，推行重大项目审批全程代理制和联合审批制，将外资企业联合年检制度改为网上联合申报制度，将省级核准权限内投资总额3亿美元以下鼓励类和允许类外商投资企业的设立和变更核准下放到市州和国家级开发园区。成功推广复制22项上海自贸区改革试点经验。最大限度放宽企业开展境外投资的限制，探索开展海外工程BOT、PPP等模式，探索建立以社会资本为主的“走出去”合作基金。推进流通体制改革，启动百城千镇县乡流通再造、“互联网+商贸流通”行动计划、湘品出湘等工程，并取得积极成效。

二 湖南开放型经济发展机遇多，前景好

1. 我国经济总量持续增大

新常态下，我国经济由高速增长向中高速增长转变，2015 年全国 GDP 增幅为6.9%。增幅虽然下降了，但我国经济总量达到67.7 万亿元，经济总量增加的绝对值不仅没有减少，反而越来越大了。据外媒报道，2015 年我国的经济增量就超过作为 G20 成员的土耳其的 GDP，这为我国应对风险提供极大的回旋余地。

2. 供给侧改革即将发力

中央提出了供给侧结构改革的新思路，在供给端和需求端协同发力。过去，我们注重生产，忽视供给的有效性，传统中低端消费品供给严重过剩，高品质消费供给严重不足。通过供给侧结构改革，在“去产能、去库存、去杠杆、降成本、补短板”五大任务上下功夫，建立“供需相匹配”的新经济结构，经济发展的活力将进一步增强，湖南乃至全国各地可以作为的领域也将大大增加。

3. 消费需求日益旺盛

虽然全国的进出口增速在下滑，制造业低成本时代成为过去，房地产库存严重过剩，但国内消费需求日趋旺盛。现在每到黄金周，全国各大景区游客爆满。出境游方面，继 2015 年春节中国游客扫货日本马桶后，2016 年春节中国游客又“挤爆”了日本的免税店。这一方面说明中国居民强大的消费能力，另一方面也说明中国居民消费要求越来越高。如何扩大有效需求，大有文章可做。这既为全省的招商引资、内贸流通、外贸进出口，甚至对外投资等提供了机遇，也要求各项工作有新的思路和举措。

4. 湖南区位优势更加凸显

湖南位于东部沿海地区和中西部地区过渡带、长江开放经济带和沿海开放经济带接合部。在国家大开放、大改革、大发展的大背景下，湖南承东启西、连南接北的区位优势将进一步凸显。当前，湖南的基础设施条件大幅改善，高速铁路通车里程居全国第一，高速公路通车里程居全国第五，对外的吸引力大大增强，更有利于加强与长三角、珠三角、环渤海、港澳台深度合作，更有利

于全面对接上海等自由贸易区，在更大范围、更宽领域、更高平台上开展对内对外合作，加快实现跨越发展。

5. 湖南开放基础不断夯实

经过“十二五”的努力，湖南对外开放的通道基本打通、平台基本完善，大开放、大发展的格局基本形成。在综合保税区方面，衡阳、湘潭、岳阳已经获批，长沙即将获批。在对外通道方面，开通了“湘欧快线”，岳阳城陵矶至香港直航和至东盟的接力航线，开通了至广东、上海等地的五定班列（轮）。在“走出去”方面，规划建设了9个境外合作园区。更为难得的是，在省委、省政府的正确引导下，全省上下抓开放型经济的氛围更加浓厚，措施更加务实，以开放促发展成为各级各部门的共识。

6. “一带一路”大有可为

当前，国家正在大力推进“一带一路”战略，这为湖南全方位开放发展提供了千载难逢的历史性机遇。从产业来讲，湖南的工程机械、轨道交通、基础设施建设、农业开发等，在全国具有很强的竞争力，尤其适合发展中国家。深化与“一带一路”沿线国家的合作，既可以促进湖南优势产业做大做强，也可以促进传统过剩产能的转移，为湖南的发展增添新的动力。

三　加快湖南开放型经济发展的几点建议

（一）转思路，补短板

1. 强化重点意识

开放型经济点多、线长、面广，不能眉毛胡子一把抓，要处理好点、线、面的关系，通过点的突破，拉长线，扩大面。要按照“一核三极四带多点”的战略部署，向北加快建设岳阳城陵矶港一区四口岸，向南深入推进湘南示范区开放开发，同时把长株潭这个“龙头”舞起来，把湘西边境开放做好，把沪昆、武广两条高铁产业链拉长。各个市州、县市区也要结合自身优势，找准定位、找准突破口，争取每年集中精心抓几个重大项目、选准几个重点产业。

2. 强化问题意识

抓工作，既要谋划长远，也要面对当前，解决当前的问题就是为长远打基础。对目前湖南开放型经济发展中存在的问题，要有清醒的认识，要认真梳理、列出清单，一个一个地提出解决办法。开放型经济这块短板，到底短在哪里？尽管有这样那样的问题，比如总量偏小、主体不强、结构不优、渠道不畅、人才缺乏等，但关键的还是短在外贸，这个问题省里已经形成共识。

3. 强化服务意识

抓开放型经济，政府主要是搭平台、出政策、搞服务。财政部门要加大对外贸稳增长的相关资金调度，税务部门要在出口退税等方面加大支持和服务，海关、检验检疫、外汇等单位要从支持地方经济发展的角度搞好协调配合，银行、出口信保要为企业走出去搞好融资、信保服务，商务部门要搞好综合协调。

（二）推改革、敢创新

通过改革释放活力，通过创新激发动力。各级各部门要进一步简政放权，建立和完善权力清单制度，最大限度减少行政审批和各种资质资格认定。各类国家级、省级园区、海关特殊监管区，要全面研究、对接、复制上海、广东、福建等自贸区的改革试点经验，进一步加快改革创新的步伐。要按照中央的要求，全力抓好供给侧结构改革，根据消费者需求优化产品供给。现在很多企业反映，生意不好做，传统产品销不出去。这主要是产品供给出了问题。经济学中最基本的原理就是需求与供给的关系。市场有需求，必定会产生供给；反过来，好的产品、好的供给又能进一步刺激需求。我们提供的产品必须不断适应这种变化的需求，这也就是我们说的供给侧结构改革。

（三）稳投资、强产业

从当前和相当长一段时间来看，投资仍然是湖南经济发展的主要动力。我们要在“十三五”全面建成小康社会、全面实现转型升级，必须稳定投资。投资上去了，也可以拉动消费、促进进出口。如何招商引资，各地要认真研究，提前谋篇布局，精准发力，努力提升产业竞争力和科技含量，真正实现引资、引智、引技相结合，也就是说，引来的项目必须是优质的，产能也是具有市场竞争力的。各个市州要围绕本地资源特色、优势产业、重点园区，有计划、有步骤地包装一批大项目、好项目，一对一招商，真正提高招商实效。此外，国际市场也是一个大舞台。各地各部门要发挥渠道和资源优势，引导省内优势企业和产业大胆走出去，加快对外投资的步伐，通过对外投资来优化资源配置，增强企业竞争力。

（四）拓市场、扩消费

1. 国际市场方面，要优进优出

在进口方面，要鼓励相关企业在原材料和关键技术、关键零部件等生产资料和技术方面加大进口。要充分发挥岳阳城陵矶等几个指定进口口岸的作用，在汽车整车及其零部件、粮食、固体废物、冻品等方面加大进口力度。提前谋划好长沙药品、水果等进口指定口岸的相关工作，做大大宗商品的进口总量。出口方面，首先，要做大总量。没有总量，哪怕结构再好，外贸这条短腿也没法补齐。各地区各部门都要围绕做大湖南的外贸出主意、想办法，这是我们的责任，也是湖南的“面子”。其次，要在稳定传统市场的同时，积极拓展新兴市场，尤其要在“一带一路”地区寻求新的突破。要继续开展“破零倍增”“架桥拓市”“拓口兴岸”等工作。各类开发区、海关特殊监管区、工业集中区要发挥出口的主力军作用，要指导加工贸易企业提高加工贸易的附加值。要用好已有的各类外贸平台企业，为湖南中小企业进出口提供优质服务。

2. 国内市场方面，要优供优销

目前，制约湖南消费市场的因素主要有两个。一是市场主体不够强。缺乏在全球、全国有影响力的大市场、大商圈、大企业。据统计，湖南限额以上企业比浙江、湖北分别少了9530家、5001家，差不多只有浙江的一半、湖北的三分之二。二是市场渠道不够畅通。湖南许多优质的农产品因为缺乏有效的市场渠道，仍然锁在深闺人未识，而且农村市场也买不到好的工业产品。近年来，湖南深入开展限上企业培育、百城千镇流通再造、电子商务进农村等工作，取得了良好成效，必须进一步创新思路、创新举措，加快推进。目前，全国各地抓农村电子商务的积极性很高。湖南是内陆市场的腹地，也是农业大省，拥有7300万的消费人口，消费需求旺盛，发展农村电子商务有基础、有优势，也有潜力。要借“互联网+”的东风，整合资源、形成合力，尽快打造一条“农产品进城，工业品下乡”高速公路，帮助农民脱贫致富，促进农业走产业化。

（五）搭平台、优服务

这几年，湖南在开放平台建设方面取得了较大突破。“十三五”期间关键是怎么把这些平台用好用实，特别是要发挥好海关特殊监管区、国家级园区等相关开放平台的作用。

1. 继续发展和提升基础性平台

要根据产业和湖南开放型经济发展的需要，继续加强口岸、综合保税区、对外通道等方面的建设，提升湖南口岸“大通关”能力。商务、海关、检验检疫和相关市州，要对如何发挥海关特殊监管区作用提出方案，岳阳要对一区一港四口岸进行认真研究，长沙要提前考虑药品、水果指定进口口岸如何发挥好作用。各类开发区、工业集中区要研究如何发挥在开放型经济中的主体作用。

2. 继续发展交流合作平台

我们反对形式主义，但不反对形式，抓开放型经济，必要的形式还是要有的。要通过举办富有实效的经贸活动，加强沟通对接，促进务实合作。第一，要提升自办平台水平，充分发挥港洽周、沪洽周、湘商大会等省里自办平台的作用。第二，要善用他人的平台，包括国际国内的平台。如果能将他人的平台为我所用，这对湖南来说，是成本更低的平台。第三，自己要成为平台。各级各相关部门要树立开放意识，要大胆走出去，帮助企业谈合作、交朋友、拓市场，为企业搞好服务。对企业投资贸易过程中遇到的各种问题，一定要千方百计地为企业搞好服务，自身职责范围内能解决的问题要加快解决，不是本部门自身职责范围内的要积极协调其他部门解决，超出了自身能力范围的，要把问题摸清楚，把建议拿出来，报请政府协调解决。

B.3
以建设制造强省为中心推动湖南新型工业化向更高水平迈进

张剑飞*

实施《中国制造2025》，加快建设制造强国，是党中央、国务院做出的重大决策部署。省委、省政府高度重视，迅速出台《贯彻〈中国制造2025〉建设制造强省五年行动计划（2016~2020年）》。当前和今后一段时期，坚持新型工业化第一推动力不动摇，必须抢抓新一轮制造业发展机遇，加快湖南由制造大省迈向制造强省，为建设富饶美丽幸福新湖南，为加快制造强国建设做贡献。

一　湖南建设制造强省已经具备坚实基础

近年来，全省工业经济持续较快发展，新型工业化第一推动力作用显著。尤其是制造业发展迅速，部分领域在全国制造业中具有重要地位，湖南已经迈入制造大省行列。

1. 产业体系基本完善

全国41个工业行业大类除石油与天然气开采业外，其余39个大类在湖南省均有分布，制造业31个大类湖南省都有布局。专用设备制造业、有色金属冶炼和压延加工业、化学原料和化学制品制造业、农副食品加工业等一批具有优势或特色的行业成为工业的主导行业，并在国家制造业体系中占据重要位置。

2. 总量规模持续壮大

全部工业增加值和规模工业增加值先后迈上万亿元台阶，规模工业增加

* 张剑飞，湖南省人民政府副省长。

值年均增长12%以上。预计2015年全省规模工业企业实现主营业务收入3.4万亿元，全部工业增加值1.1万亿元，规模工业增加值1.06万亿元，分别是2010年的1.85倍、1.75倍、1.79倍。非公经济增加值五年翻了一番。千亿元产业由2010年的7个增加到10个，装备制造业成为首个万亿元产业，继工程机械、汽车之后，轨道交通装备成为装备制造领域第三个千亿元子产业。新型工业化第一推动力作用不断凸显，引领经济社会发展能力得到充分发挥。

3. 质量效益不断提升

工业经济运行质量连续四年居中部六省第一位。每吨标准煤所产生的GDP由2010年的0.74万元提高到2015年的1.69万元。六大高耗能行业增加值占比逐年下降，移动互联网、集成电路、新型住宅工业等新产业新业态快速发展。先进轨道交通装备、工程机械、超特高压输变电设备、新能源装备、节能与新能源汽车等汽车制造、新材料等处于国际国内领先水平；工程机械主营业务收入总量居全国第一位；电力机车牵引系统、城轨机车装备、中小航空发动机、硬质合金、电子光学玻璃等重点产品位居全国第一。在新型工业化引领带动下，全省正加快由资源消耗型的增长向质量效益型的增长转变。

4. 创新能力持续增强

一批关键核心技术取得重大突破，工程机械、先进轨道交通装备、中小航空发动机、特高压输变电设备、风电设备、太阳能光伏装备等领域技术水平处于国内领先位置。

5. 开放合作成效显著

开放发展水平不断提高，2015年全省工业实际利用外资67.57亿美元，是2010年的1.6倍；在湘世界500强企业累计达到138家，比2010年增加69家。对外合作实现由食品、轻工等传统产业向工程机械、先进轨道交通装备、电子信息等优势产业拓展，由单个项目投资转向产业链投资，由亚、非、拉发展中国家扩大到欧美发达国家，由企业单枪匹马向抱团出海的四个转变。省内产业对接合作深入推进，多层次、多形式组织开展先进轨道交通装备、工程机械、汽车、钢铁、生物医药等产业链上下游和产业间对接合作活动，促进了产业协同发展和企业互利共赢。

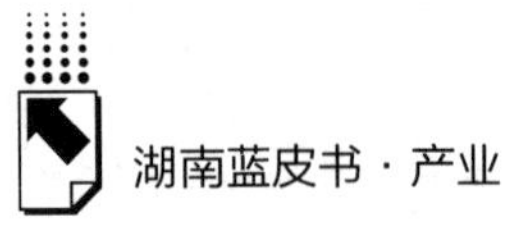

二 加快制造强省建设是当前面临的中心任务

湖南省委、省政府强调，湖南省抓新型工业化的中心任务就是抓制造强省建设。当前宏观经济形势复杂多变，必须科学研判，抢抓机遇，主动作为，切实增强制造强省建设的紧迫感和责任感。

第一，全球制造业呈现新的发展趋势。世界经济仍处于金融危机后的深度调整期、经济复苏发展的分化期，制造业重新成为全球经济竞争的焦点。尤其是新一轮科技革命和产业变革正处于酝酿和突破阶段，将对全球制造业产生颠覆性影响，促进制造模式、生产组织方式和产业形态深刻变革，智能化、绿色化、服务化成为制造业转型发展的新方向，资源配置全球化成为制造业培育竞争优势的新途径。而且，美国、德国、日本、英国、韩国等发达国家相继推出先进制造业发展战略，发展中国家也开始在中低端制造业上发力，“高端回流”和“中低端分流”同时发生。我们必须放眼全球，紧跟发展趋势，主动参与全球制造业格局重构，才能在新一轮发展中抢占一席之地。

第二，国家做出了制造强国建设的战略部署。党中央、国务院审时度势提出制造强国战略，实施《中国制造 2025》，为湖南省制造业发展指明了方向、提供了路径。中央领导同志在多个场合反复强调，要在国家战略的统一号令下，动员企业、政府、科研院所和高等院校、金融机构、专家学者等各方面的力量，推动《中国制造 2025》落实。对此，省委、省政府高度重视，做出建设制造强省的决策部署，制定《湖南省贯彻〈中国制造 2025〉建设制造强省五年行动计划（2016～2020 年）》。我们必须准确把握并认真贯彻落实国家战略的部署要求，争当制造强国建设主力军。

第三，湖南省制造业发展潜力很大。近年来，湖南省制造业发展速度和质量进入改革开放以来最快、最好的时期，制造业增加值占规模工业增加值比重将近 90%，已经跨入制造大省行列。随着“一带一路”、长江经济带等重大国家战略的深入实施，全省新型城镇化将加速推进，为制造业创造了新需求新市场；随着全面深化改革纵深推进，为制造业发展破除了体制机制障碍、提供了持续动力；随着全省进入工业化中后期，产业部门新的装备需求、人民群众新的消费需求、社会治理创新的能力需求持续释放，将推动全省制造业步入发展快车道。

三 推动制造强省建设要突出重点尽快突破

当前及今后一段时期，要按照中央和省委经济工作会议精神，牢固树立创新、协调、绿色、开放、共享的发展理念，全面实施制造强省建设五年行动计划，加快推进“1274”行动（即加快发展12大重点产业，大力实施7大专项行动，着力打造制造强省4大标志性工程），下大力气在关键环节、关键领域尽快取得重大突破，加快实现由制造大省向制造强省的新跨越。2016年，力争全省规模工业增加值增长8%以上；先进制造业主营业务收入增长12%左右。

1. 突出智能制造，促进制造业创新发展

制造强省建设，必须坚持把促进创新发展、提高创新能力作为关键。一是加快智能制造示范推广。以智能制造为主攻方向，实施智能制造工程专项行动，依托核心企业，重点从智能装备和产品、智能生产、智能服务等领域突破，加快发展一批智能产品，培育一批智能制造装备产业，每年认定一批智能制造示范企业和示范车间。2016年，举办2~3次全省智能制造发展现场经验交流与推广活动，打出湖南智能制造的品牌。推进智能服务创新，在环保、节能、新能源装备等行业开展在线监测、远程诊断、云服务及系统解决方案示范。二是提升制造业创新能力。大力实施制造业创新能力建设工程专项行动，再发布一批重点领域产业链技术创新路线图，攻克一批重大关键共性技术，研发一批重点新产品，转化一批专利技术，推动一批重大装备和新材料进行推广应用。三是加强产学研合作和知识产权运用。加快构建以企业为主体的技术创新体系，开展国家级制造业创新中心、技术创新示范企业、工业设计中心创建，建成一批省级制造业创新中心和省级工业设计中心，引导建立一批产业技术创新联盟，打造一批产学研基地。加强制造业中试基地建设，加快一批创新成果产业化。加强制造业重点领域关键核心技术知识产权战略储备，支持企业运用知识产权参与市场竞争，每年培育一批省级知识产权运用标杆企业，支持创建国家级标杆企业。

2. 突出基础支撑，加快传统制造业优化升级

传统制造业依然是湖南省工业的发展基础和重要支撑，必须毫不动摇地加大“两符三有”传统制造业改造提升、挖潜革新力度，促其做强做优。一是进一步强化工业基础能力。通过实施工业强基工程专项行动，在“四基”（关键基础材料、核心基础零部件和元器件、先进基础工艺和产业技术基础）上进行突破。重点是鼓励整机企业、“四基”企业、重点用户和高校院所开展合作研发和协同攻关，引导军工技术向民用领域渗透，解决当前湖南省在关键基础材料、核心基础零部件和元器件的产品性能与稳定性问题，破解一批“四基”制约瓶颈。开展“四基”示范应用推广，运用国家工业强基网、湖南湘品出湘网等网络平台和各种对接合作平台，促进湖南省“四基”产品的推广应用。二是促进传统制造业加快制造服务转型。通过实施制造＋互联网＋服务工程专项行动，提升数字化、网络化、服务化水平。重点是大力发展工业软件和工业信息系统，以及个性化定制、众包研发设计、网络协同制造等新型制造模式，加快发展制造业密切相关的生产性服务业，引导和支持轨道交通装备、工程机械、电子、节能环保等领域优势企业增加服务环节投入。大力实施“互联网＋”三年行动计划，推进互联网与工业融合创新，形成工业经济发展新动力。三是全面推行绿色制造。绿色化是制造业转型的必然要求。通过实施绿色制造工程专项行动，加快制造业两型化，构建绿色制造体系，进一步增强产业持续发展能力。以钢铁、有色、电力、化工、建材等行业为重点，实施一批重点节能工程。支持一批企业实施电机能效提升方案，推广高效电机。以长株潭及湘江流域为重点区域，支持一批工业企业开展自愿性清洁生产审核。以工程机械、机电产品、汽车零部件为重点，推行绿色再制造。以电力、冶金、化工、建材等行业为重点，推动大宗固体废弃物综合利用、余热余压及废气综合利用。继续推进低碳工业园区试点示范，培育一批低碳企业。大力发展新型住宅工业、节能环保产业。加快发展新能源汽车产业，继续加大新能源汽车的推广应用，努力把湖南省打造成全国重要的新能源汽车生产基地。

3. 突出高端引领，培育壮大先进制造业

先进装备制造业是推动制造业转型升级的引擎，必须大力培育壮大先进制造业，抢占未来经济和科技发展制高点。一是大力发展高端装备。通过实施高端装备创新工程专项行动，推进一批重大技术装备重点建设项目，组织一批重点

攻关，开发一批标志性、带动性强的重点产品和重大装备。落实好国家和省内首台（套）重大技术装备鼓励政策，加大高端装备推广应用。实施高端装备出海行动，加快湖南省高端装备产业的全球化步伐。二是提升质量技术水平。重点是强化企业质量主体责任，发挥质量管理先进企业示范引领作用，以及行业协会和中介服务机构的桥梁纽带作用，推广应用质量管理方法和先进生产管理模式。通过组织开展质量对标活动，遴选一批“湖南省工业质量标杆企业”，鼓励支持企业创建全国“工业质量标杆企业”和“工业产品质量控制和技术评价实验室”，鼓励支持企业参与有关标准的制定和实施，积极向国际国内先进水平靠拢。三是加强品牌建设。湖南省有国际、国内影响力的知名品牌不多，必须通过支持企业培育具有自主知识产权的品牌产品，推动湖南产品向湖南品牌转变。

4. 突出开放合作，提升制造业竞争能力

抢抓国家实施“一带一路”、国际产能和装备制造合作等一系列重大战略机遇，利用好两种资源和两个市场，进一步提升湖南省制造业开放合作水平和层次。一是推动制造业融合发展。围绕湖南省制造业确定的 12 个重点领域，分产业组织产业推介、产业对接活动，提升省内产业之间配套协作水平。引导制造企业增强互联网思维，通过主动“＋互联网”，实现制造业与互联网的融合发展。统筹军民产业资源，开展军民两用技术联合攻关，支持军民技术相互有效利用，大力发展军民融合产业。推动工业化与城镇化融合发展，培育产业跨界融合催生的新产业新业态，拓展发展空间。二是引导优势制造业走出去。抓住国家实施“一带一路”战略，引领工程机械、轨道交通、节能环保、新型住宅工业等产业“走出去”的机会，支持湖南省装备制造业“抱团出海”“借船出海”，根据目标国家的需求加快产能输出，建设境外生产基地和产业园区。支持湖南省企业在境外开展并购和股权投资、创业投资，建立全球营销及服务体系，形成具有全球配置资源能力的跨国企业，提升企业国际竞争力。搭建建立一批对外投资和对外出口的公共服务平台，组织开展国际产业合作对接，扩大工业产品出口，培育一批年出口额超过 1 亿美元的重点出口工业企业。三是加大招商引资力度。加大部省合作力度，争取更多央企重大项目在湖南布局落地。发挥湖南省“一带一部”区位优势，加快融入长江经济带，积极承接产业转移，深化区域合作。吸引世界 500 强企业来湘设立研发、结算、数据、采购中心。

5. 突出主体培育，促进制造企业健康发展

企业是制造强省建设的主力军，必须特别重视对企业的服务和培育，全面提升湖南省制造企业整体实力。一是引导中小企业加快发展。通过实施中小企业“专精特新”发展工程专项行动，引导中小企业实行精细化生产、管理和服务，增强与大企业、大项目和产业链的配套支撑能力。深入开展“腾飞杯”管理升级活动，引导中小企业建立现代企业制度，加大创新投入，持续开发新产品、新技术、新工艺。深入推进“135”工程建设，大力推动大众创业、万众创新。二是着力培育产业领军企业。通过实施四大标志性工程，围绕 12 个重点领域发展一批标志性产业集群，打造一批标志性产业基地，壮大一批标志性产业领军企业，培育一批具有较强国际国内影响力的标志性品牌产品。实施大企业大集团战略，鼓励和引导优势骨干企业整合资源，实施市场化的兼并重组，提高行业集中度，培育一批具有核心竞争力的企业集团。2016 年重点从医药、食品行业着手，树立一批兼并重组示范典型。深化国有企业改革，健全现代企业制度。有序发展混合所有制经济，推动非公有制经济健康发展。三是加大引导帮扶力度。继续坚持领导联点帮扶企业机制，组织开展“百千万”企业帮扶活动，省级层面重点帮扶 100 户大型企业，市级重点帮扶 1000 户企业，县级重点帮扶 10000 户企业，对帮扶的大企业和小企业、新企业和旧企业，要逐一分析、逐一研究、逐一制定扶持政策。加大省内产品采购力度。积极对接和落实国家在降低制度性交易成本、税费负担、“五险一金”、电力价格和物流成本等方面将出台的政策，帮助企业降低成本。推动供给侧结构性改革，化解过剩产能，稳妥处置“僵尸企业”。对汽车、钢铁、建材等行业分业施策，支持困难企业去产能、去库存。

四　切实保障制造强省建设有序有力推进

按照省委、省政府的统一部署和要求，迅速行动，全力抓好各项重点工作的贯彻落实，坚持精准施策、精准发力，为制造强省建设提供有力保障。

1. 加强统筹协调

制造强省建设领导小组加强组织领导和统筹协调，每半年召开一次领导小组会议，加强全局性工作研究，推动制造业发展重大规划、重大政策、重大工程专项和重要工作落实。领导小组办公室负责做好日常工作协调，建立制造强省战

略任务落实情况督查机制。各成员单位根据工作职责分工，按照五年行动计划要求拿出切实有效的工作措施，各负其责、各司其职。充分发挥专家咨询委员会和各类智库作用，为制造强省建设提供决策参考。各地要切实结合本地实际，突出重点产业和特色优势产业，共同推进制造强省建设战略的贯彻实施。

2. 坚持项目带动

根据五年行动计划确定的重点领域和 7 大专项行动要求，2016 年突出抓好 100 个影响大、技术先进、带动作用强的重大建设项目。加强和国家部委、央企对接，争取有更多大项目、好项目落户湖南，增强发展后劲。在促进项目落地和专项资金下达上提高效率，经信、发改、财政、环保、交通、住建、金融等部门全力做好重点项目建设的调度服务。

3. 实施分类推进

领导小组办公室牵头，尽快制定出台 7 大专项行动方案和 12 个重点产业行动计划，明确重点产业发展的路线图、任务书，分产业明确挂帅领导、成立专门班子。整合政策资金资源，探索研究设立产业发展基金，促进要素资源向重点产业集中。围绕重点产业布局，促进创新创业、投融资、信息、技术、物流、市场等各类公共服务平台建设。

4. 创新政策措施

打破传统的路径依赖和惯性思维，创新政策支持方式，在适度整合现有专项的基础上，加大对创业型、创新型、成长型中小企业的财政扶持力度。健全多层次资本市场，推动金融机构为制造强省建设提供全方位的金融服务。把企业家和科技人才摆在更加突出的位置，加强高端人才的培养和引进，推进校企人才培养合作，为制造强省建设提供人才支撑。进一步在深化改革、简政放权、激发企业活力上下功夫，为企业发展创造良好环境。组织开展专题宣传、专题培训等活动，在全省上下营造合力推进制造强省建设的良好氛围。

5. 加强队伍建设

各地各单位要全面聚焦建设制造强省，抓出成效、抓出亮点、抓出特色。着力提升工作能力和水平，工业战线的同志要成为行家里手，善于发现优秀人才、优秀企业。突破部门利益，围绕建设制造强省这一目标，系统整合各部门的产业扶持政策和资源。加强廉政建设，特别是要严格依法依规使用相关产业政策资金，坚决杜绝以权谋私。

总 报 告

General Report

B.4 2015~2016年湖南产业发展研究报告

湖南省人民政府发展研究中心课题组*

一 2015年产业经济运行基本情况

（一）产业增长情况分析

2015年，湖南实现地区生产总值29047.2亿元（初步核算），同比增长8.6%，高于全国总体水平1.8个百分点，总量和增速均居全国第10位。与2014年相比，湖南GDP增速回落0.1个百分点，全国排名与上年持平。GDP增速高于湖南的省份依次为：重庆（11.0%）、西藏（11.0%）、贵州（10.7%）、天津（9.3%）、江西（9.1%）、福建（9.0%）、湖北（8.9%）、安徽（8.7%）、云南（8.7%）。

1. 第一产业

2015年，第一产业实现增加值3331.6亿元，同比增长3.6%。粮食生产

* 课题组长：梁志峰；课题组成员：唐宇文、禹向群、左宏、侯灵艺、彭鹏程、言彦。

基本平稳，全省粮食总产量达到600.6亿斤，比上年增加0.3亿斤。生猪养殖逐渐回暖，牛、羊出栏分别增长4.4%和3.5%，家禽出笼增长3.7%。油菜籽产量增长4.4%，蔬菜产量增长6.3%，水产品产量增长4.5%。

2. 第二产业

2015年，第二产业实现增加值12955.4亿元，同比增长7.4%。全省规模工业增加值同比增长7.8%，增幅比上年回落1.8个百分点。新兴优势产业增长较快。计算机通信和其他电子设备制造业、铁路船舶航空航天和其他运输设备制造业、医药制造业、汽车制造业增速均快于全省规模工业平均水平，增加值同比分别增长16.5%、11.6%、16.4%和13.1%。区域、企业协同发展较好。四大区域板块中，长株潭城市群规模工业增加值比上年增长8.5%，增长极的带动作用得到彰显。湘南、洞庭湖、湘西规模工业增加值分别增长7.4%、7.2%和6.8%。大型、中型、小型企业增加值分别增长4.7%、6.0%、10.2%。集约集聚发展态势较好。全省规模工业综合能源消费量同比下降5.9个百分点，低于同期规模工业增速13.7个百分点。省级及以上产业园区规模工业增加值增长9.0%，比全部规模工业快1.2个百分点，增加值占规模工业的61.5%，同比稳步提高。

建筑业呈现持续放缓回落态势。2015年全省完成建筑业总产值6630.8亿元，同比增长10.1%，增幅同比回落4.4个百分点。全省有生产活动的资质以上建筑业总承包企业和专业承包企业共2083家，同比上年减少25家。平均从业人员为221.3万人，增长4.6%。签订合同额回落。全省累计签订建筑业合同额14230.4亿元，比上年增长10.2%，增幅同比回落3.4个百分点。其中本年新签合同额7209.0亿元，比上年增长5.6%，增幅同比上升0.5个百分点，增长趋缓。省外区域市场拓展力度减弱。完成省外产值2213.4亿元，比上年增长9.6%，增幅同比大幅回落10.6个百分点，回落速度比全部建筑业产值回落速度快6.2个百分点，在省外完成产值占建筑业产值比重33.4%，比上年下降0.2百分点。省外产值排前三位的省是：广东完成产值458.0亿元；广西壮族自治区完成产值154.1亿元；贵州省完成产值149.3亿元。施工面积增长缓慢。完成房屋施工面积47504万平方米，增长0.2%，比上年下降9.8个百分点。其中，本年新开工面积18421万平方米，下降8.5%，比上年下降12.6个百分点。产业集聚度进一步提升。长沙市完成产值3478.2亿元，占全

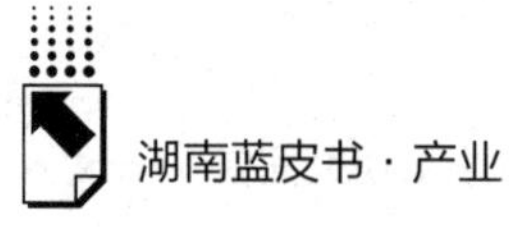

省建筑业总产值的52.5%。长株潭完成建筑业产值4333.3亿元，占全省建筑业总产值的65.4%，“3+5”环长株潭城市群建筑业企业完成建筑业产值5733.2亿元，占全省建筑业总产值的86.5%。

3.第三产业

2015年，第三产业实现增加值12760.2亿元，增长11.2%。全省完成客货换算周转量5096.86亿吨公里，同比增长4.5%。其中，铁路完成客运量10390.18万人，同比增长9.4%；旅客周转量865.60亿人公里，增长28.0%，完成货运量4183.17万吨，下降6.9%；货物周转量729.59亿吨公里，下降10.0%。公路完成客运量13.82亿人，下降8.2%；旅客周转量767.26亿人公里，下降1.2%。完成货运量18.48亿吨，比上年增长7.1%；货物周转量2731.80亿吨公里，比上年增长5.9%。民航累计完成客运量935.44万人，比上年增长7.5%；旅客周转量132.28亿人公里，增长18.0%。完成货运量6.08万吨，下降2.7%；货物周转量0.87亿吨公里，比上年增长3.6%。邮电业务总量893.7亿元，增长20%。全省社会消费品零售总额12023.97亿元，比上年增长12.1%，增速比上年低0.7个百分点。其中，限额以上批发零售、住宿餐饮业法人单位实现零售额4683.74亿元，增长9.7%，比上年同期低3.9个百分点。全省限额以上批发和零售业法人企业零售的商品中，食品类商品实现零售额612.83亿元，增长23.2%，比上年同期高0.1个百分点；穿衣类商品实现零售额321.14亿元，增长7.4%，比上年同期低5.5个百分点；居住类和文化娱乐体育健康类分别实现商品零售额154.74亿元和442.53亿元，分别比上年增长20%和14.1%；石油及制品类商品实现零售额750.61亿元，比上年下降8%；汽车类商品实现零售额1373.15亿元，增长13.6%。全省限额以上住宿业法人单位实现零售额73.33亿元，同比增长4.9%，比上年高4.7个百分点。限额以上餐饮业法人单位实现零售额103.92亿元，增长8.4%，比上年高7.5个百分点。其中，正餐实现零售额82.96亿元，增长8.9%；快餐实现零售额19.39亿元，增长6.3%。

（二）产业结构变化情况

1.三次产业结构更加合理

前三季度，全省三次产业结构为11.5∶44.6∶43.9。其中，第一、第二产业增加值占比同比降低0.1个和1.6个百分点，第三产业增加值占比提高1.7个百分点，全省产业结构以更积极的姿态向更高层次演进。

2. 产业结构调整继续优化

传统优势产业迈向高端。创新驱动成效显现，高加工度工业增加值同比增长8.7%，比全省平均水平高1.2个百分点，占全省规模工业比重37.2%，较上年提高0.6个百分点；高技术产业增加值增长13.3%，比全省平均水平高5.8个百分点，占全省规模工业比重达10.5%，较上年提高0.2个百分点。服务业总体形势向好。1～11月，全省规模以上服务业实现营业收入1887.08亿元，同比增长13.9%，居全国第4位。其中，互联网和相关服务、软件和信息技术服务业、广播电视电影和影视录音制作业、租赁业等其他营利性服务业增长较快，分别为56.3%、36.1%、36.0%、32.0%。

（三）工业效益及能源消耗情况

1. 工业效益进一步提高

2015年，全省规模以上工业企业累计实现主营业务收入35152.16亿元，同比增长6.6%，比全国平均增速高5.8个百分点；盈亏相抵后实现利润1548.6亿元，增长0.3%，在全国排名第12位，在中部六省中排名第4位。每百元主营业务收入中的成本84.33元，主营业务收入利润率为4.41%。按经济类型分，国有实现利润129.56亿元，同比增长0.8%；股份制企业实现利润1165.76亿元，占全部规上工业企业利润的75.3%，下降0.2%；外商及港澳台投资企业实现利润123.05亿元，增长2.7%；其他内资企业实现利润116.52亿元，增长4.0%。按企业规模分，规模以上大中小微型工业企业均整体盈利。其中，大型企业实现利润279.79亿元，降低23.1%；中型企业实现利润401.67亿元，同比上升1.1%；小型企业实现利润840.2亿元，同比上升11.4%；微型企业实现利润23.94亿元，同比降低5.0%。按大类行业分，规模以上工业39个行业中有38个盈利。石油加工、炼焦和核燃料加工业扭亏为盈，实现利润6.13亿元，拉动规模工业利润总额增长1.0个百分点；农副食品加工业实现利润119.61亿元，增长16.9%，拉动规模工业利润总额增长1.0个百分点；黑色金属冶炼和压延加工业亏损4.98亿元，拉低规模工业利润总额增速2.7个百分点；专用设备制造业实现利润85.02亿元，下降

23.4%，拉低规模工业利润总额增速1.4个百分点。

2. 能源消耗情况

全社会用电方面：2015年，全省全社会用电量为1447.63亿千瓦时，增长1.2%。第一、二、三产业用电量分别为17.07、886.55和215.45亿千瓦时，分别下降21.4%、下降3.0%和增长9.9%。其中，工业用电量为866.96亿千瓦时，下降3.2%。城乡居民生活用电量为328.56亿千瓦时，增长9.9%。从市州来看，14个市州的社会用电量8升6降。其中，张家界上升最快，增幅为11.7%。株洲下降最快，降幅为7.7%。工业用电量方面，长沙、张家界、岳阳、邵阳、湘潭和湘西6个市州工业用电量上升（分别上升7.6%、2.5%、1.1%、0.9%、0.7%和0.5%），其余市工业用电量下降。其中，株洲下降最快，下降13.3%。能源消耗方面：工业企业中，纳入监测的198家重点耗能工业企业单位上报单位产品能耗68种，其中40种单位产品能耗呈不同程度的下降，降幅面达58.8%。纳入监测的21个单位产品综合能耗中，有13个同比下降，占61.9%。其中，单位铅冶炼综合能耗、单位粗铅综合能耗和原油加工单位综合能耗降幅居前三位，分别下降8.8%、7.1%和5.3%。纳入监测的25个单位产品电耗中，16个单位产品电耗同比下降，占64%。锰硅合金单位电耗、联碱法纯碱双吨产品生产耗电、选煤电力单耗分别下降8.6%、25.6%和23.4%。纳入监测的7个单位产品煤耗中，3个单位产品煤耗下降，降幅面为42.8%。其中，蒸馏锌综合标准煤耗单耗下降最快，为11.1%。电厂火力发电标准煤耗和电厂火力供电标准煤耗分别增长2.1%和1.7%，发电厂用电率增长0.3%。非工业主要耗能企业消耗能源182.50万吨标准煤，同比下降1.6%，降幅较上年同期减少0.8个百分点。

（四）产业投资增长情况

2015年，全年完成固定资产投资25954.27亿元，同比增长18.2%。投资总量位居全国第9位，中部第3位；投资增速位居全国第3位，中部第1位。全省在建项目（不含房地产）计划投资为38413.92亿元，比上年增长13.2%，其中，新开工项目计划投资23070.44亿元，增长19.5%；在建项目48898个，增长21.3%。农林牧渔业投资提速。全省第一产业完成投资914.49亿元，同比增长28.8%，占比3.5%。工业投资10831.67亿元，同比增长

16.8%。其中制造业完成投资9079.12亿元，同比增长18.8%，占全部工业投资的比重为85.4%；投资增速超过30%的行业有：文教体育用品制造业、化学原料及化学制品制造业、汽车制造业、其他制造业等4个行业。第三产业投资保持平稳。全省第三产业完成投资14012.22亿元，同比增长17.6%，占全部投资的比重为54%，比上年同期下降0.3个百分点。生态保护和环境治理以及基础设施完成投资1027.34亿元，比上年增长26.8%，占全部投资比重的4.0%，比上年同期提高0.3个百分点。全省完成基础设施投资6192.70亿元，比上年增长23.6%，增速与上年持平，比全部投资增速快5.4个百分点；占全部投资的比重为23.9%，比上年提高1.1个百分点。其中，水利环境和公共设施管理业投资高速增长，共完成投资3539.62亿元，增长29.7%，占基础设施投资的比重为57.2%；电力、热力、燃气及水的生产和供应业投资926.00亿元，增长18.2%，占基础设施投资的比重为15%。技术改造和高新技术产业投资快速增长。完成技术改造投资9020.02亿元，同比增长18.4%，增速比全省投资快0.2个百分点，比上年同期加快9.1个百分点，总量占全部投资的比重为34.8%，比上年同期提高0.1个百分点。

（五）全面提升对外开放情况

2015年，全省进出口总值293.7亿美元，同比增长-4.75%，较全国平均水平高3.4个百分点。全国排名第19位，与上年持平，增幅全国排名第12位，下降6位，中部六省排名第5位，与上年持平。其中，出口191.8亿美元，下降3.9%，较全国平均水平低1个百分点；进口101.9亿美元，同比下降6.4%，较全国平均水平高8个百分点。加工贸易平稳增长。加工贸易进出口额99.5亿美元，上升16.4%，较全国平均水平高28个百分点。新兴市场比重进一步提升。美洲、大洋洲、台港澳地区进出口快速增长，南非等新兴市场出口增幅较大，韩国、澳大利亚等国家进口逆势增长。台港澳地区和亚洲为湖南省主要出口市场，出口额分别为57.4亿美元和53.9亿美元。中国香港、美国和南非出口增速较快，分别为53.6亿美元、22.3亿美元和6.4亿美元，同比增长8.5%、37.74%、57.56%。受自贸区政策刺激，与韩国、澳大利亚进口贸易逆势增长。从美国和澳大利亚分别进口14亿美元、10亿美元，同比增长30.21%、7.39%，进口增幅最大的为韩国，同比增长288.19%。机电和高新产品进出口快速增长。机电产品出口99.7亿美元，同比增长18.56%，占全省出口总额的51.9%。进口48.7亿美元，同比增长20.97%，占全省进口总额的47.8%；高新技术产品出口35.8亿美元，同比增长50.62%，进口24.9亿美元，同比增长70.77%。主要资源类商品进口量增价跌。进口铁矿石2101.8万吨，进口额13.4亿美元，数量同比增长4.93%，但进口额下降30.81%；进口原油53.8万吨，进口额2.1亿美元，数量同比下降0.02%，但进口额下降43.27%。民营企业成为进出口主力军。民营企业进出口179.2亿美元，同比增长2.83%，占全省进出口总额的61.01%，较上年提升了9.2个百分点。三资企业进出口总额62.3亿美元，占比与2014年相比基本持平。

实际利用外资稳定增长。全省新批外资项目562个，同比上升4.27%；合同外资118.2亿美元，同比增长5.83%；实际利用外资115.6亿美元，同比增长12.65%。从三次产业来看，第一产业新批项目74个，合同外资8.5亿美元，实际利用外资6.3亿美元；第二产业新批项目277个，合同外资68.7亿美元，实际利用外资71.4亿美元；第三产业新批项目211个，合同外资40.9亿美元，实际利用外资37.9亿美元。从园区利用外资来看，省级以上园区新批项目142个，同比增长17.36%；合同外资42.96亿美元，同比增长4.57%；实际使用外资46.24亿美元，同比增长28.74%，占全省总额的39.98%。其中，14个国家级园区新批项目69个，同比增长15%；合同外资17.79亿美元，同比下降25.63%；实际使用外资25.35亿美元，同比增长12.3%，占全省总额的21.92%。

二　2016年湖南产业发展形势

（一）新兴优势行业快速增长，制造业有望突破发展

1～10月，湖南省新兴优势行业增长较快。医药制造业、计算机、通信和其他电子设备制造业、铁路、船舶、航空航天和其他运输设备制造业增幅均高于规模工业平均水平。2015年11月，省政府发布了《湖南省贯彻〈中国制造2025〉建设制造强省五年行动计划（2016～2020年）》，确定了全省未来五年全面推进制造业转型升级、加快建设制造强省的时间表、路线图、任务书。预计2016年，随着行动计划实施，湖南制造业有望取得突破性发展。

（二）产能过剩仍然严重，工业企业生产经营压力较大

由于经济增速放缓，总体需求不足，我国钢铁、水泥、电解铝、平板玻璃等原材料工业仍存在严重产能过剩。首先，目前国内工业经济仍在深度调整，钢铁、机械、建材、化工等传统产业正在转型，抑制产能过剩和淘汰落后产能任务艰巨，新兴产业迅猛发展产生的新动力，仍不足以对冲传统产业动力的衰弱，工业经济增长动力不足。其次，从省内看，湖南省企业在面临需求不振、订单不足的同时，还存在生产成本不断攀升与效益水平不断下滑叠加，以及去库存、去产能的压力持续增大等困难，企业生产经营压力较大。预计 2016 年企业在转型升级方面压力巨大，化解产能过剩仍然成为传统原材料工业发展的重点任务。

（三）“互联网 +”战略加快实施，成为产业优化升级新动力

以移动互联网、大数据、云计算等为代表的新一代信息技术发展迅速，并加速向经济社会各个领域渗透。2015 年 9 月开始，湖南省陆续发布《实施“互联网 +”行动推进传统产业转型升级工作方案》、《湖南省实施“互联网 +”三年行动计划》等文件，力争到 2017 年，全省互联网、物联网、云计算、大数据等新一代信息技术在经济社会各领域普及应用，基于互联网的新业态成为新的增长动力。信息技术和电子商务的快速发展，将引领湖南产业结构的革命性变化，带来消费理念、消费模式的深度变革。政策红利将在 2016 年进一步释放，互联网与其他产业的融合将深入推进，新产品、新业态、新模式加速产生，为产业结构优化升级提供了动力，经济增长新动力也将快速形成。

（四）区域合作进一步强化，开放经济加速发展

2015 年，国家“一带一路”、长江经济带建设和京津冀一体化三大发展战略稳步实施，成为政府工作中拓展区域发展新空间的重要抓手，并已经显现出一定的成效。湖南作为前两大国家战略的受益者，开放型经济明显加快。2015 年上半年，全省完成进出口总额 139 亿美元，同比增长 10%，比全国水平高 16. 9 个百分点，增幅居中部第 3 位；合同利用外资 56. 4 亿美元，同比增长 19%；实际使用外资 60. 9 亿美元，同比增长 13. 6%，比全国平均水平高 11. 6

个百分点，居中部地区第2位；内联引资1937亿元，同比增长13%；对外直接投资9.76亿美元，同比增长130.5%，居全国第9位。2016年，随着“一带一部”区位优势不断发挥和中部崛起战略的政策支持，《湖南省对接“一带一路”战略行动方案（2015～2017年）》的落实，湖南与周边省份区域合作将进一步强化，全省开放经济有望继续保持平稳较快增长。

三 2016年推进湖南产业经济发展总体思路

2016年是全面建成小康社会决胜阶段的开局第一年，是“十三五”的开局之年，也是推进结构性改革的攻坚之年。分析当前经济形势，明确2016年产业发展思路，对于抓好2016年经济工作，推动全省各项工作实现“十三五”的良好开局，具有重大而深远的意义。

（一）指导思想

全面贯彻落实党的十八大、十八届三中、四中、五中全会和2016年中央经济工作会议和城市工作会议精神，认真贯彻落实习近平总书记系列重要讲话精神，落实湖南省委经济工作会议精神，按照“五位一体”总体布局和“四个全面”战略布局的要求，牢固树立和贯彻落实创新、协调、绿色、开放、共享的发展理念，落实中央关于宏观政策要稳、产业政策要准、微观政策要活、改革政策要实、社会政策要托底的总体思路，主动适应经济发展新常态，坚持稳中求进总基调，坚持稳增长、调结构、惠民生、防风险，实施“一带一部”战略，以提高经济发展质量和效益为中心，突出创新驱动、改革推动、项目拉动、开放带动，促进“三量齐升”，推进“五化同步”，狠抓结构性改革，着力转型升级，培育发展新动能，促进精细化内涵式增长，推动产业迈向中高端水平，保持经济运行在合理区间，努力实现经济社会持续健康平稳发展，为全面建成小康社会、建设富饶美丽幸福新湖南开好局、起好步。

（二）发展思路

湖南产业发展要着眼于促改革、调结构，逐步打造“双引擎”，实现“双中高”，即要靠“培育打造新引擎、改造升级传统引擎”，实现“中高速增长、中高端水平发展”。

农业方面，提升农业发展品质，提高农业现代化水平。继续推进三个“百千万”工程，进一步完善政策措施、加大财政投入。大规模推进土地整治、中低产田改造和高标准农田建设。继续深入推进农业结构调整。区域结构方面，着力打造优势产业带，建设一批现代农业示范区、特色园，以及农业标准化示范县、乡和基地；粮食生产方面，推进粮食精深加工，打造粮食千亿产业；种养业方面，发展特色养殖，鼓励发展种养结合的循环农业；三产融合方面，培育优势品牌，创新农产品流通业态和销售渠道，加快发展休闲农业、旅游农业、创意农业。不断激发农业农村发展活力。加快推进农村土地承包经营权确权登记颁证。完善农业保险机制。落实乡镇区划调整。鼓励农民工返乡创业，着力培养新型职业农民。

工业方面，着力对接“中国制造2025”，提高产业发展质量与效益。把对接“中国制造2025”作为新型工业化最重要、最根本的抓手，启动实施制造强省五年行动计划，全面推动产业转型升级。继续巩固发展工程机械、钢铁、有色、冶金、建材、石化、食品等支柱产业，着重抓好海工装备、有色金属绿色改造升级、食品产业园等重大技改升级工程。积极培育壮大移动互联网、生物医药、节能环保、新能源、住宅产业化、新材料、电子信息以及高性能数字芯片、3D打印、智能机器人等新兴产业，“一业一策”的支持企业进行核心技术研发、技术成果转化和市场推广，重点抓好轨道交通、新能源汽车、北斗卫星导航等重大项目。

服务业方面，大力发展服务业新模式、新业态，提升服务业的比重与拉动作用。顺应多元化、个性化消费需求导向，大力发展文化教育、旅游、休闲娱乐、健康养老、体育健身、信息服务、会展等新兴产业，推动旅游、文化与扶贫融合发展。着力补齐金融短板，把金融体制改革作为2016年的重点改革任务。在中央的统一部署下，搞好本省的金融发展总体规划，完善相关政策支持措施，注重规范发展具有本地特色的金融机构，加强银企、政银对接与合作，加强金融资源整合。推进电子商务产业集聚，积极发展跨境电商，促进产业融合。培育综合化、规模化、集聚化、国际化商务服务类企业。实施创新驱动战略，大力发展研发设计产业，推动研发设计服务市场化、产业化。着力建设大市场、发展大商贸、搞活大流通，建立完善现代商品流通体系。促进物流信息化、标准化、规范化，降低社会物流总费用。促进制造业与现代服务业融合发展。

（三）工作重点

化解过剩产能。化解产能过剩问题是2016年产业经济工作的首要课题，也是推进供给侧改革面临的严峻挑战。按照中央的整体部署，优化存量、引导增量、主动减量，积极稳妥推进企业优胜劣汰，通过兼并重组、破产清算，实现市场出清。以市场为导向，清理过剩产能，强化政府在债权、社会保障以及就业等方面的政策保障，实现生产要素重新组合配置，完成经济结构调整。

创新增长动力。继续在“大众创业、万众创新”上加油鼓劲，发挥创新引领发展的第一动力作用。发挥“双创”、“互联网+”集众智、汇众力的乘数效应，进一步打造众创、众包、众筹支撑平台，形成线上线下协同的创新创业格局。

落实企业减负。全面落实中央关于减轻企业负担的要求，在降低制度性交易成本、企业税费负担、人工成本、“五险一金”、财务成本、电力价格、物流成本等方面打出一套“组合拳”。在全省范围内广泛深入开展企业帮扶活动，对重点企业逐一分析、逐一研究、逐一扶持，加大省内产品采购力度、加强产业配套、强化要素保障，营造良好的发展环境。

完善产业载体。园区建设管理是2016年的一项重点工作。继续实施“135工程”，高质如数完成标准厂房的建设任务。提升全省园区整体水平，促进中小企业集聚，加快承接产业转移，推动产业结构调整和技术升级，重点加快全省产业园区工业地产的发展。

优化产业结构。大力调整优化产业结构，支持企业技术改造和设备更新，加快传统产业转型升级，按照高端化、智能化、绿色化、服务化的方向，着力培育发展新兴产业，落实好《中国制造2025》、“互联网+”行动计划，推进制造强省“1274”行动，支持节能环保、新一代信息技术、高端装备制造等产业成长，大力发展金融、文化、教育、健康、养老、旅游、物流、信息、会展等服务业。

增强投资带动。对接国家产业政策和重点投向，加强新兴产业投资。对接消费和服务升级，加强消费领域投资。对接完善基础设施和公共服务，加强“四张网”建设和民生改善投资。对接人才强省建设，加强对人的教育培训投资。对接绿色发展，加强生态环保投资。

四 2016年产业发展的建议

按照十八届五中全会精神，围绕“四个全面”战略部署，推进供给侧结构性改革，从产业发展的角度做好“加、减、乘、除”四则运算，按照“一业一策”思路实施产业精准扶持政策，着力推进产业升级转型，培育产业发展新动力，为湖南“十三五”开局奠定良好的产业发展基础。

（一）加快调整产业结构

1. 积极稳妥化解落后产能

加快淘汰过剩产能，坚决实施关停淘汰原有的各行业的落后产能，例如低效率落后生产工艺、小规模或个体采矿、水泥制造、冶金、炼焦等。加快处理一批长期亏损、债台高筑、无药可救的“僵尸企业”。区别对待过剩产能行业，通过兼并重组、外包任务和产业转移等途径逐步进行整合优化。煤炭采选、有色金属、稀有金属采掘冶炼等行业，加大整合重组力度，严控开采总量，避免资源浪费，严防资源外流和由于无序市场竞争造成的产品贬值。棉纺织、化工、原油加工、工程机械等行业吸收了大量就业人口，拥有巨额固定资产，同时还具有相当的技术优势，要鼓励其借助“一带一路”等开放新战略、大胆走出去、参与国际竞争、打开销路的同时，实现省外和国外的生产布局，从而消化本省的过剩产能。汽车制造、钢压延冶炼等行业的相对产能过剩是产品结构不合理导致的，引导和扶持资源、技术条件好的企业积极调整产品结构，摆脱低端市场的无序竞争，转入高附加值、高利润空间的产品市场。加快化解房地产库存，通过组合政策，分区域、分情况推进房地产政策完善。

2. 加快战略性新兴产业发展

精心培育一批具有良好发展前景、具有一定基础的战略性新兴产业企业和集团，培育成自主创新能力强、具有品牌优势、产品市场占有率高及主要经济指标居全国领先，在国际上有一定影响力的骨干企业。围绕“中国制造2025”和“互联网+”行动计划，推进制造强省“1274”行动，支持高端装备智能制造、信息和互联网、节能环保等产业成长，其中，重点抓好移动互联网、新材料、生物医药、节能环保、轨道交通、新能源汽车、住宅产业化、3D打印、北斗导航、智能机器人等具有较好基础的特色新兴产业发展。鼓励战略性新兴产业企业争创中国驰名商标、名牌产品，促进提升品牌市场竞争力和品牌价值。按照“一业一策”思路支持企业进行核心技术研发、技术成果转化和产品市场推广。以应用为导向，加快新兴产业的推广示范，提高市场认知，为新兴产业的发展提供良好的发展环境。

3. 大力发展新型消费品工业

湖南的消费品工业是短板，当前应大力发展新型消费品工业，增加有效供给。将消费品工业发展同商贸流通服务业发展结合起来，推广本地名牌产品，支持本地产品的消费，打造“湘品出湘”工程。一方面加大省内促销。开展节会促销、主题促销、行业促销等方面活动，帮助湘菜、湘绣、湘酒、湘瓷、湘茶等行业企业扩大知名度。另一方面拓展异地展销。支持本省企业扩大在国内的市场份额，建立省外直销店、展示中心、物流集散中心等；支持湘字号特色产品积极参加省外、境外各类大型展览展示会，鼓励进入国际国内大型零售商的超市、百货店；支持国内大型零售企业在湘组织采购商大会、农商对接采购订货会。

4. 推进现代服务业发展

加快推进充分利用湖南省科教资源优势，重点发展研发设计、检验检测、技术转移、创业孵化、知识产权、科技咨询、科技金融、科学成果转化等服务；整合现有物流资源，完善物流枢纽—物流园区—物流中心—物流配送中心等节点体系，积极发展多式联运、甩挂运输等现代运输方式；围绕打造长江经济带区域金融中心目标，创新发展金融业，着力提升全省金融业的资源集聚力、创新引领力和抗风险能力，加快构建全省现代金融服务体系，争取将省会长沙建设成中部地区金融创新试验区；重点发展信息技术服务、网络增值服务、信息内容服务等产业，以国家超级计算长沙中心为平台，打造全国领先的云计算、云存储、云安全、云应用服务中心。深化骨干企业电子商务示范应用，完善电子商务产业链，加强在线交易和在线支付服务等公共平台建设，建设一批电子商务产业园区，全力推进微软创新中心、阿里巴巴（株洲）产业带等大型电子商务项目进园区。

（二）加快提升产业质量

1. 围绕产业链群打造，完善产业生态系统

精心选取一批既有发展基础又有发展前景的产业链群，延伸扩大产业链条，培育和引导企业聚集配套发展，发挥产业集群效益。重点实施建链、补链、强链三大工程。“建链”是在已有的基础上，需要培育和引进龙头企业和关键企业，进一步建立和完善产业链条的产业，其重点是：新一代信息技术（包含云计算、物联网、空间地理信息等）、智能制造、电池、高端服务业和生物医药等产业。“补链”是要寻找产业链条中缺失的高附加值和关键环节，从价值链的角度来完善产业链，其重点是：消费类电子整机及元器件、汽车及零配件制造、新能源和农产品加工。“强链”就是对于现有基础较好、产业链条较为完善的产业，进一步地提升科技含量和品牌价值，促进现有产业链群不断提升核心竞争力，将优势产业打造为全国乃至世界领先的产业集群，其重点是：装备制造、新材料和文化创意等产业。

2. 围绕产业品质提升，加快低端产业成长提质

从供给侧加快提升产业和产品品质，实施质量兴省战略、标准化战略和名牌战略，重点实施先进产业标准体系构建、企业认证推广、区域品牌打造、知识产权示范、检测技术平台搭建等。加快构建以龙头企业及优势产业集群为引领，以科技为主要手段，以制定及参与制定业内标准、谋求国际认证、树立知名品牌三方面为主要内容的产业优化升级推进体系。

3. 完善产城功能配套，加快需求拉动

推进城市产业载体夯实工程，满足产城融合，宜业宜居的功能需求，打造一批现代城市工业经济综合体，突出专业化、关联性、集约式特点，推动产业园区从单一的产业生产区到城市组团的综合，通过科学定位及管理运营，使园区中的产业、商务、流通、生活能够融为一体，使园区不仅是产品研发、生产基地，同时也是繁华便捷、生态宜居新城，形成高品质、多功能的现代城市工业经济综合体。着力加强新兴产业应用推广，通过发挥消费对产业发展的拉动作用，加快新产业的培育和新产品的市场化推广。

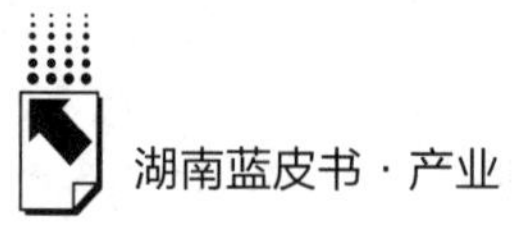

（三）优化产业发展环境

1. “放水养鱼”，减轻企业负担

坚持市场配置资源的决定性作用，减轻企业负担。按照中央经济工作会议精神，切实在降低制度性交易成本、人工成本、税费负担、“五险一金”、财务成本、电力价格、物流成本等方面研究出台相关政策。建议取消、规范一批省定行政事业性收费，停征、免征、减征、缓征各类涉企收费项目。对于中小企业探索“简单税制”，归并和简化收税环节，降低中小企业的税负成本。对营改增试点期税负增加的企业实施过渡性财政扶持政策。对营改增试点期间税负增加的企业，上海、北京、江苏、山东、安徽、重庆、江西等省市均出台了过渡性财政扶持政策。其中，江苏、山东、重庆是对因“营改增”试点改革导致月均税负增加额 1 万元以上的试点企业给予全额补助。建议湖南省借鉴这些省市的做法，出台过渡性财政扶持政策。

2. 优化项目审批管理体制

一是省市权力科学划分。主要属市州内部经济社会事务的管理权限、属地管理更有效率的管理权限等，应尽可能下放到市州；对需要全省统筹、涉及江河全流域治理等跨市州事务的管理权限，全省经济社会宏观管理权限，专业性较强、垂直管理更有效率的权限，宜保留在省级部门。二是注重权限下放的配套性。涉及联合审批的，或设有前置审批的，宜同步下放。三是下放权限涉法问题需严谨处理。法律法规未明确由省直部门管理的一律直接下放；国家法律和法规规定需由省级政府管理的，则完善委托下放方式及操作办法；地方性法规要求由省直部门管理的，则宜对地方性法规进行修订后直接下放。

3. 强化对市场的监管和协调

简政放权的同时，政府必须加强监管职能，从管理政府向监管政府转变，通过严格监管维持市场正常秩序。第一，制定适应项目投资建设审批体制改革的后续监管配套措施。根据改革对政府部门监管职责带来的变化，科学划分和厘清部门监管职责，实现审批许可和监管工作的协调统一。第二，建立部门之间监管执法联动机制。增强联合执法的协同能力，探索多层次、多渠道的监管执法合作。第三，强化公众监督和信用监管。鼓励公众参与监督，设立公众投诉电话和微信、微博等监督渠道；加强信息公开和开放，推进部门间数据交互，借助全省政务云平台建设，以省法人库为基础，建成以大数据为基础的社会信用体系。

4. 引入市场主体加强政府服务

通过政府购买的方式提升政府服务效率，支持社会组织承接政府职能转移。第一，大力推动技术审查市场化改革。通过“剥离”推动行政审批与技术审查相分离，将技术性审查工作交由具有相应技术资质的合法机构进行审查。第二，政府购买生产性服务中介。特别针对中小企业，建议政府不再直接搭建服务平台，而是通过购买服务方式向社会购买生产性服务中介，并引入市场竞争机制，减少寻租等行为。第三，建立健全 PPP 制度。建立严格的 PPP 准入与灵活的退出机制。完善风险分担机制。要明确政府和企业各自承担和共同承担的风险，合理分配责任义务，健全利益分配机制，确定合理的投资回报率（参考社会平均投资收益率），制定动态利润调整制度。

行 业 篇

Industry Reports

B.5

2015 ~2016年湖南机械行业发展研究报告

湖南省经济和信息化委员会装备工业处

一 2015年发展情况

2015 年，全省机械行业 2653 家规模企业完成工业增加值 2390.56 亿元，比上年增长 6.3%；主营业务收入 8364.51 亿元，比上年增长 8.3%；新产品产值 2418.53 亿元，比上年增长 21.2%；出口交货值 304.02 亿元，比上年增长 24.4%；利税总额 689.75 亿元，比上年增长 3.8%；利润 385.94 亿元，比上年增长 3.0%。行业发展呈以下几个主要特点。

（一）经济运行稳中有进

2015 年，行业上下积极应对复杂严峻的经济局势，奋力开拓国内外市场，确保了行业发展稳中有进的年度运行目标，工业增加值、主营业务收入、新产品产值、出口交货值、利税和利润等主要经济指标实现了平稳增长。16 个子产业中，主营业务收入除工程机械行业外，其余 15 个行业均实现了增长。航空航天装备、船舶制造、办公文化设备、轨道交通装备、农机、基础件、汽车、电工电器、食品包装机械、重型矿山机械和其他民用机械等 11 个子产业的增速高于行业平均水平，均实现两位数以上增长。航空航天装备、船舶制造、办公文化设备、轨道交通装备实现了 20% 以上的增长。

（二）产品产量稳中有升

列入统计口径的 96 种主要机械产品中，产量同比增长的有 57 种，占产品总数的 59.4%，其中，增幅在 10% 以上的有 42 种，占总数的 43.8%；增幅在 20% 以上的有 32 种，占总数的 33.3%。全年生产金属切削机床 4455 台、金属成型机床 6845 台、混凝土机械 44367 台、挖掘机械 19135 台、压实机械 2266 台、电力电缆 408 万千米、发电设备 190 万千瓦、变压器 10594 万千伏安，铁路机车 776 辆，动车组 60 辆、城轨车辆 1732 辆、铁路货车 5210 辆、民用钢质船舶 54.44 万载重吨。全年生产汽车（不含工程专用车）63.59 万辆，其中乘用车 59.00 万辆。

（三）产业内部结构分化加剧

由于不同行业的市场冷热程度和竞争能力不同，主营业务收入、利润等主要经济指标差距拉大。电工电器行业主营业务收入、利税、利润的总量指标全面超过长期处行业第一位的工程机械，在规模上成为行业第一大子产业。2015 年，15 个子产业按主营收入规模排序依次是：电工电器 1746 亿元，工程机械 1451 亿元，汽车 1175 亿元（不含工程专用车），轨道交通 777 亿元，基础件 638 亿元，石化通用 528 亿元，重型矿山 522 亿元，机床工具 342 亿元，农机 243 亿元，仪器仪表 231 亿元，船舶制造 73 亿元，食品包装机械 68 亿元，内燃机 31 亿元，办公文化设备 24 亿元，航空航天装备 12 亿元，其他民用机械 501 亿元。

（四）龙头企业结构调整力度加大

中联重科通过资产重组形成工程机械、环境产业、农业机械和金融服务“四业并举”的格局。三一集团正式提出新“三一”转型发展战略，即发展装备制造、新能源、金融投资三大产业和工业互联网与地产平台。南车株机、衡阳特变、湘电集团、中联重科、三一集团、铁建重工等越来越多的企业正在从"单台产品供应商"向"成套设备供应商"和"服务供应商"转变。一批装备制造企业利用移动互联网、物联网和云计算技术构建物联网智能云服务平台，实现了对产品的实时在线运行监测，开始通过移动智能终端为客户提供在线工况监测、故障预警等更多信息化增值服务。

（五）行业创新体系进一步完善

行业进一步加强创新体系和能力建设，年内又有湖南长高高压开关集团股份有限公司、三一重机有限公司和特变电工衡阳变压器有限公司的技术中心获得国家认定，特变电工衡阳变压器有限公司还被工信部、财政部认定为国家技术创新示范企业。至此，湖南机械行业已有国家认定企业技术中心 24 家，国家技术创新示范企业 9 家。年内新增湘潭锅炉有限责任公司等 5 家湖南省认定企业技术中心，至此全省机械行业的省级企业技术中心已达 112 家。中车株机年内获批建设大功率交流传动电力机车系统集成国家重点实验室等三大国家级科技创新平台，新型功率半导体国家重点实验室的正式立项使中车株所的国家级技术创新平台增至七个。

（六）高端装备研发不断取得新突破

国产首列中低速磁浮列车投入试运行，国产首台套"永磁高铁"电机和牵引系统通过首轮线路试验考核，国产首台商业化 5MW 海上风机完成吊装进入调试阶段，国内首台铁路大直径盾构机研制成功，国产首台 TBM 首次贯通我国第一座采用全断面隧道掘进机施工的煤矿斜井，世界单机最大碟式斯特林光热发电系统正式运行，全球首套干混、商混及机制砂"三位一体"系统解决方案正式投产运营，世界首创 1000 千伏发电机变压器顺利通过 168 小时运行考验，超高压拖泵再次创造混凝土单泵垂直泵送新的吉尼斯世界纪录 621 米。一大批重大高端产品研制成功并投放市场，为行业发展增添了新的动力。湖南省加速推进新型工业化工作领导小组发布的 2015 年度全省产业技术创新 10 大标志性成果中，有 7 大标志性成果在机械行业。

（七）国际化战略稳步推进

在国内需求严重不足的情况下，2015 年全省机械企业大举进军国际市场，规模企业完成出口交货值 304.02 亿元，比上年增长 24.2%，取得了好于国内同行的业绩（全国机械工业出口比上年下降 8.1%）。中联重科签约收购意大利纳都勒（LADURNER），正式在全球布局自己的环境产业；其位于白俄罗斯莫吉廖夫的中白工业园首批合资产品也正式下线。中车株机出口马其顿的城际动车组成功下线，标志我国自主品牌动车组正式进入欧洲高端市场。时代电气以 12 亿元人民币正式收购英国 SMD，核心业务向深海机器人及深海高端装备领域延伸。泰富重装集团于中非合作论坛约翰内斯堡峰会上签署塞拉利昂共和国政府弗里敦港口改扩建工程项目，签约金额 7.08 亿美元。衡阳特变公司承建多哥共和国变电站和输电线路项目。“三一集团诉奥巴马案”达成全面和解，不仅为三一在美国的投资扫清了障碍，同时为中国企业乃至全球企业在美国投资取得合法权益提供了借鉴。

（八）一批重大项目开建或竣工

2015 年，全省机械工业累计完成固定资产投资 3255.62 亿元，占全省规模工业投资的 30.6%，比上年增长 17.1%，高于全省规模工业增幅 0.3 个百分点。一批重大项目的开建或竣工为行业发展增添了后劲。总投资 20 亿元的三一众创孵化器建成 12000 平方米，登记入驻近 40 个智能制造和互联网初创企业团队，初步具备开业迎宾条件；上海大众长沙工厂于 5 月竣工投产，年内产销汽车超过 2 万辆；北京汽车株洲基地二工厂项目建设启动，预计 2017 年投产时，北汽在株洲的基地将形成 50 万辆整车产能。吉利汽车新能源 SUV 项目正式落户湘潭，计划投资 35 亿元，在湘潭经开区内的吉利汽车生产基地现有的平台基础上，新增全新新能源 SUV 产品平台项目，全面对标沃尔沃技术和生产程序、标准，生产涡轮增压节能汽油 SUV、插电式混合动力 SUV 等车型。总投资约 50 亿元的比亚迪电动卡车及专用车基地项目也开始建设，规划建成比亚迪电动卡车及专用车全球制造中心，含整车及相应配套零部件，面向其全国工厂提供电动底盘、车桥等核心部件。

（九）智能制造工程稳步推进

按照工信部统一部署，结合湖南制造业实际，湖南在流程制造、离散制造、智能装备和产品、智能化管理、智能化服务等领域实施了智能制造试点示范及应用推广。6月，省经信委认定了首批“湖南省智能制造示范企业”，包括南车株洲电力机车有限公司、湖南南车时代电气股份有限公司、株洲南车时代电动汽车股份有限公司、三一集团有限公司、长沙长泰机器人有限公司、湖南华曙高科技有限公司、湖南梦洁家纺股份有限公司、株洲钻石切削股份有限公司、湖南红太阳光电科技有限公司、湖南科霸汽车动力电池有限公司等十家企业，这些企业分别在高档数控机床和机器人、先进轨道交通装备、节能与新能源汽车、工程机械、家纺生产线智能化管理、工业级3D打印智能制造、太阳能电池数字化智能制造、汽车动力电池智能制造等领域形成智能制造示范。6月，工信部公布2015年智能制造专项项目，湖南又有4家企业的4个项目入选。至此，湖南已有9个项目入选国家智能制造专项。7月，三一集团有限公司入选国家工程机械智能制造综合试点示范，湖南华曙高科技有限责任公司入选国家工业级3D打印系统试点示范。在10月召开的全国装备制造业智能制造现场经验交流会上，介绍经验的5家企业中有湖南三一集团、华曙高科2家企业。

二 存在的主要问题

尽管行业实现了平稳增长，并且正在发生积极变化，但整个行业仍然存在着市场需求不旺、低端产能过剩、库存积压严重、赢利水平下降、应收账款居高不下等诸多困难。

（一）结构调整和转型升级任务依然繁重

从产品结构看，高端产品产能严重不足，中低端产品产能严重过剩的矛盾依然严峻。2015年全省机械行业增加值率只有28.6%，远低于发达国家平均水平（35%~48%），新产品产值率也只有28.9%。从市场结构看，湖南机械工业产品依然严重依赖国内市场，2015年出口交货值只占主营收入的3.6%。

从经营结构看，绝大多数企业依然以产品经营为主，行业中缺少具有工程总承包能力的服务供应商和设备成套系统制造商，现代制造服务业规模还不大、水平还不高。从管理结构看，不少企业依然停留在粗放式管理、外延式增长，有些甚至还停留在作坊式的生产。从企业组织结构看，前十位企业的规模总量只占全行业的35.2%，低于发达国家同行业50%以上的水平，产业集中度偏低。

（二）需求疲软导致订货下降、价格低迷

中低端产品产能过剩、市场需求不足导致机械产品订货下降、价格低迷。2015年机械工业重点联系企业累计订货延续了上年的疲软态势，且增速进一步回落，预计未来一段时间整体上需求不旺仍是湖南机械工业面临的主要问题。机械工业产品价格指数延续了上年低位运行的态势，至2015年底止，机械产品累计价格指数已连续48个月低于100%。96种主要机械产品中，累计价格指数同比下降的有68种，占比高达70.8%。

（三）成本压力加大效益提升困难

2015年，湖南机械行业规模企业主营业务成本达到7187.58亿元，比上年增长9.5%。累计财务费用93.45亿元，比上年增长18.6%；管理费用393.19亿元，比上年增长13.5%；利息支出71.71亿元，比上年增长12.6%。主要支出项的增长速度均高于主营业务收入的增长速度（8.3%），从而给效益提升增加压力，全年利润的增速只有3.0%，远低于主营业务收入的增速。规模企业中亏损企业已达224个，比上年增长28.8%。另外，居高不下的应收账款也对经济运行形成越来越大的压力，2015年末湖南机械行业规模企业应收账款总额高达1650.03亿元。

（四）工程机械持续低迷对行业形成拖累

2011年下半来，全国工程机械行业市场不断萎缩，各种矛盾凸显，企业面临的困难超出预期，经济效益大幅下降，企业经营风险加剧。因为工程机械在湖南机械工业中所占比重大，它的持续下滑毫无疑问地给整个行业的增长形成拖累。2015年全省工程机械行业规模企业完成工业增加值352.56亿元，比上年下降8.8%；新产品产值646.67亿元，比上年下降13.7%；出口交货值

80.00 亿元，比上年下降 35.6%；主营业务收入 1450.98 亿元，比上年下降 10.7%；利润 29.52 亿元，比上年下降 51.6%。实现利税 58.09 亿元，同比下降 44.6%。86 家规模企业已有 10 家企业亏损，亏损总额高达 2.2 亿元。

三　面临的形势和任务

2016 年是“十三五”开局之年，由于国内外经济环境的变化，机械工业面对的矛盾与问题将更为复杂，结构调整与转型升级的任务将更加繁重。机械装备工业作为新竞争格局下的战略必争产业面临着新的机遇和挑战。

（一）全球产业竞争格局深度调整对行业形成极大挑战

当前，新一代信息技术与制造业的深度融合，正在引发影响深远的产业变革，新的生产方式、产业形态、商业模式和新的经济增长点正在形成。为重塑竞争新优势，抢占未来制高点，各主要经济体纷纷将振兴制造业纳入国家战略。美国通过并实施“制造业促进法案”“先进制造业国家战略计划”，现在已经见到成效。德国提出“工业 4.0”，旨在依靠科技创新、树立国家品牌、发扬精益求精的文化精神，确保德国制造继续占领未来制造业高端。英国斥巨资支持创新制造中心建设。新兴经济体国家巴西、印度相继实施“工业强国计划”“国家制造业政策”，旨在承接产业和资本转移，拓展国际发展空间。其中，印度计划用 7 年时间培训 5 亿熟练劳动力，争当世界人力资源之都。同时，具有科技领先优势的工业发达国家为维护霸主地位，通过投资和贸易保护等手段，不断制造经济争端，对我国实施技术壁垒，加剧了市场竞争的残酷性，机械工业首当其冲成为“重灾区”。

（二）行业迎来我国经济社会全面发展重大历史机遇期

我国经济发展进入新常态，其增长速度、发展方式、经济结构、发展动力都在发生趋势性变化。同时，随着我国新型“四化”的快速推进，超大规模的内需潜力不断释放，为国家经济社会发展、特别是为制造业发展提供了更加广阔的空间。国家已经颁布《中国制造 2025》，这是我国实施制造强国战略的行动纲领，标志着我国工业发展进入了新的历史阶段。强国战略中明确了指导思想、发展方针、基本原则和“三步走”战略目标，其十大重点领域基本都与机械工业紧密相关，而高端数控机床和机器人、先进轨道交通装备、节能与新能源汽车、电力装备、农机装备等，更是直接涉及机械及各子行业。强国战略是我国首次从国家战略层面为机械工业描绘的发展蓝图，思路之清晰、规划之具体、目标之明确，为新中国成立以来工业界首创。对当今制造业适应新常态、引领新常态，实现由大到强转变，具有重大现实意义和深远历史意义。为加快制造业发展，国家正在大力实施“京津冀协同发展”、“一带一路”以及国际产能与装备制造业合作等重大战略，并为促进中国装备“走出去”，出台了利好政策，机械工业发展正处在前所未有的重大历史机遇期。

（三）湖南机械工业进入全面建设制造强省的新时期

新中国成立后，特别是改革开放以来，湖南机械工业实现了持续快速发展，已建成门类齐全的产业体系，总体规模大幅提升，综合实力不断增强，不仅对湖南国民经济和社会发展做出了重要贡献，而且成为支撑湖南经济的重要力量，具备了建设制造强省的基础。刚刚发布的《湖南省贯彻〈中国制造2025〉建设制造强省五年行动计划》中明确了制造强省建设的总体思路、基本原则、重点领域和主要措施。湖南制造强省建设确定的12个重点行业有9个属于装备制造领域。在上述《五年行动计划》编制过程中，湖南制造强省建设领导小组办公室分别开展了先进轨道交通装备、工程机械、航空航天装备、节能与新能源汽车、电力装备、节能环保装备、高档数控机床和机器人、海洋工程装备及高技术船舶、农机装备等重点产业的调研，形成了专题调研报告，并在调研的基础上编制了这些重点产业五年行动方案，这些方案近期将以制造强省建设领导小组的名义发布。随着这些行动方案以及智能制造工程、高端装备创新工程的实施，湖南机械工业必将迈上全面建设制造强省的新时期。

（四）稳增长、调结构、促转型依然是湖南机械工业主要任务

进入新的发展阶段，机械工业面临着持续稳中求进、加快突破制约瓶颈、全面提质增效升级、步入创新驱动和质量效益型发展道路的挑战，肩负着支撑制造强省建设的重大使命。这种形势下，湖南机械工业要按照制造强省建设的战略部署和省委经济工作会议的总体要求，主动适应经济发展新常态，把握稳

中求进的总基调，以提高发展质量和效益为中心，以深化改革为动力，以转方式调结构为重点，以创新驱动为支撑，努力实现持续平稳健康发展。力争2016年全省机械工业规模以上企业主营收入较上年增长10%以上，利润增长5%以上。

四　对策和建议

根据上述发展情况及形势和任务，2016年及今后一个时期，湖南机械工业应重点抓好以下工作。

（一）着力抓好稳增长工作

一是抓紧落实国办函〔2015〕135号文件精神和湖南工业稳增长、调结构、增效益的实施意见及办法。二是坚持在解决问题中稳增长。在全行业进行认真摸索排查梳理，找出影响经济发展的主要矛盾，然后重点研究集中力量解决。三是着力培育新增长点。就是在“盘活存量”，巩固原有产业和企业支撑能力的基础上，在“做大增量”上下足功夫，催生新技术、新产品、新业态、新商业模式。四是开展有效帮扶。相关职能部门全面开展下企业送服务活动，尤其是对一些新项目、好项目，进一步加大关注力度，争取资本市场的资金支持，帮助他们尽快做大做强。五是努力提高工业运行监测分析和要素保障能力。

（二）着力推进转型升级

着力推进行业实现以下七大转变。一是在产业形态上加速从生产型制造向服务型制造转变。目前湖南机械行业“服务内置化”严重，24个国家级技术中心和一批国家重点实验室基本上还局限于为所在单位内部服务，大型关键设备的利用率还不到20%。鼓励从行业企业中剥离并发展生产性服务业，促进行业向加工、生产、组装环节的两头延伸，提高为用户服务的能力和水平。二是在制造工艺上加速从高耗制造向绿色制造转变。湖南机械工业虽不是高耗能产业，对环境的友好程度也远大于其他行业，但与国际先进水平相比，耗能和排放指标依然偏高，从产品全生命周期着眼，在设计、加工、包装、回收等各个制造环节实现绿色化。三是在技术支撑上加速从关注机械技术向两化融合转变。在将机械技术做实做精的基础上，主动地将信息技术与机械制造技术融合在一起，使产业在信息化平台上发生深刻变化，跃上新的发展阶段。四是在产品结构上加速从通用型向专用型转变。通用型产品是大路货，为多数企业所熟悉和擅长，但竞争太激烈。引导企业不断开发适应市场、满足用户要求的各种专用型产品，既实现了差异化竞争，也调整了产品结构。五是在装备领域上加速从传统产业向新兴产业转变。就是在继续为冶金、石化、建材等传统领域提供装备的同时，加速形成为通信网络、生物医药、节能环保、新能源、新材料及电动汽车等提供高端装备的能力。六是在市场结构上加速从内向型向外向型转变。湖南机械行业的内向型依然很明显，要沿着产品国际化、资本国际化、人才国际化路径加速前行。七是在企业管理上加速从粗放管理向精益管理转变，实现管理系统各个环节的协调、通畅、精化、高效运转。

（三）着力推动自主创新

全行业应坚持不懈瞄准《建设制造强省五年行动计划》确定的重点领域大力推进自主创新。一是在高端工程机械领域重点突破机电液光讯一体化与智能化技术，敏捷化、绿色化、智能化制造技术，电液传动技术与系统。二是在先进轨道交通装备领域重点发展30吨轴重重载电力机车、城际快速动车组、100%低地板现代有轨电车、中低速磁悬浮系统等。三是在高端电力装备领域重点发展3.5兆瓦以上风力发电机组，500千伏及以上超（特）高压新型电力变压器、电抗器、电流及电压互感等产品。四是在节能与新能源汽车领域重点开发和推广高性能、高续航里程的纯电动大巴、纯电动乘用车。五是在重型矿山装备领域重点发展220吨及以上电动轮自卸车、机电一体化斗轮堆取料机、宽幅自动皮带输送成套设备等大型矿山综采设备等。六是在节能环保装备领域重点发展先进城市环境装备、非电空调等高效节能电器、废水处理成套设备、电站烟气脱硫脱硝设备、固体废弃物处理及综合利用设备、环境监测仪器和设备等。七是在高技术船舶及海工装备领域重点开发海洋空间综合立体观测设备、海洋油气资源开发装备、海洋矿产资源开发装备、新型复合材料大型游艇、特种内河船舶等新产品。八是在航空航天装备领域重点开发新型航空发动机、飞机起落等产品并带动相关电子元器件和新型材料产业快速发展。九是在先进农机装备领域重点发展粮、棉、油、糖等大宗粮食和战略性经济作物育、耕、种、管、收、运、贮及初级加工等主要生产过程使用的先进农机装备。十是在工业机器人、高档数控机床等智能制造装备领域重点开发工业机器人及柔性自动化生产线成套装备、高性能 3D 打印设备及材料和高档数控机床产品等。

（四）着力建设现代产业体系

进一步加强重点实验室和工程技术中心等科技平台建设，着力在培养创新能力、完善工作机制、促进协同创新、扩大覆盖面等方面有新的进步。围绕上述十大重点领域，针对当前关键基础零部件性能水平低、可靠性差等问题，加强基础工艺研究，改善生产条件，加快提升基础零部件质量水平，不断满足各领域机械产品及战略性新兴产业发展的需要。以智能制造为主攻方向，以工业互联网和自主可控的软硬件产品为重要支撑，持续推进两化深度融合，充分运用大数据、互联网、人工智能和集成电路、新型传感器、3D 打印等新技术，努力提高机械工业的生产、装备、产品、管理和服务水平，培育新型生产方式和商业模式。进一步研究完善相关配套奖励政策，充分利用市场机制和宏观调控手段，鼓励基础零部件企业向专业化分工、细分市场、特色明显的方向发展。重点支持关键基础零部件企业技术改造，加强基础研究和检测实验能力建设，提高工艺、技术和装备水平。根据湖南实际，选好路径，大力发展工程总承包、系统集成、提供整体解决方案，形成一批以现代制造服务业务为主业的现代服务型企业，这部分服务型企业的收入占全行业总收入的比重争取在未来 5 年达到 25% 以上。

（五）着力推进智能制造工程

智能制造是“中国制造 2025”的核心，也是湖南建设制造强省的着力点和突破口。从 2016 年起，要在聚焦制造强省建设的这个关键环节，在基础条件好和需要迫切的领域，优先从符合两化融合管理体系标准要求的企业选择试点示范项目，分类开展以智能工厂为代表的流程制造试点示范，以数字化车间为代表的离散制造试点示范，以信息技术深度嵌入为代表的智能装备（产品）试点示范，以个性化定制、网络协同开发、电子商务为代表的智能制造新业态新模式试点示范，以物流管理、能源管理智慧化为方向的智能化管理试点示范，以在线监测、远程诊断与云服务为代表的智能服务试点示范。根据试点示范情况，通过连续5年发力，争取到2020年在全省建成50个高标准的智能制造示范企业和100个智能制造示范车间，并在全省制造业形成示范带动效应。

（六）着力推进重点项目建设

中央即将启动“中国制造2025”专项资金，已经启动或即将启动智能制造、“互联网+”等一批重大专项，湖南应认真组织，积极争取省内重大技术装备、新一代互联网技术等全局性的重大工业项目，挤进“中国制造2025”和国家“十三五”规划笼子，加快建设，尽早投产达产。同时大力推进集群招商。把产业集群招商作为当前和今后一个时期招商引资的主攻方向，争取集群式、链条式、板块式引进一批重大项目。尤其是在一些新兴领域加快引进一批龙头型项目，使产业进入“龙头带动—链式集聚—集群发展”的良性轨道，不断提高集聚度和竞争力。

（七）着力推动国际化战略

继续坚持两个市场并重、两种资源并用、两种方略并举的方针，帮助和引导企业进一步拓展发展空间，抢占产业发展制高点。继续促进引资、引技、引智的有机结合，加强与跨国公司的深度合作，实现再创新，提升软实力。继续鼓励支持企业走出去参与国际竞争，建立海外研发基地，兼并收购海外企业、科研机构，开展境外开发合作，增加成套出口，促进开展全球范围的资源配置与价值链整合，抢占产业制高点，扩大企业及产品的国际知名度。

B.6 2015~2016年湖南电子信息制造业发展研究报告

湖南省经济和信息化委员会电子通信产业处

一　2015年湖南省电子信息制造业运行情况及特点

1. 产业增长稳中向缓

2015 年，全省电子信息制造业实现主营业务收入 2347.1 亿元，同比增长 19%。实现工业增加值增长 14.5%，较全省规模工业平均水平高 6.7 个百分点，连续 4 个月实现增速回升。

2. 产业效益快速提升

全省电子信息制造业今年以来，在产业规模增长减缓的同时，产业效益保持稳步提升。全行业 571 家企业中，亏损企业 32 家，同比减少 13.5%。全年全省电子信息制造业实现利润 102.4 亿元，同比增长 21.2%；上缴税金 75.7 亿元，增长 10.3%。其中上缴税金数额居中部第二，超过河南、湖北两省之和。

3. 重点项目顺利推进

总投资 55 亿元的蓝思科技三期暨总部基地项目即将建成投产；总投资 30 亿元的威胜电气产业园项目、基伍手机长沙工厂项目已实现部分投产；总投资 40 亿元的中兴通信长沙基地项目、总投资 52 亿元的网讯通公司光通信设备项目已开始基础施工；总投资 60 亿元的中光通信第二代光纤项目，进入总体规划报审阶段。中电软件园以传统制造产业改造升级、发展智能制造为契机，培育了大批自主创新型企业，逐步形成了军工电子、信息安全、智能制造等特色核心产业，成为产业新的增长点。

4. 行业影响力进一步提升

蓝思科技成功登陆创业板，创造营收、净利、资产等多个第一，被纽约时报誉为中国向高端制造业推进的排头兵；中车时代电气成为全省第三个跻身百亿的电子信息企业，连续 4 年入围全国电子企业百强；省内 12 家企业获 2015（第三届）全国电子信息行业优秀企业。纪念抗日胜利 70 周年大阅兵中 80% 以上装备应用了全省相关产品。国科微电子国内首款支持 NDS 高级安全的解码芯片 GK6105S 荣获 2015 年“中国芯”“最佳市场表现奖”。

5. 科技创新取得新进展

国防科大“天河二号”获世界超级计算机六连冠。中车时代电气的新型功率半导体实验室入围国家重点实验室，继上年首批 IGBT 产品投产后，今年又有两种新型 IGBT 模块实现装车考核。中电 48 所成功研发 SiC 高温高能离子注入机，打破该产品依赖进口的局面。全国产自主可控长城银河整机在长沙中电软件园正式下线，在乌镇互联网大会上受习总书记的高度关注。中国安全防范监控数字视音频编解码技术标准（SVAC）示范应用与产业化基地落户湖南。

6. 集成电路产业快速发展

陆续发布了鼓励集成电路产业发展的意见、政策及规划，基本建立产业政策框架体系；成立湖南省集成电路产业联盟；组建湖南省集成电路产业投资基金，为全省集成电路产业发展创建了良好环境。国科微电子获国家集成电路产业投资基金 4 亿元投资，成为国内首家实际获得“国家大基金”注资的集成电路设计企业。景嘉微电子通过中国证监会发审会审核，成为全省首家集成电路设计上市企业，国科微电子将于明年登陆战略性新兴产业板块。省内集成电路企业加快研发，陆续推出了高端固态硬盘主控芯片、高清安防监控芯片、新型 IGBT 模块、北斗导航芯片、32 位单核 DSP 工控芯片、快速充电芯片等新产品。长沙经开区代表湖南取得“2016 年中国集成电路设计业年会”（ICCAD）承办权。

二　产业发展存在的主要问题

1. 大企业、大项目少，多点支撑格局有待培育

全省规模过百亿元的电子信息企业仅两三家，30 亿 ~ 100 亿元 9 家，10 亿 ~ 30 亿元 24 家，亿元以上企业 310 家。全省产业增速对龙头企业依赖较大，规模前三的大企业占全行业规模的三分之一强，其波动对全省产业影响显著。

项目方面缺少像安徽京东方、河南富士康、重庆笔记本、陕西 12 英寸闪存等投资力度大、带动作用强的大项目支撑，亟须引进和培育新的增长点。

2. 产业配套体系不健全，企业服务能力亟须提升

一是上下游产业链配套难。一方面企业所需原材料、元器件大多要外购，另一方面因沟通不畅造成已有配套协作能力不能发挥作用，导致全省企业生产成本提高，本地市场开拓不够。二是服务业配套问题。部分园区第三产业发展滞后，还不能满足企业商务、法律、劳务、信息、医疗等需求。以上问题在全省产业薄弱地区尤其明显。

3. 投资情况严峻，部分项目进展缓慢

中部地区竞争激烈，湖南省电子信息制造业投资相对中部其他省份处于较低水平。据工信部运行局数据，全省全行业完成固定资产投资已连续 8 个月呈负增长态势，至 2015 年 11 月才恢复增长 3.2%，但增速较上年同期下降 21 个百分点，较全国平均水平低 10.9 个百分点，居全国第 23，中部第 4。完成投资额居全国第 9，中部第 5。投资的持续低迷将对产业的后续发展产生明显影响。

三 2016年发展趋势分析

从国内看，电子信息产业近十年一直保持高速增长，但受制造业“高端回流”和“中低端分流”的双向挤压、国内人口红利消失、要素成本全面上升的影响，产业稳中有降，将进入 10% 以下的低速增长区间，其中中西部地区整体发展速度仍将高于全国平均水平。

从省内看，全省电子信息制造业 2015 年工业增加值增长 14.5%，高于工业平均水平 6.7 个百分点，但比 2014 年下降 15 个百分点，已从高速增长转入中高速增长阶段。

从发展后劲看，一是积极对接国家战略。省内已建立湖南制造、集成电路、移动互联网、“互联网 +”等相关产业政策体系，为新增长点培育打下基础。二是大项目建设稳定未来增速。如长城信息和长城电脑合并后的总部落在长沙，总部经济将迅速形成百亿元产值。旗下自主可控整机项目具有先发优势，与联想、浪潮三分国产替代巨大市场，并将带动全省从芯片 – 软件 – 系

统－方案－配套产业的全产业链建设。中兴通信项目首年产值10亿元，建成约40亿元产值。三是高端人才“双创”快速发展并迅速形成生产力。如中电软件园瞄准科大、湖大等高端人才团队，积极引进并成功孵化中森通信、基石信息等众创项目200余个，发展势头强劲，百亿园区初步形成。四是集成电路等核心竞争力产业开始发力。以国科微电子、中车时代为龙头、“基金＋基地＋联盟”的发展格局初步形成，特色发展受国家关注。五是高端出口加工贸易产业来势好。2015年排名前15的出口工业企业中，电子信息制造业占据6家，除衡阳富泰鸿和蓝思科技外，新增长沙创芯谷、衡阳华安存储、衡阳欧贝尔电子3家企业，出口值达到46.4亿元。这类企业建设时间不足半年，产值高，以高端产品出口加工为主，成为当前产业转移新趋势。预计2016年电子信息制造业仍将保持中高速增长。

四　2016年工作思路和下步打算

2016年，围绕“制造强省”建设目标，聚焦新一代信息技术产业，以园区基地、重大项目为抓手，以重点领域、优势企业为突破口，坚持集聚发展、特色发展、创新发展、融合发展、开放发展，强优势、补短板、增动力，推动电子信息制造业保持中高速增长，迈向中高端水平，为支撑、服务、建设“制造强省”做贡献。

全省电子信息制造业系统要重点瞄准“1311”建设目标发力：即一个核心、三个基地、一个千亿元产业集群、一批百亿元特色产业。到2020年，建设一个以安全自主可控芯片设计为核心的集成电路重点产业，建成以新一代电力电子器件为重点的国际先进水平集成电路特色工艺生产基地、以国产自主可控计算机整机为核心的全国知名信息安全产业基地、全球知名的智能终端盖板及触控面板生产基地，打造一个千亿元的智能硬件产业，培育一批百亿元规模的特色产业，使得电子制造业支撑引领经济社会发展的中坚作用更加凸显。

1. 着力推进重大项目建设

与企业项目建立“直通车”，做好跟踪协调服务。加快推动长城集团自主可控计算机整机项目、中兴通信长沙研发生产基地项目、中光通信第二代光纤项目、基伍手机（G'FIVE）整机及配套项目、蓝思科技三期等带动性强、产值大的项目建设进度，帮助项目尽快达产，并以上述项目为突破口，以优质服务吸引投资方把更多优质项目落户湖南。

2. 深入开展产业合作对接

以自主可控安全产业为重点领域，推进产业链上下游协同创新，挖掘优势，延伸链条；充分利用全国集成电路设计年会在湖南召开机会，鼓励重点集聚区做好产业推介和产业招商；开展湘台电子信息产业合作对接会，加强两地合作，吸引台资落户。

3. 大力培育集成电路产业

加快集成电路“基金＋基地＋联盟”铁三角构架，以基地为载体，以联盟为主体，以基金为催化剂，吸引增量，盘活存量，做大产业规模，做实产业方向。以国科微电子、景嘉微电子为龙头，重点支持涉及国家战略布局重大项目的推进，加大扶持省内有特色设计项目。以中车时代电气为龙头，围绕 IGBT 产业链，大力推动 IGBT 在轨道交通、船舶、电力、家电等行业的广泛应用。

4. 强化政策和规划引导

高质量完成电子信息制造业“十三五”规划编制，做好与制造强省五年行动计划、各市州发展规划的衔接。以规划引导，用好、用活、用足政府相关专项资金，立足重点领域，扶大、扶强、扶特色。

B.7

2015 ~2016年湖南有色金属行业发展研究报告

湖南省有色金属管理局

一　2015年及“十二五”全省有色行业运行情况

2015 年及“十二五”是全省有色行业奋勇拼搏、砥砺奋进的一段不平凡的历程。五年来，在省委省政府的坚强领导下，在中国有色金属工业协会的大力支持下，全省有色行业以科学发展观为指导，认真贯彻落实省委省政府提出的“四化两型”“三量齐升”的战略部署，坚定不移地调结构、转方式，坚定不移地稳增长、促和谐，各项工作取得了新进展。全行业规模以上企业十种有色金属产量、主营业务收入、工业增加值、利税五年年平均分别增长 1.40%、14.8%、10.9%、7.3%。主要经济指标实现较快增长，高于全省规模工业平均水平，在全省工业中的支柱产业地位进一步显现。其中，2015 年全省有色规模以上企业共完成十种有色金属产量 267.5 万吨，主营业务收入 3827 亿元，工业增加值 962 亿元，利税 193.85 亿元，其中利润 82.33 亿元。主要经济指标均位居全国有色行业前六名。工业增加值达到 9.6% 的高速增长，高于全省工业平均水平 1.8 个百分点。其主要标志有以下几点。

（一）结构调整稳步推进

产品结构优化是整个产业结构进步的标志。在产品结构方面，“十二五”期间，全省有色规模企业深加工增加值增幅明显快于采选业和冶炼业，一批重点企业改变了长期以来生产初级产品的局面。产品精深加工率由 2010 年的 36% 提高到 2015 年的 42%。铝箔及大型工业铝型材、优质钛锭板棒带管材等高精尖产品实物质量接近或达到国际先进水平。在技术结构方面，“十二五”

期间，以技术改造为重点的投资累计达1947亿元，年均增长15.8%。其中，2015年完成技改投资467亿元，比2010年增长107.6%。一大批先进的新工艺、新技术、新装备得到广泛采用，行业技术结构明显改善。在企业组织结构方面，产业集约化发展加快，行业前10家企业的产业集中度提高到45%。部分重点企业的产品质量和品种档次居于国内领先水平。在人才结构方面，全行业在继续加强中高级专业技术、管理人才队伍建设的同时，根据企业的需要，进一步加大高技能型人才的培养力度。如创建了湖南有色金属职业技术学院，该院在校生已达6700余名，毕业生就业率达95%以上，为行业转型发展奠定了坚实的人才基础。

（二）科技进步成果丰硕

“十二五”期间，行业加快了相关技术装备的研发、推广和运用。如自主开发的地下立体分区大规模采矿技术、柱式浮选技术等得到推广使用。引进或自主开发的一步炼铅（SKS法）、海绵钛大型还蒸炉等技术实现了产业化。有色冶炼含砷固废治理与清洁利用等技术居世界领先水平。具有国际先进水平的锑、铋冶炼等技术装备占90%，大型预焙槽电解铝产能占100%。“十二五”期间，全省有色行业科技获奖等次和比例在全国名列前茅，共获各类奖项216项，其中获国家科学技术进步一等奖2项，二等奖7项。科研平台和创新能力建设也有新的进步，新增院士工作站1家、省级企业技术中心4家、省创新型（试点）企业2家、省工程技术研究中心2家。

（三）节能减排进展顺利

“十二五”期间，化解产能过剩、淘汰落后产能工作取得进展，全省累计淘汰落后冶炼产能40万吨，其中，铅12万吨、锌20万吨。“十二五”期间，有色金属工业综合能源消耗为2080.65万吨标煤，同比下降16.85%。其中，铜、铅、锌冶炼综合能耗明显下降，分别为256.10千克标煤/吨、400.07千克标煤/吨和884.71千克标煤/吨，比2010年分别下降28.9%、11.8%和6.6%；电解铝综合交流电耗同比2010年下降417千瓦时/吨。主要污染物化学需氧量、二氧化硫排放量较2010年均消减10%以上，砷、镉排放量均削减25%以上，有色矿产资源利用率、共伴生有价金属回收率分别达到65%、70%。

（四）循环经济快速发展

2015年，全省循环再生有色金属产量达到126万吨，实现产值1326亿元。其中再生铜46万吨、再生铝48万吨、再生铅锌32万吨，在“十二五”期间年均分别增长21.5%、43.3%和94.8%。尾矿综合回收有价资源进入产业化，城市矿产资源再生铜铝、铅锌冶炼渣料及冶炼多金属废渣等综合利用技术开发取得初步成果，冶炼废渣综合利用率、有色金属废弃物回收率分别达到80%和90%。在全省形成了郴州稀贵金属深加工产业基地、汨罗再生铜再生铝回收加工基地、永兴稀贵金属再生资源利用产业集中区等产业基地。

（五）招商引资步伐加大

省有色局以推动行业调结构、转方式为目标，以园区为载体，主导引进了一些大项目、好项目。每年通过发布行业招商引资项目指南，指导行业抓好招商引资工作。各地各企业取得明显成绩，有效地推动了有色增量资本和存量资本的有机结合，使存量资本发挥了较好的效益。同时，局本部也着力推动了一批大项目的招商引资工作。通过两三年的努力，2015年有24家德国企业来湘参加中德有色（望城）精深加工园推介交流会，成功促成了德国中小企业联合会与金荣集团、阿卡咯尔科技公司与长城钢构签订框架合作协议。还有一批重大招商项目在洽谈衔接之中，这批项目的落地建设，将对有色产业转型升级起到重要的推动作用。同时，经省有色局引荐协调，台湾中华海峡两岸企业交流协会与桂阳县、波隆集团与永兴县、葛洲坝集团绿园科技公司与湖南有色金属研究院等企业的合作正在有序推进。据不完全统计，2015全省全行业成功签约项目36个，招商合同引资额超150亿元。

（六）共同维稳成效明显

近年来，省有色局在省委政法委、省维稳办的大力支持下，认真抓了资源枯竭型矿山的破产关闭工作及遗留问题的处理，提升了行业与地方共同维稳水平，工作机制进一步健全，工作方法进一步创新，创造性地解决了关破企业社区职工群众一系列社保、医保、再就业、安居房建设等民生问题，连续多年实现了到省进京非正常上访零指标。目前，全省有色系统破产企业27个，破产项目中有21个成功实现了重组，共解决就业12010人，一次性安置职工再就业率达73%，基本实现了“零就业家庭”动态清零。全系统破产企业社区医保参保率达100%，低保实现应保尽保。重点抓好安居房建设，截至2015年，省有色局已筹措资金3986万元，引导、扶助地方社区建成各类保障性住房4736套491780m²，其中建成经济适用房4016套，廉租房320套，棚改房400套；在建保障性住房758套73760m²，拟筹建4420套366300m²，较好地解决了有色系统破产企业社区居民住房问题。中央电视台、湖南卫视、湖南日报等多家主流媒体宣传报道了行业与地方共同维稳经验。

（七）服务水平有了提高

省有色局认真履行职责，努力提升服务水平，推动行业、企业加快发展。一是做好规划引领。坚持每年及时发布年度技术进步指南和重点产品专项规划工作。坚持中长期年度规划的编制和发布工作。近年来，组织精干力量，组织完成了《湖南省有色金属行业“十二五”发展规划》的编制与发布工作、《湖南省稀土产业“十二五”发展规划》的编制工作、《湖南省有色金属循环经济2012～2020发展规划》的编制工作、《湖南有色产业发展研究》一书的编撰工作。二是抓好调度协调。对省内70余家有色重点园区、重点企业每月生产经营情况进行调度，并就基层反映的有关问题向省委省政府及相关部门汇报，引起了省委省政府及相关部门的重视，推动了问题解决。三是强化行业管理。加强质量考核，培育有色名牌产品；积极履行职责，参与省政府的湘江流域保护与治理一号工程建设；开展资源综合利用试点及推广运用工作，推进湘江流域工业企业实施清洁生产。加大安全生产力度，组织人员参加全省打非治违督导组，有力地打击了部分企业超深越界、违规生产等不法行为。四是加强自身建设。以服务行业为宗旨，以促进发展为目标，以党的群众路线教育与“三严三实”专题教育活动为契机，不断改进机关工作作风，着力提升干部队伍综合素质。省有色局先后被省委省政府及相关部门授予省级文明单位、平安单位、综合治理合格单位、维稳工作先进单位、反腐倡廉先进单位等。

二　有色行业运行经验与启示

（一）政策扶持是产业健康发展的有力条件

省委省政府高度重视有色金属工业的发展。"十二五"期间，先后出台了《关于促进有色金属产业可持续发展的意见》、《关于进一步支持重点产业重点企业发展的若干意见》等产业发展政策。省有色局在每年的行业工作会议上发布《技术改造投资指南》等多个有针对性的行业指导意见。这些政策和指导性意见的出台都极大地促进了全省有色产业的快速发展。

（二）激发多种经济成分活力是产业快速做大的重要路径

"十二五"期间，全省经济发展的环境进一步改善，有色国有经济成分进一步壮大；民营股份制企业快速发展，多种经济成分活力进一步释放，形成国有民营齐头并进的可喜局面。有色民营企业主营业务收入和利税均超过全省有色行业总量的四分之三，且呈现越来越好的势头。

（三）加强对外合作和大力发展生产性服务业是产业升级的强大动力

通过大力内引外联，抓好招商引资，推动兼并重组，促进了有色金属精深加工业、资源循环再生利用业、生产性服务业的快速发展，以增量促进了存量的调整优化，有力地推动了资源向优势企业集中，为产业升级提供了强大的内生动力。

（四）坚持绿色发展是产业持续转型发展的重要保证

近年来，全省有色行业坚持绿色发展的理念，努力打造环境友好型和资源节约型的"两型产业"，抓住湘江重金属污染与治理的历史性机遇，打出了科技创新、节能减排、淘汰落后产能、城市矿山资源循环利用等组合拳，取得了显著的经济效益和社会效益，使得绿色发展的理念更加深入人心，为产业持续转型提供了重要保证。

在总结经验的同时，我们也要清楚地看到在行业发展和行业服务方面存在的困难和问题。产业结构不尽合理、创新能力配置不优、节能减排任务艰巨、资源能源环境制约日益明显、市场秩序有待规范、企业效益持续下滑、体制机制不活等问题，仍然阻碍行业进一步持续健康发展。同时，行业管理部门服务理念不新、服务手段不强也困扰着行业发展水平的进一步提高。在今后的工作中，我们必须创新观念，抢抓机遇，克难制胜，迎头赶上。

三　面临的挑战与机遇，2016年目标任务

（一）当前的形势

认真分析当前国际国内面临的新形势，抢抓历史的新机遇、战胜遇到的新挑战，对于做好当前和今后一个时期的工作十分重要。

1. 国际经济复苏较为缓慢，但新的动力正在生成

当前，世界经济深度调整、复苏乏力，国际贸易增长低迷，金融和大宗商品市场波动不稳，地缘政治风险上升，外部环境的不确定因素增加。由于有色产业与世界经济紧密相连，世界经济的波动对有色产业发展的影响不可低估。但同时我们也要看到，发展仍然是当今世界主旋律，全球经济一体化的趋势越来越明显，分工合作越来越紧密，有色产业作为基础战略性产业的地位越来越重要；新兴经济体发展迅速，逐步成为带动全球经济发展的重要力量，这也为我国有色产业拓展了发展空间；德国工业4.0、美国再制造等战略，有力促进全球制造业的再升级。同时，随着第三次工业革命兴起，产业的新模式、新业态的出现，都将有力促进有色产业与互联网、物联网的深度融合，有利于形成新的增长动力。

2. 国内经济下行压力犹存，但平稳发展具备基础

从全国来看，当前，我国长期积累的矛盾和风险进一步显现，经济增速换挡、结构调整阵痛、新旧动能转换相互交织，经济下行压力加大。但是，我们也应看到，经过多年的快速发展，我国物质基础雄厚，经济韧性强、潜力足、回旋余地大，改革开放不断注入新动力，创新宏观调控积累了丰富经验。尤其是我国将采取更加有力的措施加快大众创业万众创新，推进供给侧结构性改

革，实施积极的财政政策和稳健的货币政策，适当扩大财政赤字，这些利好的政策出台，为继续保持我国经济中高速增长创造了良好条件。就全省来说，虽然传统产业发展放缓、大宗商品价格持续回落、部分企业效益下滑，但总体上仍在合理区间平稳运行。而且随着全省商事制度、行政审批、投融资体制、财税体制等各项改革纵深推进，市场活力更为增强，资源配置效率更为提高，新产业、新业态、新模式将不断涌现；“一带一部”、长江经济带等国家重大战略的深度参与，更有利于全省有色产业与外部经济的融合对接。

3. 有色行业产能严重过剩，但向高端产品发展空间仍然很大

从历史经验看，资源型行业运行周期通常都会长于经济周期，在世界经济复苏缓慢、国内经济步入新常态的背景下，全省有色行业快速增长的外部环境不容乐观，短期内产品供过于求的局面难以改变。同时，我们要必须看到，有色金属作为战略性新兴产业支撑的地位没有变。随着科学技术的发展，轻金属结构材料对钢铁等传统材料的替代作用十分明显。尤其是随着社会发展需求，有色高端产品的市场空间将越来越大。

（二）今后的任务

“十三五”期间是贯彻落实党的十八届三中、四中及五中全会精神的关键时期，也是加快全省有色工业转型升级的重要时期，我们要与时俱进，明确目标任务，确保“十三五”规划顺利实现。

具体来说，到2020年生产总量跨上新台阶。全省十种有色金属年产量控制在350万吨左右，主营业务收入确保完成10000亿元，实现增加值达到3000亿元，利税总额达到1500亿元。再生有色金属产量超过300万吨，有色循环再生产业主营业务收入达到3000亿元。生产性服务业年均增长20%以上，形成销售收入2000亿元以上。科技水平明显提升。重点企业研发支出费用占主营业务收入达2.0%以上，精深加工比重超过50%，有色新材料产品比重达到30%，规模企业单位工业增加值综合能耗降低18%，主要冶炼产品原料自给率提高到50%左右，有色金属矿产资源综合利用率达到70%以上。企业组织结构不断优化。努力实施推动行业上规模的“2310工程”，即在“十三五”期间，培育出销售收入过千亿元企业2家、500亿元企业3家、100~200亿元企业10家，提高产业集中度，提高各种资源的利用效率，形成“大树下面无杂

草”的有色产业发展格局。

五年看头年，开局是关键。2016 年是全面实施“十三五”规划的开局之年，做好今年的工作意义重大、使命光荣。今年工作的总体思路是：认真贯彻落实创新、协调、绿色、开放、共享五大发展理念，以科学发展为引领，以市场为导向，以创新驱动战略为主线，全面加快产业结构调整，着力推动产业转型升级。今年的工作目标是：十种有色金属产量增长 2% 左右，主营业务收入、工业增加值增长 8.5% 以上，利税增长 10% 以上。

四　全面加快全省有色金属行业转型升级步伐

加快产业转型升级是开启“十三五”的客观要求，是建设有色强省、打造万亿元产业的必然途径。在新的一年，我们要努力抓好以下几项重点工作。

（一）切实加快观念转变

转变观念是应对新形势、谋划新发展的重要前提。要进一步认识、适应、引领新常态。“十二五”以来，我国经济进入了新常态发展阶段。这个阶段表现为：增长速度换挡，发展方式转变，经济结构调整，发展动力转换。面对新常态，我们要牢固树立“创新、协调、绿色、开放、共享”五大发展理念，在转方式、调结构、换动力上下功夫，推动有色产业发展迈上新台阶。要抓住供给侧结构性改革机遇，走中高端发展之路。供给侧结构性改革的着力点是供给侧，核心是结构性，关键是改革。有色产业供给侧结构性改革就是要由粗放型向集约型发展方式转变，走资源节约型、环境友好型、产品高端型发展之路，就是要更多地依靠改革、转型、创新，努力提高质量效率，增加有效供给，培育新的增长点，形成新的增长动力，推动有色产业向价值链“微笑曲线”的两端升级。要加快向新材料等战略性新兴产业转变。俗话说，“只有夕阳的产品，没有夕阳的产业”。有色产业作为基础性的传统产业，目前的确步履艰难，大宗金属产品价格跳水，矿山冶炼企业严重开工不足，并影响相关下游产业市场疲软、效益下滑。这不是说有色产业本身不好，恰恰相反，正说明有色产业在国民经济中的基础性地位的重要性；正说明有色产业转型升级的紧迫性和必要性。我们必须紧紧把握第三次工业革命的大势，必须抢抓“中国制造2025”带来的历史性机遇，大力发展精深加工，加快有色行业向新型高端制造业延伸。瞄准轨道交通、航空航天、新能源新材料、节能环保等新兴市场，主动靠上去为其服务，使其得到快速发展，推动有色产业向新材料等战略性新兴产业转变。

（二）大力推进科技进步

科技进步是推动产业转型发展的第一推动力。要加快开发中高端产品。以市场为导向，结合湖南《建设制造强省五年行动计划》的实施，大力开发适销对路的高新产品，积极推广应用新技术、新工艺、新装备。目前要重点开发铅酸超级电池、新型锌基合金、高速高效钻削棒材、高端工业铝型材、全铝轻量化汽车和建筑铝模板等高新产品，主动靠近《建设制造强省五年行动计划》明确的先进轨道交通装备、工程机械、新材料、新一代信息技术产业、航空航天装备、节能与新能源汽车等汽车制造、电力装备、生物医药及高性能医疗器械、节能环保、高档数控机床和机器人、海洋工程装备及高技术船舶、农业机械等12类重点产业。在为这些高端制造业服务的同时，使自己也能得到长足的发展。要搭建创新平台。借鉴国外先进企业经验，结合“建设2025制造强国”的战略，下大力气加强研发平台建设。通过原始创新、集成创新、引进消化吸收再创新的路径，提升工艺、技术、装备水平。建立以企业为主体的产学研用相结合的技术创新体系，重点创建国家级和省级企业技术中心、重点实验室、工程实验室等先进技术开发平台和技术创新服务平台，着力突破关键共性技术，培育企业的应用技术研发与创新能力。当前来说，要优先打造郴州高新技术产业园和长沙望城经济技术开发区等高新技术产业园区和特色精品园区，优先引进总部经济、网络经济和创新创业项目。在支持中南大学、矿山研究院等已有的多个国家级重点实验室的同时，重点培育打造湖南有色金属研究院“有色金属共伴生矿产资源综合利用国家重点实验室”等国家级、省级创新平台。要加快技术改造。无数事实证明，企业面临困难之时，正是大抓技术改造、推动企业技术创新之机。我们要争取多方支持，下大气力抓好技术改造，提升企业的工艺、技术、装备水平，努力开发适销对路的新产品，增强企业竞争力。一方面，要加快落后产能的淘汰步伐，2016年要淘汰10万吨铅锌落后产能，淘汰年产能在1万吨以下的再生铝和再生铅企业，淘汰50吨以下传统固定式反射炉再生铜生产工艺及设备等。另一方面，从全省当前实际情况来说，要大力推广复杂难采顶底柱残矿体安全高效开采技术、复杂稀贵金属物料多元素梯级回收关键技术等，使全省有色产业的总体技术水平有较大的提升。

（三）努力深化改革改制

通过进一步深化改革改制，激发产业转型升级的强大动力。要推进企业兼并重组。国内外经济发展的历史轨迹表明，经济下行不利之时，也正是企业低成本重组兼并有利之机。有色行业要积极抢抓机遇，以优势企业为主导，充分发挥市场机制作用，坚持政策引导、政府推动相结合，促进优势大型骨干企业兼并重组。在全力支持五矿有色等大集团、大公司发展的同时，根据全省的优势，今后一个时期要加快组建铜冶炼及深加工、铝冶炼及深加工、铅锌采选冶及深加工、钨铋采选冶及深加工、稀土稀贵金属采选冶及深加工、有色科技等大公司、大集团，以提升全省本土企业参与市场的竞争力，提高产业集中度，推动产业结构和布局的优化升级。要推进企业上市融资。以去杠杆为目标，抓住国家证券上市改革的机遇，改机制、改体制，支持一批有优势的矿山和精深加工企业进军资本市场，加大直接融资力度，减少企业对间接融资的依赖，降低企业财务成本和融资风险。今年助推 3 家企业上市，力争到“十三五”末上市企业再新增 20 家左右。要推进企业模式创新。加快有色生产性服务业发展，充分利用大数据、云计算、互联网、物联网，促进有色产业与信息产业深度融合。重点发展研发设计、信息咨询、融资租赁、电子商务、检验检测认证、现代物流等，降低运营成本，提高经济效益。推动省内企业由单一型的产品营运向产品营运和资本营运相结合转变。规范湖南有色金属交易所的运营，盘活有色产品库存，增强有色金属大宗产品的定价话语权，增强全省有色企业竞争力。引进企业走专业化之路，大力发展生产与服务业“外包”“众包”，延长企业产业链，推动全省有色优势企业生产的模块化、研发的国际化、销售的全球化；创新有色产业的新业态，发展的新模式，加快形成新的增长极。

（四）突出做好招商引资

招商引资是推动产业转型升级，实现跨越式发展的重要途径。有色行业要高度重视招商引资在调结构、转方式的重要作用，通过引进增量与优化存量相结合、引进项目与优化结构相结合、引进资金与引进技术相结合，大力提升全省有色企业工艺、技术、装备、管理、资金保障等方面的水平。要重包装。进一步做好基础性工作，提升项目管理水平，优化完善招商项目库，对原有项目进行优化提升调整，继续加快推动策划、包装一批符合有色产业调结构、转方式的好项目、大项目。要抓重点。坚持以“商”招“商”。对已落地的项目要给予继续关心支持，兑现履约承诺，使这些引进的企业在全省能得到快速发展，以达到以商招商的示范效应，坚决防止“开门招商、关门损商”的行为。今年要突出重点招商。在全面推进有色产业招商引资项目、做好园区、企业招商引资服务的基础上，继续加大力度推动常德高端铝型材、中德有色工业园等重点招商引资项目，争取在2016年促成常德高端铝型材项目签约落地；促成3~5家德国企业落户中德有色工业园，全年实现年省内有色行业招商引资额300亿元以上。要促升级。加大从粗放型招商转向精细化招商，从招商引资升级为招商引资、引智相结合。注重服务的精细化，目标的精准化，推动产业链招商。

（五）着力强化资源保障

充分发挥全省资源大省优势，夯实转型升级之基。要抓好数字化找矿。重点加强成矿区带的基础研究，推广应用先进地球物化探矿及遥感探矿新技术新方法，大力实施重点矿山外围找矿、深部找矿等找矿工程。继续加强老矿山深边部找矿工作。加强对现有矿山外围和深部的地质勘查，以获取新的资源，延长危急矿山服务年限。要坚持走出去战略。积极推动省外、境外资源勘探，加强境外矿产资源合作与开发，建立与资源所在国利益共享的开发机制，并购与重组境外矿山企业，增强境外矿山资源的保障能力。要大力发展有色循环再生产业。积极推进《湖南省有色金属资源综合回收与再生利用条例》等法规规章的制定和实施，引导和支持企业对资源的循环利用，提高资源利用效率和再生资源回收率。制定和完善发展循环经济的量化指标和合格评定制度，促进循环经济标准化、规范化。大力发展挖掘“城市矿产”资源，减少对自然矿山资源的过度依赖。

（六）严格抓好安全环保

进一步强化行业管理手段，保障转型升级顺利实施。要加强环境保护。用

好省政府授权省有色局对全省有色行业实施资源型管理职能，认真落实省政府赋予省有色局的湘江流域保护与治理工作的职责任务。用技术创新推动企业加强土壤水质修复，控制高能耗、高污染项目上马，按期淘汰落后产能，引导企业过剩产能有序退出，减少污染存量；提高准入门槛，严格环保准入，加强能耗标准控制，减少污染增量；加大对自然矿山资源的保护，实行严格的开采许可准入制度。使有色行业由过去只注重自然矿山资源的开发利用，向既重视自然矿山资源开发利用又重视城市矿山资源的循环利用转变。要加强安全生产。发挥省有色局为省安委会成员单位作用，深入贯彻落实新《安全生产法》。着力推动落实安全生产主体责任。深入开展安全生产大检查，排查整治各类安全隐患，着力抓好重点场所、重点部位、重点环节安全隐患排查整治，杜绝重特大安全事故发生，为全省有色行业健康发展保驾护航。要加强清洁生产。依法实施强制性清洁生产审核，推行绿色制造技术。支持企业采用清洁生产、节能减排和综合利用技术开展有色金属工业“三废”及尾矿的优化开发和利用。积极开展节能技术和项目示范，推进能源转换和梯级利用，提高能源利用效率。

（七）全面提升服务水平

为推动行业转型升级，我们将一以贯之地做好管理与服务。要抓好规划实施。2015 年以来，省有色局集中调研了一批重点园区、重点企业，组织行业专家学者召开了多场座谈会，现已形成《湖南有色金属产业“十三五”发展规划（初稿）》，预计今年上半年将可出台。“十三五”期间，我们要围绕规划内容，细化实施方案，加强对规划实施的动态监测和分析评估，及时研究解决规划实施过程中遇到的困难和问题，确保规划的有效落实。要抓好运行调度。加强调查研究，充分发挥行业主管部门的职能作用，加强有色金属产业政策、规划、标准等制定和实施，主动开展企业咨询诊断，及时反映和协调解决企业在生产经营中遇到的困难问题。搭建企业与政府之间的有效沟通桥梁，减少企业政策性交易成本。坚持“引进来”与“走出去”两手抓，充分利用国际国内两种资源、两个市场，促进项目、人才、资金的高效无缝对接。加强指导引领，建立健全有色金属信息发布制度，利用省有色信息中心和有色经济技术信息网站等平台，定期发布有色金属产业政策、技术进步、市场动态等信息。加强行业自律，维护市场秩序，引导行业健康快速发展。要抓好共同维稳。“十三五”期间，针对行业维稳的新形势，我们要不断总结提升行业与地方共同维稳的经验，协调解决省属关破和转产矿山及非矿山企业的历史遗留问题，重点是抓好关破矿山企业一次性下岗职工再就业和安居房建设。同时，针对当前供给侧结构性改革中去产能、去库存、去杠杆可能带来的就业问题，做好维稳预案，确保行业和谐发展。

B.8

2015～2016年湖南医药行业发展研究报告

湖南省经济和信息化委员会消费品工业处

一　2015年医药行业运行情况分析

（一）医药行业运行情况分析

1. 生产保持较快增长

2015年，全省医药规模工业完成工业增加值309.68亿元，同比增长14.8%，增幅比全国医药工业平均水平高5个百分点，比全省工业平均水平高7个百分点，居全省11个重点行业第1位。除张家界、湘西、益阳外，其余11个市均实现两位数增长。其中，郴州、娄底、常德、衡阳、湘潭、永州等6个市医药规模工业增加值增速超过全省平均水平。

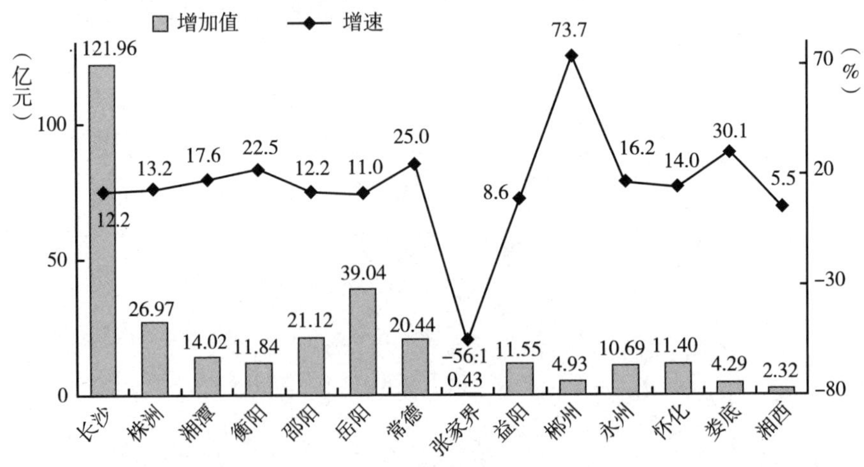

图1　2015年各市州医药工业增加值及增速情况

2. 经济效益稳步提升

全省医药规模工业实现主营业务收入997.5亿元，同比增长20.9%，增幅比全国医药工业平均水平高11.9个百分点，比全省工业平均水平高14.3个百分点。其中，郴州、娄底、常德、永州、湘潭、邵阳等6个市规模医药工业主营业务收入增速超过全省平均水平。完成税金43.4亿元，同比增长20.9%；实现利润57.2亿元，同比增长12.2%。

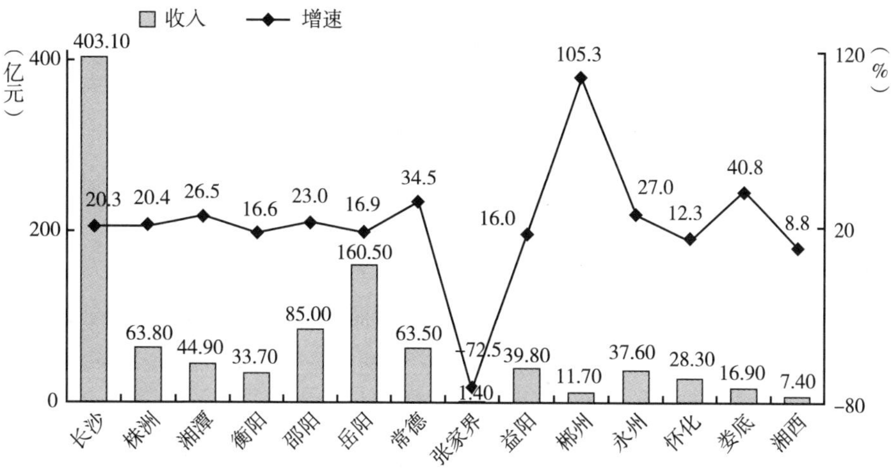

图2　2015年各市州医药工业主营业务收入及增速情况

3. 主要子行业快速发展

主要子行业中除化学制剂和医疗器械外，其他子行业主营业务收入均保持两位数增长。其中，生物制品、中药饮片、卫生材料、化学原料药等4个子行业生产增速分别高于全省医药行业平均水平17.4、5.9、2.5、1.7个百分点。从总量排位看，化学原料药、生物制品居全国第6位，中药饮片、卫生材料居全国第9位，医疗器械居全国第10位。

4. 产业集聚态势明显

全省医药产业已经基本形成以长株潭为核心的医药产业集聚区，浏阳经开区、长沙高新区、常德经开区、零陵工业园、怀化工业园等一批医药园区（园中园）集聚效应明显增强，产业承载能力不断提高。长沙、株洲、湘潭等3市医药规模工业全年共实现主营业务收入511.8亿元，占全省总额的

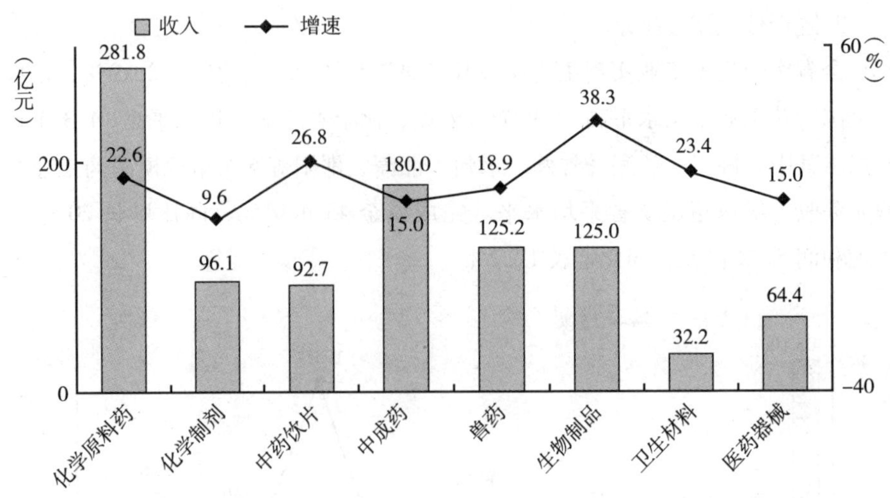

图3　2015 年医药主要子行业主营业务收入及增速情况

51.3%；其中，浏阳经开区医药工业完成主营业务收入 299 亿元，占全省总额的 30.0%。

5. 企业实力不断增强

推进医药企业兼并重组步伐加快，尔康制药、康普药业、九典制药、千山药机、三诺生物等优势企业通过省内整合、跨区域并购、引进战略合作者等方式，实施兼并重组，实现规模化生产经营，龙头骨干企业实力不断增强。截至 2015 年底，全省有规模以上医药工业企业 329 家，比上年增加 10 家；其中大中型企业 64 家，比上年增加 2 家。新增 4 家省级企业技术中心，累计达到 22 家，占全省总数的 9.4%。

6. 项目建设稳步推进

2015 年，全省医药规模工业完成固定资产投资 250.2 亿元，同比增长 21.7%，一批医药重点项目建设稳步推进。如南岳生物年产 1000 万瓶血液制品项目一期建设已完成并已通过新版 GMP 认证，正式投产；千金湘江药业股份有限公司高端药物制剂创新基地 CMP 改造基本完工，预计明年上半年可完成 GMP 认证并投产；湖南恒伟药业股份有限公司建设年产 3000 万盒血络通胶囊、心可舒颗粒生产线 4 条已完工，预计明年一季度可通过新修订药品 GMP 认证。

（二）医药行业发展面临的主要问题

1. 重点地区增长趋缓

长沙、岳阳、株洲三市医药工业经济总量居全省前三位，占全省医药工业比重为62.5%，但2015年三市医药工业增加值增速分别低于全省医药工业平均水平2.6、3.8、1.6个百分点，与上年同期相比也有明显回落。全省医药工业增加值增速要继续领先排位压力明显。

2. 新修订药品 GMP 认证任务仍然较重

目前，全省只有60%的医药企业通过新修订药品 GMP 认证，未通过认证的药品生产企业于2016年1月1日必须停产，对稳增长造成较大压力。

3. 企业生产运营成本不断上升

原辅材料、动力成本不断上涨，用工成本年均增长10%以上，而药品集中招标采购价格普遍下降，医药企业生产运营成本不断增加，导致利润空间缩小。2015年，规模医药工业企业实现利润增速低于主营业务收入增速8.9个百分点。

二　2016年医药行业发展趋势分析

2016年，在国家深化医药卫生体制改革和贯彻《中国制造2025》战略的推动下，医药行业将面临新的发展良机，但也面临着更为激烈的市场竞争和挑战。

（一）2016年医药行业发展环境与趋势

1. 主要机遇

一是健康产业市场持续增长。2015年，全国医药市场规模已跃居全球第二位。随着人口老龄化加剧、放开二胎政策出台、医保覆盖面扩大与医保水平提高、疾病谱变化和人们健康意识增强，2016年全国医药健康市场需求将持续稳定增长，为医药产业发展提供持续快速增长的空间。二是产业发展环境良好。近年来，国家先后出台深化医药卫生体制改革、促进健康服务业发展、促

进生物产业发展、加快医药行业结构调整、扶持中医药发展等系列政策措施，有力推动了医药产业发展。特别是贯彻《中国制造2025》，加快发展生物医药和高性能医疗器械产业，李克强总理2月14日主持召开国务院常务会议，专题研究部署推动医药产业创新升级，进一步促进中药发展措施，将为医药产业营造更加有利的发展环境。三是行业发展更加规范。国家通过实施新修订药品GMP认证，促进企业与国际接轨，推动产业结构深度调整。国家基本药物的一致性评价工作将推动仿制药和原研药在质量和疗效达到一致，国内仿制药将面临大洗牌，长期形成的低水平重复建设与同质化生产等问题将逐步得到改善，一批企业将快速实现扩张。

2. 主要挑战

一是创新能力不足。医药企业创新涉及产品、技术、管理、营销、标准、品牌等各个方面，投入大、风险高、难度强。本省医药企业以中小企业为主，在创新能力建设方面相对实力不足，加上政策扶持力度相对小，必将面临更加严峻的挑战。二是质量监管趋严。国家医药产品标准不断提高，《药品生产管理规范（2010年修订）》和2015版《中国药典》已经颁布实施，《药品管理法》修订步伐正在加快，药品质量标准不断提高。在监管方面，国家提出了药品安全问题要用最严谨的标准、最严格的监管、最严厉的处罚、最严肃的问责，医药产业发展面临严格考验。三是市场竞争激烈。新形势下，国内外市场准入不断提高，营销模式、渠道不断创新，单一产品竞争已演变成企业综合性竞争。全省缺乏龙头骨干企业，缺少在全国叫得响的品牌产品，必将面临国内外市场竞争压力和冲击。

（二）2016年医药行业发展思路、目标和重点

2016年，全省医药行业管理工作将围绕《湖南省贯彻〈中国制造2025〉建设制造强省五年行动计划》的实施，以提高经济发展质量和效益为中心，以结构调整和转型升级为主线，突出创新驱动，抓好项目建设，创新产业服务，着力培育壮大生物医药和高性能医疗器械产业，推动医药工业经济平稳较快发展。力争全年医药规模工业完成增加值350亿元，增长15%左右；实现主营业务收入1150亿元，增长16%左右。围绕上述思路和目标，将抓好以下重点工作。

1. 加强经济运行协调

坚持月调度、季分析，做好行业经济运行监测分析。建立健全医药工业重点企业运行调度协调机制，围绕医药产业发展热点、难点问题，深入调查研究，及时提出对策建议。会同有关部门组织遴选一批创新型药品临时纳入本省医保目录，鼓励企业实现创新发展。引导医药企业参加相关展会，加快“走出去”步伐，开拓国内外市场。配合做好医药集中采购相关工作，切实维护本省药企权益。促进金融机构与医药企业的沟通与合作，缓解企业融资难的问题。

2. 推动重点项目建设

充分发挥省医药技术改造资金的引导和激励作用，支持医药企业技术改造项目建设，培育新的经济增长点。加强项目动态管理，支持医药重点项目特别是生物医药和高性能医疗器械企业改造项目申报国家、省专项资金。启动中药材种植基地示范县申报工作，推动本省中药材种植基地建设。按照工信部要求，继续做好本省重点中药材品种生产扶持项目申报工作。

3. 推进企业兼并重组

加强与市州、企业的调度沟通，鼓励优势企业采用联合重组、兼并、参股、控股等手段，加快组织结构调整步伐。充分发挥省战略性新型产业和新型工业化引导资金的引导作用，支持一批重点医药企业兼并重组项目建设，树立一批兼并重组示范典型，引导医药优势骨干企业整合资源，实施兼并重组，提高行业集中度，盘活企业（品种）资源，实现规模化、集约化生产经营。

4. 强化产业规划引导

加强新常态下医药产业发展方向的战略研究，科学制定医药产业“十三五”发展目标、思路、重点领域、保障措施等，更好地规划、指导全省医药产业发展。立足本省中药材资源特点，研究制定全省中药材产业“十三五”发展规划，引导中药材产业健康有序发展。按照省对接“中国制造2025”建设制造强省协调推进小组部署，编制完成《湖南省生物医药及高性能医疗器械产业发展五年行动计划》，引导企业抢占产业发展制高点。组织实施医药工业领域“互联网＋”创新工程，打造“互联网＋”示范企业，促进医药行业转型升级。

三 有关发展对策建议

2016年是“十三五”规划的开局之年。为推进医药产业加快发展，早日实现医药产业发展目标，要充分发挥政府宏观调控的引导作用以及市场竞争机制的促进作用，推动各类资源向优势企业集中，促进全省医药工业经济平稳较快发展，特提如下建议：

（一）制定实施引导本省公立医疗机构采购使用本省医药产品激励政策

近年来，部分省市制定出台了鼓励本省医疗机构采购使用省产药品的激励政策，对支持医药企业做大、做强，促进本省医药产业发展起到积极的促进作用。为进一步优化全省医药产业发展环境，建议研究制定实施引导本省公立医疗机构采购使用本省医药产品的激励政策，强化产业发展政策支持力度。

（二）设立医药企业兼并重组产业引导基金

推动医药企业兼并重组是加快培育壮大龙头企业，促进医药产业结构调整的重要途径。建议充分发挥财政资金的引导作用，设立医药企业兼并重组产业引导基金，引导社会资本加大对实施兼并重组医药企业相关项目建设的资金支持力度，扶持一批具有市场竞争力的生物医药、医疗器械龙头企业，带动医药产业加快发展。

B.9 2015~2016年湖南食品行业发展研究报告

湖南省经济和信息化委员会消费品工业处

一 2015年食品行业运行情况分析

（一）食品行业经济运行情况及特点

1. 生产增速企稳回升

2015 年，全省食品工业经济呈低开高走趋势，规模食品工业（不含烟草）完成工业增加值 1228.55 亿元，同比增长 9.9%，增速比上年提高 1.6 个百分点。除衡阳、张家界、怀化、自治州等 4 个市州处于负增长外，其余 10 个市生产保持平稳增长，其中郴州、邵阳、娄底、益阳、株洲、湘潭等 6 个市规模食品工业增加值增速超过全省平均水平，均实现两位数增长。

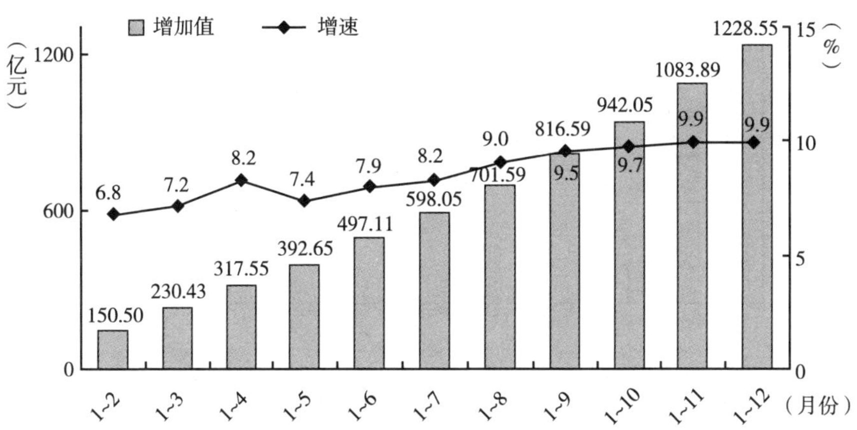

图 1　2015 年全省规模食品工业分月度增加值及增速完成情况

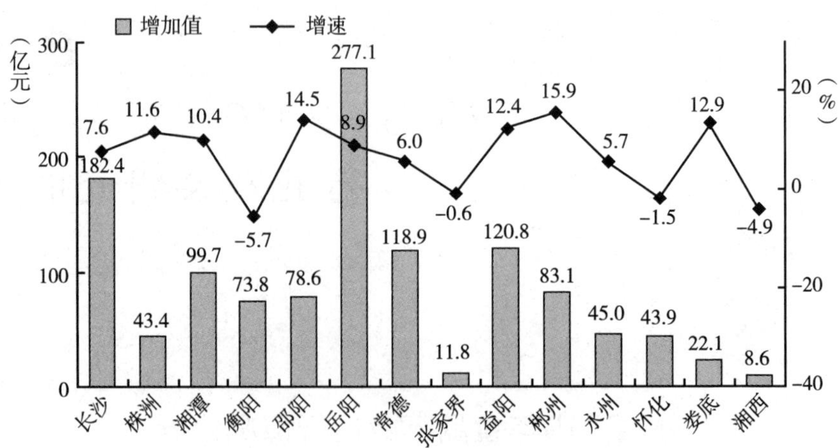

图2　2015 年各市州规模食品工业增加值及增速完成情况

2. 主要子行业生产保持平稳增长

全省 14 个重点子行业除焙烤食品制品增加值为负增长外，其余 13 个子行业均保持不同程度的增长，其中，调味品、罐头制造、乳制品加工、植物油加工等 4 个子行业增速明显高于全省食品工业平均水平，均实现两位数增长。

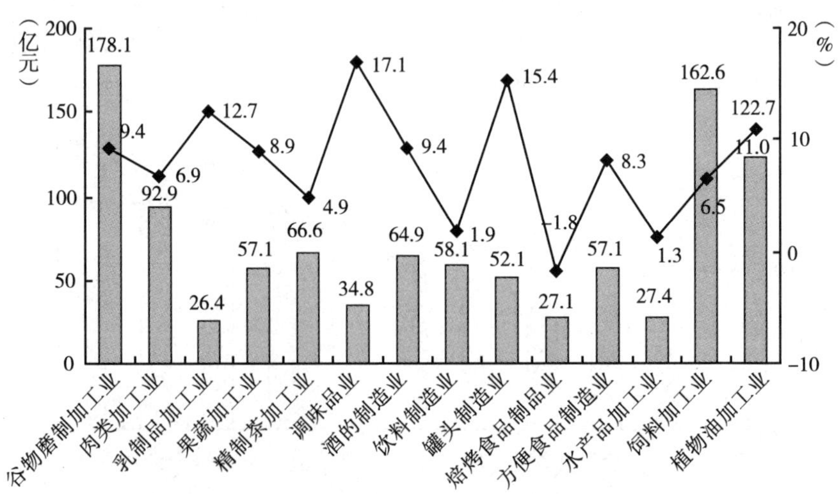

图3　2015 年各主要子行业增加值及增速完成情况

3. 经济效益稳步增长

全省规模食品工业完成主营业务收入 4476.2 亿元，同比增长 12.9%，增速比上年提高 6.3 个百分点；实现利润总额 193.6 亿元，同比增长 15.8%，增速比上年提高 17.3 个百分点，实现税金总额 169.0 亿元，同比增长 7.2%。

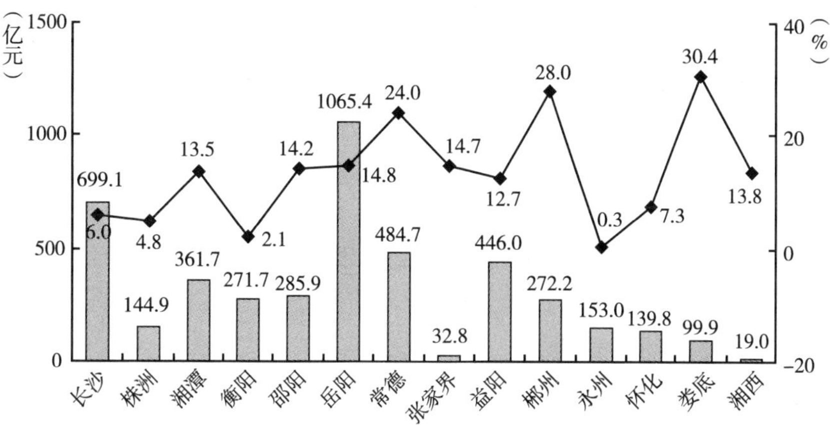

图 4　2015 年各市州规模食品工业主营业务收入及增速完成情况

（二）食品行业发展面临的主要问题

1. 重点地区增长乏力

岳阳、长沙、常德 3 市上年食品产业总量占湖南省的 50.3%，而 2015 年，3 市规模食品工业增加值分别只增长 7.6%、8.9%、6.0%，分别比全省平均水平低 2.3、1.0、3.9 个百分点，对全省食品产业增速影响较大。

2. 产能得不到有效发挥

目前很多大项目建成后因市场需求不旺等因素迟迟不能投产，有的只是季节性生产，大量车间和设备处于闲置状态。如旺旺集团湖南总厂投资 16 亿元新建的 33 条乳饮生产线项目，原计划 2015 年年初正式投产，但至 2015 年年底仍然没有投产；雨润集团投资 12 亿元在常德西洞庭建设的食品产业园，目前只有屠宰生产线极少量生产，而 3000 万羽肉鸡生产线和年产 3 万吨肉制品精深加工生产线均处于闲置状态，项目未能产生经济效益。

3. 产业发展后劲不足

随着全球经济一体化进程加快，国外食品跨国集团大举抢滩登陆我国食品市场，湖南食品工业面临着严峻的竞争挑战，而国内劳动力价格成本上升以及原辅材料价格持续上涨，食品企业低成本竞争优势逐步被削弱。湖南食品产业主营业务收入仅占全国的3.71%，仅为全国行业排名第一位的山东省的26%，与河南等发达省份及湖北等相邻省份相比存在较大差距，企业以中小微型为主，自主创新能力不强，市场竞争力和抗风险能力较弱，加之近年来食品价格持续低迷，行业利润率只有5%左右，企业投资动力明显不足。

二 2016年食品行业发展趋势分析

（一）发展环境分析

1. 有利因素

从全国看，食品产业发展面临新的机遇。2016 年是“十三五”开局年，也是落实十八届三中全会《决定》精神，扎实推进各项改革措施加快出台的关键时期。食品作为刚性需求民生产业，随着国家相关改革措施的出台，食品质量安全监管不断强化，市场公平竞争环境不断优化，特别是五中全会通过的全面放开二胎政策，将对食品产业发展带来积极影响，食品市场将不断扩大，将为食品产业带来难得的发展机遇。

从省内看，食品产业发展具有良好政策环境。省委省政府将进一步把着力扩大内需、加快调整产业结构、大力推进新型城镇化、加强民生保障等列为经济工作的重点，这将有利于促进全省食品产业持续健康发展。近年来，省里把食品产业作为传统支柱产业和构建多点支撑多极发展产业新格局的重要支撑点予以培育发展，特别出台了加快推进食品企业兼并重组的政策措施，有利于促进食品企业做大做强，各市州也相继出台加快食品产业发展的政策意见，加大对食品产业的支持力度，全省食品产业发展环境持续改善。

从行业自身看，食品产业发展具有良好基础。一是重点优势子行业增长带动。湖南省方便食品制造、调味品、罐头制造、乳制品加工、饮料制造、植物油加工和果蔬加工等子行业近几年来得到较快发展，形成了新的发展格局，未来有望继续保持较快的增长。同时，随着推进食品企业兼并重组各项政策措施的落实，将进一步推动饲料加工、粮食加工、畜禽肉类加工等子行业重点企业加快并购步伐。二是产业集聚发展带动。全省 9 大食品加工产业[①]集群特色鲜明，未来将得到更快发展。三是重点园区和特色县域经济增长带动。近几年来，宁乡经开区食品产业园、望城高科技农业产业园、浏阳市特色食品产业园、常德西洞庭食品产业园等一批食品产业特色园区快速发展，将带动区域食品产业加快发展。此外，全省农副产品加工特色县域经济强县受益于财政支持力度加大，有望继续保持强劲增长势头。

2. 不利因素

2016 年，世界和我国经济增速将继续处于放缓时期，工业经济下行压力依然较大，食品产业发展同样面临一定的困难和问题。一是食品企业安全风险增加。随着食品安全领域认知水平的提高，特别是检测技术不断发展，媒体和消费者关注度不断提高，食品质量安全已成为全社会高度关注的焦点。从全省近年来发生的相关食品安全问题带来的影响看，一家企业某个批次的产品出现安全问题，将对整个行业的发展造成重大影响。二是食品产业难以长期保持高速增长。随着湖南省食品产业规模和基数不断扩大，加上行业利润率较低，社会投资更加趋于谨慎，未来全省食品产业将保持稳定增长，但难以出现“十二五”初期那样的高速增长局面。三是优质农产品不足制约食品产业发展。湖南作为农业大省，优质大米、菜籽等农副产品原辅材料严重不足，市场竞争力不强，将在一段时期成为全省食品产业发展的一个瓶颈。

（二）总体思路

2016 年，全省食品行业管理工作将以提高经济发展质量和效益为中心，以结构调整和转型升级为主线，推进兼并重组，突出创新驱动，抓好项目建设，创新产业服务，推动食品产业实现平稳较快发展。

---

① 长沙粮油乳茶、岳阳粮油茶调味品、株洲肉乳、常德粮油水产品、湘潭肉莲、邵阳酒果蔬糖、怀化粮油果蔬、永州酒油果蔬、益阳粮茶水产品。

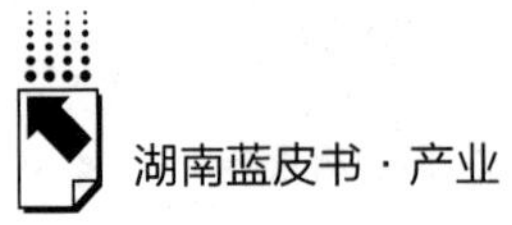

（三）发展目标

全年力争规模食品工业（不含烟草）完成工业增加值1350亿元，同比增长8.5%。

（四）工作重点

1. 培育重大龙头骨干企业

大力推进食品企业兼并重组，鼓励优势龙头骨干企业通过资金注入、品牌运作、技术输出、管理输出等多种方式，实施跨区域、跨行业、跨所有制的兼并重组，不断增强企业竞争力，引导中小企业挂大靠强，实现规模化、品牌化、集约化生产经营。

2. 促进产业集聚发展

依托区域食品资源优势，继续培育壮大全省9大食品产业集群。抓好全省食品工业园（基地）建设，加速形成特色食品产业集聚区。大力发展县域特色食品产业，大力实施“一县一品”、“一品一特”工程，培育食品产业强县。

3. 大力实施品牌战略

大力传承和挖掘老字号湘味品牌食品，打造具有湖湘文化特色的“湘”字食品品牌。整合现有优势品牌，做优做强食品产业链。积极实施品牌培育工程，认真做好中国驰名商标及湖南名牌、湖南著名商标等品牌的培育发展工作。加大广告宣传力度，实施多渠道、多层面的营销推广策略，提高消费者对“湘”字食品品牌的知晓度、认可度和忠诚度。

4. 开拓食品销售市场

研究出台有关引导和支持本土食品加大销售渠道和力度的政策措施，宣传部门加大对湖南名、优、特食品宣传、保护力度，协调新闻媒体积极宣传省名优品牌产品；商务部、旅游部门积极支持企业开拓国际国内两个市场，引导省内商超和酒店宾馆及旅游景点重点采购。

5. 加强原料基地建设

推进食品产业原料生产区域化、专用化和规模化。支持有条件的食品企业创新运营模式，如实行“公司 + 基地 + 农户”的运作方式，建立原料专用基地，构建生态产业联盟。加强优势农产品良种繁育、技术推广、运销服务等基础设施建设，加快优势农产品原料生产基地的建设。

6. 推进食品工业"两化融合"

加速推进全省食品产业"两化融合"进程，利用高新技术和信息技术手段改造提升食品产业，促进食品产业向高端化、高新化、"两型"化发展。引导和支持食品企业加快实施"互联网＋"经营管理模式，充分运用互联网技术提升企业管理水平。

7. 继续推进食品企业诚信体系建设

指导和督促规模食品工业企业加快建立企业诚信管理体系，组织开展诚信评价，不断提高食品质量安全管理水平。加强食品安全检测能力建设，推动粮油、肉制品、乳制品、食品添加剂、饮料、酿酒等行业的重点企业，按质量规范要求增加原料检测、生产过程动态检测、产品出厂检测等先进检测装备，完善产品检测管理制度。

8. 加大财政支持力度

整合现有及其新增的财政资源，重点支持食品工业园区（基地）和龙头骨干企业实施技术改造、新产品研发、服务平台、质量安全等重大项目建设。充分发挥全省新型工业化引导资金、产学研发展专项资金、农业产业化专项资金及技术改造资金、中小企业发展资金的引导和激励作用。

三　下一步发展的对策建议

（一）促进重点地区食品产业加快发展

充分发挥环洞庭湖区农副产品资源优势，着力支持岳阳、长沙、常德、益阳等市对湖南省食品产业增速影响较大的重点地区食品产业持续较快发展。突出支持重点，在食品发展专项资金安排上向重点地区重点企业项目倾斜，进一步增强产业发展后劲。

（二）加快推进企业兼并重组

认真落实省政府办公厅转发省经信委《关于加快推进食品医药企业兼并重组的意见》（湘政办发〔2014〕69号），重点支持一批龙头企业兼并重组及技改重大项目，鼓励食品龙头企业加快兼并重组、做大做强，引导中小企业挂大靠强，着力推动一批具有产业基础和比较优势的食品龙头企业兼并重组，实现品牌化、规模化经营。

（三）切实规范金融秩序

建议省委省政府高度重视当前中小企业融资难、融资贵、融资乱等问题，研究出台强有力的措施，切实落实金融监管部门及金融机构的主体责任，严格规范金融秩序，提高金融机构为实体经济服务意识。

（四）帮助企业扩大市场销售

建议省政府责成有关部门出台更加有效的政策措施，切实落实政府采购优先选择本省企业产品的相关政策，提高本省产品特别是食品在省内市场的占有率。

B.10 2015～2016年湖南房地产行业研究报告

湖南省住房和城乡建设厅房地产监管处

一 2015年湖南省房地产市场基本情况

2015 年，全省商品房成交持续回升，但房地产开发投资仍然低迷，市场新增供应持续减少，房地产市场总体呈现“销售热、开发冷”的局面。

（一）商品房成交持续活跃，四季度同比增速小幅回落

全省完成商品房销售 6363.01 万平方米，同比增长 17%，已连续 9 个月增长，总量创历史新高，增速较上年同期提高 25.6 个百分点，比全国平均水平高 10.5 个百分点（见图 1）。总量、增速在全国排名第 6 位、第 3 位，在中部地区排名第 2 位、第 1 位。全省商品房销售面积自 4 月出现正增长后，增幅持续扩大，至 9 月累计增幅达到 21.5%，四季度累计增幅小幅回落，其中 10、11、12 月累计增幅分别为 21.2%、19.6%、17%。12 月，全省商品房销售面积 1057.12 万平方米，创年内单月成交新高，同比增长 5.3%，环比大幅增长 33.1%。商品房销售额 2738.92 亿元，同比增长 19.1%，总量创历史新高，增速较上年同期提高 28.1 个百分点。其中，商品住宅销售面积 5671.19 万平方米，同比增长 16.9%；销售额 2253.85 亿元，同比增长 21.3%。

从市州情况看，全省 14 个市州中，长沙市商品房销售面积 1897.69 万平方米，位居全省首位，占全省的 29.8%，同比增长 24.9%，高于全省平均水平 7.9 个百分点（见表 1）。株洲、郴州市分别销售商品房面积 658.64 万、518.64 万平方米，位居全省第二、三位。全省有 11 个市州商品房销售面积增幅较上年同期上升，增幅较大的为岳阳市（31.8%）、湘西自治州（30.1%）

和常德市（26.8%）；有3个市州商品房销售面积增幅较上年下降，降幅较大的为张家界市（-17%）和衡阳市（-3.9%），张家界市商品房销售已连续12个月负增长（见表1）。

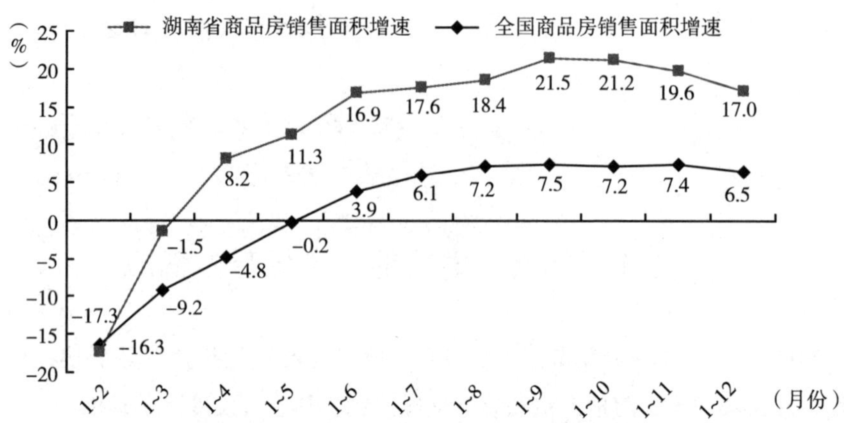

图1　2015年湖南省商品房销售面积增速与全国商品房销售面积增速

表1　2015年全省各市州商品房销售面积

市州	商品房销售面积（万平方米）	排名	增幅（%）	排名	商品房销售额（亿元）	增幅（%）
湖南省	6363.01	—	17	—	2738.92	19.1
长沙市	1897.69	1	24.9	5	1113.26	19.8
株洲市	658.64	2	22.6	6	288.37	26.7
郴州市	518.64	3	20.6	7	178.42	21
永州市	503.68	4	-3.3	12	155.61	1.3
岳阳市	448.84	5	31.8	1	175.87	42.9
怀化市	402.08	6	25.5	4	145.34	43.5
衡阳市	375.47	7	-3.9	13	133.50	-6.4
邵阳市	332.25	8	13.4	9	101.53	16.8
益阳市	315.64	9	1.1	11	103.12	9.7
常德市	299.19	10	26.8	3	139.22	35.6
湘潭市	204.35	11	10	10	82.61	11.5
娄底市	197.11	12	14.7	8	57.55	13.8
湘西自治州	161.18	13	30.1	2	46.94	18.6
张家界市	48.25	14	-17	14	17.58	-34.1

（二）房地产开发投资市场低位运行

全省房地产开发完成投资总额2613.75亿元，同比下降了9.4%，投资已经实现连续8个月下滑，较全国平均水平而言，低了10.4个百分点（见图2）。总量、增速在全国排名第16位、第27位，在中部地区排名第4位、第6位，增速已连续12个月在中部地区排名末位。从投资结构看，住宅完成开发投资1802.94亿元，占全省房地产投资的69%，同比减少9.8%；办公楼完成投资120.80亿元，同比增长9.2%；商业营业用房完成投资总额430.63亿元，同比增长0.8%。

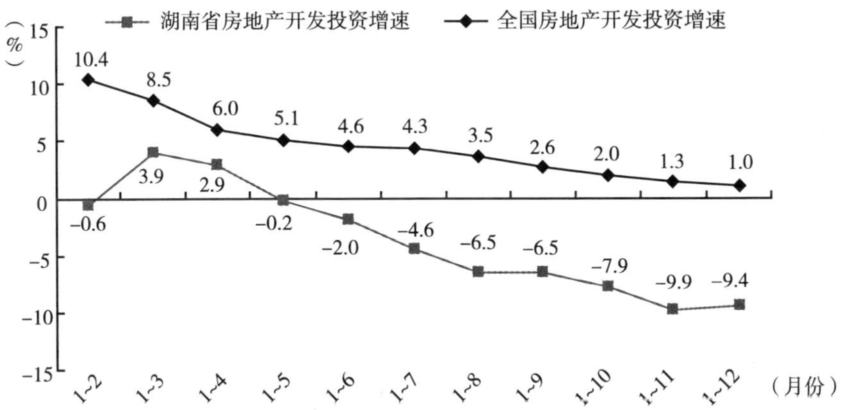

图2　2015年湖南省房地产开发投资增速与全国房地产开发投资增速

从市州情况看，全省14个市州中，长沙市完成房地产开发投资996.58亿元，居全省首位，占全省的38.1%，同比减少24%，已连续9个月负增长，低于全省平均水平14.6个百分点。株洲、郴州市分别完成225.86亿元、194.36亿元，位居全省第二、三位。全省有7个市州投资增幅较上年下降，降幅较大的为张家界市（-46.5%）、长沙市（-24%），张家界市房地产开发投资已连续11个月负增长；有7个市州投资增幅较上年同期上升，增幅较大的为湘西自治州（30.3%）、郴州市（19.9%）和怀化市（15.1%）（见表2）。

表2　2015年全省各市州房地产开发投资情况

名称	完成房地产开发投资(亿元)	排名	增幅(%)	排名
湖南省	2613.75		-9.4	
长沙市	996.58	1	-24	13
株洲市	225.86	2	-4	12
郴州市	194.36	3	19.9	2
岳阳市	151.45	4	14.9	4
湘潭市	145.44	5	-1.1	8
衡阳市	140.88	6	1.9	7
邵阳市	135.64	7	4.3	5
常德市	121.41	8	-2.1	10
怀化市	117.21	9	15.1	3
娄底市	107.94	10	-1.6	9
益阳市	103.90	11	2.7	6
永州市	89.48	12	-3.8	11
湘西自治州	52.14	13	30.3	1
张家界市	31.45	14	-46.5	14

（三）市场供应持续减少

全省房地产用地供应5591公顷，同比减少4.1%，已连续10个月负增长，降幅较上年同期收窄3.1个百分点（见图3）。全省商品房施工面积28322.13万平方米，同比增长2.1%；全省商品房新开工面积6394.58万平方米，同比减少20.7%，已连续24个月负增长（见图4）。总量、增速在全国排名第10位、第22位，在中部地区排名第4位、第6位。全省商品房新开工面积自年初出现较大幅度的下降，7月到12月累计降幅均超过20%。全省商品房竣工面积3969.96万平方米，同比下降了1.3%。其中，商品住宅施工面积20807.90万平方米，同比增长1.2%；商品住宅新开工面积、竣工面积分别为4747.20万平方米、3087.42万平方米，同比分别减少17.2%、2.8%。

（四）商品住宅均价止跌企稳

全省商品住宅均价3974元/平方米，房价居中部六省第6位，居全国第28位，仅高于内蒙古、西藏和贵州。从全省10个城市新建商品住宅价格全年走

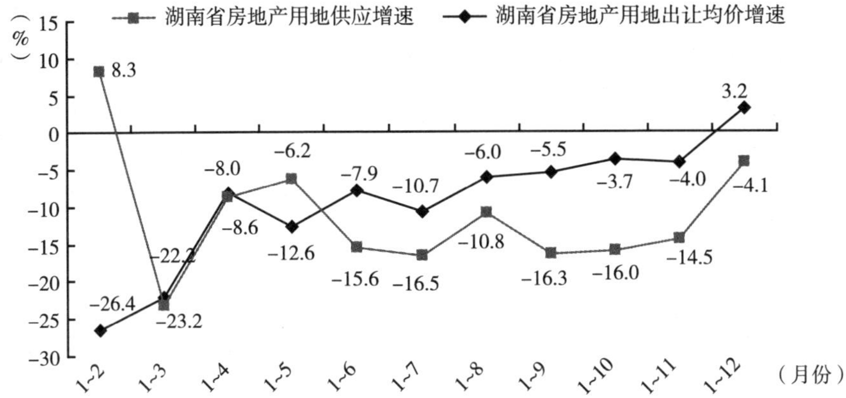

图 3　2015 年湖南省房地产用地供应量

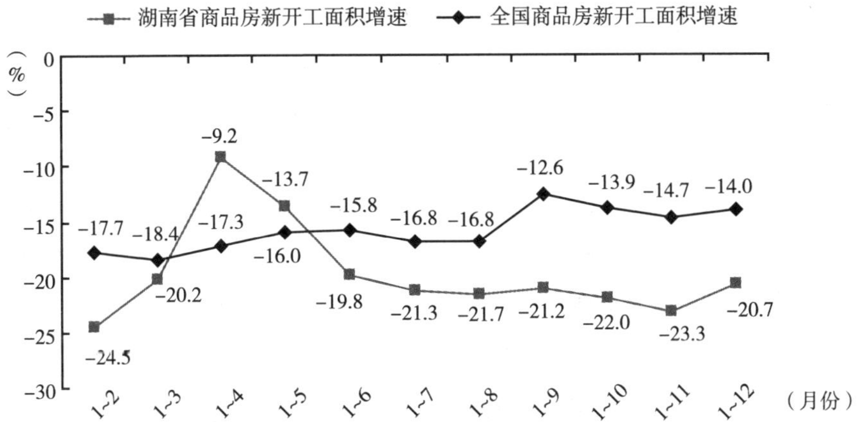

图 4　2015 年湖南省商品房新开工面积增速与全国商品房新开工面积增速

势来看，1～3 月不断走低，4 月份开始逐月回升；12 月同比上涨 1.8%，其中，90 平方米以下、90～144 平方米和 144 平方米以上的同比分别上涨 3.7%、0.5%和 3.2%。环比走势全年基本持平，9 月开始持续上涨，12 月达到全年最高上涨 0.9%。

其他主要指标方面：一是房地产贷款增长较快。12 月末，全省房地产贷款余额 5458.6 亿元，占全部贷款的比重为 22.5%，同比增长 27.7%，高于全部贷款增速 11.2 个百分点。全省房地产贷款较年初新增 1182.6 亿元，占全省新增贷款的比重为 34.4%。二是房地产税收收入增速回落。全省完成房地产税收663亿元，同比增长8%，增速比上年同期回落4.3个百分点。房地产业纳税总额占地方收入比重26.4%；占税收总收入比重21.9%；占地方税收收入比重43.4%。三是房地产用地出让收入持续负增长。全省房地产用地实际成交总价款786.3亿元，同比减少7.6%，占土地总价款比重85.1%。

2015年，湖南省商品房销售出现明显回升的势头。但是，跑量在很大程度上是以降价或赠送面积等短期刺激换来的，市场信心仍有待提振，供应过剩的局面没有得到实质性缓解。主要表现在：一是库存总量居高不下。截至2015年底，省统计局数据显示，全省已竣工未销售商品房面积3309.54万平方米，同比增长12.2%；另据湖南省房产部门初步调查统计，可售新建商品房（已办理预售许可和现房销售备案）的库存去化周期超过一年半。二是市场分化现象突出。城市间分化严重：长沙、株洲等市住房需求相对旺盛，销售情况较好；湘潭、益阳等三四线城市因住房需求疲软，库存去化周期达30个月以上，县城更为严重。同城不同楼盘之间出现分化：部分地理位置好、周边配套齐、综合性价比高的楼盘销售形势看好，但一些教育、交通、市政设施配套不全以及居住环境不佳、建筑质量不高的楼盘严重滞销。三是房地产企业有待整合重组。全省目前共有房地产开发企业6441家，但具备较强市场竞争力的企业较少，多数以项目开发公司为主，抗风险能力弱，在严峻的市场形势下，个别中小房企资金链存在断裂风险，可能难以渡过难关，行业面临重新洗牌的局面。

二　湖南省房地产行业发展环境和趋势研判

（一）发展环境分析

2016年，随着“一带一路”战略的推进、长江中游城市群的建设、新型城镇化的加速，将为湖南省房地产业发展带来全新机遇，也将提出更高的发展和建设要求。

1. 宏观环境分析

2014年以来，全国房地产市场持续下行，限购松绑与金融信贷政策调整陆续出台，政策环境趋向宽松。当前，“去库存、调结构、稳增长”仍为房地产业发展的主旋律，宏观政策环境将继续维持相对宽松的状态，为激活潜在住

权威·前沿·原创

社会科学文献出版社

皮书系列

2016年

盘点年度资讯 预测时代前程

社会科学文献出版社 学术传播中心 编制

社长致辞

我们是图书出版者，更是人文社会科学内容资源供应商；

我们背靠中国社会科学院，面向中国与世界人文社会科学界，坚持为人文社会科学的繁荣与发展服务；

我们精心打造权威信息资源整合平台，坚持为中国经济与社会的繁荣与发展提供决策咨询服务；

我们以读者定位自身，立志让爱书人读到好书，让求知者获得知识；

我们精心编辑、设计每一本好书以形成品牌张力，以优秀的品牌形象服务读者，开拓市场；

我们始终坚持“创社科经典，出传世文献”的经营理念，坚持“权威、前沿、原创”的产品特色；

我们“以人为本”，提倡阳光下创业，员工与企业共享发展之成果；

我们立足于现实，认真对待我们的优势、劣势，我们更着眼于未来，以不断的学习与创新适应不断变化的世界，以不断的努力提升自己的实力；

我们愿与社会各界友好合作，共享人文社会科学发展之成果，共同推动中国学术出版乃至内容产业的繁荣与发展。

社会科学文献出版社社长
中国社会学会秘书长

谢寿光

2016年1月

社会科学文献出版社成立于1985年，是直属于中国社会科学院的人文社会科学专业学术出版机构。

成立以来，特别是1998年实施第二次创业以来，依托于中国社会科学院丰厚的学术出版和专家学者两大资源，坚持“创社科经典，出传世文献”的出版理念和“权威、前沿、原创”的产品定位，社科文献立足内涵式发展道路，从战略层面推动学术出版五大能力建设，逐步走上了智库产品与专业学术成果系列化、规模化、数字化、国际化、市场化发展的经营道路。

先后策划出版了著名的图书品牌和学术品牌“皮书”系列、“列国志”、“社科文献精品译库”、“全球化译丛”、“全面深化改革研究书系”、“近世中国”、“甲骨文”、“中国史话”等一大批既有学术影响又有市场价值的系列图书，形成了较强的学术出版能力和资源整合能力。2015年社科文献出版社发稿5.5亿字，出版图书约2000种，承印发行中国社科院院属期刊74种，在多项指标上都实现了较大幅度的增长。

凭借着雄厚的出版资源整合能力，社科文献出版社长期以来一直致力于从内容资源和数字平台两个方面实现传统出版的再造，并先后推出了皮书数据库、列国志数据库、“一带一路”数据库、中国田野调查数据库、台湾大陆同乡会数据库等一系列数字产品。数字出版已经初步形成了产品设计、内容开发、编辑标引、产品运营、技术支持、营销推广等全流程体系。

在国内原创著作、国外名家经典著作大量出版，数字出版突飞猛进的同时，社科文献出版社从构建国际话语体系的角度推动学术出版国际化。先后与斯普林格、博睿、牛津、剑桥等十余家国际出版机构合作面向海外推出了“皮书系列”“改革开放30年研究书系”“中国梦与中国发展道路研究丛书”“全面深化改革研究书系”等一系列在世界范围内引起强烈反响的作品；并持续致力于中国学术出版走出去，组织学者和编辑参加国际书展，筹办国际性学术研讨会，向世界展示中国学者的学术水平和研究成果。

此外，社科文献出版社充分利用网络媒体平台，积极与中央和地方各类媒体合作，并联合大型书店、学术书店、机场书店、网络书店、图书馆，逐步构建起了强大的学术图书内容传播平台。学术图书的媒体曝光率居全国之首，图书馆藏率居于全国出版机构前十位。

上述诸多成绩的取得，有赖于一支以年轻的博士、硕士为主体，一批从中国社科院刚退出科研一线的各学科专家为支撑的300多位高素质的编辑、出版和营销队伍，为我们实现学术立社，以学术品位、学术价值来实现经济效益和社会效益这样一个目标的共同努力。

作为已经开启第三次创业梦想的人文社会科学学术出版机构，我们将以改革发展为动力，以学术资源建设为中心，以构建智慧型出版社为主线，以“整合、专业、分类、协同、持续”为各项工作指导原则，全力推进出版社数字化转型，坚定不移地走专业化、数字化、国际化发展道路，全面提升出版社核心竞争力，为实现“社科文献梦”奠定坚实基础。

经 济 类

经济类皮书涵盖宏观经济、城市经济、大区域经济，
提供权威、前沿的分析与预测

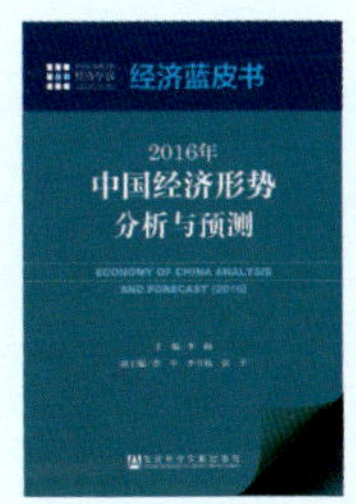

经济蓝皮书

2016 年中国经济形势分析与预测

李　扬 / 主编　　2015 年 12 月出版　　定价 :79.00 元

◆　本书为总理基金项目，由著名经济学家李扬领衔，联合中国社会科学院等数十家科研机构、国家部委和高等院校的专家共同撰写，系统分析了 2015 年的中国经济形势并预测 2016 年我国经济运行情况。

世界经济黄皮书

2016 年世界经济形势分析与预测

王洛林　张宇燕 / 主编　　2015 年 12 月出版　　定价 :79.00 元

◆　本书由中国社会科学院世界经济与政治研究所的研究团队撰写，2015 年世界经济增长继续放缓，增长格局也继续分化，发达经济体与新兴经济体之间的增长差距进一步收窄。2016 年世界经济增长形势不容乐观。

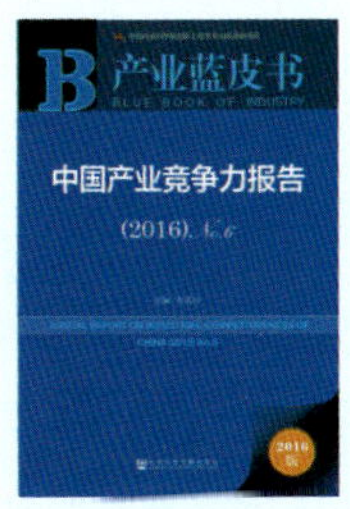

产业蓝皮书

中国产业竞争力报告（2016）NO.6

张其仔 / 主编　　2016 年 12 月出版　　定价 :98.00 元

◆　本书由中国社会科学院工业经济研究所研究团队在深入实际、调查研究的基础上完成。通过运用丰富的数据资料和最新的测评指标，从学术性、系统性、预测性上分析了 2015 年中国产业竞争力，并对未来发展趋势进行了预测。

G20 国家创新竞争力黄皮书

二十国集团（G20）国家创新竞争力发展报告（2016）

李建平　李闽榕　赵新力 / 主编　　2016 年 11 月出版　估价 :138.00 元

◆　本报告在充分借鉴国内外研究者的相关研究成果的基础上，紧密跟踪技术经济学、竞争力经济学、计量经济学等学科的最新研究动态，深入分析 G20 国家创新竞争力的发展水平、变化特征、内在动因及未来趋势，同时构建了 G20 国家创新竞争力指标体系及数学模型。

国际城市蓝皮书

国际城市发展报告（2016）

屠启宇 / 主编　　2016 年 2 月出版　　定价 :79.00 元

◆　本书作者以上海社会科学院从事国际城市研究的学者团队为核心，汇集同济大学、华东师范大学、复旦大学、上海交通大学、南京大学、浙江大学相关城市研究专业学者。立足动态跟踪介绍国际城市发展实践中，最新出现的重大战略、重大理念、重大项目、重大报告和最佳案例。

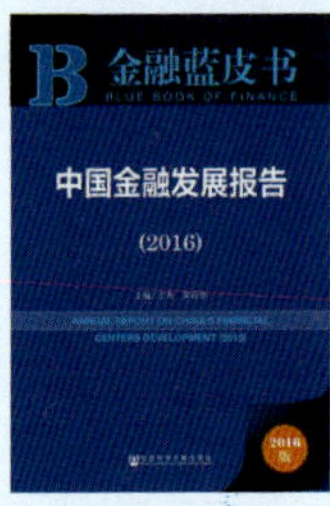

金融蓝皮书

中国金融发展报告（2016）

李　扬　王国刚 / 主编　2015 年 12 月出版　定价 :79.00 元

◆　本书由中国社会科学院金融研究所组织编写，概括和分析了 2015 年中国金融发展和运行中的各方面情况，研讨和评论了 2015 年发生的主要金融事件。本书由业内专家和青年精英联合编著，有利于读者了解掌握 2015 年中国的金融状况，把握 2016 年中国金融的走势。

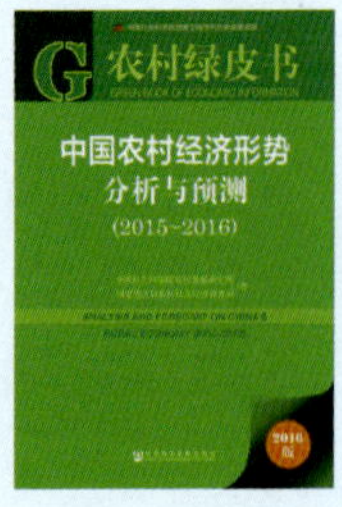

农村绿皮书

中国农村经济形势分析与预测（2015 ~ 2016）

中国社会科学院农村发展研究所　国家统计局农村社会经济调查司 / 著
2016 年 4 月出版　估价 :69.00 元

◆　本书描述了 2015 年中国农业农村经济发展的一些主要指标和变化，以及对 2016 年中国农业农村经济形势的一些展望和预测。

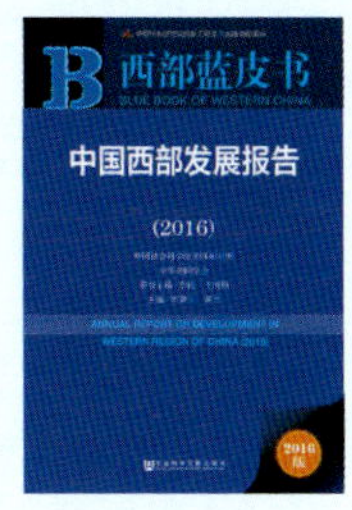

西部蓝皮书

中国西部发展报告（2016）

姚慧琴　徐璋勇 / 主编　　2016 年 7 月出版　　估价 :89.00 元

◆　本书由西北大学中国西部经济发展研究中心主编，汇集了源自西部本土以及国内研究西部问题的权威专家的第一手资料，对国家实施西部大开发战略进行年度动态跟踪，并对 2016 年西部经济、社会发展态势进行预测和展望。

民营经济蓝皮书

中国民营经济发展报告 NO.12（2015 ~ 2016）

王钦敏 / 主编　2016 年 4 月出版　估价 :75.00 元

◆　改革开放以来，民营经济从无到有、从小到大，是最具活力的增长极。本书是中国工商联课题组的研究成果，对 2015 年度中国民营经济的发展现状、趋势进行了详细的论述，并提出了合理的建议。是广大民营企业进行政策咨询、科学决策和理论创新的重要参考资料，也是理论工作者进行理论研究的重要参考资料。

经济蓝皮书夏季号

中国经济增长报告（2015 ~ 2016）

李　扬 / 主编　2016 年 8 月出版　估价 :69.00 元

◆　中国经济增长报告主要探讨 2015~2016 年中国经济增长问题，以专业视角解读中国经济增长，力求将其打造成一个研究中国经济增长、服务宏微观各级决策的周期性、权威性读物。

中三角蓝皮书

长江中游城市群发展报告（2016）

秦尊文 / 主编　2016 年 10 月出版　估价 :69.00 元

◆　本书是湘鄂赣皖四省专家学者共同研究的成果，从不同角度、不同方位记录和研究长江中游城市群一体化，提出对策措施，以期为将“中三角”打造成为继珠三角、长三角、京津冀之后中国经济增长第四极奉献学术界的聪明才智。

社会政法类

社会政法类皮书聚焦社会发展领域的热点、难点问题，
提供权威、原创的资讯与视点

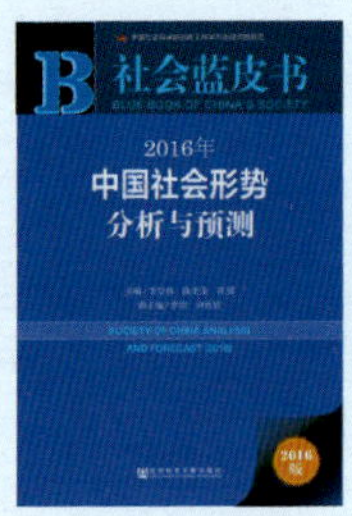

社会蓝皮书

2016 年中国社会形势分析与预测

李培林　陈光金　张　翼 / 主编　2015 年 12 月出版　定价 :79.00 元

◆　本书由中国社会科学院社会学研究所组织研究机构专家、高校学者和政府研究人员撰写，聚焦当下社会热点，对 2015 年中国社会发展的各个方面内容进行了权威解读，同时对 2016 年社会形势发展趋势进行了预测。

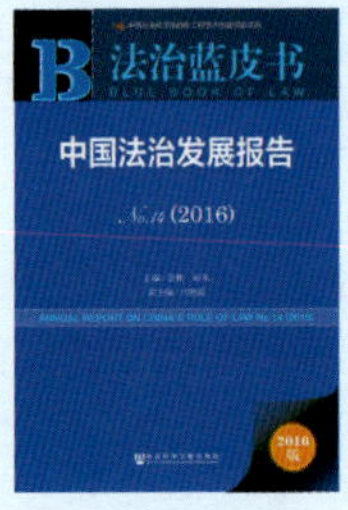

法治蓝皮书

中国法治发展报告 NO.14（2016）

李　林　田　禾 / 主编　　2016 年 3 月出版　　定价 :118.00 元

◆　本年度法治蓝皮书回顾总结了 2015 年度中国法治发展取得的成就和存在的不足，并对 2016 年中国法治发展形势进行了预测和展望。

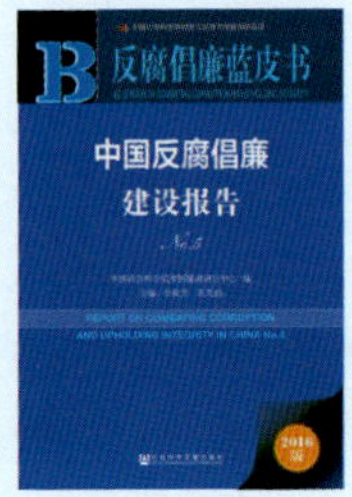

反腐倡廉蓝皮书

中国反腐倡廉建设报告 NO.6

李秋芳　张英伟 / 主编　2017 年 1 月出版　　估价 :79.00 元

◆　本书抓住了若干社会热点和焦点问题，全面反映了新时期新阶段中国反腐倡廉面对的严峻局面，以及中国共产党反腐倡廉建设的新实践新成果。根据实地调研、问卷调查和舆情分析，梳理了当下社会普遍关注的与反腐败密切相关的热点问题。

生态城市绿皮书

中国生态城市建设发展报告（2016）

刘举科　孙伟平　胡文臻 / 主编　2016 年 6 月出版　估价 :98.00 元

◆　报告以绿色发展、循环经济、低碳生活、民生宜居为理念，以更新民众观念、提供决策咨询、指导工程实践、引领绿色发展为宗旨，试图探索一条具有中国特色的城市生态文明建设新路。

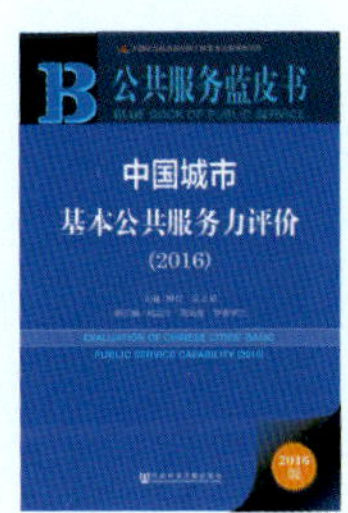

公共服务蓝皮书

中国城市基本公共服务力评价（2016）

钟　君　吴正杲 / 主编　2016 年 12 月出版　估价 :79.00 元

◆　中国社会科学院经济与社会建设研究室与华图政信调查组成联合课题组，从 2010 年开始对基本公共服务力进行研究，研创了基本公共服务力评价指标体系，为政府考核公共服务与社会管理工作提供了理论工具。

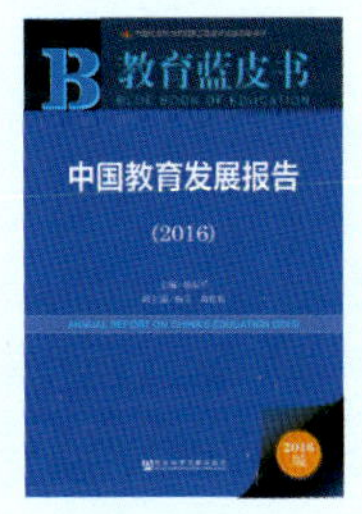

教育蓝皮书

中国教育发展报告（2016）

杨东平 / 主编　2016 年 4 月出版　定价 :79.00 元

◆　本书由国内的中青年教育专家合作研究撰写。深度剖析 2015 年中国教育的热点话题，并对当下中国教育中出现的问题提出对策建议。

生态文明绿皮书

中国省域生态文明建设评价报告（ECI 2016）

严耕 / 主编　　2016 年 12 月出版　　估价 :85.00 元

◆　本书基于国家最新发布的权威数据，对我国的生态文明建设状况进行科学评价，并开展相应的深度分析，结合中央的政策方针和各省的具体情况，为生态文明建设推进，提出针对性的政策建议。

行业报告类

行业报告类皮书立足重点行业、新兴行业领域，
提供及时、前瞻的数据与信息

房地产蓝皮书

中国房地产发展报告 NO.13（2016）

魏后凯　李景国 / 主编　　2016 年 5 月出版　　估价 :79.00 元

◆　蓝皮书秉承客观公正、科学中立的宗旨和原则，追踪 2015 年我国房地产市场最新资讯，深度分析，剖析因果，谋划对策，并对 2016 年房地产发展趋势进行了展望。

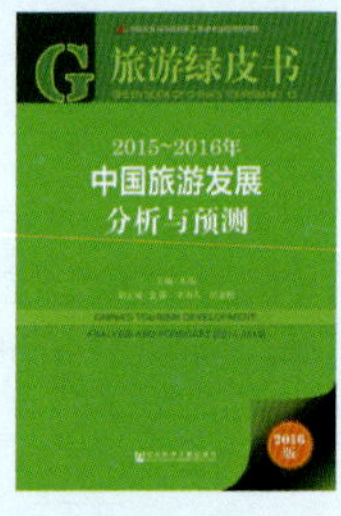

旅游绿皮书

2015 ~ 2016 年中国旅游发展分析与预测

宋　瑞 / 主编　　2016 年 4 出版　　定价 :89.00 元

◆　本书中国社会科学院旅游研究中心组织相关专家编写的年度研究报告，对 2015 年旅游行业的热点问题进行了全面的综述并提出专业性建议，并对 2016 年中国旅游的发展趋势进行展望。

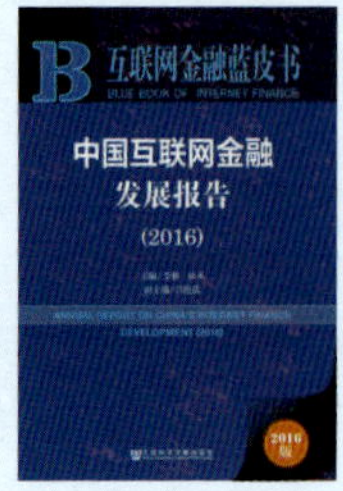

互联网金融蓝皮书

中国互联网金融发展报告（2016）

李东荣 / 主编　　2016 年 8 月出版　　估价 :79.00 元

◆　近年来，许多基于互联网的金融服务模式应运而生并对传统金融业产生了深刻的影响和巨大的冲击，“互联网金融”成为社会各界关注的焦点。 本书探析了 2015 年互联网金融的特点和 2016 年互联网金融的发展方向和亮点。

资产管理蓝皮书

中国资产管理行业发展报告（2016）

智信资产管理研究院 / 编著　2016 年 6 月出版　估价 :89.00 元

◆　中国资产管理行业刚刚兴起，未来将中国金融市场最有看点的行业，也会成为快速发展壮大的行业。本书主要分析了 2015 年度资产管理行业的发展情况，同时对资产管理行业的未来发展做出科学的预测。

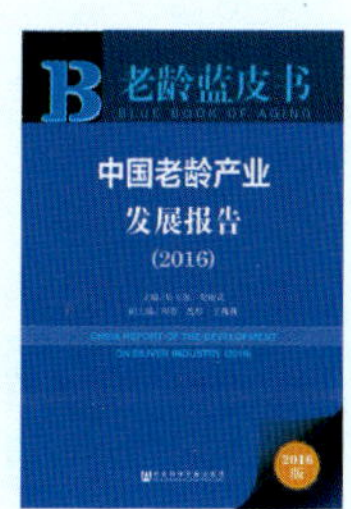

老龄蓝皮书

中国老龄产业发展报告（2016）

吴玉韶 党俊武 / 编著
2016 年 9 月出版　估价 :79.00 元

◆　本书着眼于对中国老龄产业的发展给予系统介绍，深入解析，并对未来发展趋势进行预测和展望，力求从不同视角、不同层面全面剖析中国老龄产业发展的现状、取得的成绩、存在的问题以及重点、难点等。

金融蓝皮书

中国金融中心发展报告（2016）

王　力　黄育华 / 编著　2017 年 11 月出版　估价 :75.00 元

◆　本报告将提升中国金融中心城市的金融竞争力作为研究主线，全面、系统、连续地反映和研究中国金融中心城市发展和改革的最新进展，展示金融中心理论研究的最新成果。

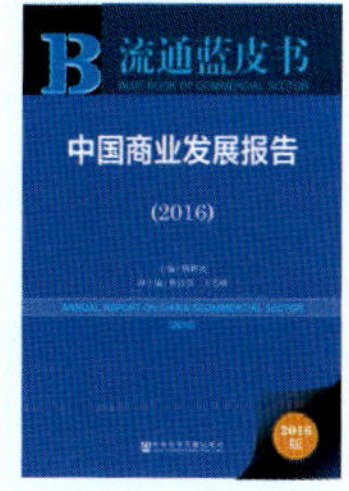

流通蓝皮书

中国商业发展报告（2016）

荆林波 / 编著　2016 年 5 月出版　估价 :89.00 元

◆　本书是中国社会科学院财经院与利丰研究中心合作的成果，从关注中国宏观经济出发，突出了中国流通业的宏观背景，详细分析了批发业、零售业、物流业、餐饮产业与电子商务等产业发展状况。

国别与地区类

国别与地区类皮书关注全球重点国家与地区，
提供全面、独特的解读与研究

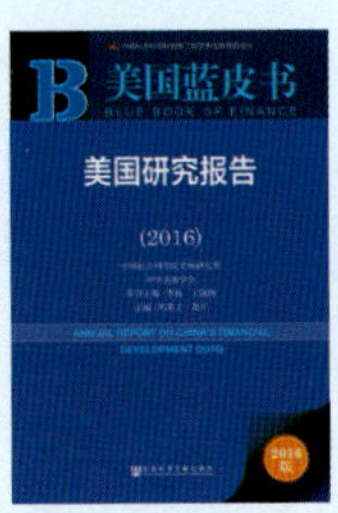

美国蓝皮书

美国研究报告（2016）

黄　平　郑秉文 / 主编　2016 年 7 月出版　估价 :89.00 元

◆　本书是由中国社会科学院美国所主持完成的研究成果，它回顾了美国 2015 年的经济、政治形势与外交战略，对 2016 年以来美国内政外交发生的重大事件以及重要政策进行了较为全面的回顾和梳理。

拉美黄皮书

拉丁美洲和加勒比发展报告（2015~2016）

吴白乙 / 主编　2016 年 5 月出版　估价 :89.00 元

◆　本书对 2015 年拉丁美洲和加勒比地区诸国的政治、经济、社会、外交等方面的发展情况做了系统介绍，对该地区相关国家的热点及焦点问题进行了总结和分析，并在此基础上对该地区各国 2016 年的发展前景做出预测。

日本经济蓝皮书

日本经济与中日经贸关系研究报告（2016）

王洛林　张季风 / 编著　2016 年 5 月出版　估价 :79.00 元

◆　本书系统、详细地介绍了 2015 年日本经济以及中日经贸关系发展情况，在进行了大量数据分析的基础上，对 2016 年日本经济以及中日经贸关系的大致发展趋势进行了分析与预测。

俄罗斯黄皮书

俄罗斯发展报告（2016）

李永全 / 编著　2016 年 7 月出版　估价 :79.00 元

◆ 本书系统介绍了 2015 年俄罗斯经济政治情况，并对 2015 年该地区发生的焦点、热点问题进行了分析与回顾；在此基础上，对该地区 2016 年的发展前景进行了预测。

国际形势黄皮书

全球政治与安全报告（2016）

李慎明　张宇燕 / 主编　2015 年 12 月出版　定价 :69.00 元

◆ 本书旨在对本年度全球政治及安全形势的总体情况、热点问题及变化趋势进行回顾与分析，并提出一定的预测及对策建议。作者通过事实梳理、数据分析、政策分析等途径，阐释了本年度国际关系及全球安全形势的基本特点，并在此基础上提出了具有启示意义的前瞻性结论。

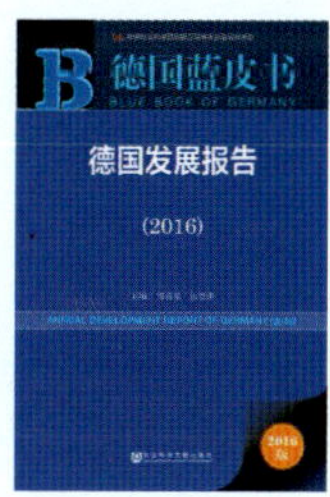

德国蓝皮书

德国发展报告（2016）

郑春荣　伍慧萍 / 主编　2016 年 6 月出版　估价 :69.00 元

◆ 本报告由同济大学德国研究所组织编撰，由该领域的专家学者对德国的政治、经济、社会文化、外交等方面的形势发展情况，进行全面的阐述与分析。

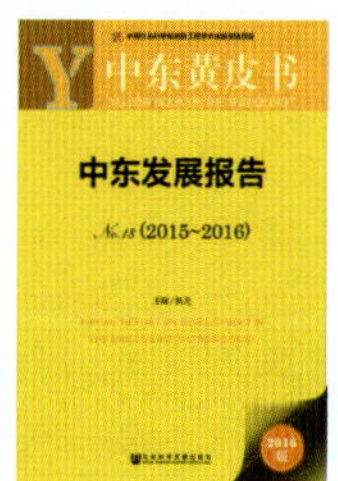

中东黄皮书

中东发展报告 NO.18（2015 ~ 2016）

杨光 / 主编　2016 年 10 月出版　估价 :89.00 元

◆ 报告回顾和分析了一年来多以来中东地区政治经济局势的新发展，为跟踪中东地区的市场变化和中东研究学科的研究前沿，提供了全面扎实的信息。

地方发展类

地方发展类皮书关注中国各省份、经济区域，
提供科学、多元的预判与资政信息

北京蓝皮书

北京公共服务发展报告（2015~2016）

施昌奎 / 主编　　2016 年 2 月出版　定价 :79.00 元

◆　本书是由北京市政府职能部门的领导、首都著名高校的教授、知名研究机构的专家共同完成的关于北京市公共服务发展与创新的研究成果。

河南蓝皮书

河南经济发展报告（2016）

河南省社会科学院 / 编著　　2016 年 3 月出版　定价 :79.00 元

◆　本书以国内外经济发展环境和走向为背景，主要分析当前河南经济形势，预测未来发展趋势，全面反映河南经济发展的最新动态、热点和问题，为地方经济发展和领导决策提供参考。

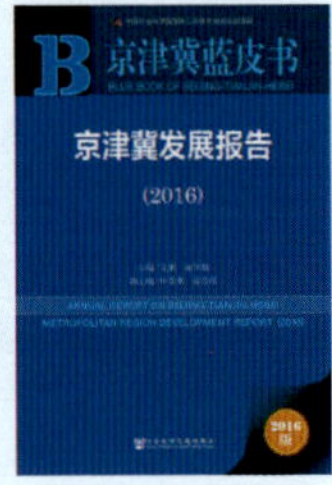

京津冀蓝皮书

京津冀发展报告（2016）

文　魁　祝尔娟 / 编著　　2016 年 4 月出版　估价 :89.00 元

◆　京津冀协同发展作为重大的国家战略，已进入顶层设计、制度创新和全面推进的新阶段。本书以问题为导向，围绕京津冀发展中的重要领域和重大问题，研究如何推进京津冀协同发展。

文化传媒类

文化传媒类皮书透视文化领域、文化产业，探索文化大繁荣、大发展的路径

新媒体蓝皮书

中国新媒体发展报告 NO.7（2016）

唐绪军 / 主编　　2016 年 6 月出版　　估价 :79.00 元

◆ 本书是由中国社会科学院新闻与传播研究所组织编写的关于新媒体发展的最新年度报告，旨在全面分析中国新媒体的发展现状，解读新媒体的发展趋势，探析新媒体的深刻影响。

移动互联网蓝皮书

中国移动互联网发展报告（2016）

官建文 / 编著　　2016 年 6 月出版　　估价 :79.00 元

◆ 本书着眼于对中国移动互联网 2015 年度的发展情况做深入解析，对未来发展趋势进行预测，力求从不同视角、不同层面全面剖析中国移动互联网发展的现状、年度突破以及热点趋势等。

文化蓝皮书

中国文化产业发展报告（2015~2016）

张晓明 王家新 章建刚 / 主编　　2016 年 2 月出版　　定价 :79.00 元

◆ 本书由中国社会科学院文化研究中心编写。从 2012 年开始，中国社会科学院文化研究中心设立了国内首个文化产业的研究类专项资金——“文化产业重大课题研究计划”，开始在全国范围内组织多学科专家学者对我国文化产业发展重大战略问题进行联合攻关研究。本书集中反映了该计划的研究成果。

经济类

G20国家创新竞争力黄皮书
二十国集团（G20）国家创新竞争力发展报告（2016）
著(编)者:李建平 李闽榕 赵新力
2016年11月出版 / 估价:138.00元

产业蓝皮书
中国产业竞争力报告（2016）NO.6
著(编)者:张其仔 2016年12月出版 / 估价:98.00元

城市创新蓝皮书
中国城市创新报告（2016）
著(编)者:周天勇 旷建伟 2016年8月出版 / 估价:69.00元

城市竞争力蓝皮书
中国城市竞争力报告（1973~2015）
著(编)者:李小林 2016年1月出版 / 定价:128.00元

城市蓝皮书
中国城市发展报告 NO.9
著(编)者:潘家华 魏后凯 2016年9月出版 / 估价:69.00元

城市群蓝皮书
中国城市群发展指数报告（2016）
著(编)者:刘士林 刘新静 2016年10月出版 / 估价:69.00元

城乡一体化蓝皮书
中国城乡一体化发展报告（2015～2016）
著(编)者:汝信 付崇兰 2016年7月出版 / 估价:85.00元

城镇化蓝皮书
中国新型城镇化健康发展报告（2016）
著(编)者:张占斌 2016年5月出版 / 估价:79.00元

创新蓝皮书
创新型国家建设报告（2015～2016）
著(编)者:詹正茂 2016年11月出版 / 估价:69.00元

低碳发展蓝皮书
中国低碳发展报告（2015~2016）
著(编)者:齐晔 2016年3月出版 / 定价:98.00元

低碳经济蓝皮书
中国低碳经济发展报告（2016）
著(编)者:薛进军 赵忠秀 2016年6月出版 / 估价:85.00元

东北蓝皮书
中国东北地区发展报告（2016）
著(编)者:马克 黄文艺 2016年8月出版 / 估价:79.00元

发展与改革蓝皮书
中国经济发展和体制改革报告NO.7
著(编)者:邹东涛 王再文
2016年1月出版 / 估价:98.00元

工业化蓝皮书
中国工业化进程报告（2016）
著(编)者:黄群慧 吕铁 李晓华 等
2016年11月出版 / 估价:89.00元

管理蓝皮书
中国管理发展报告（2016）
著(编)者:张晓东 2016年9月出版 / 估价:98.00元

国际城市蓝皮书
国际城市发展报告（2016）
著(编)者:屠启宇 2016年2月出版 / 定价:79.00元

国家创新蓝皮书
中国创新发展报告（2016）
著(编)者:陈劲 2016年9月出版 / 估价:69.00元

金融蓝皮书
中国金融发展报告（2016）
著(编)者:李扬 王国刚 2015年12月出版 / 定价:79.00元

京津冀产业蓝皮书
京津冀产业协同发展报告（2016）
著(编)者:中智科博（北京）产业经济发展研究院
2016年6月出版 / 估价:69.00元

京津冀蓝皮书
京津冀发展报告（2016）
著(编)者:文魁 祝尔娟 2016年4月出版 / 估价:89.00元

经济蓝皮书
2016年中国经济形势分析与预测
著(编)者:李扬 2015年12月出版 / 定价:79.00元

经济蓝皮书·春季号
2016年中国经济前景分析
著(编)者:李扬 2016年5月出版 / 估价:79.00元

经济蓝皮书·夏季号
中国经济增长报告（2015～2016）
著(编)者:李扬 2016年8月出版 / 估价:99.00元

经济信息绿皮书
中国与世界经济发展报告（2016）
著(编)者:杜平 2015年12月出版 / 定价:89.00元

就业蓝皮书
2016年中国本科生就业报告
著(编)者:麦可思研究院 2016年6月出版 / 估价:98.00元

就业蓝皮书
2016年中国高职高专生就业报告
著(编)者:麦可思研究院 2016年6月出版 / 估价:98.00元

临空经济蓝皮书
中国临空经济发展报告（2016）
著(编)者:连玉明 2016年11月出版 / 估价:79.00元

民营经济蓝皮书
中国民营经济发展报告 NO.12（2015～2016）
著(编)者:王钦敏 2016年5月出版 / 估价:75.00元

农村绿皮书
中国农村经济形势分析与预测（2015～2016）
著(编)者:中国社会科学院农村发展研究所
国家统计局农村社会经济调查司
2016年4月出版 / 估价:69.00元

农业应对气候变化蓝皮书
气候变化对中国农业影响评估报告 NO.2
著(编)者:矫梅燕 2016年8月出版 / 估价:98.00元

企业公民蓝皮书
中国企业公民报告 NO.4
著(编)者:邹东涛　2016年5月出版 / 估价:79.00元

气候变化绿皮书
应对气候变化报告（2016）
著(编)者:王伟光 郑国光　2016年11月出版 / 估价:98.00元

区域蓝皮书
中国区域经济发展报告（2015～2016）
著(编)者:梁昊光　2016年5月出版 / 估价:79.00元

全球环境竞争力绿皮书
全球环境竞争力报告（2016）
著(编)者:李建平 李闽榕 王金南
2016年12月出版 / 估价:198.00元

人口与劳动绿皮书
中国人口与劳动问题报告 NO.17
著(编)者:蔡昉 张车伟　2016年11月出版 / 估价:69.00元

商务中心区蓝皮书
中国商务中心区发展报告 NO.2（2015）
著(编)者:魏后凯 单菁菁　2016年1月出版 / 定价:79.00元

世界经济黄皮书
2016年世界经济形势分析与预测
著(编)者:王洛林 张宇燕　2015年12月出版 / 定价:79.00元

世界旅游城市绿皮书
世界旅游城市发展报告（2015）
著(编)者:宋宇　2016年1月出版 / 定价:128.00元

西北蓝皮书
中国西北发展报告（2016）
著(编)者:孙发平 苏海红 鲁顺元
2016年3月出版 / 定价:79.00元

西部蓝皮书
中国西部发展报告（2016）
著(编)者:姚慧琴 徐璋勇　2016年7月出版 / 估价:89.00元

县域发展蓝皮书
中国县域经济增长能力评估报告（2016）
著(编)者:王力　2016年10月出版 / 估价:69.00元

新型城镇化蓝皮书
新型城镇化发展报告（2016）
著(编)者:李伟 宋敏 沈体雁　2016年11月出版 / 估价:98.00元

新兴经济体蓝皮书
金砖国家发展报告（2016）
著(编)者:林跃勤 周文　2016年7月出版 / 估价:79.00元

长三角蓝皮书
2016年全面深化改革中的长三角
著(编)者:张伟斌　2016年10月出版 / 估价:69.00元

中部竞争力蓝皮书
中国中部经济社会竞争力报告（2016）
著(编)者:教育部人文社会科学重点研究基地
南昌大学中国中部经济社会发展研究中心
2016年10月出版 / 估价:79.00元

中部蓝皮书
中国中部地区发展报告（2016）
著(编)者:宋亚平　2016年12月出版 / 估价:78.00元

中国省域竞争力蓝皮书
中国省域经济综合竞争力发展报告（2014～2015）
著(编)者:李建平 李闽榕 高燕京
2016年2月出版 / 定价:198.00元

中三角蓝皮书
长江中游城市群发展报告（2016）
著(编)者:秦尊文　2016年10月出版 / 估价:69.00元

中小城市绿皮书
中国中小城市发展报告（2016）
著(编)者:中国城市经济学会中小城市经济发展委员会
中国城镇化促进会中小城市发展委员会
《中国中小城市发展报告》编纂委员会
中小城市发展战略研究院
2016年10月出版 / 估价:98.00元

中原蓝皮书
中原经济区发展报告（2016）
著(编)者:李英杰　2016年6月出版 / 估价:88.00元

自贸区蓝皮书
中国自贸区发展报告（2016）
著(编)者:王力 王吉培　2016年10月出版 / 估价:69.00元

社会政法类

北京蓝皮书
中国社区发展报告（2016）
著(编)者:于燕燕　2017年2月出版 / 估价:79.00元

殡葬绿皮书
中国殡葬事业发展报告（2016）
著(编)者:李伯森　2016年5月出版 / 估价:158.00元

城市管理蓝皮书
中国城市管理报告（2016）
著(编)者:谭维克 刘林　2017年2月出版 / 估价:118.00元

城市生活质量蓝皮书
中国城市生活质量报告（2016）
著(编)者:张连城 张平 杨春学 郎丽华
2016年7月出版 / 估价:89.00元

城市政府能力蓝皮书
中国城市政府公共服务能力评估报告（2016）
著(编)者:何艳玲　2016年7月出版 / 估价:69.00元

创新蓝皮书
中国创业环境发展报告（2016）
著(编)者:姚凯 曹祎遐　2016年5月出版 / 估价:69.00元

慈善蓝皮书
中国慈善发展报告（2016）
著(编)者:杨团　2016年6月出版 / 估价:79.00元

地方法治蓝皮书
中国地方法治发展报告 NO.2（2016）
著(编)者:李林　田禾　2016年3出版 / 定价:108.00元

党建蓝皮书
党的建设研究报告 NO.1（2016）
著(编)者:崔建民　陈东平　2016年1月出版 / 定价:89.00元

法治蓝皮书
中国法治发展报告 NO.14（2016）
著(编)者:李林 田禾　2016年3月出版 / 定价:118.00元

反腐倡廉蓝皮书
中国反腐倡廉建设报告 NO.6
著(编)者:李秋芳　张英伟　2017年1月出版 / 估价:79.00元

非传统安全蓝皮书
中国非传统安全研究报告（2015～2016）
著(编)者:余潇枫 魏志江　2016年5月出版 / 估价:79.00元

妇女发展蓝皮书
中国妇女发展报告 NO.6
著(编)者:王金玲　2016年9月出版 / 估价:148.00元

妇女教育蓝皮书
中国妇女教育发展报告 NO.3
著(编)者:张李玺　2016年10月出版 / 估价:78.00元

妇女绿皮书
中国性别平等与妇女发展报告（2016）
著(编)者:谭琳　2016年12月出版 / 估价:99.00元

公共服务蓝皮书
中国城市基本公共服务力评价（2016）
著(编)者:钟君 吴正杲　2016年12月出版 / 估价:79.00元

公共管理蓝皮书
中国公共管理发展报告（2016）
著(编)者:贡森 李国强 杨维富
2016年4月出版 / 估价:69.00元

公共外交蓝皮书
中国公共外交发展报告（2016）
著(编)者:赵启正 雷蔚真　2016年5月出版 / 估价:89.00元

公民科学素质蓝皮书
中国公民科学素质报告（2015~2016）
著(编)者:李群 陈雄 马宗文　2016年1月出版 / 定价:89.00元

公益蓝皮书
中国公益发展报告（2016）
著(编)者:朱健刚　2016年5月出版 / 估价:78.00元

国际人才蓝皮书
海外华侨华人专业人士报告（2016）
著(编)者:王辉耀 苗绿　2016年8月出版 / 估价:69.00元

国际人才蓝皮书
中国国际移民报告（2016）
著(编)者:王辉耀　2016年5月出版 / 估价:79.00元

国际人才蓝皮书
中国海归发展报告（2016）NO.3
著(编)者:王辉耀 苗绿　2016年10月出版 / 估价:69.00元

国际人才蓝皮书
中国留学发展报告（2016）NO.5
著(编)者:王辉耀 苗绿　2016年10月出版 / 估价:79.00元

国家公园蓝皮书
中国国家公园体制建设报告（2016）
著(编)者:苏杨 张玉钧 石金莲 刘锋 等
2016年10月出版 / 估价:69.00元

海洋社会蓝皮书
中国海洋社会发展报告（2016）
著(编)者:崔凤 宋宁而　2016年7月出版 / 估价:89.00元

行政改革蓝皮书
中国行政体制改革报告（2016）NO.5
著(编)者:魏礼群　2016年4月出版 / 估价:98.00元

华侨华人蓝皮书
华侨华人研究报告（2016）
著(编)者:贾益民　2016年12月出版 / 估价:98.00元

环境竞争力绿皮书
中国省域环境竞争力发展报告（2016）
著(编)者:李建平 李闽榕 王金南
2016年11月出版 / 估价:198.00元

环境绿皮书
中国环境发展报告（2016）
著(编)者:刘鉴强　2016年5月出版 / 估价:79.00元

基金会蓝皮书
中国基金会发展报告（2015~2016）
著(编)者:中国基金会发展报告课题组　2016年4月出版 / 定价:75.00元

基金会绿皮书
中国基金会发展独立研究报告（2016）
著(编)者:基金会中心网 中央民族大学基金会研究中心
2016年6月出版 / 估价:88.00元

基金会透明度蓝皮书
中国基金会透明度发展研究报告（2016）
著(编)者:基金会中心网 清华大学廉政与治理研究中心
2016年9月出版 / 估价:85.00元

教师蓝皮书
中国中小学教师发展报告（2016）
著(编)者:曾晓东 鱼霞　2016年6月出版 / 估价:69.00元

教育蓝皮书
中国教育发展报告（2016）
著(编)者:杨东平　2016年4月出版 / 定价:79.00元

科普蓝皮书
中国科普基础设施发展报告（2015）
著(编)者:郑念　任嵘嵘　2016年4月出版 / 定价:98.00元

科学教育蓝皮书
中国科学教育发展报告（2016）
著(编)者:罗晖 王康友 2016年10月出版 / 估价:79.00元

劳动保障蓝皮书
中国劳动保障发展报告（2016）
著(编)者:刘燕斌 2016年8月出版 / 估价:158.00元

老龄蓝皮书
中国老年宜居环境发展报告（2015）
著(编)者:党俊武 周燕珉 2016年1月出版 / 定价:79.00元

连片特困区蓝皮书
中国连片特困区发展报告（2016）
著(编)者:游俊 冷志明 丁建军
2016年5月出版 / 估价:98.00元

民间组织蓝皮书
中国民间组织报告（2016）
著(编)者:黄晓勇 2016年12月出版 / 估价:79.00元

民调蓝皮书
中国民生调查报告（2016）
著(编)者:谢耘耕 2016年5月出版 / 估价:128.00元

民族发展蓝皮书
中国民族发展报告（2016）
著(编)者:郝时远 王延中 王希恩
2016年4月出版 / 估价:98.00元

女性生活蓝皮书
中国女性生活状况报告 NO.10（2016）
著(编)者:韩湘景 2016年4月出版 / 估价:79.00元

汽车社会蓝皮书
中国汽车社会发展报告（2016）
著(编)者:王俊秀 2016年5月出版 / 估价:69.00元

青年蓝皮书
中国青年发展报告（2016）NO.4
著(编)者:廉思 等 2016年4月出版 / 估价:69.00元

青少年蓝皮书
中国未成年人互联网运用报告（2016）
著(编)者:李文革 沈杰 季为民
2016年11月出版 / 估价:89.00元

青少年体育蓝皮书
中国青少年体育发展报告（2016）
著(编)者:郭建军 杨桦 2016年9月出版 / 估价:69.00元

区域人才蓝皮书
中国区域人才竞争力报告 NO.2
著(编)者:桂昭明 王辉耀
2016年6月出版 / 估价:69.00元

群众体育蓝皮书
中国群众体育发展报告（2016）
著(编)者:刘国永 杨桦 2016年10月出版 / 估价:69.00元

群众体育蓝皮书
中国社会体育指导员发展报告（1994~2014）
著(编)者:刘国永 王欢 2016年4月出版 / 定价:78.00元

人才蓝皮书
中国人才发展报告（2016）
著(编)者:潘晨光 2016年9月出版 / 估价:85.00元

人权蓝皮书
中国人权事业发展报告 NO.6（2016）
著(编)者:李君如 2016年9月出版 / 估价:128.00元

社会保障绿皮书
中国社会保障发展报告（2016）NO.8
著(编)者:王延中 2016年4月出版 / 估价:99.00元

社会工作蓝皮书
中国社会工作发展报告（2016）
著(编)者:民政部社会工作研究中心
2016年8月出版 / 估价:79.00元

社会管理蓝皮书
中国社会管理创新报告 NO.4
著(编)者:连玉明 2016年11月出版 / 估价:89.00元

社会蓝皮书
2016年中国社会形势分析与预测
著(编)者:李培林 陈光金 张翼
2015年12月出版 / 定价:79.00元

社会体制蓝皮书
中国社会体制改革报告（2016）NO.4
著(编)者:龚维斌 2016年4月出版 / 估价:79.00元

社会心态蓝皮书
中国社会心态研究报告（2016）
著(编)者:王俊秀 杨宜音 2016年10月出版 / 估价:69.00元

社会责任管理蓝皮书
中国企业公众透明度报告（2015~2016）NO.2
著(编)者:黄速建 熊梦 肖红军 2016年1月出版 / 定价:98.00元

社会组织蓝皮书
中国社会组织评估发展报告（2016）
著(编)者:徐家良 廖鸿 2016年12月出版 / 估价:69.00元

生态城市绿皮书
中国生态城市建设发展报告（2016）
著(编)者:刘举科 孙伟平 胡文臻
2016年9月出版 / 估价:148.00元

生态文明绿皮书
中国省域生态文明建设评价报告（ECI 2016）
著(编)者:严耕 2016年12月出版 / 估价:85.00元

世界社会主义黄皮书
世界社会主义跟踪研究报告（2015~2016）
著(编)者:李慎明 2016年3月出版 / 定价:248.00元

水与发展蓝皮书
中国水风险评估报告（2016）
著(编)者:王浩 2016年9月出版 / 估价:69.00元

体育蓝皮书
长三角地区体育产业发展报告（2016）
著(编)者:张林 2016年4月出版 / 估价:79.00元

体育蓝皮书
中国公共体育服务发展报告（2016）
著(编)者:戴健　2016年12月出版 / 估价:79.00元

土地整治蓝皮书
中国土地整治发展研究报告 NO.3
著(编)者:国土资源部土地整治中心
2016年5月出版 / 估价:89.00元

土地政策蓝皮书
中国土地政策发展报告（2016）
著(编)者:高延利 李宪文　2015年12月出版 / 定价:89.00元

危机管理蓝皮书
中国危机管理报告（2016）
著(编)者:文学国 范正青　2016年8月出版 / 估价:89.00元

形象危机应对蓝皮书
形象危机应对研究报告（2016）
著(编)者:唐钧　2016年6月出版 / 估价:149.00元

医改蓝皮书
中国医药卫生体制改革报告（2016）
著(编)者:文学国 房志武　2016年11月出版 / 估价:98.00元

医疗卫生绿皮书
中国医疗卫生发展报告 NO.7（2016）
著(编)者:申宝忠 韩玉珍　2016年4月出版 / 估价:75.00元

政治参与蓝皮书
中国政治参与报告（2016）
著(编)者:房宁　2016年7月出版 / 估价:108.00元

政治发展蓝皮书
中国政治发展报告（2016）
著(编)者:房宁 杨海蛟　2016年5月出版 / 估价:88.00元

智慧社区蓝皮书
中国智慧社区发展报告（2016）
著(编)者:罗昌智 张辉德　2016年7月出版 / 估价:69.00元

中国农村妇女发展蓝皮书
农村流动女性城市生活发展报告（2016）
著(编)者:谢丽华　2016年12月出版 / 估价:79.00元

宗教蓝皮书
中国宗教报告（2016）
著(编)者:邱永辉　2016年5月出版 / 估价:79.00元

行业报告类

保健蓝皮书
中国保健服务产业发展报告 NO.2
著(编)者:中国保健协会 中共中央党校
2016年7月出版 / 估价:198.00元

保健蓝皮书
中国保健食品产业发展报告 NO.2
著(编)者:中国保健协会
中国社会科学院食品药品产业发展与监管研究中心
2016年7月出版 / 估价:198.00元

保健蓝皮书
中国保健用品产业发展报告 NO.2
著(编)者:中国保健协会
国务院国有资产监督管理委员会研究中心
2016年5月出版 / 估价:198.00元

保险蓝皮书
中国保险业创新发展报告（2016）
著(编)者:项俊波　2016年12月出版 / 估价:69.00元

保险蓝皮书
中国保险业竞争力报告（2016）
著(编)者:项俊波　2016年12月出版 / 估价:99.00元

采供血蓝皮书
中国采供血管理报告（2016）
著(编)者:朱永明 耿鸿武　2016年8月出版 / 估价:69.00元

彩票蓝皮书
中国彩票发展报告（2016）
著(编)者:益彩基金　2016年4月出版 / 估价:98.00元

餐饮产业蓝皮书
中国餐饮产业发展报告（2016）
著(编)者:邢颖　2016年4月出版 / 估价:69.00元

测绘地理信息蓝皮书
测绘地理信息转型升级研究报告（2016）
著(编)者:库热西・买合苏提　2016年12月出版 / 估价:98.00元

茶业蓝皮书
中国茶产业发展报告（2016）
著(编)者:杨江帆 李闽榕　2016年10月出版 / 估价:78.00元

产权市场蓝皮书
中国产权市场发展报告（2015～2016）
著(编)者:曹和平　2016年5月出版 / 估价:89.00元

产业安全蓝皮书
中国出版传媒产业安全报告（2015~2016）
著(编)者:北京印刷学院文化产业安全研究院
2016年3月出版 / 定价:79.00元

产业安全蓝皮书
中国文化产业安全报告（2016）
著(编)者:北京印刷学院文化产业安全研究院
2016年4月出版 / 估价:89.00元

产业安全蓝皮书
中国新媒体产业安全报告（2016）
著(编)者:北京印刷学院文化产业安全研究院
2016年5月出版 / 估价:69.00元

大数据蓝皮书
网络空间和大数据发展报告（2016）
著(编)者:杜平　2016年5月出版 / 估价:69.00元

电子商务蓝皮书
中国电子商务服务业发展报告 NO.3
著(编)者:荆林波 梁春晓　2016年5月出版 / 估价:69.00元

电子政务蓝皮书
中国电子政务发展报告（2016）
著(编)者:洪毅 杜平　2016年11月出版 / 估价:79.00元

杜仲产业绿皮书
中国杜仲橡胶资源与产业发展报告（2016）
著(编)者:杜红岩 胡文臻 俞锐
2016年5月出版 / 估价:85.00元

房地产蓝皮书
中国房地产发展报告 NO.13（2016）
著(编)者:魏后凯 李景国　2016年5月出版 / 估价:79.00元

服务外包蓝皮书
中国服务外包产业发展报告（2016）
著(编)者:王晓红 刘德军
2016年6月出版 / 估价:89.00元

服务外包蓝皮书
中国服务外包竞争力报告（2016）
著(编)者:王力 刘春生 黄育华
2016年11月出版 / 估价:85.00元

工业和信息化蓝皮书
世界网络安全发展报告（2016）
著(编)者:洪京一　2016年4月出版 / 估价:69.00元

工业和信息化蓝皮书
世界信息化发展报告（2016）
著(编)者:洪京一　2016年4月出版 / 估价:69.00元

工业和信息化蓝皮书
世界信息技术产业发展报告（2016）
著(编)者:洪京一　2016年4月出版 / 估价:79.00元

工业和信息化蓝皮书
世界制造业发展报告（2016）
著(编)者:洪京一　2016年4月出版 / 估价:69.00元

工业和信息化蓝皮书
移动互联网产业发展报告（2016）
著(编)者:洪京一　2016年4月出版 / 估价:79.00元

工业设计蓝皮书
中国工业设计发展报告（2016）
著(编)者:王晓红 于炜 张立群
2016年9月出版 / 估价:138.00元

黄金市场蓝皮书
中国商业银行黄金业务发展报告（2015~2016）
著(编)者:平安银行　2016年3月出版 / 定价:98.00元

互联网金融蓝皮书
中国互联网金融发展报告（2016）
著(编)者: 李东荣　2016年8月出版 / 估价:79.00元

会展蓝皮书
中外会展业动态评估年度报告（2016）
著(编)者:张敏　2016年5月出版 / 估价:78.00元

节能汽车蓝皮书
中国节能汽车产业发展报告（2016）
著(编)者:中国汽车工程研究院股份有限公司
2016年12月出版 / 估价:69.00元

金融监管蓝皮书
中国金融监管报告（2016）
著(编)者:胡滨　2016年4月出版 / 估价:89.00元

金融蓝皮书
中国金融中心发展报告（2016）
著(编)者:王力 黄育华　2017年11月出版 / 估价:75.00元

金融蓝皮书
中国商业银行竞争力报告（2016）
著(编)者:王松奇　2016年5月出版 / 估价:69.00元

经济林产业绿皮书
中国经济林产业发展报告（2016）
著(编)者:李芳东 胡文臻 乌云塔娜 杜红岩
2016年12月出版 / 估价:69.00元

客车蓝皮书
中国客车产业发展报告（2016）
著(编)者:姚蔚　2016年5月出版 / 估价:85.00元

老龄蓝皮书
中国老龄产业发展报告（2016）
著(编)者:吴玉韶 党俊武　2016年9月出版 / 估价:79.00元

流通蓝皮书
中国商业发展报告（2016）
著(编)者:荆林波　2016年5月出版 / 估价:89.00元

旅游安全蓝皮书
中国旅游安全报告（2016）
著(编)者:郑向敏 谢朝武　2016年5月出版 / 估价:128.00元

旅游绿皮书
2015～2016年中国旅游发展分析与预测
著(编)者:宋瑞　2016年4月出版 / 定价:89.00元

煤炭蓝皮书
中国煤炭工业发展报告（2016）
著(编)者:岳福斌　2016年12月出版 / 估价:79.00元

民营企业社会责任蓝皮书
中国民营企业社会责任年度报告（2016）
著(编)者:中华全国工商业联合会
2016年7月出版 / 估价:69.00元

民营医院蓝皮书
中国民营医院发展报告（2016）
著(编)者:庄一强　2016年10月出版 / 估价:75.00元

能源蓝皮书
中国能源发展报告（2016）
著(编)者:崔民选 王军生 陈义和
2016年8月出版 / 估价:79.00元

农产品流通蓝皮书
中国农产品流通产业发展报告（2016）
著(编)者:贾敬敦 张东科 张玉玺 张鹏毅 周伟
2016年5月出版 / 估价:89.00元

期货蓝皮书
中国期货市场发展报告(2016)
著(编)者:李群 王在荣　2016年11月出版 / 估价:69.00元

企业公益蓝皮书
中国企业公益研究报告（2016）
著(编)者:钟宏武 汪杰 顾一 黄晓娟 等
2016年12月出版 / 估价:69.00元

企业公众透明度蓝皮书
中国企业公众透明度报告 (2016) NO.2
著(编)者:黄速建 王晓光 肖红军
2016年5月出版 / 估价:98.00元

企业国际化蓝皮书
中国企业国际化报告（2016）
著(编)者:王辉耀　2016年11月出版 / 估价:98.00元

企业蓝皮书
中国企业绿色发展报告 NO.2（2016）
著(编)者:李红玉　朱光辉　2016年8月出版 / 估价:79.00元

企业社会责任蓝皮书
中国企业社会责任研究报告（2016）
著(编)者:黄群慧 钟宏武 张蒽 等
2016年11月出版 / 估价:79.00元

企业社会责任能力蓝皮书
中国上市公司社会责任能力成熟度报告（2016）
著(编)者:肖红军 王晓光 李伟阳
2016年11月出版 / 估价:69.00元

汽车安全蓝皮书
中国汽车安全发展报告（2016）
著(编)者:中国汽车技术研究中心
2016年7月出版 / 估价:89.00元

汽车电子商务蓝皮书
中国汽车电子商务发展报告（2016）
著(编)者:中华全国工商业联合会汽车经销商商会
北京易观智库网络科技有限公司
2016年5月出版 / 估价:128.00元

汽车工业蓝皮书
中国汽车工业发展年度报告（2016）
著(编)者:中国汽车工业协会 中国汽车技术研究中心
丰田汽车（中国）投资有限公司
2016年4月出版 / 估价:128.00元

汽车蓝皮书
中国汽车产业发展报告（2016）
著(编)者:国务院发展研究中心产业经济研究部
中国汽车工程学会 大众汽车集团（中国）
2016年8月出版 / 估价:158.00元

清洁能源蓝皮书
国际清洁能源发展报告（2016）
著(编)者:苏树辉 袁国林 李玉崙
2016年11月出版 / 估价:99.00元

人力资源蓝皮书
中国人力资源发展报告（2016）
著(编)者:余兴安　2016年12月出版 / 估价:79.00元

融资租赁蓝皮书
中国融资租赁业发展报告（2015～2016）
著(编)者:李光荣 王力　2016年5月出版 / 估价:89.00元

软件和信息服务业蓝皮书
中国软件和信息服务业发展报告（2016）
著(编)者:洪京一　2016年12月出版 / 估价:198.00元

商会蓝皮书
中国商会发展报告NO.5（2016）
著(编)者:王钦敏　2016年7月出版 / 估价:89.00元

上市公司蓝皮书
中国上市公司社会责任信息披露报告（2016）
著(编)者:张旺 张杨　2016年11月出版 / 估价:69.00元

上市公司蓝皮书
中国上市公司质量评价报告（2015～2016）
著(编)者:张跃文 王力　2016年11月出版 / 估价:118.00元

设计产业蓝皮书
中国设计产业发展报告（2016）
著(编)者:陈冬亮 梁昊光　2016年5月出版 / 估价:89.00元

食品药品蓝皮书
食品药品安全与监管政策研究报告（2016）
著(编)者:唐民皓　2016年7月出版 / 估价:69.00元

世界能源蓝皮书
世界能源发展报告（2016）
著(编)者:黄晓勇　2016年6月出版 / 估价:99.00元

水利风景区蓝皮书
中国水利风景区发展报告（2016）
著(编)者:兰思仁　2016年8月出版 / 估价:69.00元

私募市场蓝皮书
中国私募股权市场发展报告（2016）
著(编)者:曹和平　2016年12月出版 / 估价:79.00元

碳市场蓝皮书
中国碳市场报告（2016）
著(编)者:宁金彪 2016年11月出版 / 估价:69.00元

体育蓝皮书
中国体育产业发展报告（2016）
著(编)者:阮伟 钟秉枢 2016年7月出版 / 估价:69.00元

土地市场蓝皮书
中国农村土地市场发展报告（2015~2016）
著(编)者:李光荣 2016年3月出版 / 定价:79.00元

网络空间安全蓝皮书
中国网络空间安全发展报告（2016）
著(编)者:惠志斌 唐涛 2016年4月出版 / 估价:79.00元

物联网蓝皮书
中国物联网发展报告（2016）
著(编)者:黄桂田 龚六堂 张全升
2016年5月出版 / 估价:69.00元

西部工业蓝皮书
中国西部工业发展报告（2016）
著(编)者:方行明 甘犁 刘方健 姜凌 等
2016年9月出版 / 估价:79.00元

西部金融蓝皮书
中国西部金融发展报告（2016）
著(编)者:李忠民 2016年8月出版 / 估价:75.00元

协会商会蓝皮书
中国行业协会商会发展报告（2016）
著(编)者:景朝阳 李勇 2016年4月出版 / 估价:99.00元

新能源汽车蓝皮书
中国新能源汽车产业发展报告（2016）
著(编)者:中国汽车技术研究中心
日产（中国）投资有限公司 东风汽车有限公司
2016年8月出版 / 估价:89.00元

新三板蓝皮书
中国新三板市场发展报告（2016）
著(编)者:王力 2016年6月出版 / 估价:69.00元

信托市场蓝皮书
中国信托业市场报告（2015～2016）
著(编)者:用益信托工作室
2016年1月出版 / 定价:198.00元

信息安全蓝皮书
中国信息安全发展报告（2016）
著(编)者:张晓东 2016年5月出版 / 估价:69.00元

信息化蓝皮书
中国信息化形势分析与预测（2016）
著(编)者:周宏仁 2016年8月出版 / 估价:98.00元

信用蓝皮书
中国信用发展报告（2016）
著(编)者:章政 田侃 2016年4月出版 / 估价:99.00元

休闲绿皮书
2016年中国休闲发展报告
著(编)者:宋瑞
2016年10月出版 / 估价:79.00元

药品流通蓝皮书
中国药品流通行业发展报告（2016）
著(编)者:佘鲁林 温再兴
2016年8月出版 / 估价:158.00元

医院蓝皮书
中国医院竞争力报告（2016）
著(编)者:庄一强 曾益新 2016年3月出版 / 定价:128.00元

医药蓝皮书
中国中医药产业园战略发展报告（2016）
著(编)者:裴长洪 房书亭 吴滌心
2016年5月出版 / 估价:89.00元

邮轮绿皮书
中国邮轮产业发展报告（2016）
著(编)者:汪泓 2016年10月出版 / 估价:79.00元

智能养老蓝皮书
中国智能养老产业发展报告（2016）
著(编)者:朱勇 2016年10月出版 / 估价:89.00元

中国SUV蓝皮书
中国SUV产业发展报告 （2016）
著(编)者:靳军 2016年12月出版 / 估价:69.00元

中国金融行业蓝皮书
中国债券市场发展报告（2016）
著(编)者:谢多 2016年7月出版 / 估价:69.00元

中国上市公司蓝皮书
中国上市公司发展报告（2016）
著(编)者:中国社会科学院上市公司研究中心
2016年9月出版 / 估价:98.00元

中国游戏蓝皮书
中国游戏产业发展报告（2016）
著(编)者:孙立军 刘跃军 牛兴侦
2016年5月出版 / 估价:69.00元

中国总部经济蓝皮书
中国总部经济发展报告（2015～2016）
著(编)者:赵弘 2016年9月出版 / 估价:79.00元

资本市场蓝皮书
中国场外交易市场发展报告（2014~2015）
著(编)者:高峦 2016年3月出版 / 定价:79.00元

资产管理蓝皮书
中国资产管理行业发展报告（2016）
著(编)者:智信资产管理研究院
2016年6月出版 / 估价:89.00元

文化传媒类

传媒竞争力蓝皮书
中国传媒国际竞争力研究报告（2016）
著(编)者:李本乾 刘强
2016年11月出版 / 估价:148.00元

传媒蓝皮书
中国传媒产业发展报告（2016）
著(编)者:崔保国　2016年5月出版 / 估价:98.00元

传媒投资蓝皮书
中国传媒投资发展报告（2016）
著(编)者:张向东 谭云明
2016年6月出版 / 估价:128.00元

动漫蓝皮书
中国动漫产业发展报告（2016）
著(编)者:卢斌 郑玉明 牛兴侦
2016年7月出版 / 估价:79.00元

非物质文化遗产蓝皮书
中国非物质文化遗产发展报告（2016）
著(编)者:陈平　2016年5月出版 / 估价:98.00元

广电蓝皮书
中国广播电影电视发展报告（2016）
著(编)者:国家新闻出版广电总局发展研究中心
2016年7月出版 / 估价:98.00元

广告主蓝皮书
中国广告主营销传播趋势报告 NO.9
著(编)者:黄升民 杜国清 邵华冬 等
2016年10月出版 / 估价:148.00元

国际传播蓝皮书
中国国际传播发展报告（2016）
著(编)者:胡正荣 李继东 姬德强
2016年11月出版 / 估价:89.00元

纪录片蓝皮书
中国纪录片发展报告（2016）
著(编)者:何苏六　2016年10月出版 / 估价:79.00元

科学传播蓝皮书
中国科学传播报告（2016）
著(编)者:詹正茂　2016年7月出版 / 估价:69.00元

两岸创意经济蓝皮书
两岸创意经济研究报告（2016）
著(编)者:罗昌智 董泽平　2016年12月出版 / 估价:98.00元

两岸文化蓝皮书
两岸文化产业合作发展报告（2016）
著(编)者:胡惠林 李保宗　2016年7月出版 / 估价:79.00元

媒介与女性蓝皮书
中国媒介与女性发展报告(2015~2016)
著(编)者:刘利群　2016年8月出版 / 估价:118.00元

媒体融合蓝皮书
中国媒体融合发展报告（2016）
著(编)者:梅宁华 宋建武　2016年7月出版 / 估价:79.00元

全球传媒蓝皮书
全球传媒发展报告（2016）
著(编)者:胡正荣 李继东 唐晓芬
2016年12月出版 / 估价:79.00元

少数民族非遗蓝皮书
中国少数民族非物质文化遗产发展报告（2016）
著(编)者:肖远平（彝） 柴立（满）
2016年6月出版 / 估价:128.00元

视听新媒体蓝皮书
中国视听新媒体发展报告（2016）
著(编)者:国家新闻出版广电总局发展研究中心
2016年7月出版 / 估价:98.00元

文化创新蓝皮书
中国文化创新报告（2016）NO.7
著(编)者:于平 傅才武　2016年7月出版 / 估价:98.00元

文化建设蓝皮书
中国文化发展报告（2016）
著(编)者:江畅 孙伟平 戴茂堂
2016年4月出版 / 估价:108.00元

文化科技蓝皮书
文化科技创新发展报告（2016）
著(编)者:于平 李凤亮　2016年10月出版 / 估价:89.00元

文化蓝皮书
中国公共文化服务发展报告（2016）
著(编)者:刘新成 张永新 张旭　2016年10月出版 / 估价:98.00元

文化蓝皮书
中国公共文化投入增长测评报告（2016）
著(编)者:王亚南　2016年4月出版 / 定价:79.00元

文化蓝皮书
中国少数民族文化发展报告（2016）
著(编)者:武翠英 张晓明 任乌晶
2016年9月出版 / 估价:69.00元

文化蓝皮书
中国文化产业发展报告（2015~2016）
著(编)者:张晓明 王家新 章建刚
2016年2月出版 / 定价:79.00元

文化蓝皮书
中国文化产业供需协调检测报告（2016）
著(编)者:王亚南　2016年5月出版 / 估价:79.00元

文化蓝皮书
中国文化消费需求景气评价报告（2016）
著(编)者:王亚南　2016年5月出版 / 估价:79.00元

文化品牌蓝皮书
中国文化品牌发展报告（2016）
著(编)者:欧阳友权 2016年4月出版 / 估价:89.00元

文化遗产蓝皮书
中国文化遗产事业发展报告（2016）
著(编)者:刘世锦 2016年5月出版 / 估价:89.00元

文学蓝皮书
中国文情报告（2015～2016）
著(编)者:白烨 2016年5月出版 / 估价:69.00元

新媒体蓝皮书
中国新媒体发展报告NO.7（2016）
著(编)者:唐绪军 2016年7月出版 / 估价:79.00元

新媒体社会责任蓝皮书
中国新媒体社会责任研究报告（2016）
著(编)者:钟瑛 2016年10月出版 / 估价:79.00元

移动互联网蓝皮书
中国移动互联网发展报告（2016）
著(编)者:官建文 2016年6月出版 / 估价:79.00元

舆情蓝皮书
中国社会舆情与危机管理报告（2016）
著(编)者:谢耘耕 2016年8月出版 / 估价:98.00元

地方发展类

安徽经济蓝皮书
芜湖创新型城市发展报告（2016）
著(编)者:张志宏 2016年4月出版 / 估价:69.00元

安徽蓝皮书
安徽社会发展报告（2016）
著(编)者:程桦 2016年4月出版 / 估价:89.00元

安徽社会建设蓝皮书
安徽社会建设分析报告（2015～2016）
著(编)者:黄家海 王开玉 蔡宪
2016年4月出版 / 估价:89.00元

澳门蓝皮书
澳门经济社会发展报告（2015～2016）
著(编)者:吴志良 郝雨凡 2016年5月出版 / 估价:79.00元

北京蓝皮书
北京公共服务发展报告（2015～2016）
著(编)者:施昌奎 2016年2月出版 / 定价:79.00元

北京蓝皮书
北京经济发展报告（2015～2016）
著(编)者:杨松 2016年6月出版 / 估价:79.00元

北京蓝皮书
北京社会发展报告（2015～2016）
著(编)者:李伟东 2016年7月出版 / 估价:79.00元

北京蓝皮书
北京社会治理发展报告（2015～2016）
著(编)者:殷星辰 2016年6月出版 / 估价:79.00元

北京蓝皮书
北京文化发展报告（2015～2016）
著(编)者:李建盛 2016年4月出版 / 定价:79.00元

北京旅游绿皮书
北京旅游发展报告（2016）
著(编)者:北京旅游学会 2016年7月出版 / 估价:88.00元

北京人才蓝皮书
北京人才发展报告（2016）
著(编)者:于淼 2016年12月出版 / 估价:128.00元

北京社会心态蓝皮书
北京社会心态分析报告（2015～2016）
著(编)者:北京社会心理研究所
2016年8月出版 / 估价:79.00元

北京社会组织管理蓝皮书
北京社会组织发展与管理（2015～2016）
著(编)者:黄江松 2016年4月出版 / 估价:78.00元

北京体育蓝皮书
北京体育产业发展报告（2016）
著(编)者:钟秉枢 陈杰 杨铁黎
2016年10月出版 / 估价:79.00元

北京养老产业蓝皮书
北京养老产业发展报告（2016）
著(编)者:周明明 冯喜良 2016年4月出版 / 估价:69.00元

滨海金融蓝皮书
滨海新区金融发展报告（2016）
著(编)者:王爱俭 张锐钢 2016年9月出版 / 估价:79.00元

城乡一体化蓝皮书
中国城乡一体化发展报告•北京卷（2015～2016）
著(编)者:张宝秀 黄序 2016年5月出版 / 估价:79.00元

创意城市蓝皮书
北京文化创意产业发展报告（2016）
著(编)者:张京成 王国华 2016年12月出版 / 估价:69.00元

创意城市蓝皮书
青岛文化创意产业发展报告（2016）
著(编)者:马达 张丹妮 2016年6月出版 / 估价:79.00元

创意城市蓝皮书
青岛文化创意产业发展报告（2016）
著(编)者:马达 张丹妮 2016年6月出版 / 估价:79.00元

创意城市蓝皮书
台北文化创意产业发展报告（2016）
著(编)者:陈耀竹 邱琪瑄 2016年11月出版 / 估价:89.00元

创意城市蓝皮书
无锡文化创意产业发展报告（2016）
著(编)者:谭军 张鸣年 2016年10月出版 / 估价:79.00元

创意城市蓝皮书
武汉文化创意产业发展报告（2016）
著(编)者:黄永林 陈汉桥 2016年12月出版 / 估价:89.00元

创意城市蓝皮书
重庆创意产业发展报告（2016）
著(编)者:程宇宁 2016年4月出版 / 估价:89.00元

地方法治蓝皮书
南宁法治发展报告（2016）
著(编)者:杨维超 2016年12月出版 / 估价:69.00元

福建妇女发展蓝皮书
福建省妇女发展报告（2016）
著(编)者:刘群英 2016年11月出版 / 估价:88.00元

福建自由贸易区蓝皮书
中国（福建）自由贸易区实验区发展报告（2015~2016）
著(编)者:黄茂兴 2016年4月出版 / 定价:108.00元

甘肃蓝皮书
甘肃经济发展分析与预测（2016）
著(编)者:朱智文 罗哲 2016年1月出版 / 定价:79.00元

甘肃蓝皮书
甘肃社会发展分析与预测（2016）
著(编)者:安文华 包晓霞 谢增虎 2016年1月出版 / 定价:79.00元

甘肃蓝皮书
甘肃文化发展分析与预测（2016）
著(编)者:安文华 周小华 2016年1月出版 / 定价:79.00元

甘肃蓝皮书
甘肃县域和农村发展报告（2016）
著(编)者:刘进军 柳 民 王建兵
2016年1月出版 / 定价:79.00元

甘肃蓝皮书
甘肃舆情分析与预测（2016）
著(编)者:陈双梅 张谦元 2016年1月出版 / 定价:79.00元

甘肃蓝皮书
甘肃商贸流通发展报告（2016）
著(编)者:杨志武 王福生 王晓芳
2016年1月出版 / 定价:79.00元

广东蓝皮书
广东全面深化改革发展报告（2016）
著(编)者:周林生 涂成林 2016年11月出版 / 估价:69.00元

广东蓝皮书
广东社会工作发展报告（2016）
著(编)者:罗观翠 2016年6月出版 / 估价:89.00元

广东蓝皮书
广东省电子商务发展报告（2016）
著(编)者:程晓 邓顺国 2016年7月出版 / 估价:79.00元

广东社会建设蓝皮书
广东省社会建设发展报告（2016）
著(编)者:广东省社会工作委员会
2016年12月出版 / 估价:99.00元

广东外经贸蓝皮书
广东对外经济贸易发展研究报告（2015~2016）
著(编)者:陈万灵 2016年5月出版 / 估价:89.00元

广西北部湾经济区蓝皮书
广西北部湾经济区开放开发报告（2016）
著(编)者:广西北部湾经济区规划建设管理委员会办公室
广西社会科学院广西北部湾发展研究院
2016年10月出版 / 估价:79.00元

巩义蓝皮书
巩义经济社会发展报告（2016）
著(编)者:丁同民 2016年4月出版 / 定价:58.00元

广州蓝皮书
2016年中国广州经济形势分析与预测
著(编)者:庾建设 沈奎 谢博能 2016年6月出版 / 估价:79.00元

广州蓝皮书
2016年中国广州社会形势分析与预测
著(编)者:张强 陈怡霓 杨秦 2016年6月出版 / 估价:79.00元

广州蓝皮书
广州城市国际化发展报告（2016）
著(编)者:朱名宏 2016年11月出版 / 估价:69.00元

广州蓝皮书
广州创新型城市发展报告（2016）
著(编)者:尹涛 2016年10月出版 / 估价:69.00元

广州蓝皮书
广州经济发展报告（2016）
著(编)者:朱名宏 2016年7月出版 / 估价:69.00元

广州蓝皮书
广州农村发展报告（2016）
著(编)者:朱名宏 2016年8月出版 / 估价:69.00元

广州蓝皮书
广州汽车产业发展报告（2016）
著(编)者:杨再高 冯兴亚 2016年9月出版 / 估价:69.00元

广州蓝皮书
广州青年发展报告（2015～2016）
著(编)者:魏国华 张强 2016年7月出版 / 估价:69.00元

广州蓝皮书
广州商贸业发展报告（2016）
著(编)者:李江涛 肖振宇 荀振英
2016年7月出版 / 估价:69.00元

广州蓝皮书
广州社会保障发展报告（2016）
著(编)者:蔡国萱 2016年10月出版 / 估价:65.00元

广州蓝皮书
广州文化创意产业发展报告（2016）
著(编)者:甘新　2016年8月出版 / 估价:79.00元

广州蓝皮书
中国广州城市建设与管理发展报告（2016）
著(编)者:董皞 陈小钢 李江涛　2016年7月出版 / 估价:69.00元

广州蓝皮书
中国广州科技和信息化发展报告（2016）
著(编)者:邹采荣 马正勇 冯 元　2016年8月出版 / 估价:79.00元

广州蓝皮书
中国广州文化发展报告（2016）
著(编)者:徐俊忠 陆志强 顾涧清　2016年7月出版 / 估价:69.00元

贵阳蓝皮书
贵阳城市创新发展报告•白云篇（2016）
著(编)者:连玉明　2016年10月出版 / 估价:89.00元

贵阳蓝皮书
贵阳城市创新发展报告•观山湖篇（2016）
著(编)者:连玉明　2016年10月出版 / 估价:89.00元

贵阳蓝皮书
贵阳城市创新发展报告•花溪篇（2016）
著(编)者:连玉明　2016年10月出版 / 估价:89.00元

贵阳蓝皮书
贵阳城市创新发展报告•开阳篇（2016）
著(编)者:连玉明　2016年10月出版 / 估价:89.00元

贵阳蓝皮书
贵阳城市创新发展报告•南明篇（2016）
著(编)者:连玉明　2016年10月出版 / 估价:89.00元

贵阳蓝皮书
贵阳城市创新发展报告•清镇篇（2016）
著(编)者:连玉明　2016年10月出版 / 估价:89.00元

贵阳蓝皮书
贵阳城市创新发展报告•乌当篇（2016）
著(编)者:连玉明　2016年10月出版 / 估价:89.00元

贵阳蓝皮书
贵阳城市创新发展报告•息烽篇（2016）
著(编)者:连玉明　2016年10月出版 / 估价:89.00元

贵阳蓝皮书
贵阳城市创新发展报告•修文篇（2016）
著(编)者:连玉明　2016年10月出版 / 估价:89.00元

贵阳蓝皮书
贵阳城市创新发展报告•云岩篇（2016）
著(编)者:连玉明　2016年10月出版 / 估价:89.00元

贵州房地产蓝皮书
贵州房地产发展报告NO.3（2016）
著(编)者:武廷方　2016年6月出版 / 估价:89.00元

贵州蓝皮书
贵州册亨经济社会发展报告 (2016)
著(编)者:黄德林　2016年3月出版 / 定价:79.00元

贵州蓝皮书
贵安新区发展报告（2016）
著(编)者:马长青 吴大华　2016年4月出版 / 估价:69.00元

贵州蓝皮书
贵州法治发展报告（2016）
著(编)者:吴大华　2016年5月出版 / 估价:79.00元

贵州蓝皮书
贵州民航业发展报告（2016）
著(编)者:申振东 吴大华　2016年10月出版 / 估价:69.00元

贵州蓝皮书
贵州民营经济发展报告（2016）
著(编)者:杨静 吴大华　2016年3月出版 / 定价:79.00元

贵州蓝皮书
贵州人才发展报告（2016）
著(编)者:于杰 吴大华　2016年9月出版 / 估价:69.00元

贵州蓝皮书
贵州社会发展报告（2016）
著(编)者:王兴骥　2016年5月出版 / 估价:79.00元

海淀蓝皮书
海淀区文化和科技融合发展报告（2016）
著(编)者:陈名杰 孟景伟　2016年5月出版 / 估价:75.00元

海峡西岸蓝皮书
海峡西岸经济区发展报告（2016）
著(编)者:福建省人民政府发展研究中心
福建省人民政府发展研究中心咨询服务中心
2016年9月出版 / 估价:65.00元

杭州都市圈蓝皮书
杭州都市圈发展报告（2016）
著(编)者:董祖德 沈翔　2016年5月出版 / 估价:89.00元

杭州蓝皮书
杭州妇女发展报告（2016）
著(编)者:魏颖　2016年4月出版 / 估价:79.00元

河北经济蓝皮书
河北省经济发展报告（2016）
著(编)者:马树强 金浩 刘兵 张贵
2016年5月出版 / 估价:89.00元

河北蓝皮书
河北经济社会发展报告（2016）
著(编)者:郭金平　2016年1月出版 / 定价:79.00元

河北食品药品安全蓝皮书
河北食品药品安全研究报告（2016）
著(编)者:丁锦霞　2016年6月出版 / 估价:79.00元

河南经济蓝皮书
2016年河南经济形势分析与预测
著(编)者:胡五岳　2016年2月出版 / 定价:79.00元

河南蓝皮书
2016年河南社会形势分析与预测
著(编)者:刘道兴 牛苏林　2016年4月出版 / 定价79.00元

河南蓝皮书
河南城市发展报告（2016）
著(编)者:谷建全 王建国 2016年5月出版 / 估价:79.00元

河南蓝皮书
河南法治发展报告（2016）
著(编)者:丁同民 闫德民 2016年6月出版 / 估价:79.00元

河南蓝皮书
河南工业发展报告（2016）
著(编)者:龚绍东 赵西三 2016年5月出版 / 估价:79.00元

河南蓝皮书
河南金融发展报告（2016）
著(编)者:河南省社会科学院 2016年6月出版 / 估价:69.00元

河南蓝皮书
河南经济发展报告（2016）
著(编)者:张占仓 2016年3月出版 / 定价:79.00元

河南蓝皮书
河南农业农村发展报告（2016）
著(编)者:吴海峰 2016年4月出版 / 估价:69.00元

河南蓝皮书
河南文化发展报告（2016）
著(编)者:卫绍生 2016年3月出版 / 定价:78.00元

河南商务蓝皮书
河南商务发展报告（2016）
著(编)者:焦锦淼 穆荣国 2016年4月出版 / 估价:88.00元

黑龙江产业蓝皮书
黑龙江产业发展报告（2016）
著(编)者:于渤 2016年10月出版 / 估价:79.00元

黑龙江蓝皮书
黑龙江经济发展报告（2016）
著(编)者:朱宇 2016年1月出版 / 定价:79.00元

黑龙江蓝皮书
黑龙江社会发展报告（2016）
著(编)者:谢宝禄 2016年1月出版 / 定价:79.00元

湖南城市蓝皮书
区域城市群整合（主题待定）
著(编)者:童中贤 韩未名 2016年12月出版 / 估价:79.00元

湖南蓝皮书
2016年湖南产业发展报告
著(编)者:梁志峰 2016年5月出版 / 估价:98.00元

湖南蓝皮书
2016年湖南电子政务发展报告
著(编)者:梁志峰 2016年5月出版 / 估价:98.00元

湖南蓝皮书
2016年湖南经济展望
著(编)者:梁志峰 2016年5月出版 / 估价:128.00元

湖南蓝皮书
2016年湖南两型社会与生态文明发展报告
著(编)者:梁志峰 2016年5月出版 / 估价:98.00元

湖南蓝皮书
2016年湖南社会发展报告
著(编)者:梁志峰 2016年5月出版 / 估价:88.00元

湖南蓝皮书
2016年湖南县域经济社会发展报告
著(编)者:梁志峰 2016年5月出版 / 估价:98.00元

湖南蓝皮书
湖南城乡一体化发展报告（2016）
著(编)者:陈文胜 刘祚祥 邝奕轩 等
2016年7月出版 / 估价:89.00元

湖南县域绿皮书
湖南县域发展报告 NO.3
著(编)者:袁准 周小毛 2016年9月出版 / 估价:69.00元

沪港蓝皮书
沪港发展报告（2015～2016）
著(编)者:尤安山 2016年4月出版 / 估价:89.00元

京津冀金融蓝皮书
京津冀金融发展报告（2015）
著(编)者:王爱俭 李向前 2016年3月出版 / 定价:89.00元

吉林蓝皮书
2016年吉林经济社会形势分析与预测
著(编)者:马克 2015年12月出版 / 定价:79.00元

吉林省城市竞争力蓝皮书
吉林省城市竞争力报告（2015）
著(编)者:崔岳春 张磊 2016年3月出版 / 定价:69.00元

济源蓝皮书
济源经济社会发展报告（2016）
著(编)者:喻新安 2016年4月出版 / 估价:69.00元

健康城市蓝皮书
北京健康城市建设研究报告（2016）
著(编)者:王鸿春 2016年4月出版 / 估价:79.00元

江苏法治蓝皮书
江苏法治发展报告 NO.5（2016）
著(编)者:李力 龚廷泰 2016年9月出版 / 估价:98.00元

江西蓝皮书
江西经济社会发展报告（2016）
著(编)者:张勇 姜玮 梁勇 2016年10月出版 / 估价:79.00元

江西文化产业蓝皮书
江西文化产业发展报告（2016）
著(编)者:张圣才 汪春翔 2016年10月出版 / 估价:128.00元

经济特区蓝皮书
中国经济特区发展报告（2016）
著(编)者:陶一桃 2016年12月出版 / 估价:89.00元

辽宁蓝皮书
2016年辽宁经济社会形势分析与预测
著(编)者:曹晓峰　梁启东
2016年1月出版 / 定价:79.00元

拉萨蓝皮书
拉萨法治发展报告（2016）
著(编)者:车明怀　2016年7月出版 / 估价:79.00元

洛阳蓝皮书
洛阳文化发展报告（2016）
著(编)者:刘福兴 陈启明　2016年7月出版 / 估价:79.00元

南京蓝皮书
南京文化发展报告（2016）
著(编)者:徐宁　2016年12月出版 / 估价:79.00元

内蒙古蓝皮书
内蒙古反腐倡廉建设报告 NO.2
著(编)者:张志华 无极　2016年12月出版 / 估价:69.00元

浦东新区蓝皮书
上海浦东经济发展报告（2016）
著(编)者:沈开艳 周奇　2016年1月出版 / 定价:69.00元

青海蓝皮书
2016年青海经济社会形势分析与预测
著(编)者:陈玮　2015年12月出版 / 定价:79.00元

人口与健康蓝皮书
深圳人口与健康发展报告（2016）
著(编)者:陆杰华 罗乐宣 苏杨
2016年11月出版 / 估价:89.00元

山东蓝皮书
山东经济形势分析与预测（2016）
著(编)者:李广杰　2016年11月出版 / 估价:89.00元

山东蓝皮书
山东社会形势分析与预测（2016）
著(编)者:涂可国　2016年6月出版 / 估价:89.00元

山东蓝皮书
山东文化发展报告（2016）
著(编)者:张华 唐洲雁　2016年6月出版 / 估价:98.00元

山西蓝皮书
山西资源型经济转型发展报告（2016）
著(编)者:李志强　2016年5月出版 / 估价:89.00元

陕西蓝皮书
陕西经济发展报告（2016）
著(编)者:任宗哲 白宽犁 裴成荣
2015年12月出版 / 定价:69.00元

陕西蓝皮书
陕西社会发展报告（2016）
著(编)者:任宗哲 白宽犁 牛昉
2015年12月出版 / 定价:69.00元

陕西蓝皮书
陕西文化发展报告（2016）
著(编)者:任宗哲 白宽犁 王长寿
2015年12月出版 / 定价:69.00元

陕西蓝皮书
丝绸之路经济带发展报告（2015~2016）
著(编)者:任宗哲 白宽犁 谷孟宾
2015年12月出版 / 定价:75.00元

上海蓝皮书
上海传媒发展报告（2016）
著(编)者:强荧 焦雨虹　2016年1月出版 / 定价:79.00元

上海蓝皮书
上海法治发展报告（2016）
著(编)者:叶青　2016年5月出版 / 估价:69.00元

上海蓝皮书
上海经济发展报告（2016）
著(编)者:沈开艳　2016年1月出版 / 定价:79.00元

上海蓝皮书
上海社会发展报告（2016）
著(编)者:杨雄　周海旺　2016年1月出版 / 定价:79.00元

上海蓝皮书
上海文化发展报告（2016）
著(编)者:荣跃明　2016年1月出版 / 定价:79.00元

上海蓝皮书
上海文学发展报告（2016）
著(编)者:陈圣来　2016年5月出版 / 估价:69.00元

上海蓝皮书
上海资源环境发展报告（2016）
著(编)者:周冯琦 汤庆合 任文伟
2016年1月出版 / 定价:79.00元

上饶蓝皮书
上饶发展报告（2015～2016）
著(编)者:朱寅健　2016年5月出版 / 估价:128.00元

社会建设蓝皮书
2016年北京社会建设分析报告
著(编)者:宋贵伦 冯虹　2016年7月出版 / 估价:79.00元

深圳蓝皮书
深圳法治发展报告（2016）
著(编)者:张骁儒　2016年5月出版 / 估价:69.00元

深圳蓝皮书
深圳经济发展报告（2016）
著(编)者:张骁儒　2016年6月出版 / 估价:89.00元

深圳蓝皮书
深圳劳动关系发展报告（2016）
著(编)者:汤庭芬　2016年6月出版 / 估价:79.00元

深圳蓝皮书
深圳社会建设与发展报告（2016）
著(编)者:张骁儒 陈东平　2016年6月出版 / 估价:79.00元

深圳蓝皮书
深圳文化发展报告(2016)
著(编)者:张骁儒　2016年5月出版 / 估价:69.00元

四川法治蓝皮书
四川依法治省年度报告 NO.2（2016）
著(编)者:李林 杨天宗 田禾
2016年3月出版 / 定价:108.00元

四川蓝皮书
2016年四川经济形势分析与预测
著(编)者:杨钢　2016年1月出版 / 定价:98.00元

四川蓝皮书
四川城镇化发展报告（2016）
著(编)者:侯水平 陈炜　2016年4月出版 / 定价:75.00元

四川蓝皮书
四川法治发展报告（2016）
著(编)者:郑泰安　2016年5月出版 / 估价:69.00元

四川蓝皮书
四川企业社会责任研究报告（2015～2016）
著(编)者:侯水平 盛毅　2016年4月出版 / 估价:79.00元

四川蓝皮书
四川社会发展报告（2016）
著(编)者:郭晓鸣　2016年4月出版 / 估价:79.00元

四川蓝皮书
四川生态建设报告（2016）
著(编)者:李晟之　2016年4月出版 / 估价:79.00元

四川蓝皮书
四川文化产业发展报告（2016）
著(编)者:向宝云 张立伟　2016年4月出版 / 定价:79.00元

体育蓝皮书
上海体育产业发展报告（2015～2016）
著(编)者:张林 黄海燕　2016年10月出版 / 估价:79.00元

体育蓝皮书
长三角地区体育产业发展报告（2015～2016）
著(编)者:张林　2016年4月出版 / 估价:79.00元

天津金融蓝皮书
天津金融发展报告（2016）
著(编)者:王爱俭 孔德昌　2016年9月出版 / 估价:89.00元

图们江区域合作蓝皮书
图们江区域合作发展报告（2016）
著(编)者:李铁　2016年4月出版 / 估价:98.00元

温州蓝皮书
2016年温州经济社会形势分析与预测
著(编)者:潘忠强 王春光 金浩　2016年4月出版 / 估价:69.00元

扬州蓝皮书
扬州经济社会发展报告（2016）
著(编)者:丁纯　2016年12月出版 / 估价:89.00元

长株潭城市群蓝皮书
长株潭城市群发展报告（2016）
著(编)者:张萍　2016年10月出版 / 估价:69.00元

郑州蓝皮书
2016年郑州文化发展报告
著(编)者:王哲　2016年9月出版 / 估价:65.00元

中医文化蓝皮书
北京中医药文化传播发展报告（2016）
著(编)者:毛嘉陵　2016年5月出版 / 估价:79.00元

珠三角流通蓝皮书
珠三角商圈发展研究报告（2016）
著(编)者:王先庆 林至颖　2016年7月出版 / 估价:98.00元

遵义蓝皮书
遵义发展报告（2016）
著(编)者:曾征 龚永育　2016年12月出版 / 估价:69.00元

国别与地区类

阿拉伯黄皮书
阿拉伯发展报告（2015～2016）
著(编)者:罗林　2016年11月出版 / 估价:79.00元

北部湾蓝皮书
泛北部湾合作发展报告（2016）
著(编)者:吕余生　2016年10月出版 / 估价:69.00元

大湄公河次区域蓝皮书
大湄公河次区域合作发展报告（2016）
著(编)者:刘稚　2016年9月出版 / 估价:79.00元

大洋洲蓝皮书
大洋洲发展报告（2015～2016）
著(编)者:喻常森　2016年10月出版 / 估价:89.00元

德国蓝皮书
德国发展报告（2016）
著(编)者:郑春荣 伍慧萍
2016年5月出版 / 估价:69.00元

东北亚黄皮书
东北亚地区政治与安全（2016）
著(编)者:黄凤志 刘清才 张慧智 等
2016年5月出版 / 估价:69.00元

东盟黄皮书
东盟发展报告（2016）
著(编)者:杨晓强 庄国土　2016年3月出版 / 定价:89.00元

东南亚蓝皮书
东南亚地区发展报告（2015～2016）
著(编)者:厦门大学东南亚研究中心　王勤
2016年4月出版 / 估价:79.00元

俄罗斯黄皮书
俄罗斯发展报告（2016）
著(编)者:李永全　2016年7月出版 / 估价:79.00元

非洲黄皮书
非洲发展报告 NO.18（2015～2016）
著(编)者:张宏明　2016年9月出版 / 估价:79.00元

国际形势黄皮书
全球政治与安全报告（2016）
著(编)者:李慎明　张宇燕
2015年12月出版 / 定价:69.00元

韩国蓝皮书
韩国发展报告（2016）
著(编)者:牛林杰　刘宝全
2016年12月出版 / 估价:89.00元

加拿大蓝皮书
加拿大发展报告（2016）
著(编)者:仲伟合　2016年4月出版 / 估价:89.00元

拉美黄皮书
拉丁美洲和加勒比发展报告（2015～2016）
著(编)者:吴白乙　2016年5月出版 / 估价:89.00元

美国蓝皮书
美国研究报告（2016）
著(编)者:郑秉文　黄平
2016年6月出版 / 估价:89.00元

缅甸蓝皮书
缅甸国情报告（2016）
著(编)者:李晨阳　2016年8月出版 / 估价:79.00元

欧洲蓝皮书
欧洲发展报告（2015～2016）
著(编)者:周弘　黄平　江时学
2016年7月出版 / 估价:89.00元

日本经济蓝皮书
日本经济与中日经贸关系研究报告（2016）
著(编)者:王洛林　张季风
2016年5月出版 / 估价:79.00元

日本蓝皮书
日本研究报告（2016）
著(编)者:李薇　2016年5月出版 / 估价:69.00元

上海合作组织黄皮书
上海合作组织发展报告（2016）
著(编)者:李进峰　吴宏伟　李伟
2016年7月出版 / 估价:98.00元

世界创新竞争力黄皮书
世界创新竞争力发展报告（2016）
著(编)者:李闽榕　李建平　赵新力
2016年5月出版 / 估价:148.00元

土耳其蓝皮书
土耳其发展报告（2016）
著(编)者:郭长刚　刘义　2016年7月出版 / 估价:69.00元

亚太蓝皮书
亚太地区发展报告（2016）
著(编)者:李向阳　2016年5月出版 / 估价:69.00元

印度蓝皮书
印度国情报告（2016）
著(编)者:吕昭义　2016年5月出版 / 估价:89.00元

印度洋地区蓝皮书
印度洋地区发展报告（2016）
著(编)者:汪戎　2016年5月出版 / 估价:89.00元

英国蓝皮书
英国发展报告（2015～2016）
著(编)者:王展鹏　2016年10月出版 / 估价:89.00元

越南蓝皮书
越南国情报告（2016）
著(编)者:广西社会科学院　罗梅　李碧华
2016年8月出版 / 估价:69.00元

越南蓝皮书
越南经济发展报告（2016）
著(编)者:黄志勇　2016年10月出版 / 估价:69.00元

以色列蓝皮书
以色列发展报告（2016）
著(编)者:张倩红　2016年9月出版 / 估价:89.00元

中东黄皮书
中东发展报告 NO.18（2015～2016）
著(编)者:杨光　2016年10月出版 / 估价:89.00元

中亚黄皮书
中亚国家发展报告（2016）
著(编)者:孙力　吴宏伟　2016年8月出版 / 估价:89.00元

❖ 皮书起源 ❖

“皮书”起源于十七、十八世纪的英国，主要指官方或社会组织正式发表的重要文件或报告，多以“白皮书”命名。在中国，“皮书”这一概念被社会广泛接受，并被成功运作、发展成为一种全新的出版形态，则源于中国社会科学院社会科学文献出版社。

❖ 皮书定义 ❖

皮书是对中国与世界发展状况和热点问题进行年度监测，以专业的角度、专家的视野和实证研究方法，针对某一领域或区域现状与发展态势展开分析和预测，具备原创性、实证性、专业性、连续性、前沿性、时效性等特点的公开出版物，由一系列权威研究报告组成。

❖ 皮书作者 ❖

皮书系列的作者以中国社会科学院、著名高校、地方社会科学院的研究人员为主，多为国内一流研究机构的权威专家学者，他们的看法和观点代表了学界对中国与世界的现实和未来最高水平的解读与分析。

❖ 皮书荣誉 ❖

皮书系列已成为社会科学文献出版社的著名图书品牌和中国社会科学院的知名学术品牌。2011 年，皮书系列正式列入“十二五”国家重点出版规划项目；2012~2015 年，重点皮书列入中国社会科学院承担的国家哲学社会科学创新工程项目；2016 年，46 种院外皮书使用“中国社会科学院创新工程学术出版项目”标识。

中国皮书网

www.pishu.cn

发布皮书研创资讯，传播皮书精彩内容
引领皮书出版潮流，打造皮书服务平台

栏目设置：

- □ 资讯：皮书动态、皮书观点、皮书数据、皮书报道、皮书发布、电子期刊
- □ 标准：皮书评价、皮书研究、皮书规范
- □ 服务：最新皮书、皮书书目、重点推荐、在线购书
- □ 链接：皮书数据库、皮书博客、皮书微博、在线书城
- □ 搜索：资讯、图书、研究动态、皮书专家、研创团队

中国皮书网依托皮书系列"权威、前沿、原创"的优质内容资源，通过文字、图片、音频、视频等多种元素，在皮书研创者、使用者之间搭建了一个成果展示、资源共享的互动平台。

自2005年12月正式上线以来，中国皮书网的IP访问量、PV浏览量与日俱增，受到海内外研究者、公务人员、商务人士以及专业读者的广泛关注。

2008年、2011年，中国皮书网均在全国新闻出版业网站荣誉评选中获得"最具商业价值网站"称号；2012年，获得"出版业网站百强"称号。

2014年，中国皮书网与皮书数据库实现资源共享，端口合一，将提供更丰富的内容，更全面的服务。

权威报告 热点资讯 海量资源

当代中国与世界发展的高端智库平台

皮书数据库 www.pishu.com.cn

皮书数据库是专业的人文社会科学综合学术资源总库，以大型连续性图书——皮书系列为基础，整合国内外相关资讯构建而成。包含六大子库，涵盖两百多个主题，囊括了近十几年间中国与世界经济社会发展报告，覆盖经济、社会、政治、文化、教育、国际问题等多个领域。

皮书数据库以篇章为基本单位，方便用户对皮书内容的阅读需求。用户可进行全文检索，也可对文献题目、内容提要、作者名称、作者单位、关键字等基本信息进行检索，还可对检索到的篇章再做二次筛选，进行在线阅读或下载阅读。智能多维度导航，可使用户根据自己熟知的分类标准进行分类导航筛选，使查找和检索更高效、便捷。

权威的研究报告，独特的调研数据，前沿的热点资讯，皮书数据库已发展成为国内最具影响力的关于中国与世界现实问题研究的成果库和资讯库。

皮书俱乐部会员服务指南

1. 谁能成为皮书俱乐部成员？

- 皮书作者自动成为俱乐部会员
- 购买了皮书产品（纸质书/电子书）的个人用户

2. 会员可以享受的增值服务

- 免费获赠皮书数据库100元充值卡
- 加入皮书俱乐部，免费获赠该纸质图书的电子书
- 免费定期获赠皮书电子期刊
- 优先参与各类皮书学术活动
- 优先享受皮书产品的最新优惠

3. 如何享受增值服务？

（1）免费获赠100元皮书数据库体验卡

第1步 刮开皮书附赠充值的涂层（右下）；

第2步 登录皮书数据库网站（www.pishu.com.cn），注册账号；

第3步 登录并进入“会员中心”—“在线充值”—“充值卡充值”，充值成功后即可使用。

（2）加入皮书俱乐部，凭数据库体验卡获赠该书的电子书

第1步 登录社会科学文献出版社官网（www.ssap.com.cn），注册账号；

第2步 登录并进入“会员中心”—“皮书俱乐部”，提交加入皮书俱乐部申请；

第3步 审核通过后，再次进入皮书俱乐部，填写页面所需图书、体验卡信息即可自动兑换相应电子书。

4. 声明

解释权归社会科学文献出版社所有

皮书俱乐部会员可享受社会科学文献出版社其他相关免费增值服务，有任何疑问，均可与我们联系。

图书销售热线：010-59367070/7028 图书服务QQ：800045692 图书服务邮箱：duzhe@ssap.cn

数据库服务热线：400-008-6695 数据库服务QQ：2475522410 数据库服务邮箱：database@ssap.cn

欢迎登录社会科学文献出版社官网（www.ssap.com.cn）和中国皮书网（www.pishu.cn）了解更多信息

皮书大事记
（2015）

☆　2015年11月9日，社会科学文献出版社2015年皮书编辑出版工作会议召开，会议就皮书装帧设计、生产营销、皮书评价以及质检工作中的常见问题等进行交流和讨论，为2016年出版社的融合发展指明了方向。

☆　2015年11月，中国社会科学院2015年度纳入创新工程后期资助名单正式公布，《社会蓝皮书：2015年中国社会形势分析与预测》等41种皮书纳入2015年度“中国社会科学院创新工程学术出版资助项目”。

☆　2015年8月7~8日，由中国社会科学院主办，社会科学文献出版社和湖北大学共同承办的“第十六次全国皮书年会（2015）：皮书研创与中国话语体系建设”在湖北省恩施市召开。中国社会科学院副院长李培林，国家新闻出版广电总局原副总局长、中国出版协会常务副理事长邬书林，湖北省委宣传部副部长喻立平，中国社会科学院科研局局长马援，国家新闻出版广电总局出版管理司副司长许正明，中共恩施州委书记王海涛，社会科学文献出版社社长谢寿光，湖北大学党委书记刘建凡等相关领导出席开幕式。来自中国社会科学院、地方社会科学院及高校、政府研究机构的领导及近200个皮书课题组的380多人出席了会议，会议规模又创新高。会议宣布了2016年授权使用“中国社会科学院创新工程学术出版项目”标识的院外皮书名单，并颁发了第六届优秀皮书奖。

☆　2015年4月28日，“第三届皮书学术评审委员会第二次会议暨第六届优秀皮书奖评审会”在京召开。中国社会科学院副院长李培林、蔡昉出席会议并讲话，国家新闻出版广电总局原副局长、中国出版协会常务副理事长邬书林也出席本次会议。会议分别由中国社会科学院科研局局长马援和社会科学文献出版社社长谢寿光主持。经分学科评审和大会汇评，最终匿名投票评选出第六届“优秀皮书奖”和“优秀皮书报告奖”书目。此外，该委员会还根据《中国社会科学院皮书管理办法》，审议并投票评选出2015年纳入中国社会科学院创新工程项目的皮书和2016年使用“中国社会科学院创新工程学术出版项目”标识的院外皮书。

☆　2015年1月30~31日，由社会科学文献出版社皮书研究院组织的2014年版皮书评价复评会议在京召开。皮书学术评审委员会部分委员、相关学科专家、学术期刊编辑、资深媒体人等近50位评委参加本次会议。中国社会科学院科研局局长马援、社会科学文献出版社社长谢寿光出席开幕式并发表讲话，中国社会科学院科研成果处处长薛增朝出席闭幕式并做发言。

房需求提供支撑。在宏观经济“新常态”下，经济增长速度预计将稳中趋缓，宏观经济环境变化将直接影响房地产市场供需，全省房地产业将进入中低速发展阶段。

2. 住房需求分析

一是住房投资需求下降。房产税、不动产统一登记、个人住房信息联网、农村土地改革等政策的推进，强化了市场“看空”预期。同时，随着我国金融改革的不断推进，居民投资呈多样化发展，导致居民资产配置发生转移，房地产投资需求下降。二是住房刚性需求提升空间仍然较大。人口情况是影响住房刚性需求的决定性因素。2014 年，湖南省 16 ~ 59 岁劳动年龄 4307. 1 万人，同比下降 0. 44%；60 岁及以上老龄人口 1126. 2 万人，同比增长 4. 37%，预计到 2020 年老龄人口将突破 1500 万人，老龄化趋势加速，劳动人口占比下降影响住房需求。但随着湖南省新型城镇化进程的不断加快，加上全面放开二胎政策的实施，仍将推动住房刚性需求的增长。2014 年全省城镇化率为 49. 28%，预计 2020 年前每年约有 120 万人进城，将为房地产业发展提供巨大的市场需求。三是改善性需求比重上升。2013 年开始，湖南省房地产市场逐步由住房短缺时代走向升级改善时代，标志性事件是户均 1 套房的实现。2013 年湖南省县级以上中心城区常住人口 2435. 85 万人，人均住房建筑面积 39. 42 平方米/人，住房总建筑面积 96016. 47 万平方米，875. 83 万套，户均拥有住房 1. 17 套。现有城镇居民住房趋于饱和，改善型需求占比将逐步上升，个性化、品质化、多样化将成为未来住房需求的主要特征。

3. 行业竞争环境分析

高铁时代到来，城市之间的时间距离进一步缩小，可供居民选择的可居住区域空间进一步扩大，房地产开发区域格局面临重构，区域之间、城市之间的房地产业竞争关系将进一步加剧。另外，随着“互联网 +”时代的来临，注重客户体验的互联网将带领房地产行业进入新的发展阶段，房地产行业将更加精细化运行，房地产开发企业将充分运用互联网的发展优势及特点，提高自身服务水平、管理效率及市场竞争力，通过资源整合获得持久发展动力。

（二）发展趋势研判

2016 年，随着湖南省房地产业步入新常态下的变革和调整期，发展的外部条件和内在动力将发生深刻变化，创新、升级和转型将是行业发展的必然途径，预计全省房地产业发展主要呈现以下特点：一是房地产业步入新常态，产业发展侧重品质化。房地产行业在走过了初期高速发展的“黄金时代”后，正在变革中步入以转型促发展、以发展促转型的“新常态”。依靠规模扩张、消耗大量资源的时代一去不复返。随着城镇居民收入水平的不断增长，居民消费结构加快升级，消费预期转变，以提升居住品质为目的的改善性购房需求将逐步增长，优化住房供应结构，提升房地产开发建设品质及其配套服务和管理水平，不断适应住房需求变化将成为行业发展趋势。二是房地产建设模式转变，生产方式实现工业化。目前，高消耗、高污染、低效率的传统型“粗放”建造模式在全省房地产建设中仍较为普遍，住宅建造技术水平不高、节能环保性能低、劳动力供给不足、高素质建筑工人短缺等问题，将逐步倒逼房地产建设转型。“十三五”时期，国家节能减排形势严峻，生态文明建设步伐加快，推动绿色环保集约的住房建设模式迫在眉睫，随着国家及湖南省推进住宅产业化建设步伐的不断加快，住宅产业化有望在全省取得重大突破，生产方式全面实现工业化将成为房地产业发展的重大战略性目标。三是房地产市场结构调整，市场发展走向多元化。为顺应家庭结构小型化、居民消费偏好健康、生态、舒适、宜居、个性化等的变化，房地产市场结构面临调整，房地产业发展业态将更加丰富、多元。住房投资占房地产市场投资总量的比重将呈下降趋势，商务地产、特色商业地产、养老地产、智慧地产等非传统地产的开发将迎来机遇，房地产市场走向多元化时代。四是房地产企业整合重组，行业发展趋于集约化。随着市场竞争加剧，房地产市场的集中度将不断提高。市场竞争力强的企业将逐步提升市场占有份额，部分企业将逐步退出房地产市场。“十三五”时期，房地产企业的兼并、重组、整合将成为趋势，房地产行业发展趋于集约化。

展望2016年，中央经济工作会议将“去库存”列为五大经济任务之一，全省将切实加大贯彻实施力度，确保房地产市场保持基本稳定。预计2016年全省房地产市场呈现以下发展趋势：一是商品房销售保持增长态势，但增速有所放缓。2016年，全省将进一步落实鼓励农民工进城购房、推进棚改货币化安置、加大金融和公积金支持力度等措施，不断促进住房需求释放，全年销售形势有望继续向好。但是，考虑到2015年销售回暖是受各项利好政策以及

2014年基数较低的影响，在当前城镇居民住房水平趋于饱和、老龄化趋势加速的背景下，加上基数抬高和刺激政策边际效应减弱的共同作用，预计全省商品房销售在保持增长的同时，增速将有所放缓。二是房地产开发投资继续处于低位，但降幅或将有所收窄。在货币政策更加注重松紧适度、市场流动性逐渐改善的情况下，加之上年以来销售持续回暖使得房地产企业到位资金增加，有利于提振房地产企业的投资信心，从销售到投资的联动效应或将逐步显现。但在目前人民币出现贬值，经济下行压力加大的形势下，房企拿地和投资意愿不强，预计全省房地产开发投资仍处于低位，但降幅可能有所收窄。三是房价总体稳定，地区分化明显。受多项利好政策影响，房地产市场持续回暖，房价同比降幅逐月收窄，环比持续上涨，加之原材料、土地、劳动力成本持续上涨，预计全省商品住宅均价将保持基本稳定。但城市间分化现象仍将比较突出，长沙等热点城市经济发展良好、人口持续流入，住房需求相对旺盛，房价将逐渐企稳；部分三四线城市、县城因库存过高、需求疲软，“以价换量”仍是未来市场主基调，房价仍有下降压力。

三　下一阶段发展的对策措施

（一）指导思想

围绕房地产“去库存”这一中心工作，坚持改革创新，坚持转型发展，切实稳定住房消费，努力平衡市场供需，促进全省房地产市场持续健康发展。

（二）工作目标

全省力争完成房地产开发投资2200亿元，完成商品房销售面积5000万平方米。

（三）工作措施

1. 分城施策调控房地产市场

加强房地产市场监测分析，探索不同类型城市房地产供求关系和市场运行规律，以住房建设规划为抓手，通过规划来控制土地供应和住房开发建设规模、速度，精细化、精准地实施调控。对住房需求相对旺盛、库存去化周期尚处合理区间的城市，适当控制开发投资节奏，切实稳定住房需求。对库存去化积压严重的三四线城市、县城，按照住房建设规划要求，严格控制房地产用地供应，严格控制新增住房供应。

2. 满足新市民（农业转移人口）住房需求

新型城镇化的核心是农业转移人口市民化，满足新市民（农业转移人口）的住房需求，既是加快农民工市民化、提高户籍人口城镇化率，也是培育住房需求、化解商品房库存的有效措施。要积极支持农民进城购房，协调金融机构积极开展进城农民购房的贷款业务，研究出台相关支持政策。

3. 多管齐下激活住房消费

一是提升住房品质，通过优化城市空间布局，完善教育医疗、养老服务、社区管理等公共配套，支持企业打造高品质楼盘，不断提升住房消费的吸引力。二是大力推进建筑产业现代化，鼓励房地产开发企业广泛采用住房产业化、住房全装修等成熟技术，推动住宅产品升级换代，激发新的改善性住房需求。三是活跃住房二级市场，通过加强信贷支持、简化办理流程等措施，降低二手房交易成本，促进住房梯次消费结构的形成，带动一手房、二手房市场共同繁荣。

4. 加大棚改和公租房货币化安置力度

一是推进棚改货币化安置，对安置比例高的地区和项目给予资金倾斜，力争 2016 年棚改货币化安置比例达到 50% 以上，同时积极引导被安置居民选购合适的商品房。二是实现公租房货币化，今年湖南省新增的 10. 05 万套公租房，要积极从住房存量市场筹集房源，逐步实现从“补砖头”到“补人头”的转变；从 2017 年起不再新建城市公共租赁住房，全部通过租赁市场解决，政府给予租金补贴。

5. 积极培育住房租赁市场

将房产租赁作为重点行业来培育，推进住房租赁市场改革，促进住房梯度消费，努力降低房屋空置率。出台相关支持措施，鼓励开发商自持、自然人和各类机构投资者购买存量房开展住房租赁业务，扶持以住房租赁为主营业务的专业化企业，支持房地产开发企业及个人将其持有的存量空置房源向社会出租，培育壮大住房租赁市场。

6. 充分发挥金融和公积金的支持作用

一是协调金融机构支持资质优良、诚信经营的房地产企业开发建设高品质商品房，支持市场前景一片向好的在建、续建的地产项目的合理信贷融资需求，并开展房地产融资创新模式试点，允许房地产开发贷款适当展期。二是协调金融机构进一步落实房地产金融政策，加大信贷支持力度，支持居民自住和改善性住房需求。三是充分发挥住房公积金政策效应，逐步将符合条件的农民工和个体工商户纳入公积金政策覆盖范围，全面清理各类政策障碍，提高住房公积金使用效率，力争个人住房公积金贷款率达 80% 以上。

7. 加强市场监管和服务，改善房地产行业发展环境

一是建立全省房地产市场监管信息平台，及时掌握市场动态；加大对开发企业资金链风险排查力度，高度关注重点地区和重点企业，防范风险。二是认真清理与房地产业发展相关的房产、建设、规划、城管等部门政策，简化审批流程，规范收费行为，减轻企业负担。三是做优做强供应主体，促进房地产业兼并重组，提高产业集中度，打造一批实力雄厚、竞争力强的大型企业集团。

B.11
2015～2016年湖南旅游行业研究报告

湖南省旅游局

一 旅游经济运行总体情况

“十二五”时期，全省旅游行业紧紧围绕建设旅游强省的目标，主动适应经济发展新常态，不断强化改革创新和提质增效，旅游经济总体运行状况良好，产业综合实力明显增强。

（一）旅游经济总量迈上新台阶

2015年，全省接待国内游客4.71亿人次，较“十二五”期末增长130.9%，年均增长18.2%；实现国内旅游收入3659.96亿元人民币，较“十二五”期末增长160.0%，年均增长21.8%；接待入境游客226.05万人次，较“十二五”期末增长19.1%，年均增长3.6%。全省旅游总收入达3712.9亿元，较“十二五”期末增长160.4%，年均增长21.1%（如表1）；旅游总收入相当于全省GDP的比例增长到12.8%，提高3.8个百分点，旅游对经济发展的拉动和支撑作用明显增强，已成为湖南省的支柱产业。

表1 “十二五”时期湖南旅游经济主要指标发展状况

指标(单位)	2010	2011	2012	2013	2014	2015	年均增长率
旅游总收入(亿元)	1425.8	1785.78	2234.1	2681.9	3050.7	3712.9	21.1%
接待国内游客数(亿人次)	2.04	2.51	3	3.6	4.1	4.71	18.2%
国内旅游收入(亿元)	1365.54	1718.2	2175.5	2630.9	3001.5	3659.96	21.8%
接待入境游客数(万人次)	189.87	228.63	224.6	230.7	219.5	226.05	3.6%

（二）产业发展水平实现新跨越

“十二五”期间，全省强化旅游产业要素建设，引导产业要素转型升级，旅游景区、旅行社、旅游酒店等产业要素发展水平得到显著提升（如表2）。

表 2 "十二五"期间湖南省重点旅游产业发展状况

<table>
<tr><th colspan="2">类别</th><th>2010 年</th><th>2015 年</th><th>备注</th></tr>
<tr><td rowspan="6">旅游景区（景点）</td><td>世界遗产</td><td>1</td><td>3</td><td>崀山、老司城、武陵源</td></tr>
<tr><td>国家 5A 级景区</td><td>2</td><td>8</td><td>郴州市东江湖旅游区、张家界武陵源旅游区、衡阳南岳衡山旅游区、湘潭韶山旅游区、岳阳（岳阳楼 - 君山岛）景区、长沙（岳麓山 - 橘子洲）旅游区、张家界天门山旅游区、宁乡花明楼刘少奇故里</td></tr>
<tr><td>国家 4A 级景区</td><td>43</td><td>91</td><td>—</td></tr>
<tr><td>国家级旅游度假区</td><td>0</td><td>1</td><td>长沙灰汤国际温泉度假区</td></tr>
<tr><td>国家生态旅游示范区</td><td>0</td><td>4</td><td>大围山、东江湖、神农谷、黄桑</td></tr>
<tr><td>全国红色旅游融合发展示范区和全国红色旅游国际合作创建区</td><td>0</td><td>1</td><td>湘潭</td></tr>
<tr><td rowspan="2">旅游饭店</td><td>五星级饭店数</td><td>17</td><td>21</td><td rowspan="4">—</td></tr>
<tr><td>四星级饭店数</td><td>60</td><td>71</td></tr>
<tr><td rowspan="2">旅行社</td><td>总数</td><td>701</td><td>848</td></tr>
<tr><td>出境游组团社</td><td>24</td><td>51</td></tr>
</table>

一是旅游景区建设成就突出。"十二五"期间，崀山、老司城成功列入世界遗产名录，全省世界遗产达到 3 家；全省 A 级景区增加到 292 家，其中 5A 级景区由 2 家增加到 8 家、国家 4A 级景区由 43 家增加到 91 家；长沙灰汤国际温泉度假区成为首批国家级旅游度假区，神农谷、大围山、黄桑、东江湖 4 家景区荣获国家生态旅游示范区；湘潭被批准为全国红色旅游融合发展示范区和全国红色旅游国际合作创建区；全省工农业旅游示范点由 110 家增加到 162 家，其中国家级 15 家。

二是旅行社实力显著增强。到 2015 年底，全省各级各类旅行社达到 848 家，较 2010 年底增加了 147 家；其中出境游组团社 51 家，较 2010 年底增加了 27 家，成效明显。旅行社发展综合实力得到显著增强，湖南华天国际旅行社、湖南海外旅行社、湖南省万达亲和力旅游国际旅行社、湖南新康辉国际旅行社、湖南省中国国际旅行社、湖南光大国际旅行社、长沙国旅国际旅行社进入全国百强，湖南万达亲和力旅游、湖南海外旅行社进入全国入境游排名二十强，湖南万达亲和力旅游国际旅行社进入全国旅行社集团二十强，湖南华天旅行社进入全国利税贡献二十强旅行社。

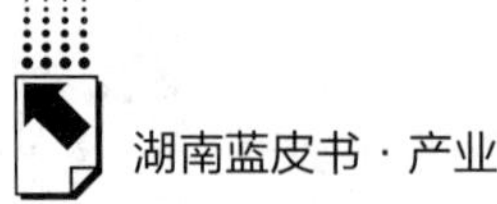

三是旅游饭店建设水平大力提升。到2015年，全省五星级饭店由17家增加到21家、四星级饭店由60家增加到71家；华天酒店集团跻身全国酒店企业集团前20强，旅游饭店国际化程度明显提升。

（三）旅游项目投资得到新增长

“十二五”期间，面对经济下行压力、经济结构深度调整、公务及旅游高档消费受限、旅游消费的大众化、个性化、休闲化和散客化趋势更趋明显等宏观环境，全省旅游项目投资顺势而为，强化加大旅游投资，共有重点在建旅游项目454个，总投资4246.56亿元，与“十一五”期间的3212亿元相比，同比增长32.0%；累计完成投资额1088.45亿元，比“十一五”同期的763亿元增长42.7%，完成率25.6%。其中，新建项目272个，总投资2132.83亿元，续（改）建项目182个，总投资2113.73亿元。完成投资额中，政府投资为189.28亿元，占“十二五”期间完成投资额的17%；市场主体投资为899.17亿元，占“十二五”期间完成投资额的83%。全省旅游投资呈现规模大、进展快、成效好的良好发展势头，成为投资的热点领域。

（四）旅游产品开发取得新突破

“十二五”期间，全省把旅游产品开发放在突出位置，强化产业优势和区域特色彰显，旅游产品开发成绩突出。

一是旅游精品建设成效突出。立足旅游资源和区域特色，全省大力实施旅游精品战略，精心打造长沙市、张家界市等国际旅游目的地城市和韶山、武陵源－天门山、南岳、岳麓山－橘子洲、岳阳楼－君山岛、花明楼、东江湖、凤凰等国际旅游精品景区，邵阳城步南山被列为首批国家公园体制试点区，长沙灰汤国际温泉度假区成为首批国家级旅游度假区，株洲神农谷等4家景区荣获国家生态旅游示范区，新化、麻阳荣获全国休闲农业和乡村旅游示范县，长沙洋湖湿地等7家景区被认证为“两型旅游景区”，旅游精品建设成就突出。

二是旅游业融合发展加快。全省积极促进旅游业与农业、工业、文化、体育、卫生等相关行业或产业的融合发展，积极培育旅游新业态，推动生态旅游、乡村旅游、文化旅游、康体旅游、温泉旅游、研学旅游、邮轮旅游和旅游装备制造等旅游新业态发展，打造了一批融合发展的新项目、新景区，逐步建设和完善了一批自驾车、房车营地。

三是旅游与文化融合发展取得新进展。如建设了13个文化旅游特色县，各县大力推进文化旅游产业项目建设，在文化旅游融合发展方面均开展了有益探索；湘潭（韶山）获批全国红色旅游融合发展示范区；推出了《中国出了个毛泽东》《天门狐仙·新刘海砍樵》《魅力湘西》《边城》等大型演艺活动，深受广大游客喜爱，效益良好。

（五）支撑保障体系获得新进展

“十二五”时期，湖南省强化旅游业发展的支撑保障体系建设，取得了重要进展，主要体现在如下两方面。

一是旅游交通飞速发展。全省形成了“五纵六横”的高速公路主骨架，高速公路通车里程居全国第5位；高铁通车里程居全国第一位；航空发展速度加快，长沙黄花机场、张家界荷花机场新航站楼改扩建完成，南岳机场正式通航，国际直飞航班不断增加；水运建设硕果累累，基本形成了以洞庭湖为中心、长沙港、岳阳港为主枢纽的内河水运体系。

二是旅游公共服务日趋完善。建设了一批游客中心，形成了省、市、县、景区四级游客集散服务体系；实现了4A级及以上旅游景区高速公路指示牌全覆盖；全省计划新建和改扩建旅游厕所1014座，已开工建设813座（其中完工554座），占计划数的80.2%，进入全国前十位；智慧旅游建设取得新突破，湖南旅游诚信监管电子平台荣获首批中国旅游业改革发展创新奖（全国共有8个项目入选），锦绣潇湘旅游卡成为全国智慧旅游优秀发展典范。

（六）旅游市场营销呈现新面貌

“十二五”期间，湖南省把旅游营销放在重要位置，采取一系列措施全面推进旅游市场营销工作的新突破和新发展，发展成效明显，“锦绣潇湘·快乐湖南”的旅游形象得到进一步提升。

一是提升节庆营销效果。积极办好中国湖南国际旅游节、湖南旅游休闲博览会、中国湖南红色旅游文化节、“5·19”旅游公众宣传日等系列节会活动，成功举办“锦绣潇湘·快乐湖南”首届原创旅游歌曲大赛和首届旅游摄影大赛等旅游营销活动，并积极组织参加北京国际旅游商品博览会、义乌商品博览会、德国柏林展、新加坡旅展、莫斯科旅交会、湖南文化走进泰国等国际国内旅游活动，效果明显。

二是大力强化媒体营销。充分利用湖南省媒体优势，在湖南卫视国际频道开设《湖南好好玩》旅游专栏，在湖南台《新闻联播》后安排免费播放湖南旅游宣传片，在《湖南日报》开设“湖南印象”专版，与湖南经视共同打造了旅游宣传体验节目《有什么好玩的》，并在中国旅游报开辟《快乐湖南》专版，取得良好效益。

三是着力实施广告营销。在湖南卫视、京广高铁、首都机场、黄花机场、香港地铁、高速公路省际入口投放湖南旅游广告，大大提升了湖南的旅游吸引力。

四是积极推进网络营销。开辟了湖南旅游网、湖南红色旅游网，在省政府门户网开通了旅游英文网，并加强与新浪、腾讯、红网等网站合作，放大微信点赞、微博上墙、论坛讨论的作用。

此外，湖南还积极与奥凯航空合作，开展“快乐湖南之旅”系列机上活动；举办“高铁遇上游轮”旅游结盟活动；并创办了《湖南旅游》杂志，效益明显，大大提升了湖南的旅游形象和影响力。

（七）旅游扶贫工作步入新阶段

“十二五”期间，湖南充分发挥旅游促进社会和谐的特殊作用，将乡村的资源优势与城市的经济优势结合起来，大力推进旅游扶贫事业发展，形成了旅游扶贫的“湖南模式”。

一是扶贫有思路、有计划。牵头编制了《武陵山片区旅游扶贫攻坚规划》，推进区域旅游协作共赢发展，让旅游在扶贫攻坚中发挥更大的作用。编制了《湖南省旅游促进扶贫五年行动计划》及实施意见，计划开发建设武陵山、罗霄山连片特困地区 13 条文化生态旅游精品线路，带动沿线 66 个县和 531 个旅游扶贫重点村脱贫致富。发布了《湖南省美丽乡村旅游扶贫工作方案》，对推进城乡经济社会统筹发展、加快城乡一体化进程，带动了贫困地区老百姓脱贫致富具有重要意义。联合省扶贫办起草《湖南省实施乡村旅游精准扶贫工程的意见（代拟稿）》，确定了精准扶贫的思路。

二是扶贫有部署、有安排。按照全国旅游规划扶贫公益行动工作部署，将 14 个建档立卡贫困村纳入全国旅游扶贫重点村（如表 3），组织动员省内外 20 家旅游规划资质机构为重点贫困村结对帮扶开展免费旅游规划和指导，实现了

14 个村在全国率先与旅游规划设计单位签约结对，是全国为数不多 100% 完成工作任务的省份之一。组织湖南省进入全国旅游扶贫试点村名录的 14 个村村官参加全国旅游扶贫培训班，推进其工作能力的提升。与省发改委共同实施大湘西地区 12 条旅游精品线路建设工程，推进沿线旅游指示标识系统和沿线扶贫村的旅游公共服务设施建设。

表 3　湖南省乡村旅游扶贫重点村名单

县（市、区）	乡村旅游扶贫重点村个数	行政村名	县（市、区）	乡村旅游扶贫重点村个数	行政村名
凤凰县	1	麻冲乡老洞村	溆浦县	1	葛竹坪镇山背村
花垣县	1	排碧乡十八洞村	靖州县	1	寨牙乡岩脚村
保靖县	1	夯沙乡夯沙村	沅陵县	1	借母溪乡借母溪村
古丈县	1	默戎镇毛坪村	新化县	1	水车镇正龙村
邵阳县	1	金江乡金江村	慈利县	1	三官寺土家族乡罗潭村
新宁县	1	回龙镇双狮村	永定区	1	沙堤乡板坪村
新田县	1	枧头镇黑咀岭村	安仁县	1	渡口乡石冲村

三是扶贫有合力、有保障。为确保旅游扶贫工作的顺利开展，省旅游局与扶贫办、住建厅、民委、农委等建立了联合扶贫工作机制，共同开展中国传统村落、少数民族特色村寨、乡村旅游示范县和示范区创建评选工作，积极争取资金投入贫困地区乡村旅游建设。与此同时，还多方争取资金，推进连片特困地区旅游发展，“十二五”期间累计投入 26038.6 万元用于武陵山片区和罗霄山片区的旅游发展，其中武陵山区 20144.6 万元，罗霄山区 5894 万元（如表 4、表 5）。

表 4　“十二五”武陵山区旅游发展资金支持状况

市县名称		小计(万元)	市县名称		小计(万元)
邵阳市	隆回县	117	怀化市	沅陵县	104
	新邵县	54		辰溪县	32
	洞口县	32		溆浦县	42
	邵阳县	20		麻阳县	57
	武冈市	130		新晃县	112
	绥宁县	95		芷江县	164
	城步县	189		鹤城区	20
	新宁县	3747		中方县	117

续表

市县名称		小计(万元)	市县名称		小计(万元)
娄底市	冷水江市	96	怀化市	洪江市	152
	新化县	4567		洪江区	350
	涟源市	201		会同县	235
湘西州	吉首市	539		靖州县	72. 5
	泸溪县	52		通道县	1029
	凤凰县	3887	常德市	石门县	168
	花垣县	137	张家界市	永定区	1275. 27
	保靖县	52		武陵源区	924. 8
	古丈县	267		慈利县	274
	永顺县	164		桑植县	341
	龙山县	80	益阳市	安化县	249
合计	—	—	—	—	20144. 6

表 5 “十二五”罗霄山区旅游发展资金支持状况

市县名称	株洲市		郴州市				合计
	炎陵县	茶陵县	宜章县	汝城县	桂东县	安仁县	
小计(万元)	2553	676	556	632	752	725	5894

二 旅游经济运行特点

(一)政策制度不断完善

一是纲领性政策文件逐步完善。省委、省政府高度重视旅游业发展，出台了《关于建设旅游强省的决定》《湖南省人民政府关于促进旅游业改革发展的实施意见》(湘政发〔2015〕28 号)，为促进全省旅游业发展提供了有力的政策保障。同时，为促进《旅游法》有效实施，《湖南省实施〈旅游法〉办法》列为省人大、省政府 2015 年出台的地方性法规项目，顺利通过省政府常务会并进入省人大审议阶段。

二是规范性规章制度逐步健全。为保障和促进旅游业健康发展，近年，省旅游局出台了一系列规范性规章制度、地方标准和实施办法，包括《旅游家庭旅馆基本条件与评定》《旅游饭店节能减排要求及考核评价》《湖南省国民旅游休闲服务建设经营基地条件》《湖南省旅游强县创建标准》《湖南省特色旅游名村创建标准》《湖南省特色旅游名镇（乡）创建标准》《乡村旅游服务经营基本条件》《乡村旅游服务 星级评定准则》《湖南省中医药文化养生旅游示范基地评定标准》等地方标准，《湖南省旅游景区质量等级管理办法》《湖南省旅游度假区等级管理办法》《湖南省旅游市场秩序和旅游安全监管工作暂行办法》《湖南省运动体育旅游休闲基地认定办法（初稿）》等，对规范行业发展产生了重要积极作用。

三是引导性规划计划逐步增加。针对全省旅游发展实际，“十二五”期间全省编制完成了《湖南省“十三五”旅游发展规划》《大湘南旅游发展规划》《洞庭湖生态经济区旅游发展规划》《大湘西生态文化旅游圈旅游发展规划》《湘江旅游带发展规划》《湖南省旅游公共服务体系规划》《旅游人才发展规划》《长株潭“3＋5”城市群旅游发展规划》等专项规划或区域性规划，对引导全省旅游业发展具有重要的积极作用。同时，省旅游局还出台了或拟出台《消费导向型旅游投资行动计划》（草拟完成）、《乡村旅游质量提升三年行动计划》《湖南省旅游厕所建设管理三年行动计划》《旅游促进扶贫五年行动计划》（草拟完成）、《湖南旅游市场营销五年行动计划》等引导性文件，对推进相关行业的有序发展具有重要作用。

表6　2011～2015年湖南省出台的相关旅游政策文件和管理制度

政策制度		出台时间（年）
纲领性文件	《关于建设旅游强省的决定》	2012
	《湖南省人民政府关于促进旅游业改革发展的实施意见》	2015
	《湖南省实施〈旅游法〉办法》	草拟完成
规范性政策制度	《两型旅游景区》地方标准	2014
	《湖南省旅游强县创建标准》	2011
	《湖南省特色旅游名村创建标准》	2011
	《湖南省特色旅游名镇创建标准》	2011
	《湖南省旅游景区质量等级管理办法》	2015
	《湖南省旅游度假区等级管理办法》	2015
	《旅行社星级划分与评定》地方标准	2010
	《湖南省旅游市场秩序和旅游安全监管工作暂行办法》	2014
	《旅游家庭旅馆基本条件与评定》地方标准	2010

续表

政策制度		出台时间(年)
规范性政策制度	《旅游饭店节能减排要求及考核评价》地方标准	2013
	《湖南省国民旅游休闲服务建设经营基地条件》	待出台
	《湖南省运动体育旅游休闲基地认定办法》	初稿完成,待出台
	《湖南省中医药文化养生旅游示范基地评定标准》	初稿完成,待出台
	《旅游厕所建设管理指南》	2015
	《湖南省两型认证实施规则》	2015
	《湖南省两型旅游景区认证实施指南》	2015
引导性计划规划	《湖南省旅游厕所建设管理三年行动计划》	2015
	《洞庭湖生态经济区旅游发展规划》	2015
	《大湘南区域旅游发展规(2015~2030年)》	2015
	《大湘西生态文化旅游圈旅游发展规划》	2011
	《湖南省武陵山片区旅游发展规划纲要(2015~2025年)》	2015
	《湘江旅游带发展规划》	2013
	《湖南省旅游公共服务体系规划(2015~2020年)》	2016
	《湖南省旅游业"十三五"规划》	2016
	《湖南旅游市场营销五年行动计划》	2016
	《消费导向型旅游投资行动计划》	草拟完成
	《湖南省消费导向型旅游投资促进计划》	草拟完成
	《湖南省旅游促进扶贫五年行动计划》	草拟完成
	《2016~2020湖南红色旅游发展规划》	2015
	《湖南省旅游信息化建设规划纲要(2012~2016年)》	2012
	《湖南省智慧旅游发展规划(2015~2020年)》	2015

（二）消费需求日趋多样

湖南省旅游者在旅游交通、产品类型、出游时间和旅游内容等方面表现出的消费需求都有所不同，总体呈多样化的发展趋势。在出行交通方式选择上，远距离选择航空和邮轮，中途距离6小时以内会选择高铁，短距离选择自驾或大巴出行，消费者在小长假里往往选择自助或者自驾等形式出游，如湘西大梅山文化旅游带和湘西南生态旅游带的短途自驾游旅游方式越来越受到青睐，房车旅游消费者人群呈几何级增长态势，在长株潭旅游板块相继出现了韶湖汽车营地和望城光明村房车基地，房车销售和租赁市场活跃，房车旅游趋势出现。

在产品类型上，观光旅游因其山水旅游资源价值的独特性，依然是旅游消费的主体，同时，休闲、度假等类型的消费市场逐步发展起来，整体上旅游消费呈现以观光旅游为主，休闲、度假、专项旅游为辅的格局。在出游时间上，表现为集中化和碎片化并存，目前实行的公共假日制度中，法定假期有 2 个黄金周，5 个小长假，每周的双休日和带薪休假，这导致了出游时间的集中化，而有的时间又受到人群职业和层次的影响，呈现碎片化的趋势。在旅游内容上，旅游消费者日益跨越传统旅游藩篱，喜欢刺激、惊喜、高参与度，旅游消费内容呈综合性趋势，对目的地旅游要求不断提高。

（三）旅游投资多元发展

从投资来源结构看，随着旅游产业市场化程度的不断提升，各类市场资本不断涌向旅游行业，旅游投资呈现民营资本为主、政府投资、国企投资和其他投资为辅的多元化格局。在“十二五”期间累计完成的 1088. 45 亿元投资额中，政府投资为 189. 28 亿元，占总投资的 17. 4%；市场主体投资为 899. 17 亿元，占总投资的 82. 6%，市场主体资金以绝对优势占投资的主体地位。同时，市场投资中，国有企业、民营企业和其他企业等各类性质企业资本均有投入，其投入资金分别为 165. 47 亿元、521. 1 亿元和 212. 6 亿元，民营企业投资比例将近达到五成，成为“十二五”期间投资的主力。

从投资的业态结构看，集观光、度假、文化于一体的多元化旅游项目业态结构正在加速形成。在“十二五”期间全省在建的旅游项目中，279 个度假属性的项目总投资 2772. 37 亿元，257 个观光属性的项目总投资 2398. 61 亿元，211 个生态旅游属性的项目总投资 2287. 22 亿元，164 个文化旅游属性的项目总投资 2553. 99 亿元，投资规模基本相当。

（四）产业发展逐渐融合

近年来，湖南省强化推进旅游产业与文化、体育、农业等产业的融合发展，大大提升了旅游业发展空间。

一是推进旅游与文化融合发展。启动开展湖湘风情文化旅游小镇创建工作，公布了首批湖南风情文化旅游小镇名单。红色旅游融合发展取得突破，湘潭（韶山）获批全国红色旅游融合发展示范区和全国红色旅游国际合作创建区，并创新举办了中俄红色旅游合作交流系列活动，炎陵县、通道县分别荣获红色旅游火炬传递“最佳组织奖”。文化演艺产业发展势头良好，《天门狐仙 · 新刘海砍樵》《魅力湘西》《日出韶山》等旅游演艺节目受到游客的广泛欢迎。

二是促进旅游与农业融合发展。依托湖南省作为农业大省的生态环境优势，充分发掘农业和典型农村环境的旅游开发潜力，将传统农业打造成具有集观、赏、习、品、考、书、画、摄、购等新功能于一体的现代农业。同时，积极深入抓好“农业旅游示范点”创建活动，打造多种类型的乡村旅游地，并联合省农委、省财政厅、省林业厅、省科技厅制定了《全省乡村旅游提质升级计划》，搭建“乡村旅游大卖场”营销平台，开展五星级乡村旅游评定工作，全省有6个村、344个经营单位、400名乡村旅游经营管理者分别进入“中国乡村旅游模范村”“中国乡村旅游模范户”和“中国乡村旅游致富带头人”候选名单。全省“农家乐”旅游村（点）数量持续增加，游客人数和营业收入大幅增加，乡村旅游正成为吸引农民创业和就业的重要渠道。

三是推进旅游和养生、体育、林业等行业联合。近年来，湖南积极推进旅游和养生、体育、林业、生态等产业融合发展，温泉旅游、邮轮旅游、山地旅游、森林旅游、生态旅游等业态发展迅速，并逐步建设和完善了一批自驾车、房车营地，融合发展态势逐步增强。

（五）发展平台逐步健全

“十二五”时期，在旅游发展过程中，湖南强化发展平台建设、旅游发展平台逐步健全。

一是监管平台不断健全。全省强化建立旅游企业和从业人员诚信数据库，开辟了湖南旅游诚信监管电子平台，该平台包括两个子平台：湖南旅游监管平台和湖南旅游电子商务平台。湖南旅游监管平台将旅游行业诚信建设的要求贯彻到吃、住、行、游、娱、购以及旅游企业经营管理、游客服务等各个环节，实现了对旅游企业的高效服务和有效监管，在维护旅游市场秩序、提升旅游品质，提高游客美誉度、繁荣旅游市场、促进财税增收、促进旅游产业健康、协调、可持续发展等方面发挥了重大作用。湖南旅游电商平台通过整合全省旅游行业全产业链优质资源，能为游客出行提供准确的、权威的旅游六要素信息，实现导游、导视、导航、导购等智慧服务；为旅游景点、企业提供全面展示、自我推广的智慧营销平台；为旅游局行业管理部门提供大数据分析、市场决策、行业指导的智慧管理平台。此外，全省还统一了省旅游投诉电话号码，新旅游投诉电话号码0731－88805555于2014年2月份正式启用并向社会进行公布。

二是宣传平台不断完善。为抓好旅游宣传营销工作，湖南强化宣传平台建设，构建了湖南日报《湖南印象》旅游副刊、中国旅游报《快乐湖南》专版、《湖南旅游》杂志、湖南旅游网、“12301”旅游公益服务热线等旅游宣传平台，大大提升了全省的旅游影响力和知名度。

三是培训平台不断加强。利用网络创新培训方式，开辟了湖南持证导游年审培训网络平台，极大地提高了工作效率。

（六）在线旅游持续升温

随着“互联网＋”大潮的涌动，在线旅游平台火热，各具特色的垂直在线旅游平台，如早期的携程、艺龙、去哪儿等传统在线OTA，以及新崛起的途牛、驴妈妈、蚂蜂窝和穷游等众多线上旅游企业发力市场拓展。国内知名旅游调研机构劲旅智库监测数据显示，2015年，中国旅游市场总交易规模约为41300亿元，其中在线市场交易规模约达5402.9亿元，较2014年3670亿元同比增长47.2%，在线渗透率为13.1%，较2014年的11.3%增长了约2个百分点，在线旅游发展迅速。湖南也不例外，随着国内在线旅游的快速发展，湖南在线旅游市场交易额也逐年攀升，各大旅行社纷纷建立旅游产品线上交易平台，周边游、夏冬令营、亲子游、定制游等在线旅游新业态深受资本青睐，B2B平台、打车软件、在线度假租赁持续受到市场关注，在线旅游日趋火热。

三　旅游经济发展趋势判断

（一）产业发展融合化

旅游产业融合是旅游业与其他产业融合的创新业态，能有效推动旅游业创新，优化旅游产业结构，提升传统产业，随着我国旅游产业的快速发展，这种融合成为大势所趋。近年，湖南省以旅游产业大融合的发展理念为指导，已经在深化旅游产业和文化、农业、信息、养身等产业融合发展方面做出了巨大努力，并取得了较大成就。今后几年，随着我国旅游业改革和融合创新步伐的加快，湖南旅游业融合发展深度将逐渐增强，旅游资源优势转变成发展优势的潜力巨大。

（二）旅游市场散客化

随着游客自主意识的增强，散客化已成为全球化趋势。欧美各主要旅游接待国散客市场份额占 70% ~80%。近年来，我国的散客化趋势也逐渐明显，2011 年抽样调查数据显示，国内城镇居民团体旅游占 17.5%，散客旅游占 82.5%；农村居民团体旅游占 6.9%，散客旅游占 93.1%。2014 年，我国共有 36 亿人次在国内旅游，其中参加旅行团的游客仅占总人次的 4%，散客化已成为我国旅游发展的新特点，越来越多的成熟旅游者选择自由行产品。作为我国重要的旅游目的地，随着国内旅游市场的散客化，湖南旅游市场散客化趋势不可避免。在此情形下，适应市场需求变化，完善相关制度、产品和服务，提升散客旅游接待能力，成为发展的必然要求。

（三）区域旅游合作深入化

近年来，湖南省把区域旅游合作作为推进旅游业发展的重要方式，采取了一系列措施推进区域旅游协作，包括：以京广高铁、沪昆高铁、湘桂高铁为主线，加强与沿线省区的合作；贯彻落实闽湘两省省长会见提出关于加强旅游合作的相关指示，福建省旅游局和湖南省旅游局签订了战略合作协议，共同做强“清新福建”和“快乐湖南”品牌；成立大湘东文化旅游经济带合作联盟、沪昆高铁湖南穿越之旅推广联盟，组织开展沪昆高铁沿线和大湘东文化旅游经济带媒体踩线活动；牵头编制《武陵山片区旅游扶贫规划》，推动区域旅游一体化发展等，取得了重要效益。“十三五”时期，随着这些区域协作活动的进一步开展、12 大旅游功能区的规划建设及跨区域旅游线路的建设，湖南的省内区域合作及与周边地区的区域旅游协作将进一步深化，区域旅游发展市场将进一步拓展。

（四）线上旅游消费火热化

随着互联网、移动互联网技术的发展，“互联网 + 旅游”融合效应已经显现，通过互联网获得出行提示、制定交通规划、预订各类票证已经被越来越多的人所接受，通过手机来在线安排自己假期旅游行程已成为常态，旅游产品的消费从线下转移到线上的趋势将越来越明显，线上旅游产品消费也将日趋火热。

（五）旅游扶贫成效显著化

湖南省旅游扶贫的攻坚区域为武陵山片区和罗霄山片区，这里分布着武陵源、崀山和老司城三大世界遗产资源。在过去的几年里，湖南省旅游扶贫深入推进，打造了一批资源品位高、品牌形象优、核心吸引力强的旅游精品，开发推出了世界遗产精品旅游线、湘西生态民俗风情精品旅游线、湘东文化旅游精品线等一批精品旅游线，并推动了区域旅游形象的提升的旅游基础服务设施的逐步完善，成功帮助全省 429 个村脱贫致富，旅游扶贫成效初显。今后几年，随着国家旅游精准扶贫政策的进一步落地，《湖南省美丽乡村旅游扶贫工作方案》《湖南省实施乡村旅游精准扶贫工程的意见》《湖南省旅游促进扶贫五年行动计划》《武陵山片区旅游扶贫攻坚规划》等政策制度的逐步推行，扶贫资金的进一步到位，全省旅游扶贫的效益将更加显著。

（六）旅游发展模式全域化

随着城乡居民收入的提升，我国旅游消费正在由过去的少数人、奢侈品消费发展成为大众化、经常性的消费项目，全民旅游和个人游、自驾游已成为产业发展的新趋势。在此形势下，传统的以抓点方式为特征的景点旅游模式已经不能满足现代大旅游发展的需要，跳出传统旅游谋划现代旅游、跳出小旅游谋划大旅游，把一个区域整体作为功能完整的旅游目的地来建设，实现景点内外一体化，成为我国旅游产业适应发展新趋势、新特点的必然要求。适应我国产业发展的这一趋势，推进传统景点旅游向全域旅游转型，走旅游空间全区域、旅游产业全领域、旅游受众全民化道路，也是湖南发展的必然方向。

B.12 2015~2016年长沙市新材料产业研究报告

长沙市人民政府研究室

近年来，长沙的新材料产业逐步发展壮大，2015 年首次超越工程机械跃居第一大产业，但要实现提质增效、由大变强则面临着一系列问题和瓶颈，如何在全球产业发展格局中找准自身定位，形成发展新优势也是一个全新课题。为此，我们梳理了国外新材料产业发展基本情况和主要趋势，重点分析了北京和宁波关于新材料产业发展的相关情况，并对长沙新材料产业发展进行探析，提出了相关建议，供领导决策参考。

一　全球新材料产业发展的总体趋势

相比传统材料而言，新材料产业由于其较高的技术密集度以及较高的研发投入等特性，因而新材料产业具有高附加值、生产与市场的国际性强以及应用范围广、发展前景好等特点。按照应用领域来分，一般把新材料归为以下 12 大类（见图 1）。当前，全球新材料产业发展主要呈现出以下特点：一是市场规模更大。全球制造业和高新技术产业的迅猛发展，使得新材料的市场规模迅速扩大，市场规模由 2000 年的 4000 亿美元上升到 2014 年的近 1. 6 万亿美元。二是产业融合更紧。基础产业正在向新材料产业拓展，上下游合作更加紧密，产业结构呈现垂直扩散趋势。三是创新要求更高。新材料产业正引领革命浪潮，开发周期明显缩短，创新性已成为新材料产业发展的灵魂。四是环保意识更强。在强调多功能、智能化、低成本和长寿命的同时，节能环保已被列入新材料的主要发展方向，成为新材料产业未来发展的主流。

新材料被认为是 21 世纪最重要和最具发展潜力的高新技术领域之一。金

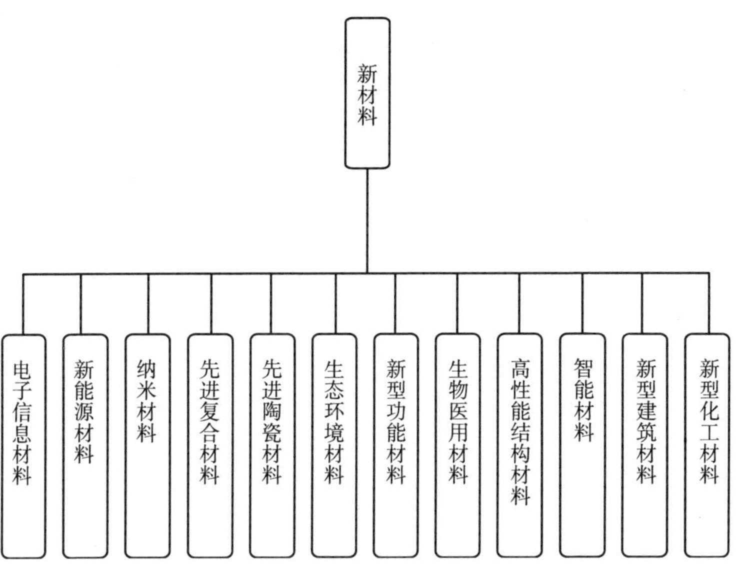

图1　新材料产业应用分类

融危机以来，各国纷纷将新材料产业作为推进经济复苏与转型的战略性新兴产业，争相在新一轮产业布局中抢占先机，新材料产业已经成为新一轮发展的制高点（见图2）。

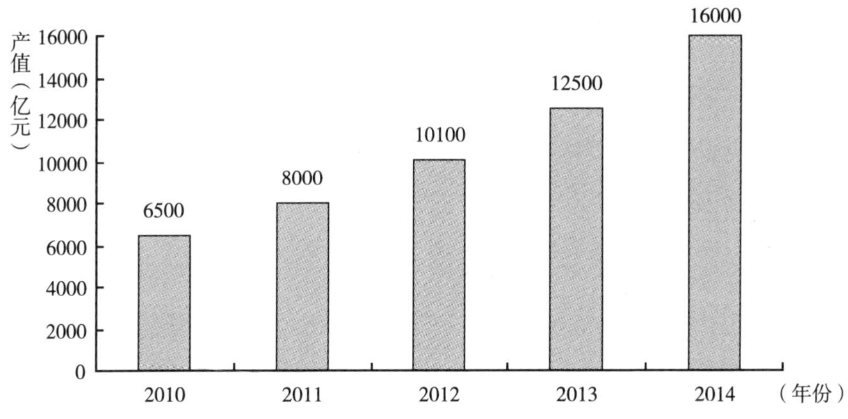

图2　“十二五”期间全国新材料发展情况

二　国内新材料产业发展的基本情况

“十二五”以来，我国大力发展战略性新兴产业，国务院《关于加快培育和发展战略性新兴产业的决定》将新材料产业定性为“国民经济的先导产业”。“十二五”以来，中国新材料产业规模增长较为稳定，从2010年的6500亿元增长至2014年的约1.6亿元，年均增速约25%。到2015年末，全产业规模将达2万亿元，是“十一五”末的3倍。

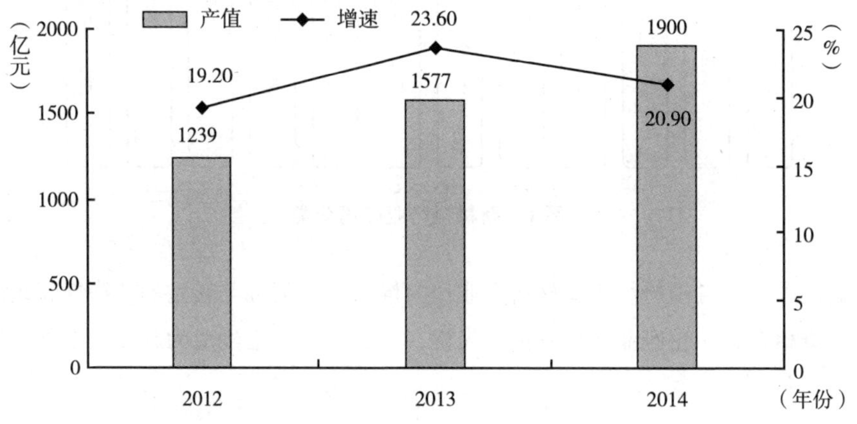

图3　长沙市新材料产业规模工业产值及增速情况

目前，国内外许多城市出台支持战略性新兴产业发展的意见，且相当一部分城市把新材料产业作为其重中之重来推进。据调研掌握的情况，我们重点选取部分发达国家和新材料产业发展较好的北京市和宁波市进行梳理和分析，以期对我市新材料产业发展提供借鉴。

1. 部分发达国家新材料产业发展状况

美国凭借其强大的科技实力，新材料产业全面发展，全球领先。其新材料产业主要分布在五大湖区和太平洋沿岸地区；陶氏公司、道康宁、杜邦等公司都是全球领先的材料公司。制定了21世纪国家纳米纲要、光电子计划、光伏计划、下一代照明光源计划、先进汽车材料计划等西欧欧洲新材料产业整体发展水平较高，主要分布在西欧的德国、英国和法国等老牌发达国家，拥有一批实力雄厚的新材料跨国企业，如拜耳、默克、巴斯夫。

俄罗斯一方面力求继续保持在航空航天材料、能源材料、化工材料、金属材料、超导材料、聚合材料等领域在世界上的领先地位；另一方面大力发展电子信息工业、通信设施、计算机产业等关键新材料，以促进国民经济发展和提高国防实力。

日本保持国际竞争力、注重实用性、在尖端领域赶超欧美是日本材料科技战略目标。日本重点开发出纳米玻璃、纳米金属、纳米涂层等用于信息通信、新能源、生物技术、医疗领域的新材料。制订了纳米材料计划、21 世纪之光计划等。

韩国把材料科技作为确保 2025 年国家竞争力的 6 项核心技术之一。为力争在短期内成为世界新材料科技产业强国，韩国在 2025 年构想中列出了必需的材料加工技术清单：下一代高密度存储材料、生态材料、生物材料、自组装的纳米材料技术、未来碳材料技术、高性能结构材料等，以提升未来产业竞争力。

2. 北京和宁波新材料发展经验

北京经验：高端化 + 精细化 + 集群化 + 持续化。北京将新材料产业列为战略性新兴产业，全国新材料产业的核心城市。其涉及领域广泛，产品种类繁多，拥有燕山石化、安泰科技等一大批国内乃至全球具有较强竞争力的龙头企业和骨干企业。北京的主要做法：一是以科技创新助推产业高端化发展。重视新材料产业的研发，每年投入大量资金支持。同时，北京也是新材料产业创新发展的集聚地，北京市的众多新材料企业集“产、学、研”于一体，能够快速实现科技成果转化和商品转化，企业在创新引领中发挥重要作用。二是以转型升级推进产业精细化发展。推进原材料产业向新材料产业发展。三是以合理布局引导产业集聚化发展。积极引导新材料产业形成布局合理、特色鲜明、多点支撑、绿色安全的产业发展格局。打造中关村科学城新材料创新高地，建设两大新材料产业基地，培育四大特色材料产业集聚区（大兴新能源材料、顺义高性能金属和新型建筑材料、昌平先进电池和高端金属材料、怀柔特种金属功能和纳米材料）。四是以政策扶持保障新材料产业持续化发展。2001 年的《北京新材料行业发展规划》将新材料产业列为北京市重点高新技术产业。2011 年的《北京市“十二五”时期基础和新材料产业调整发展规划》，进一步明确支持新材料产业的发展。同时，加大新材料产业相关的人才引进与培养。

宁波经验：科技城 + 核心区 + 延伸区 + 联动区。新材料产业是宁波重点培育的 8 大战略性新兴产业之一。宁波的主要做法：一是突出科技城的引领功能。重点抓新材料科技城建设，实现“四区一中心”的目标，引领宁波新材料等战略性新兴产业发展（见表 1、图 3）。二是增强核心区的集聚功能。三是强化延伸区的孵化功能。四是发挥联动区的辐射功能。

表 1　长沙市材料产业链情况

类别	主要产品及产业链条
金属材料	形成了从铝锭→铝材、铝箔→铝塑复合板、铝制品零部件及其应用的铝材深加工产业链
先进储能材料	形成了从电池原材料→电池关键材料→动力电池产业链。主要产品为锂离子电池材料、续化带状泡沫镍、无汞电解二氧化锰、镍氢电池负极材料等先进电池材料和锂离子动力电池、镍氢动力电池、铅布铅酸电池等
化工材料	主要产品为合成洗涤剂、涂料（含汽车油漆）、烟花化工产品、工程塑料等
建筑材料	形成了从玻璃纤维、高分子材料→新型建材→卫生洁具、轻质楼盖材料、保温材料的新型建材产业链

三　长沙市新材料产业发展的现状分析

1. 基本情况

“十二五”时期，长沙的新材料产业快速发展。2011 年，《关于加快培育发展战略性新兴产业的意见》的出台，新材料产业被列入七大战略性新兴产业之一重点扶持发展，并实现跨越式增长，涌现出一批在全国有影响力的企业。目前，长沙已成为中部地区重要的新材料产业基地，产业链条不断完善（见图 4）。2014 年，全市新材料产业总产值首次超过工程机械，达到 1900 亿元，占全市规模工业总产值的比重达 20%，全市规模以上新材料企业达 451 户。2014 年，制订《长沙市材料产业发展三年行动计划（讨论稿）》，提出实施“5343”工程，即发展储能材料、有色金属材料、碳材料、精细化工材料、绿色建材5大产业链；建设长沙高新区、宁乡金洲新区、望城经开区3大材料产业聚集区；搭建技术、项目、融资、产业促进会4大平台，2017年总产值仍达3000亿元台阶。

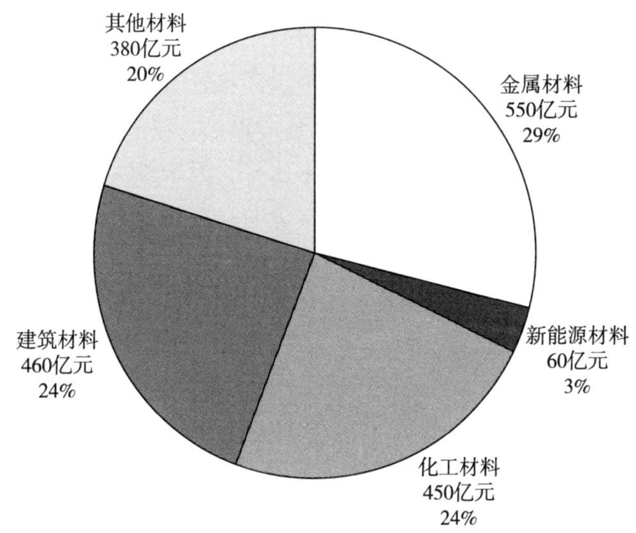

图4　长沙市新材料产业产值构成情况

2. 突出问题

目前，虽然我市新材料产业发展态势较好，但问题也不容忽视。从点上看，龙头企业不多。新材料企业“小、散、弱”问题依然存在，实力雄厚的龙头企业缺乏，行业整体竞争力不强，集群效应难以得到体现。一是企业产值少。虽然拥有以晟通科技为龙头的规模以上新材料企业451户，但年产值20亿元规模以上的企业仅9家，占1.96%；年产值10亿元以上的企业也不足20家，占比偏低。二是研发投入少。企业自主加大科技研发投入的积极性不高。以望城经开区为例，有科技投入的企业16家，其中投入上千万元的占主营业务收入2%以上的只有2家。三是终端产品少。缺乏自主知名品牌产品，终端产品、高技术产品较少。尽管晟通科技、金龙铜业等重点企业研发了轻量化汽车、电缆等产品，但仍处于产业链的前端和中低端。从线上看，产业延伸不够。一是缺乏产业联盟。材料下游产品市场空间拓展不够，先进储能材料及器件企业与电动汽车企业之间、复合材料企业与工程机械和交通装备制造企业之间尚未形成紧密的产业联盟，材料企业与装备制造企业的配套能力不强。二是缺乏对接配套。产业链条短，很多配套产品依赖外购或进口。例如晟通科技生产的电解铝远销国内外，却未能被本地金龙铜业、航天磁电等企业所采用；泰嘉新材料所需弹簧钢、硬质合金钢等原材料在本地无配套供应，需要从瑞士进口。三是缺乏拓展能力。产业内部发展不平衡，核电产业、生物质能等领域尚处于起步阶段；产业外部市场拓展能力有待提高，尽管拥有国际国内领先的C/C航空刹车材料、动力电池材料等技术水平，但未能实现成果转化效益最大化。从面上看，激励机制不优。一是政策方面。高新技术及其产业化的实施不能仅依赖市场力量，更需要政府的引导和支持。二是资金方面。新材料企业以中小微企业居多，需由政府推动建成完善的科技金融服务体系，以解决科研成果产业化的融资问题。三是人才方面。产、学、研、用结合的长效协作机制需进一步完善，需要形成人才定期流动机制，积极引进主导产业所需的关键材料及核心技术方面的人才。

3. 需重点关注的行业

当前，虽然长沙市新材料产业主要产值来自于金属材料、化工材料和建筑材料行业，但一些新兴的新材料行业也开始发力，具备高成长性和广阔的市场空间，需要重点予以关注。一是先进储能材料。随着电力系统、新能源发电（风能、太阳能等）、清洁能源动力汽车等行业的飞速发展，为先进储能材料产业带来了广阔的市场空间。目前，国内化学储能技术发展较快。在长沙，拥有杉杉户田、科力远、比亚迪、众泰等一批龙头企业，在储能材料技术研究与运用方面有较大的优势，如果及时加以扶持引导，将形成新的产业热点，成长为新的发展支撑。二是磁性材料。磁性材料能覆盖大量的电子、电气产品，是材料行业的基础。随着电子、电气工业的快速崛起，我国已经成为全球最大的磁性材料生产、消费国，未来全球一半以上的磁性材料都将用于供应中国市场。目前，长沙市生产磁性材料的企业主要有航天磁电、湖南稀土新能源材料等企业，航天磁电主要从事“航天磁”品牌的高性能永磁材料器件科研生产，年产能2万吨，主要应用在汽车、节能家电、新能源产业、工业电机、医疗、计算机、通信以及航空航天、国防工业等各种直流电机应用和高端音响领域，市场前景较好，具有很高的成长性。

四　加快长沙新材料产业发展的对策建议

1. 抓规划，强统筹

坚持从顶层设计入手，切实抓好新材料产业的规划布局、产业引导、政策激励和组织协调。成立长沙市新材料产业发展协调小组，由分管副市长挂帅，市经信委牵头，加强对产业发展的宏观指导，健全产业发展推进实施机制。加快制定《长沙市新材料行业发展规划》和《长沙市新材料产业发展三年行动计划（2015～2017年）》。结合规划制定，建立绩效评估、动态调整和监督考核机制。按照企业主导、政府支持、自主经营、自负盈亏的模式，以股权化、公司制为原则，积极引进协同创新主体，对重大技术问题提供咨询和指导服务。

2. 扶龙头，促重点

一是重点发展先进储能材料。坚持龙头企业带动，依托杉杉户田、瑞翔科技、雅城新材、海纳新材、海容新材、浩润科技等一批骨干企业打造锂离子电池关键材料产业链，依托科力远集团、湖南科霸、神舟科技、维邦新能源等骨干企业打造动力电池能量包、太阳能风能离线应用系统产业链。二是重点发展磁性材料产业。加强产业培育，依托航天磁电、湖南稀土新能源材料、省稀土院等骨干企业和院所，打造磁性材料产业链，带动上下游产业协同发展，形成磁性产业集群。

3. 搭平台，增后劲

一是搭建产业集聚平台。重点打造河西新材料产业走廊，将长沙高新区、宁乡经开区打造成先进储能材料、复合材料和磁性材料产业基地、新型建筑材料产业基地，将望城经开区打造成有色金属材料深加工和磁性材料产业基地，将隆平高科技园打造成先进储能、硬质合金材料产业基地。尤其是要以重大企业为龙头，带动产业链条的拉伸，生产制造出更多的终端产品，进一步提升产业质效。二是搭建科技研发平台。依托现有高校重点实验室、有关研究院所等研究机构，建立公共服务、研发设计等平台，在储能材料、有色金属材料、碳材料、精细化工材料、绿色建筑材料等领域实现技术突破；充分利用科交会等平台，积极引入已具备产业化条件的科技成果来长转化，着力建设高水平的新能源新材料成果转化基地。三是搭建对外交流平台。充分发挥行业协会、产业联盟组织及产学研用创新联盟组织的作用，加强新材料企业与科研院所、先进装备企业、金融机构等对接，加快行业信息交流，加快形成以新材料骨干企业为主体，整合产业链上下游核心企业的产业联盟及其产业体系；加快促进新材料产业资源共享，建设跨区域公共技术平台、产业信息交流平台、政府间合作平台等公共平台；加强长沙经济带、长江中游城市群、长株潭城市群的城际合作，实现优势互补、错位发展、互利共赢。四是搭建项目储备平台。抓住国家级湖南湘江新区和长株潭自主创新示范区建设的历史机遇，统筹并充分利用市内已有的各类项目平台系统，实施动态跟踪、分级管理的项目储备制度，实施和储备一批产业规模化优势培育、传统优势产业转型升级、生产性服务业发展、工业化和信息化融合等方面的重大项目。

4. 优服务，破瓶颈

一是给予鼓励创新政策。加大原始创新、集成创新和引进消化吸收再创新的力度，形成“宽容失败、鼓励创新”的考核导向机制，改变基础研究急功近利追求“短平快”的现状。对企业、高校及科研机构获得国家、省级重点研究中心、实验室的，给予适当资金支持。对湖南航天磁电等有自主知识产权的国有企业改制，给予重点引导和扶持。二是给予人才引进政策。继续深入实施“3635”人才计划，加速引进领军人才、高级经营管理和研发人才、专业技术骨干人才等经济社会发展紧缺急需和战略型人才；对全职创业的高层次人才领衔的产业化前景好、能带来巨大经济和社会效益的创业项目，给予项目启动资金。三是给予财税优惠政策。充分发挥财政资金“四两拨千斤”的效应，建立财政资金投入的“后评估机制”，对新材料生产企业在开发新技术、新产品、新工艺过程中发生的研发费用，给予适当补贴；设立产业投资基金和风险补偿基金，形成多元化投入机制；积极引导企业充分用好用足税收政策。四是给予土地供应政策。对符合土地利用总体规划和产业规划的新材料产业项目，优先保障用地。五是给予优先扶持政策。制定《长沙市新材料产业产品指导目录》，开展新材料企业认定，鼓励长沙市企业大胆购买和使用本地企业研发生产的设备。大力培育和扶持本土新材料企业做大、做强、做精、做优。鼓励新材料产业中同类和相近企业进行联合、整合，做大体量和规模。鼓励龙头企业不断将特定的生产工艺分离出来，形成一批专业化配套企业，提高龙头企业的本地配套率。

区 域 篇

Regional Subjects

B.13
2015~2016年长沙市新型工业化发展研究报告

张迎春*

一 长沙市新型工业化工作现状分析——有压力、有动力、有希望

2015年，长沙市完成规模工业总产值1056.52亿元，同比增长10.6%；规模工业增加值3228.21亿元，同比增长9.2%；工业投资2153.35亿元，同比增长23.4%。如不含中烟、中联和三一，2015年全市规模工业增加值2187.15亿元，同比增长13.3%，实现了全市工业经济稳住、进好、调优。

第一，有压力。2015年以来，全国、全省、全市经济下行压力继续增大，12月份，中国制造业采购经理指数（PMI）为49.7%，仍处于临界点下方；全国工业生产者出厂价格同比下降5.9%，连续46个月负增长。企业融资难、

* 张迎春，中共长沙市委常委、副市长。

招工难、成本上升的压力较大，利润减少，企业盈利能力逐步下降。

第二，有动力。有动力在“新”。国家推出一系新战略、新布局、新政策，企业创造出一系列新产品、新技术、新工艺，新型工业化处在“五化同步”战略之首，“一带一路”“中国制造2025”“互联网+”等行动计划和战略密集推进，以及智能制造、小微企业扶持、技术改造等一系列扶持措施的密集推出，新风扑面、月异日新。有动力在“广”。工业领域很广阔，涉及产业发展、项目建设、能力打造、行业服务、市场策划等方面；工业资源很广泛，2015年长沙开展的几个专项行动和活动整合了各类战略资源，部委、省市的政府资源，IBM、CEC等行业资源，国防科大、中南大学、湖南大学等院所、高校的科研资源，基金、创投等金融资源；工业平台很广大，国家小微企业创业创新基地城市示范、自主创新示范区、智能制造产业转型升级平台、军民融合示范区、移动互联网生活之都、各类研究院平台等。有动力在“实”。有实的谋划，制订了长沙智能制造3年行动计划、新材料3年行动计划等“2计划、2平台、3专项”，举办了中国制造长沙在行动、非公经济发展论坛、上市公司二次招商等众多大型系列活动；有实的洽谈，到赴北京、深圳、上海等地上门招商，开展了中兴、福田、中电、固高、埃夫特、联通、比亚迪、3D金属打印机、长丰、58众创等系列商务谈判和招引工作；有实的落地，2015年计划投资5000万元以上项目931个，年度完成投资5000万元以上项目642个，年度累计新竣工投产5000万元以上项目338个，完成投资348.4亿元，当年新增产值670亿元，一系列大的工业项目、工业平台启动建设、落实落地。

第三，有希望。一是增长有希望。上海大众、克莱斯勒吉普项目、蓝思科技二期相继投产，中兴研究院、联通云计算基地、福田底盘、比亚迪等重大项目陆续开工，中粮可口可乐、华润、洋河、康师傅等一批名企重大项目落户，网讯通、中国通号、环境装备产业园、机器人产业集聚区等一批项目密集动工，智能制造、移动互联网、小微两创、新材料等几个行动计划将释放政策红利，都将带来增长希望。二是结构有希望。全市工业从一业独大向多点支撑实质性转变，2015年六大产业集群实现规模工业增加值2367.21亿元，同比增长6.9%，占全市的73.3%，六大产业集群除工程机械外均实现增长；电子信息、生物医药、新材料产业分别增长17.4%、14%、11%，高于全市平均水平；汽车及零部件2016年有望突破1000亿元，多点支撑业已形成。三是升级有希望。智能制造中电－IBM研究总院挂牌成立，开展了全国舆情分析和企业调研，长沙处在这个舆情模板的中心，长沙工业的韧性、潜力、回旋余地仍然较大，新能源、新材料、智能制造、大数据、移动互联网等新型战略性产业的蓬勃发展，固高长沙机器人研究院正式签约，都将有力促进长沙制造业的转型升级产业。

二　2016年长沙市新型工业化面临的形势分析——韧性好、潜力足、回旋余地大

国际层面，世界经济增长尽管依然疲弱，仍然充满不确定性，但其复苏态势仍将延续。美国等发达国家宽松货币政策转向正常化，新兴市场国家加快经济发展方式转变、推进结构性改革，全球大宗商品价格从泡沫状态回归常态，我国国际话语权、规则制定权不断上升，为产业发展提供了诸多机遇。国内层面，我国经济处在增速换挡、结构调整阵痛、动能转换困难相互交织的阶段，有效供给不足和有效需求乏力并存，经济下行压力仍然比较大，但我国仍处于可以大有作为的重要战略机遇期，经济形有波动、势仍向好，稳中有进的总基调没有改变。习总书记对稳定经济增长等10个方面更加注重的重点论述，特别是加强结构性改革，积极的财政政策加大力度，稳健的货币政策灵活适度，着力去产能、去库存、去杠杆、降成本、补短板，将为经济发展创造良好环境、提供难得机遇。全市层面，尽管稳增长、调结构、促升级的改革任务很繁重，压力和困难的确不小，但长沙跟全国、全省一样，经济发展长期向好的基本面没有变，工业经济韧性好、潜力足、回旋余地大的基本特征没有变，经济持续增长的良好支撑基础和条件没有变，完全有信心、有能力、有条件保持产业持续健康发展。

从发展韧性看，一是工业规模抗风险能力增强。产业规模达到“万亿俱乐部”，占全省的30%以上，共有规模以上企业2601家，年产值100亿元以上的企业7家，近年来，长沙市每年新进入规模以上工业企业都超过了200家，有较强的物质和企业基础，形成了较强的适应能力和调整能力。二是产业类型适应经济波动能力增强。未来一段时间，全国去产能、清理“僵尸企业”的

重点是在钢铁、煤炭、水泥、玻璃、石油、石化、铁矿石、有色金属等八大行业，相对而言，长沙市“僵尸企业”不多，产业结构逐步从传统的单点发力向战略并重的多点支撑转变。三是领导产业发展能力增强。各部门、区县（市）、园区在组织领导推动产业发展中，积累了经验，锤炼了本领，市场意识、规则意识不断增强，面对全国、全省工业经济持续下行的巨大压力，全市各部门、区县（市）、园区主动出击，顶住压力，积极作为，规模工业增加值增速从4月跳水至7.3%后逐步回升至12月的9.2%，在全国回落、全省微升的情况下，全市工业实现了逆势上升。

从发展潜力看，一是对接国家战略有潜力。长沙作为“一带一路”重要节点城市、“一带一部”首位城市和长江中游城市群中心城市，同时拥有全国两型社会建设综合配套改革试验区、国家自主创新示范区、国家级湘江新区，长沙获批全国小微企业创业创新基地城市示范，都将有利于长沙市在更大范围、更广领域、更高层次吸引汇集人流、物流、资金流、信息流和产业流。二是市场空间有潜力。工信部预测，2016年装备工业生产、出口增速将加快回升，其中汽车工业增速继续回暖趋稳，机械工业运行延续分化走势，船舶工业将逐渐好转，智能制造继续加速发展，高端装备创新发展将出现新起色。市委、市政府提出“建设能量更大、实力更强、城乡更美、民生更爽的长沙”，“十三五”长沙经济总量要跨入“万亿俱乐部”，城市容量要迈入500万人口以上的特大型城市行列，城市基础设施、产业发展等领域投资需求很大。三是增长新动能有潜力。改革的活力持续迸发，新兴产业加快发展，创新驱动发展战略深入实施，大众创业、万众创新已成燎原之势。湘江新区、国家自主创新示范区、小微企业创新创业试点示范城市，有先行先试、资金支持、部委指导甚至是产业优先布局的优势，增长新动能不断增强。

从回旋余地看，一是区域有回旋余地。5个国家级园区、9个省级园区对全市有70%的贡献，但初步统计还有近50%的企业没有进园区，2016年要建立大数据和工业云。二是政策措施有回旋余地。国家制定《中国制造2025》、“大众创业，万众创新”和“互联网+”行动计划，中央已出台并还将出台一系列稳增长、促发展的政策措施，特别是全面拉开结构性改革的大幕，政策的叠加效应、乘数效应将不断释放出来。长沙也启动了相应的产业发展行动计划，新技术的发展和应用会带来很多新的产业发展机遇，2016年智能制造将迎来黄金期，智能制造政策红利将持续释放，工业大数据为制造业带来的巨大价值将日益凸显。三是统计数据有回旋余地。三个匹配数据可以支撑工业增长：一是用电，以往工业用电和工业增加值的同比是1∶1，但是现在通过用电效率的提升，用电6%~8%的增长可以支撑10%以上规模工业的增长；二是2015年1~12月货物周转量增长9.68%，可以支撑规模工业增长；三是虽工业税收负增长，但与降成本、利润压缩不无关系。另外，二三产业虽不重复统计，但可以加大本地成果转化和投产力度，把三产业的技术成果在长沙实现工业产品化，按照工业企业的标准申报为规模以上工业企业，例如，移动互联网有产品的可以统计到规模工业，这一块是大有潜力可挖的。

三　长沙市新型工业化发展对策——两端发力，稳住调优

长沙要坚持新型工业化第一推动力不动摇，以稳住、调优、进好为总基调，把握三大机遇（即湘江新区、长株潭自主创新示范区、长江中游城市群建设），落实三大战略（即中国制造2025、互联网+、创新创业），推动三大转型（即产业、园区和企业转型），全面推进“13518”战略，突出双引擎，实现“双中高”目标（即工业经济保持中高速增长和产业迈向中高端水平），为长沙率先建成全面小康社会和实现基本现代化提供关键支撑。

1. 突出抓项目，发力需求侧

当前稳增长，关键靠投资与消费。一是加大项目建设促投资。要把扩大投资总量作为重点，坚持抓早、抓快、抓实、抓新，建好长沙工业和信息化项目库二期，完善项目调度推进机制，形成年年引大项目、月月上新项目、天天谋好项目、时时在抓项目的浓厚氛围。要把工作项目化、项目责任化，签约项目尽快开工，在建项目加快投产，投产项目尽快达效，适时开展以重大产业项目进度、智能制造项目进度观摩打分。二是加大产品应用促消费。抓好两型产品的推广应用，搭建更多平台，积极协助企业抓住国家“一带一路”“长江中游城市群建设”等战略机遇，积极开拓新市场和海外市场，帮助企业积极参与各类政府投资项目，开拓本地市场。三是加大招商引资促增量。要招大引强，选优选精。特别是跑步进京，盯住央企，盯住中国电子信息联合会、轻工业协

会等中字号行业协会，举办“2016 年中国 500 强企业高峰论坛”，将借力给力的招商工作做得更细。要二次招商，以企招企。全面摸清已有企业的增资扩产或转型发展需求，以及总部集团的产业链和布局信息，盯紧选择一批市场需求旺盛的企业作为二次招商对象。

2. 突出提效率，发力供给侧

一抓去产能、去库存。“去产能”是推进供给侧结构性改革的关键一招，化解产能过剩最迫切的是处置好“僵尸企业”，建立一个亩产效益或者建立一个能耗、环保、质量、安全、效益为标准的考核模块，对全市规上企业进行全面摸底，厘清思路举措，摸清“僵尸企业”名单，大力推进企业兼并重组、债务重组、破产清算，逐一开展指导和突破，实现市场出清。密切对接国家对外“走出去”战略，推动长沙市三一、中联等优势企业和产品“走出去”。二抓降成本、求实效。抓好国家层面降企业成本政策的落地。中央经济工作会提出要帮助企业降低成本，将在降低制度性交易成本、人工成本、企业税费负担、“五险一金”、企业财务成本、电力价格、物流成本等方面研究出台政策。三抓补短板、见行动。主要是落实智能制造三年行动计划，2015 年是开局，2016 年是关键。要明确工作目标。推进示范工程，对全市 2015 年第一批 30 个智能制造试点项目方案、技术和工艺等方面深入分析，形成改造方案，加快工程推进，尽快做到可参观、可示范、可推广；推进普及工程，把第一批示范企业的方向、模式推广至第二批的 200 家，可以是智能化工厂、生产线或工位，为广大中小企业模块化、标准化作示范；推进落地工程，加快智能制造领域新兴产业的发展，落地一批拥有核心知识产权的关键零部件、装备主机和系统集成的智能制造企业和项目，2016 年孵化 20 个以上团队，引进 5 个重大项目。四抓强基础、降资费。长沙要加快调整宽带网络建设，推进网络提速降费，助推互联网战略实施。一是加快光纤网络和 4G 网络建设，统筹提高城乡宽带网络普及水平和接入能力。到 2016 年底，城区实现全光纤网络覆盖，80% 以上家庭具备 100Mbps（兆比特每秒）光纤接入能力；95% 以上的行政村通光纤宽带，乡镇宽带用户平均接入速率达到 20Mbps；二是各区县市、园区要加大对通信运营企业网络基础设施建设的支持力度，加快铁塔、基站及相关配套设施的建设进度，实现共建共享；三是加强应用基础设施建设，实现互联网信源高速接入，促进应用基础设施与骨干网络协同发展；四是引导和推动基础电信企业通过推出降低流量包资费、开放纯流量资费、订制个性化套餐、定向流量优惠、闲时流量赠送、降低套餐外流量资费等多种方式降低宽带资费水平；五是有序开放电信市场，通过市场竞争促进服务水平的提升和资费水平的下降；六是提高电信企业运营效率，为消费者提供高速优质服务；七是深入推进实施信息惠民等工程，提升公共服务水平；八是依法建网、依法用网、依法管网，保障信息网络安全。

3. 突出破难题，全力稳增长

一是破解融资难题。妥善解决债务，抓住中央和省里财政政策机遇，用好产业基金、工发资金、地方融资平台、债券市场等工具，通过向上争资、银行融资、社会筹资、项目经营、发行企业债券等途径，妥善解决园区负债问题。二是破解用地难题。充分整合利用闲置工业用地，在土地指标分配中不断提高产业用地的比例，新增建设用地指标要向战略性新兴产业等重点产业、基地和项目倾斜，建立产业用地“绿色通道”。对园区用地一级开发和储备上的体制、机制、政策和融资瓶颈问题，要加强与开发性金融机构的合作，创新性地开展产业用地储备工作，调整园区的经营性用地比例，允许园区的经营性用地比例不高于35%。三是破解项目手续办理难题。深入推进园区行政审批制度改革，着力简政放权，确保在2016年建立和推行清单制度；要优化审批流程，在手续的“并联审批”特别是“先批后审”流程再造上进行试点和探索，对特别重大、抢时间节点的重点产业进行扶持，特事特办，构建项目立项、可研、土地手续等建设审批的“绿色通道”，逐步实现项目建设中的质安监、环评、能评、水利、文保、防雷等前置审批事项由“事前审批”向“事前介入、事中申请、事后审批”转变。四是确解政策难题。要精准制定政策，出台移动生活、民参军、检验检测等3个具体政策，并不断研究制定适合工业发展的新政策、实政策；要督查落实，大力推广应用“2计划、2平台、3专项”，继续做好每月“五个一”，抓好各项政策的督查、落实和效果评估；要争取政策，跑部进京，建立与国家工信部、发改委、科技部、商务部等部委的业务与政策对接机制，争取国家和省里在军用技术转化和应用、要素市场化配置综合配套改革试点、战略性新兴产业、智能制造、创新创业等供给侧改革领域试点示范政策和重大项目支持，争取配套资金和奖励资金。

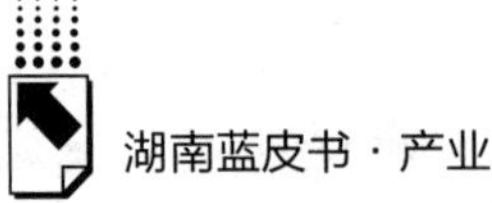

4. 突出强管理，全力上台阶

一是着力提高经济监测分析研判能力。要抓好监测，逐月推进不放松。建立重点企业监测机制，月初了解生产计划，月底掌握生产进度。对生产形势不好、产值下滑的企业，要深入企业了解具体情况，进行重点帮扶。抓好培育，新增申报不遗漏。抓好年报，分类指导不盲目。保持总量合理，进行分类指导，抓好企业成本费用调查；抓好评估，用电协调不滞后。保持工业用电增速平衡，建立用电监测、调控机制，加强与电力公司之间的沟通协调，改进工作流程。二是着力提高领导产业发展能力。进一步提升重实干的韧劲，不断增强战略定力和发展耐力，提升战略思维能力、抢抓机遇能力、精准施策能力、防控风险能力，提高领导产业发展的本领。充分调动党员干部干事创业和市场主体投资兴业的积极性，努力在推进产业结构性改革中保持经济中高速增长、实现产业中高端发展。要加快建立工业技术研究院和机器人等各个重点产业领域研究分院，加快科技成果孵化转化，促进技术人才、创新团队、资金等推广和运用，建立全领域、全覆盖的产学研金打通机制和推广机制。三是着力提高领导园区发展的能力水平。在“做大”上，要用行政或用经济、股权手段整合园区，减少恶性竞争，实现错位发展、有序发展。探索不改变行政区划，用经济手段、股权方式、公司化运作方式把地域相邻、产业相近的园区整合起来，争取长沙的国家级园区排名与长沙在省会城市间、城市间排名相适应。在“做强”上，对全市规上企业建立数据库，建立工业云数据，建立规上企业亩产效益考核数据，实行亩产税收、亩均工业增加值、单位能耗工业增加值等3～4个核心指标进行综合评价。

B.14

2015 ~2016年株洲市新型工业化发展研究报告

阳卫国*

一 2015年推进新型工业化发展运行情况分析

（一）主要成绩

2015 年全市新型工业化工作圆满完成各项目标任务，有几个突出的亮点，可以用“1、2、3、4”来简单归纳。“1”是获得 1 个国家荣誉，获评全省唯一、全国首批信息消费示范城市。“2”是引进 2 大重点项目，年产 200 万台自主可控计算机的长城电脑项目、年产 30 万辆整车的北汽二工厂项目相继落户并开工建设。“3”是实现 3 个千亿元目标，即规模工业增加值、工业固定投资总额、轨道交通产业收入均突破千亿元大关。“4”是工业 4 大关键指标高于全国全省水平：规模工业增速高于全国 2.1 个百分点，全年主营业务收入增幅是全国水平的 13.25 倍，利润增幅是全省水平的 22 倍，万元规模工业增加值能耗下降率 19.5%，超额完成全年目标任务。具体来说，体现在以下几个方面。

1. 经济效益明显提升

全市规模工业实现主营业务收入 3045 亿元，同比增长 10.6%，高于全国 9.8 个百分点，高于全省 4 个百分点，是全国增幅的 13.25 倍，全省增幅的 1.6 倍；实现规模工业企业利润总额 114.8 亿元，同比增长 6.6%，增幅在全国负增长形势下，增幅是全省的 22 倍。

---

* 阳卫国，中共株洲市委副书记。

2. 工业投资稳步增长

全市完成工业固定投资1112亿元，增长17.4%，环比提高2.2个百分点，高于全省平均增幅0.6个百分点。其中，工业技改投资902亿元，增长17.2%。长城电脑、北汽二工厂分别于11月27日、12月29日正式开工建设。“株洲制造2025”首批40个重点建设项目总投资达117亿元。

3. 结构调整卓有成效

坚持调结构与稳增长并重，大力实施产业振兴行动计划。以轨道交通为代表的战略性新兴产业发展较快，全市轨道交通产业收入达到1003.7亿元，成为株洲市首个千亿元产业集群。电子信息、医药制造分别完成增加值83.3亿元和27亿元，分别同比增长9.7%和13.9%，高于规模工业增幅1.5和6.7个百分点。清水塘老工业区企业搬迁改造步伐加快，为长株潭地区两型社会建设做出积极贡献。

4. 园区发展取得突破

主要指标增长较快。全年实现技工贸总收入2650亿元，增长12%；规模工业增加值698.3亿元，增长10.5%，占全市规模工业比重67.8%；高新技术产品产值1467.8亿元，增长10.5%；完成固定资产投资1059.2亿元，增长22.9%；上交税收123.6亿元，增长19.5%。“五个一批”全面完成。全市新开工标准厂房面积达到264.6万平方米，完成年计划的132%，建成面积264万平方米，完成年计划的104%；新开工项目158个，完成年计划的158%，竣工项目130个，完成年计划的141%；引进企业127个，完成年计划的130%，期内实际到位资金191.7亿元，完成年计划128%；批回土地11116.7亩，完成年计划的110%，完成拆迁18681.8亩，完成年计划的137%；园区公司新增资产171.4亿元，完成年计划的127%，新增融资162.9亿元，完成年计划的138%。

5. 创新驱动成果显著

全年高新技术企业增加值完成525.9亿元，同比增长17.9%。新增省级以上技术研发平台9家，总量达到90家，居全省第二；成功晋级2家国家重点实验室；中车株机常导短定子中低速磁浮列车和中车株所永磁同步电机传动系统成功入选2015年度湖南制造业10大技术创新成果，磁浮列车于12月底在长沙正式启动试运行。积极对接“中国制造2025”，全省首批入选国家“智能制造”的4个项目全部落户株洲，全市10个项目进入首批“制造强省”笼子，有4家企业入选全省首批10家智能制造示范企业，“株洲智造”已经迈上了率先发展的轨道。

6. 非公活力大幅增强

全市规模以上非公有制工业实现增加值683.6亿元，增长10.4%，高于规模工业增速2.2个百分点，对规模工业增长的贡献率78.7%，拉动规模工业增长6.4个百分点。中小微型工业企业实现增加值737.8亿元，增长8.5%，高于全市增幅0.3个百分点，对规模工业增长的贡献率达到71.5%，拉动规模工业增长5.9个百分点。

（二）主要特点

过去一年的工业经济发展，有几个方面值得认真总结、充分肯定，应该在今后的工作实践中进一步发扬。

1. 坚持把工业经济作为发展第一推动力不动摇

2016年初，国务院公布落实稳增长系列政策第二次大督查情况，株洲成为全国20个稳增长受表扬的市州之一，是湖南唯一受表彰的单位和地方。其中，工业对于稳增长的贡献功不可没。2015年，在面临全国、全省工业经济运行的巨大下行压力，以及株洲市深入推进清水塘重化工业企业搬迁改造的深刻背景下，全市规模工业8.2%的增速，仍然分别高于全国、全省2.1和0.4个百分点，实属不易。第二产业增加值占GDP的比重为57.3%，工业作为株洲市经济社会发展的第一推动力作用发挥明显。

2. 坚持走产业转型升级之路不动摇

一方面，优势产业优先发展。轨道交通、航空、汽车等优势产业继续引领全市工业发展，2015年轨道交通产业收入突破1000亿元，圆了株洲“千亿产业梦”。另一方面，传统产业升级改造步伐加快，关停淘汰了一批高耗能、高污染企业和生产线，一批企业通过采用先进工业设备、实施产品更新换代，焕发新的生机。同时，积极布局发展电子信息、新材料、节能环保、医药食品等战略性新兴产业，大汉惠普软件、微软创新中心及信息产业园项目顺利推进，炎帝生物、七十二变服饰等一批成长性较好的企业发展势头良好，已成为株洲市经济发展的重要支撑。

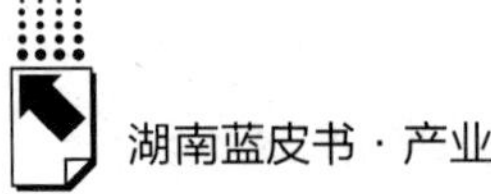

3. 坚持转变政府职能强化企业帮扶不动摇

近年来，全市上下主动服务新型工业化、服务企业发展，出政策、想办法、解难题，成效明显。通过深入实施工业“十百千”工程，减免各类市级行政事业性收费过亿元。开展“百日政策推送”活动得到国务院督查室、发展研究中心督察组的高度肯定。实施“千家企业帮扶”行动，两批共走访企业1089家，梳理解决问题1019个。开通株洲市长热线——企业服务专线，建立了企业反映问题的收集、交办、督办、考核和通报的常态化机制。2015年“十百千”工程企业总产值增长12.9%，占全市规模工业的87.2%，拉动规模工业产值增长10.2个百分点，全市百亿元企业达到6家，亿元以上企业达到725家，政府部门的优质服务功不可没。

（三）面临的突出困难和问题

客观分析当前形势，株洲市工业发展还面临不少突出困难和问题：一是传统产业的升级改造将带来短时期的阵痛。作为老工业基地，株洲遭遇“四面关停”，清水塘老工业基地整体搬迁改造进入攻坚阶段，省政府“一号工程”湘江保护和治理启动第二个“三年行动计划”，攸县关闭整合煤矿、醴陵整顿烟花鞭炮企业等任务艰巨。二是新兴产业的发展壮大必须经历长时期的培育和发展，难以弥补短期内淘汰落后产能带来的影响。三是在国家推动国有企业改革的宏大背景下，轨道交通、汽车等优势产业面临国内市场整合和国际市场竞争的双重压力。四是传统制造业产品科技含量偏低，产能过剩问题逐步凸显。五是工业新建新投产好项目数量偏少，发展后劲乏力。

二 2016年株洲市新型工业化面临的新形势和新要求

2016年，是“十三五”规划的开局之年。从总体上看，2016年仍是比较困难的一年，经济持续下行的压力仍然很大，各类困难和风险增多，加速新型工业化进程面临诸多机遇和挑战。全球经济处于金融危机后的深度调整期，国际产业竞争、科技竞争、贸易竞争加剧。新一轮科技革命与产业变革蓄势待发，发达国家纷纷重塑制造业竞争新优势，一些发展中国家加快谋划和布局，积极参与全球产业再分工，制造业重新成为全球经济竞争制高点。我国经济发展进入新常态，工业由高速增长转向中高速运行。株洲更是面临清水塘工业区企业搬迁改造、产业升级等诸多挑战。加快工业企业发展，必须正视现实、把握机遇、迎难而上。

（一）要积极适应经济增速放缓的新常态

近年来，我国已进入经济增长速度的换挡期和转型升级的阵痛期，经济增速进一步放慢。2015 年全国规模工业增速为 6.1%，是 1991 年以来的最低点。株洲市规模工业近十年来一直是高速增长，年均增速 17% 左右，但“十二五”期间增速逐年放缓，从 2010 年的 24.8% 回落到 2015 年的 8.2%。中央经济工作会议指出，我国经济发展基本面是好的，潜力大，韧性强，回旋余地大，同时也面临着很多困难和挑战，特别是结构性产能过剩比较严重。2016 年经济下行压力依然较大，去产能、去库存、去杠杆、降成本、补短板的任务仍然艰巨，对株洲的转型发展影响也非常大。尤其是面对湘江保护治理、清水塘老工业基地搬迁改造、推进传统产业“去产能”等诸多因素带来的阵痛和隐忧，株洲的任务更重、压力更大。如何在经济增速放缓的新常态下保持全市工业经济稳步增长，是亟须思考和解决的重大问题。

（二）要紧紧抓住转型升级带来的新机遇

新常态下，经济增速适当降低，有利于缓解资源、能源、环境的承受压力，也有利于为调整优化结构、促进转型升级提供更大空间。特别是经济结构的调整和消费需求的变化，为战略新兴产业的发展腾出了更大的发展空间。虽然近年来株洲加快布局电子信息、新能源、新材料等战略新兴产业，已经成为支撑我市经济发展的重要力量，但是还没有形成传统产业退出后的强力支撑。当前要抓住转型升级的有利环境和特殊时期，以清水塘搬迁改造为突破口，倒逼更多的低端产业、低端产品和落后产能退出市场，加快推进冶金、化工、建材等传统产业的转型升级；以打造“中国动力谷”为平台，加快推进轨道交通、航空、汽车等优势产业发展壮大，不断延伸和完善产业链，形成规模效应；以“五城四基地”建设为重点，加快培育电子信息、食品医药、新能源、新材料等战略新兴产业的发展，在经济新常态下重塑株洲工业发展新优势、培育株洲经济发展新动能。

（三）要准确把握新型工业化发展的新要求

在今年全省加速推进新型工业化工作暨加快制造强省建设动员会议上，徐守盛书记明确指示，当前及今后一段时期抓新型工业化的中心任务就是抓制造强省建设。在市委经济工作会议和今年的政府工作报告中也明确提出加快建设制造强市。要进一步深化认识，切实增强紧迫感和责任感，准确把握全球制造业的发展趋势和制造强国战略的部署要求，积极对接“中国制造 2025”“互联网＋”行动，主动拥抱“工业 4.0”时代，充分挖掘全市制造业的发展潜力，加快建设“三基地一中心”，深入推进两化融合，加快传统制造业改造升级，实现由制造大市向制造强市的新跨越。

三　2016年株洲市新型工业化工作主要思路

2016 年，全市工业和信息化工作的总体思路是“1 稳 2 推 6 突出”。1 稳，即稳定工业增长，确保规模工业增加值增长 8.5% 以上；2 推，即推进“株洲制造 2025”实施，推动“株洲‘互联网＋’”落地；6 突出，即突出智能制造、突出企业帮扶、突出产业招商、突出项目建设、突出“四新”经济、突出融合发展 6 大工作重点，加快产业转型升级，加快制造强市建设。

（一）突出智能制造，建设制造强市

1. 编制出台一个规划

制定实施“株洲制造 2025”战略规划，加快《株洲建设制造强市五年行动计划》征求意见，研究制定《加快发展智能制造的政策意见》。

2. 启动实施一批项目

启动实施智能制造“135”示范行动，即重点扶持建设 10 家智能化工厂（车间）、30 条数字化生产线、研发 50 种智能产品。

3. 着力创建一个基地

开展智能制造示范企业和示范车间创建，着力创建“国家智能制造试点示范基地”。围绕国家轨道交通装备制造业，开展智能制造标准体系建设，引领行业标准，增加话语权。

（二）突出企业帮扶，稳定工业增长

要大力开展“企业帮扶年”活动，切实减轻企业负担，促进企业发展。

1. 深入实施工业“十百千”工程

力争全年培育新增主营业务收入过300亿元企业1家，10亿元企业3家，亿元企业40家左右。

2. 强化“市长热线－企业服务专线”职能

借鉴市长热线模式，建立相关涉企市直部门主要负责人接听企业服务专线制度，提升专线影响力。对接市绩效考核办，争取将企业服务专线纳入全市绩效考核体系。运用“互联网＋”思维，采取“O2O”模式，推动企业问题快速交办、高效办结，形成问题收集、交办、督查、考核的长效机制。同时，结合企业反映的有关诉求，重点策划开展大型银企融资对接、企业人才专场招聘、产销对接合作和产业协作配套等活动。

3. 启动实施企业帮扶“双百”工程

以“企业帮扶年”活动为契机，尽快确定重点帮扶工业企业名单，研究制订具体的帮扶计划。通过策划实施一批重大活动，创新实施一批重大举措，切实解决一批重大问题，确保企业开足马力生产。力争全年新增规模工业企业70家以上。

4. 健全中小微企业服务体系建设

通过“互联网＋服务”方式，提升中小微企业服务平台功能和作用。进一步规范政府购买公共服务产品方式，切实提高资金使用效率。探索推进产业协会管理体制改革，扩大协会会员数量，扩大协会影响力，将产业协会打造成为服务中小微企业的重要平台。

（三）突出产业招商，增强发展后劲

牢树“抓产业要抓招商”的理念，全力开展大招商、招大商。

1. 开展精准招商

深入研究分析国内外产业转移新动向，收集掌握大型龙头企业发展战略和投资意向，筛选有落户可能的企业，建立重点招引企业名录，着力引进一批有集聚效应、带动能力强的好项目、大项目。

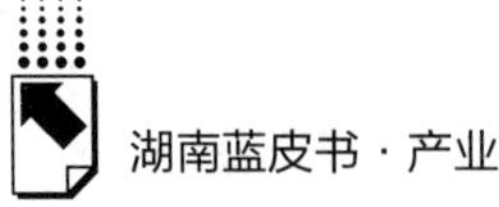

2. 强化产业链招商

按照补链、建链和强链的要求，进一步充实完善工业招商项目库，重点开展IGBT应用及产业化、新能源汽车、电子信息产业招商工作。

3. 注重以商招商

制定出台关于进一步促进高端装备制造业加快发展的若干政策意见，今年重点依托北汽株洲分公司、中车时代电动等整车制造企业，招商培育一批轻资产的配套企业，围绕智慧城市、智能产品和大数据产业，引进一批信息产业中的优势企业落户，壮大工业经济总量。同时，对已选定的招商项目及企业，要持续关注、及时跟进、加大力度，做好联络、对接等服务工作，着力签约引进一批企业。

（四）突出项目建设，加快产业转型

深入落实“项目攻坚年”活动部署，全力稳增长、促转型，确保全市工业固定资产投资、工业技改投资均增长10%以上。

1. 以“中国动力谷”为重点，培育壮大新兴产业

着力抓好“四个三”，一是牵头抓好北汽二工厂、长城电脑等30个重点工业项目的调度，稳定工业投资增速；二是突出抓好30个智能制造和技术改造项目建设，促进企业提质增效；三是引导推进3个国家和省级制造业创新中心建设，增强产业核心竞争力；四是认定3家市级企业技术创新中心，促进企业创新发展。

2. 以清水塘搬迁改造为契机，推进传统产业转型

按照市委、市政府的统一安排部署，协调指导企业选好承接地，重点做好株冶、株化等企业搬迁改造和本地转型进程。认真做好湘江保护治理等工作，探索节能新模式，推进直供电改革，确保全市万元规模工业增加值能耗下降5%以上。加大陶瓷、服饰等消费品工业品牌升级和营销模式创新。

3. 以园区“146”工程为抓手，加快推动产业集聚

全年力争建成标准厂房300万平方米、引进规模以上企业100个、新开工项目100个、竣工项目100个。加强与园区管理部门及各工业园区的沟通衔接，及时掌握园区发展动态，为加强工业经济运行分析、推进产业招商提供有效支持。

（五）突出“四新”经济，培育新增长点

抢抓新一轮科技革命和产业变革机遇，及时制定出台发展“四新”经济的专项扶持政策，大力培育发展“四新”经济，形成新的增长动能。重点在轨道交通、航空等装备制造领域，发展3D打印、智能工业机器人等智能制造新技术，替代传统应用。积极发展物联网、云计算等新产业。在轨道交通、陶瓷、服饰等行业大力培育基于互联网、产业链细分与整合的大数据应用、制造业服务化新业态。支持医药、食品等行业借助新一代信息技术，培育智能检测、全产业链追溯等工业互联网新模式。

（六）突出融合发展，促进业态升级

1. 加快产业与资本融合发展

依托区域性股权交易所，组建株洲市股权交易分所。加快组建株洲市先进装备制造基金、株洲市先进技术产业投资基金，重点支持百强中小型工业企业走“专精特新”发展道路。引导行业单项冠军组建股权投资和战略并购基金，用市场化方式兼并重组中小微企业共同上市，成为“小巨人”企业。依托我市制造业优势，建立专注于先进制造业的众筹融资平台，培育高成长性市场主体。

2. 加快互联网与产业融合发展

制定实施《株洲市“互联网+”五年行动计划》，大力推动信息技术和互联网在株洲市各产业各层面上的应用、渗透和融合。大力实施“宽带中国”战略，加强信息网络基础设施建设，以信息消费示范城市建设为契机，加快推动信息产业发展。

3. 加快制造业与服务业融合发展

筛选一批企业开展服务型制造试点，重点引导轨道交通、汽车等领域重点企业，拓展总包、建设、运营和维保等领域。

4. 加快军民深度融合发展

研究出台株洲军民融合产业专项扶持政策，搭建军民融合发展对接平台。围绕航空、电子信息、新材料等产业，开展军民两用技术和项目对接，促进军民两用技术双向转化，扩大在军工领域的应用范围。推动株洲齿轮、天一焊接、格斯特动力公司等优势企业取得军工相关资质，扩大“民参军”企业队伍，促进株洲军民融合产业快速健康发展。

B.15
2015～2016年湘潭市新型工业化发展研究报告

陈忠红 *

一　2015年湘潭市新型工业化发展基本情况

全年完成规模工业总产值3153.25亿元，同比增长6.3%，其中完成规模工业增加值873.5亿元，同比增长8.2%；完成工业固定资产投资864.5亿元，同比增长19.4%，其中工业技改完成投资778.4亿元，同比增长26.4%；工业实缴税金39.10亿元，同比增长3.3%，其中实缴工业增值税26.99亿元，同比增长1.2%；万元规模工业增加值能耗同比下降9.5%。

1. 工业经济运行趋稳

全面落实国省市三级惠企政策，出台了《关于支持工业企业稳定发展若干意见》《湘潭市创新创业三年行动计划（2015～2017年）》等系列政策文件，促进工业经济持续、健康发展。加强重点企业帮扶，市本级设立1亿元产业扶持资金，强化政府融资性担保公司作用，开展“送服务、解难题、稳增长”专项活动，对重点企业实行联点帮扶。支持企业开拓市场，安排产业配套奖励资金，组织“百家零部件企业走进重点整车企业”活动，组织湘钢与泰富重装、湘钢瑞泰与傲派自动化等企业点对点对接，促进产业配套协作。2015年，全市规模工业增加值同比增长8.2%，在全省排名第五，分别比全国、全省高出2.1、0.4个百分点。部分重点企业形势看好，吉利汽车湘潭基地实现产值130.11亿元，同比增长30%；湘电集团实现产值97.25亿元，同比增长18.3%；泰富重工实现产值165.52亿元，同比增长50.44%。

---

* 陈忠红，中共湘潭市委常委、市委秘书长。

2. 重点产业发展较快

加快传统产业改造升级，着力扶持和壮大战略性新兴产业，使产业结构得到明显改善，全市已形成“3＋3”产业发展模式，即形成了以先进装备制造业、新能源装备、电子信息产业组成的三大战略性新兴产业和以精品钢材深加工、汽车及零部件、食品加工业组成的传统优势行业。2015 年，六大重点产业完成工业增加值 599.2 亿元，同比增长 14.4%，高于全市平均水平 6.2 个百分点，其中汽车及零部件、电子信息、先进装备、新能源、食品加工 5 大产业保持较快增长势头，增速分别为 26.2%、27.3%、20.2%、18.2%、10.6%。众泰江南纯电动乘用车 T11 上市销售，恒润高科 3 款纯电动底盘和 3 款纯电动工程车列入国家公告目录，桑顿新能源与长沙众泰签订战略合作协议，吉利汽车新能源 SUV 平台项目在 2016 年初开工建设。

3. 工业结构逐步改善

全市工业结构呈现“四高两降”的特点。“四高”指：非公有制规模工业占全部规模工业比重提高，达到 79.7%，同比提高 3.3 个百分点；园区规模工业增加值增速提高，同比增长 10.8%，高于全市规模工业增加值增速 2.6 个百分点，占全市规模工业比重为 69.8%；高加工度工业占全部规模工业增加值比重提高，占比达 57.2%，提高 4.2 个百分点；高技术产业占全部规模工业增加值比重提高，占比达 9.1%，提高 0.8 个百分点。“两降”指：规模工业中六大高耗能行业增加值占全部规模工业比重下降，下降到全部规模工业的 21.3%，下降 3.7 个百分点；重工业规模工业增加值占全部规模工业比重降低，降至全部规模工业的 73.1%，下降 3.1 个百分点。

4. 工业投资增长稳定

实施全市统一的招商引资政策，积极招大引强，重点瞄准世界 500 强、国内 100 强以及知名企业，成功引进吉利新能源 SUV 基地、蓝思科技蓝宝石产业园等一大批重大产业项目。完善重大项目推进机制，实行“四个优先”、“五级”协调、并联审批，严格开竣工管理，全年共安排重点工业项目 87 个，完成投资 245.4 亿元，威胜电气产业园一期、屹丰汽车一期、珠江啤酒等重点产业项目如期竣工投产。全市完成工业固定资产投资 864.5 亿元，同比增长 19.4%，高于全省增速 2.6 个百分点，其中工业技改完成投资 778.4 亿元，同比增长 26.4%，高于全省 6.9 个百分点。

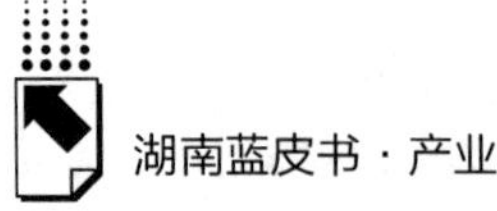

5. 发展质量有力提升

启动国家自主创新示范区建设，湘潭高新区获批国家创新型特色园区，雨湖区获批国家新型工业化军民结合示范基地，全市高新技术产业增加值同比增长18.8%。完善技术创新体系，新增新新线缆和世优电气2家省级企业技术中心，组建了风电、先进矿山装备、湘莲、汽车及零部件等4个产业技术创新联盟。继续推进“311”工程，11个产品列入省“百项重点新产品推进计划”，居全省第二位；4项专利列入“百项专利转化推进计划”，居全省第二位；5项技术列入湖南省战略性新兴产业（制造业）重大关键共性技术发展导向目录，排名全省第一。14家企业列入工信部工业品牌培育试点（示范）企业名单，11家企业列入工信部“工业企业知识产权运用能力培育工程”试点企业。泰富重工获批全省唯一一家国家质量标杆企业。

6. 两化融合不断深化

推进“宽带中国”示范城市（群）建设，出台了《湘潭市推进“宽带中国”示范城市建设实施方案（2015~2016年）》，全市固定宽带家庭普及率达到55%，FTTH覆盖家庭数预计达到87万户，城市家庭20Mbps及以上宽带接入能力达到75%，农村家庭4Mbps及以上宽带接入能力达到98%。移动基站总数达6000多个，无线网络覆盖率达到99%，主要场所WLAN覆盖率达70%。出台了《关于推进信息化与工业化深度融合实施意见》，大力促进信息化和工业化深度融合，50家两化融合示范企业在设计研发、生产经营、企业管理等主要流程上数字化建设覆盖达到80%以上，两化融合综合指数位在省两型委考核中列全省第一。华菱线缆、江麓机电和迅达集团3家企业被工信部评为2015年两化融合管理体系贯标试点企业。与华录集团正式达成合作，“智慧湘潭”重大项目建设全面展开，湘潭经开区获批全省首家国家“智慧城市”试点园区。

同时，由于外有市场需求持续不振的不利影响，内有结构调整推进艰难的极大压力，湘潭市工业经济发展仍面临一系列的困难和问题，主要体现在以下几个方面。

1. 产业结构调整压力较大

湘潭作为老工业基地，虽然经过近年的结构调整，产业结构有所改善，但产业中重化工业比重仍然较大，钢铁、冶金、化工、建材等高能耗、高污染产业产值占比仍然较大，且主导产业和产品大多属原材料加工型，处于价值链的低端，高端终端消费品比重小，高附加值的通信设备、计算机及电子设备制造业占全市工业比重低，产业布局较为分散，产业集聚不明显，产业关联度不大，围绕主机企业配套加工的企业不多，规模较小，本地配套率不高，产业链配套不齐全，产业结构调整压力仍然较大。

2. 企业体制机制创新滞后

全市大中型企业科技成果和重点项目不少，但产业化率不高，科技成果转化率不高，企业资本营运水平较低，体制机制创新和技术创新能力提升的任务还很重。大多数中小企业仍是家族式经营，尚未建立现代企业制度，全市独立上市公司仅 3 家，其中民营企业仅 1 家。

3. 企业融资困难依然突出

虽然国家出台了下调贷款利率、增加全社会资金流动性等政策，但对改善实体经济融资的效果仍未显现，企业仍然面临较高的融资门槛和成本，特别是中小企业融资难、成本高，中小企业融资综合成本均在 10% 以上。同时，银行抽贷压贷等现象普遍存在。

二　2016年湘潭市新型工业化发展形势分析

当前，全球经济处在金融危机后的深度调整期，国际产业、科技、贸易竞争加剧，新型竞合成为国际发展大趋势。我国发展仍处于可以大有作为的战略机遇期，但机遇期内涵发生深刻变化，发展进入速度变化、结构优化、动力转换的新常态，去产能、去库存、去杠杆、降成本、补短板等结构性改革提上重要日程，全市加速推进新型工业化机遇与挑战并存。

（一）不利因素

1. 产业竞争加剧带来挑战

国际金融危机后，美国、日本、欧盟等发达国家和地区为了重塑竞争优势，加快推进“再工业化”和“制造业回归”，印度、越南、菲律宾等新兴经济体也加快吸引传统劳动密集型产业集聚。我国制造业面临发达国家“高端回流”和周边国家“中低端分流”的双重挤压，对湘潭市促进产业转型升级带来了新的压力和动力。

2. 科技创新激烈带来挑战

新一轮科技革命和产业变革与我国加快转变经济发展方式形成交汇，西方发达国家对中国崛起始终持有戒心，我国在科技引进特别是高端技术和核心设备引进上越来越难，对湘潭市加快发展新兴产业和制造业升级带来了新的挑战。

3. 绿色发展趋势带来挑战

一方面，传统的工业发展模式因高耗能、高排放造成的资源环境问题日益严峻，传统工业所秉持“先发展，后治理”的思路已经不再适应当前工业经济发展需求，党的十八届五中全会因此提出了“绿色发展”的理念。另一方面，国际社会愈发强调绿色环保，逐渐掀起“绿色浪潮”，把推进节能减排、促进绿色发展作为提升国际竞争力的重要手段，以能耗、环保、低碳能标准为技术壁垒的贸易保护主义不断加强。湘潭市作为一个传统老工业城市，重化工业仍然是全市工业增长的重要支撑，短时间内改变局面压力巨大。

（二）有利条件

1. 区域发展战略机遇

中央从统筹“两个大局”、促进沿海内地协调发展的战略高度做出实施“一带一路”、长江经济带、长江中游城市群建设等重大战略部署，政策、资源加快向中西部地区倾斜。湖南地处“一带一部”，进入区域发展黄金期。省委、省政府确立以世界眼光谋划长株潭城市群发展，将其放在全省首要位置，打造长江中下游城市群核心引领区，推动长株潭地区率先迈向基本现代化。这些为湘潭市工业加快发展、乘势而上带来了新的发展机遇。

2. 产业发展基础优势

湘潭作为老工业基地，产业基础较为完备，最大优势在制造业。经过多年发展，形成了以自动控制和系统集成两大智能技术为支撑，以机电一体化为特色的智能制造体系。湘潭电机电传动技术全国领先，电机业堪称全国的“摇篮”；以风力发电装备为代表的新能源装备蜚声海外；以湘钢为代表的精品钢材及深加工产业不断发展壮大；先进矿山装备跻身全国创新型产业集群试点；以泰富重工为龙头的海工装备产业迅速崛起；深海钻机“海牛”在3000米海底成功钻探60米，达到世界先进水平；吉利、湘电、泰富重工等部分重点骨干企业持续发力，威胜电气、珠江啤酒、屹丰汽车等项目投产达效，形成新的工业增长点。

3. 产业发展平台优势

工业园区建设为产业集群提供了重要平台，在提升工业化水平、优化生产力布局、加快经济结构战略性调整、增强产业竞争力、实现产业间资源共享起到重要作用。全市共有8个省级以上工业园区，其中湘潭高新区、湘潭经开区是国家级开发区，还有湘潭综合保税区正式封关运行，成功获批长株潭国家自主创新示范区，这些为湘潭提供了加快产业转型发展的大平台。

4. 科教资源密集优势

从高校资源来看，全市拥有湘潭大学、湖南科技大学、湖南工程学院等大专院校12所，在校大学生超过14万人，科教实力居全省第二位。从科技创新来看，专利授权量一直居全省前列，特别是部分重点企业拥有一大批在国内甚至国际领先技术，开创了国际国内许多第一，如全国第一台5兆瓦海上风力发电机、第一台300吨自动轮自卸车等。全市专业技术人员占规模工业从业人员的比例达13.9%，位居全省第二。

三　加快湘潭市新型工业化发展的对策建议

（一）发展目标

到2020年，全市工业信息化水平大幅提升，优势领域竞争力进一步增强，产品质量有较大提高；制造业数字化、网络化、智能化取得明显进展，整体素质大幅提升，创新能力显著增强，全员劳动生产率明显提高，两化融合迈上新台阶；重点行业单位工业增加值能耗、物耗及污染物排放明显下降；形成一批具有较强竞争力的行业领军企业和产业集群；加快推进新型工业化，全力打造湘潭工业经济升级版。2016年，力争规模工业增加值增长8.2%，工业固定资产投资增长12%，万元规模工业增加值能耗下降4%。

（二）基本思路

1. 坚持市场主导、政府引导

强化规划指导和政策扶持，以市场调节为主，加强政府的宏观指导作用，充分发挥市场配置资源的决定性作用和企业的市场主体作用，促进区位优势、资源优势尽快形成产业优势、经济优势。

2. 坚持以人为本、创新驱动

坚持把人才作为建设工业强市的根本，建立健全科学合理的选人、用人、育人机制，加快培养制造业发展急需的专业技术人才、经营管理人才、技能人才，建设一支素质优良、结构合理的制造业人才队伍。坚持创新驱动，瞄准当今世界科技发展前沿和产业高端，不断突破核心技术，打造自主知识产权品牌，抢占产业竞争制高点。

3. 坚持结构优化、绿色发展

坚持把结构调整作为建设工业强市的关键环节，大力发展先进制造业，改造提升传统产业，推动生产型制造向服务型制造转变。优化产业空间布局，培育一批具有核心竞争力的产业集群和企业群体，走提质增效的发展道路。以绿色低碳为目标，继续深入开展节能减排和企业转型升级，强化激励约束机制，重点推动新能源等节能环保产业发展。

4. 坚持对外开放、融合发展

深化产业国际合作，鼓励有条件的企业走出去，积极参与国际产业合作、参与周边国家互联互通基础设施建设。坚持政府推动、企业主导，创新商业模式，鼓励高端装备、先进技术、优势产能向境外转移。发挥两化融合、智能制造、军民结合方面的优势，找准着力点，积极探索两化融合、军民融合、产业跨界融合，促进产品研究开发、零部件供应配套、国内外市场拓展等方面的军民合作，加快推动传统产业向高端化、高新化转型。

（三）重点举措

1. 突出重点产业拉动，壮大工业增量

主动对接国省计划，重点发展智能装备制造（包括先进矿山装备、海洋装备、电力装备、新能源装备、工业机器人）、汽车及零部件、新材料、新一代信息技术、食品加工等五大产业。同时，积极扶持以生物医药、生物育种为主的生物产业、以科技研发、工业设计为主要内容的创意产业以及 3D 打印、物联网、现代服务业等产业新业态。围绕重点优势产业，突出抓好产业招商，引进一批龙头企业和重点配套企业，培育新的工业增长点。

2. 突出供给改革驱动，深化结构调整

坚持把“调高、调轻、调优”作为传统产业转型升级的主攻方向，积极引进、运用先进技术，促进传统产业向高新化、清洁化发展。支持湘钢、湘电、江麓、江南、江滨等重点企业围绕供给创新，推进产品结构、组织结构、技术结构和经营模式的创新。启动“十三五”新一轮工业技术改造。改造提升重点传统产业，应用先进技术、装备和工艺，全面推进钢铁、矿山装备、电力装备、建材、食品医药等传统制造业高端化改造。化解过剩落后产能，支持钢铁、水泥、铁合金等行业调结构、去产能、降成本，实现产业升级、企业转型，帮助企业走出困境。

3. 突出两化融合互动，推进智能制造

实施“制造＋互联网”专项行动，以泰富、吉利、威胜、湘钢、湘电、江麓、华菱线缆、迅达等企业为重点，大力推进信息技术与制造业深度融合，重点在工程机械、电工电器、汽车及零部件、新材料、电子信息、食品医药、国防军工等领域推广智能制造，创建智能制造示范企业、智能制造示范车间。大力推进“智慧湘潭”建设，加快建设“一中心、两平台”（智慧湘潭云计算数据中心、政务云平台及工业云平台），提升全市信息化水平。充分运用移动互联、云计算、大数据、物联网等新一代信息技术，打造精准高效、多方协作的城市管理新模式，建立运行可靠、安全平稳的经济运行新机制，构建以人为本、惠及城乡的民生服务新体系，开启大众创业、万众创新的创新驱动的新格局。大力推进信息化、智慧化应用建设，同步带动信息产业、智慧产业发展，打造具有湘潭城市特色和产业特色的智慧化应用体系、服务体系和产业体系。

4. 突出强基工程带动，加快技术创新

提升关键基础材料、核心基础零部件（元器件）、先进基础工艺和产业技术基础等工业基础能力。综合运用鼓励创新的政策体系，紧紧围绕省“311工程”和湘潭市“三个十”工作计划，夯实科技创新平台，建立以企业为主体的技术创新体系，重点支持研发能力强、成果储备多的省级以上技术创新平台建设；支持国家级、省级企业技术中心、工程技术研究中心、重点实验室建设，促进科技成果转化，通过标准制定、品牌战略和专利申请等措施，保护核心技术，形成自主知识产权。组织开展质量品牌建设工作，切实提高企业和产业的自主创新能力，为加快工业转型升级提供有力支撑。大力推进产、学、研

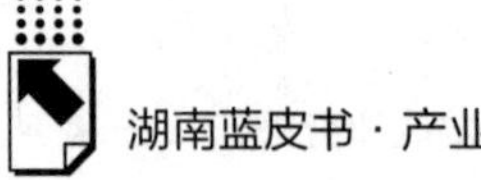

协同创新，充分发挥企业主体作用，通过市场机制形成区域产学研战略联盟，构建起完整的创新体系和创新网络。推进军民融合，促进军民融合技术双向转移，提高军品的地方配套率，推进重点军工技术装备向民品领域的产业化开发。

5. 突出企业服务推动，稳定工业运行

完善服务体系建设，加强中小企业公共服务平台建设，统筹建设市、县和园区综合公共服务平台、专业服务平台，加大支持力度，加快建设速度，加快建设全市响应快速、资源共享、服务协同的全市中小企业公共服务平台网络。提升企业经营管理能力，通过“专精特新”中小企业培育工程，引导企业加大技术改造力度，积极研发新产品，购进新设备，提升企业核心竞争力。加强企业家及管理人员培训，积极推广先进管理理念与方法，促进建立符合现代要求的企业制度。出台优惠政策，推进全民创业，加快建设一批省级中小微企业创业示范基地。鼓励中小企业与高校、科研机构合作建立各种类型的研发机构，发展一批创新驱动孵化园区，为大学毕业生和高技术人才创业提供政策和资金支持。

B.16

2015～2016年邵阳市新型工业化发展研究报告

陈优秀*

2015 年，邵阳市在经济运行压力加大，特别是三一湖汽等机械装备企业大幅减产的情况下，新增规模企业 172 家，规模工业增加值增长 9.7%，增速居全省第二，取得了来之不易的成绩。但邵阳市工业经济总量小、质量低、产业结构不优、创新能力不强等问题没有得到根本改变。2016 年，全市工业工作要以“保持中高速、迈向中高端”为主线，积极对接“中国制造 2025”和“湖南制造强省五年行动计划”，坚持传统产业改造和新兴产业培育“双轮驱动”，着力稳增长、调结构、促转型，致力构建富有竞争力的现代工业供给体系。

总体目标是：规模工业增加值增长 12%；新增规模企业 120 家以上，规模工业企业过 1200 家；工业固定资产投资和技改投资均增长 15% 以上；园区规模工业增加值增长 13% 以上，占全市比重达 70% 以上；战略性新兴产业中的规模工业企业产值占全部规模工业企业产值 20% 以上。实现这一目标，重点要做好五个方面的工作。

一　把优化产业布局与推进结构调整结合起来，着力开创集群发展新格局

围绕优化产业布局，加快结构调整，以宝庆经济技术开发区为核、沪昆高速百里工业走廊为带、县市区工业园区和沿线工业重镇为多点，奋力打造“一核一带多点”工业发展新格局。一是坚持规划先行，推进特色发展。由市

* 陈优秀，邵阳市人民政府副市长。

经信委牵头，尽快制定“一核一带多点”工业走廊总体规划和详规，明确各个工业园区的主导产业，突出特色发展，避免同质化建设。要结合实际，制订战略性新兴产业引进培育计划和传统产业改造提升计划，每个省级园区每年引进或培育1~2个新兴产业和5家以上高新技术企业，选择5~10家企业加大技改投入，集中实施技术改造和产业升级，并积极对接电商平台，大力发展电子商务，优选一批本地特色产品上网营销，创建品牌，拓宽市场。二是优化功能配套，降低生产成本。要围绕“一核一带多点”工业走廊建设，制定出台优惠政策，完善水、电、路、气、物流、融资等方面的配套服务，着力“降成本、补短板”，使之真正成为配套齐全、成本较低的投资洼地。重点要围绕铁路、机场、高速公路积极发展物流配送中心，优先推进该区域干线公路建设和农村公路“窄改宽”工程，加快开通各类园区至周边乡镇村组的客运班车。三是发挥核心作用，实现龙头引领。宝庆工业集中区作为发展核心，要勇于担当，切实发挥四个方面的引领作用。一要发挥产业引领作用，通过提升产业实力、延伸产业链条、发展总部经济、拓展现代物流、建设通关平台等，真正打造为发展引擎。年内，宝庆工业集中区要集中力量推进富士电梯、通达汽零、合隆国际、统一企业、发制品园、品牌服饰城等27个重点产业项目，并力争70%以上的产业项目投产，实现工业总产值260亿元，税收20亿元。二要发挥技术引领作用，积极推进技术研发中心建设，打造众创、众包、众筹平台，构建大中小企业、科研机构、创客多方协同的新型创业创新机制，重点要拿出1万平方米的标准厂房打造省级众创空间，健全配套设施，确保半年基本成型，一年初见成效。三要发挥品牌引领作用，加快申报国家级经济技术开发区和国家级创业示范基地，推动一批企业申报高新技术企业、质量标杆企业、品牌建设示范企业，打造一批中国驰名商标、名优产品。四要发挥机制引领作用，推动“工业农业互动、园区引领扶贫”，积极探索园区政合一新模式，打造成为机制创新的标杆和典范。

二　把加快项目建设与培育市场主体结合起来，着力打造拉动增长新支撑

根据市政府工作报告要求，邵阳市规模工业增加值要增长12%，为全省最高，压力很大。实现这一目标，要在加强运行调度、稳定企业生产、促进产

品销售的基础上，着力培育新的增长点。一是狠抓项目建设。继续大力实施工业发展“四百工程”，推动“招商项目抓签约、签约项目抓开工、开工项目抓投产、投产项目抓达产”，尽快把项目转化为产值。重点抓好30个市级重点工业项目建设。其中，食品医药产业重点抓好百威啤酒、统一企业、湘中制药、湘窖二期等8个项目；机械装备产业重点抓好富士电梯、通达汽零、兴达精密机械、新能源汽车、三一智能渣土车、邵东振兴汽配、盛风农机等9个项目；轻工产业重点抓好合隆国际羽绒制品、发制品园、立得皮革皮具制品等6个项目；建材产业重点抓好云峰水泥余热发电、邵阳凯浩环保建材高强度石膏线生产等6个项目。各县市区都要确定10个以上的重点项目，集中力量加快推进。二是狠抓企业培育。坚持“抓大不放小”，既要积极引进大项目、扶持大企业，又要大力培育小微企业，通过强化业务指导，落实激励机制，努力推动一批小微企业成长为规模企业，力争新增规模企业120家以上，发挥小微企业的群体效应形成增量。其中，邵东县要继续发挥龙头作用，力争新增规模企业40家以上。三是狠抓产品转型。坚持“高端化、网络化、绿色化、服务化”发展方向，积极推动粗加工向精深加工转变、半成品向成品转变、低端产品向高端产品转变，单一的制造业向服务型制造和制造服务化转变，千方百计提高产品附加值。重点要提高邵阳市发制品加工的自动化水平，进一步加工成终端产品，并积极拓展国际电子商务，致力打造产值达200亿元的发制品出口基地。

三　把技术研发与创新创业结合起来，着力激发转型发展新动能

树立创新发展“无处不在、人人有为”的理念，依靠创新驱动加快发展。一是拓展新领域。湖南制造强省建设“1274”工程，明确了工程机械、生物医药、新材料、新一代信息技术、新能源汽车、机器人、节能环保、航空航天装备、农业机械等12个重点产业。对于全市初具规模的工程机械、生物医药等产业，要加大扶持力度，不断做强、做大；对于正在兴起的新材料、新能源、电子信息等产业，要“推波助澜”，加快发展；对于尚存空白的机器人、节能环保、航空航天装备等产业，也要敢于“异想天开、无中生有”，千方百计寻找机遇，加快引进。重点要扶持发展拓奇新创触摸屏、城步新鼎盛纳米银

导电薄膜、群星电源、宝庆工业集中区电子产业园以及风电、光伏发电等新兴产业项目。二是研发新产品。引导企业切实加大研发投入，推进产品更新换代，不断增品种、提品质、创品牌。大力实施“品牌兴市”战略，申报10个以上湖南省著名商标和名优品牌。着力推进食品产业标准化生产，发展精深加工，培育一批档次高、市场好的健康食品；推进轻工产业不断向“专精特新”发展，大力研发一批标志性、实用化、智慧型的小商品；推进机械装备不断适应市场需求变化，尽快实现多点支撑。重点要支持三一湖汽转换动能，大力研发智能环保渣土车、新能源汽车、农业机械等新产品；支持湘中制药研发生产针剂产品，加快二期项目建设。三是应用新技术。积极对接智能制造、“互联网+”等新理念、新技术，加大技改力度，完成技改投资220亿元以上，培育100家“两化融合”试点企业。重点要围绕食品、轻工、建材、农产品加工等传统产业，加大技改投入，推进信息化、自动化、标准化，力争传统优势产业增长15%以上，致力实现食品产业过370亿元，建材产业过320亿元，轻工产业过600亿元。

四　把园区建设与招商引资结合起来，着力搭建开放发展新平台

坚持把工业园区作为核心阵地，把招商引资作为动力源泉。一是大手笔谋划。坚持“扩园调规”与“扩权强园”并举，积极做好园区土地利用规划、产业发展规划等各类规划，实行“多规合一”，切实为园区长远发展奠定坚实基础。要加快园区行政审批权限下放进程，在不违反政策规定的情况下，最大限度赋予园区经济管理权限，推动“园区事项园区办结”。重点要优先保障园区用地，做大园区规模。“十三五”期间，宝庆工业集中区规划面积从10平方公里扩大到30平方公里；省级园区规模面积逐步达到8～15平方公里；13个湘商产业园规划用地面积达25平方公里。二是大力度建设。进一步加快园区建设步伐，推进园区土地连片征拆，着力储备土地，加快完善水、电、路等配套设施。宝庆工业集中区要以邵阳大道为主轴，在大力推进27个重点产业项目的同时，加快9条骨干路网、9个安置小区和7大配套设施建设，加快建成上档次、成规模、出形象的核心区。要继续集全市之力，加大湘商产业园建设力度，年内，新开工建标准化厂房170万平方米，续建130万平方米。三是

大规模招商。坚持以引进战略性新兴产业为重点，既要抓“顶天立地”的大项目，又要抓“铺天盖地”的小项目，继续实行市县领导带队分片区招商模式，大力开展经常性招商活动。要提炼、整合和明确邵阳市招商优惠政策，制定招商推介模板，真正让客商对投资邵阳市的利好实现可知、可信、可预期。坚持一手抓园区建设，一手抓招商引资，重点抓好园区标准厂房招商，力争建成一片厂房，入园一批企业。全年园区要引进企业390家以上。

五　把创优环境与帮扶企业结合起来，着力构建稳定增长新机制

切实优化发展环境，继续大力实施企业帮扶工程。一抓全覆盖减负。坚持以降低生产成本、减轻企业负担为导向，全面落实上级降税政策，积极推进“营改增”，清理规范中介服务，尽力降低企业电费、水费和物流费用等，全方位优化经济发展环境。重点要用活用足上级政策机遇，加快归并“五险一金”，并逐步与沿海发达地区接轨。二抓零距离服务。继续实行并健全“企业服务站”机制，组织力量驻点跟踪服务，由等待反映问题变主动查找问题，由宏观指导变具体落实。重点要大力开展“一企一干部一专家”专项行动。市政府将制定下发“一企一干部一专家”专项行动实施方案，并成立由文密市长任顾问、分管市领导任组长的领导小组，组织1000名干部、1000名专家，选择1000家规模企业开展点对点帮扶。重点帮助企业解决生产建设环境、项目申报、融资、用地、招工等突出问题，特别要大力开展“邵人用邵品”活动，围绕湘窖酒、三一搅拌车、新安特风机、富士电梯等，促进本地产业品扩大本地销售。三抓精准化帮扶。根据不同企业的需要，坚持“问题导向”，列出“问题清单”，按照“一业一策、一企一策”的要求，集中攻坚，限期化解，努力使一批企业逐步摆脱困境，重现生机与活力。重点要加快完成国有工业企业改制扫尾工作，全面化解遗留问题，继续帮助九兴控股招聘员工，支持三一湖汽加快转换动能，帮助宝兴科肥引进战略投资者，力争恢复生产，协调纯木纺引进保定天鹅。同时，要抓住中央安排1000亿元处置“僵尸企业”的政策机遇，主动去产能，对确实无法生存的企业，也要积极争取上级资金支持，最大限度减少企业损失，确保职工稳定。

B.17 2015～2016年岳阳市新型工业化发展研究报告

陈恢清*

一　2015年岳阳市新型工业化运行情况

1. 抓运行调度，规模工业稳定上行

针对持续增大的经济下行压力，坚持每季度召开全市工业经济形势分析会，及时分析问题、寻求对策，督促稳增长举措落实。先后出台了《岳阳市规模工业发展奖励制度》《岳阳市新增规模工业企业奖励办法》等文件，通过进一步加强配合服务，狠抓企业挖潜增效，及时解决企业困难，有力支撑了规模工业较快增长。2015年全市规模工业增加值增速呈低开高走态势，全年完成规模工业增加值1165.8亿元，同比增长8.3%，增速排全省第4位，比全省平均增幅高出0.5个百分点。工业用电指标稳步回升，完成工业用电75.49亿千瓦时（大型企业自发电量4.21亿千瓦时），增长1.09%。完成工业税收157.6亿元，增长27.5%。全市新增规模工业企业110家，超额完成了省下达的目标任务。

2. 抓项目建设，工业投资稳步提升

组织举办4次“一区一港四口岸”专题招商推介会、4次重大项目集中开工和集中竣工仪式，项目建设不断升温。工业投资逐步回暖，扭转了1～6月下降4.7%的不利局面，增幅由全省排名倒数第1位升到第7位。株冶绿色改造升级、中粮岳阳城陵矶产业园等一批多年致力争取的项目成功落地；神华国华岳阳电厂、华电平江电厂等一批打基础、利当前、管长远的项目开工建设；

* 陈恢清，岳阳市人民政府副市长。

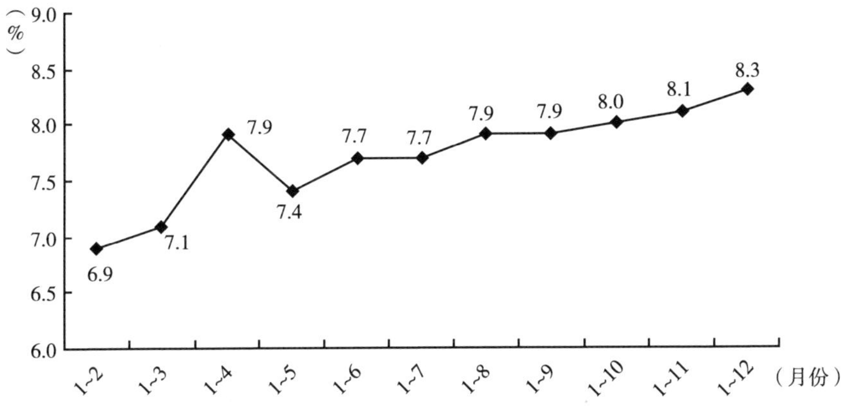

图 1　2015 年岳阳市规模工业增加值分月增速

湖南军民融合卫星应用产业园等项目建设推进加快；科力嘉纺织、金正安保设备等一批重大产业项目竣工投产。2015 年，全市完成工业固定资产投资 965. 2 亿元，同比增长 15. 8%，完成工业技术改造投资 681. 4 亿元，同比增长 21%，工业招商引资实际到位资金 295. 1 亿元，同比增长 9. 4%。

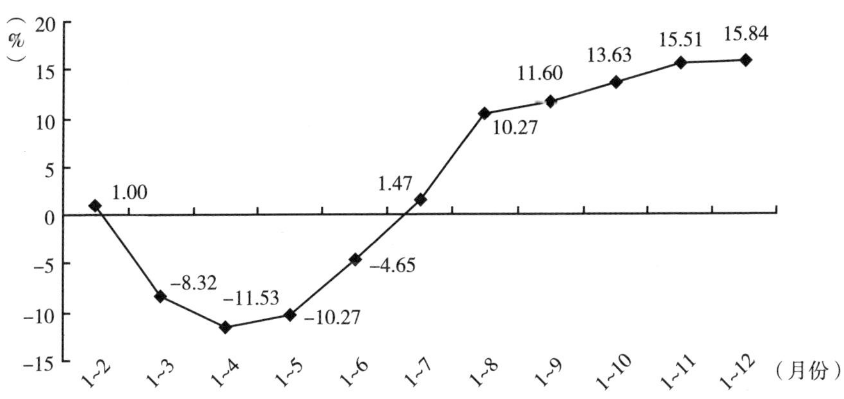

图 2　2015 年岳阳市工业投资分月增速

3. 抓转型升级，发展质量不断提高

在稳增长压力的倒逼作用下，更加注重质量效益，更加注重优化结构，更加注重“两型”发展，更加注重发挥特色优势，全面提高工业发展的质量水

平。全市以石化、食品、机械、建材等为主体的十大产业体系拉动全市经济增长7.4个百分点。传统产业提质升级，石化、食品、造纸、纺织等传统优势产业分别增长10.3%、12.0%、11.9%、3.9%。战略性新兴产业拉动有力，占全市规模工业比重达到25.9%，全年增长11.1%，拉动规模工业增长2.4个百分点。装备、有色及环保、电子、生物医药等新兴战略产业分别增长11.5%、12.8%、10.1%、8.3%。

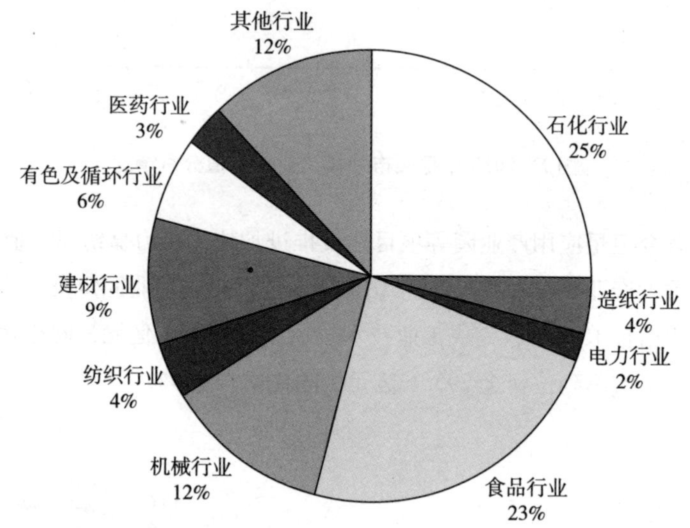

图3　2015年重点产业产值占全市规模工业比重

4. 抓企业帮扶，地方工业发展迅速

继续开展重点产业和重点民营企业帮扶行动，组织开展“下企业、搞调研、送服务、稳增长”活动，市级领导、市直部门及县市区主要负责人走访调研企业和项目600余次，形成调研报告45篇。继续开展扶助小微企业专项行动，印发5000余册《扶持小微企业发展政策文件选编》，广泛宣传惠企政策。联合上海股权托管交易中心在岳阳市成立了企业挂牌孵化基地，有效拓宽中小企业融资渠道。制定公布《岳阳市涉企收费项目及标准》，及时查处乱收费行为，有效减轻企业负担。2015年，地方工业增加值同比增长8.9%，湘阴县、岳阳县、平江县、华容县分别增长9.5%、9.0%、8.8%、8.8%，分别高出全市平均水平0.2、0.7、0.5、0.5个百分点。

表 1　2015 年各县市区规模工业增加值情况

区域	12 月增速(%)	累计增速(%)	区域	12 月增速(%)	累计增速(%)
全市	8.2	8.3	湘阴县	11.2	9.5
岳阳楼区	3.3	6.1	平江县	10.5	8.8
云溪区	5.0	7.3	汨罗市	9.4	8.7
其中:区本级	9.5	8.7	临湘市	8.4	8.3
君山区	8.3	8.2	经济开发区	8.2	8.1
岳阳县	9.1	9.0	南湖区	-11.1	-5.0
华容县	10.6	8.8	屈原区	8.3	8.1

5. 抓园区提质，产业集聚步伐加快

出台了《关于进一步促进产业园区发展的意见》，明确园区发展定位，落实园区简政放权，强化园区绩效考核，促进园区体制创新。强力推进“135”工程，新建标准化厂房297.8万平方米，超年度计划25.1%，引进创新创业企业273家，超年度计划23家，园区承载能力与发展潜力进一步提升。加快园区聚集，园区工业规模进一步扩大，2015年全市省级及以上产业园区规模工业增加值同比增长9.8%，增加值总量占全市规模工业的60.1%，同比增加7.4百分点。6个园区实现10%以上增长，湘阴县工业园、平江县工业园、华容县工业园、汨罗循环经济产业园、临湘市工业园、君山区工业园分别增长13.2%、11.8%、12.8%、11.9%、11.6%、10.3%。

表 2　2015 年各县市区园区规模工业增加值情况

	12 月增速(%)	累计增速(%)
合计	10.6	9.8
岳阳经济技术开发区	6.6	7.4
湖南岳阳绿色化工产业园	7.3	7.8
君山区工业集中区	9.5	10.3
岳阳县工业集中区	12.1	9.1
华容县工业集中区	15.5	12.8
湘阴县工业园	13.8	13.2
平江县工业园	11.2	11.8
汨罗循环经济产业园	12.7	11.9
临湘市工业园	11.0	11.6
岳阳城陵矶临港产业新区	4.6	6.3

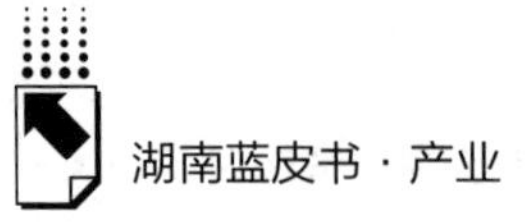

二　岳阳市新型工业化发展存在的问题

1. 产业结构不优

岳阳工业经济发展的结构性问题一直比较突出，面临较大转型升级压力。一是产业链条短、层次低。从组织结构看，目前在岳阳市的经济发展模式中，以大企业为核心、相关配套产业的小企业集聚其周围而形成的产业集群相对少，大多是传统类型的产业集群；从技术结构看，中低端技术居多，高端核心技术相对少；从产品结构看，投资类产品比重高，消费类产品比重低，还有一些低水平重复建设产品，常年徘徊在加工、组装和制造环节，产业链条短，配套不完善，缺少高端产品。二是高加工度和高技术度产业发展缓慢。2015年，全市规模工业高加工度和高技术产业增加值分别增长6.8%和4.0%，比规模工业平均水平分别低1.5个和4.3个百分点。三是多点支撑体系不完善。岳阳工业发展缺乏有力的多极支撑点，工业实现持续较快增长受限制。前几年，全市工业的快速增长主要得益于少数行业的拉动，但近两年在这些行业出现下滑后，岳阳工业增速也应声回落。全市几大主要产业中，除有色及循环、食品、造纸、机械、石化产业分别同比增长12.8%、12.0%、11.9%、11.5%和10.3%，发挥了一定的拉动作用外，其余产业的潜力还没有发挥。医药、纺织行业分别同比增长8.3%、3.9%，建材、电力行业分别同比下降6.1%、7.6%。

2. 县域工业不强

从工业税收等重要支撑指标来看，中央省属企业仍然是全市工业发展的主导力量，在央企效益下滑时，县域经济难以发挥支撑作用。一是地方工业税收贡献较低。长炼、巴陵、华能、岳纸、催化剂、际华3517等央企实缴税金占全市工业实缴税金比重达70%以上，但石化、造纸等产业因受宏观形势影响，企业生产经营效益下滑明显，对全市财政收入影响较大。二是产业集聚度不高。园区是工业发展的主战场，是产业集聚、企业集群的主要载体。2015年，除云溪、经开区（中央、省属企业所在地）、临湘市外，其余县（市）区园区规模工业增加值占全部工业比重普遍低于全省平均水平。三是龙头骨干企业不多。岳阳地方工业企业中缺乏一批有影响、带动力强、贡献大、发展前景好、体现岳阳特色的“地标型企业”。全市民营企业、个体工商户达12万余户，但是近几年全市规模工业企业增长缓慢，没有产值过百亿元的企业，这与先进地区及省内的长沙市相比差距较大。

3. 开放型经济不活

尽管全市近年来开放型经济发展呈较好势头，但仍处在起步阶段，“一区一港四口岸”（岳阳市综合保税区、汽车整车进口口岸、进口肉类指定口岸、进口粮食指定口岸、固废进口指定口岸）发展潜力没有得到充分释放，与沿江首批对外开放城市地位和岳阳综合经济实力极为不相适应。2015年，全市集装箱吞吐量、进出口总额年均分别增长13.9%、24.1%，但是总量偏小，不仅与九江、宜昌等长江沿线同类城市不在同一等量级上，甚至落后于省内其他地市。

4. “两化”融合程度不高

2015年，全市互联网普及率为43.1%，排名全省第5位。信息产业增加值仅占GDP比重为1.51%，培育和发展现代信息服务业力度有待进一步加大。根据近年来全省两化融合发展水平评估情况看，全市仅有不到10%的工业企业将信息技术应用渗透到研发设计、产品制造、市场营销、人力资源开发、节能减排等生产经营各个环节，绝大部分企业处于信息化建设起步阶段。

三　2016年岳阳市新型工业化发展面临的形势

1. 从国际形势看

美元延续强势，大宗商品价格仍在下行，国际原油价格持续低迷，全球经济面临通缩压力，可能进一步抑制需求释放。世界经济仍处于金融危机后的深度调整期、经济复苏发展的分化期，最突出的特点是制造业重新成为全球经济竞争的焦点。

2. 从国内环境看

PPI（工业生产者出厂价格）已连续45个月负增长；外需、制造业、房地产三大领域周期性放缓的趋势还将延续。目前的困难很难通过短期刺激，实现V形反弹，可能会经历一个L形增长阶段。也要看到，随着国家“一带一路”等重大战略的深入实施，将为制造业开拓新的需求市场。中央经济工作会议提出，帮助企业降低成本、扩大有效供给、做好为企业服务工作等系列政策措施，将有力促进工业平稳发展。

3. 从岳阳市发展看

2015 年岳阳市 PPI 指数下降 3.7%，高端供应严重不足、中低端需求严重不足导致部分企业运行困难。尤其是 2016 年长岭炼化、巴陵石化还将面临国际市场低迷的影响，下行压力将进一步加剧。另外，全市面临中央实施长江经济带、环洞庭湖生态经济区等战略叠加机遇，拥有通江达海区位优势和“一区一港四口岸”国家级平台优势，在产业转移、区域合作、“走出去、引进来”双向互动合作等方面面临难得机遇，有利于岳阳大力发展开放型经济，进一步优化产能和资源配置，拓展区域发展空间。特别是市委、市政府提出的“一极三宜”奋斗目标、大力实施“621 行动”、狠抓重点工业产业和工业园区发展，这一系列新的举措与部署，将为全市工业发展增添强劲动力。

四　2016年新型工业化工作思路、目标及主要举措

2016 年是实施“十三五”规划的开局之年，也是为“十三五”奠定坚实基础的一年。岳阳市将全面贯彻创新、协调、绿色、开放、共享的发展理念，突出稳增长、调结构、增效益，全力推进新型工业化，力争全市规模工业增加值增长 9% 左右，确保工业发展在“十三五”实现良好开局，为促进“三量齐升”、推进“五化”同步，建设“一极三宜”江湖名城做贡献。

1. 全力以赴稳增长

把工业稳增长作为头等大事来抓。一是加强监测预警分析。充分发挥工业运行监测分析系统和工业地理系统信息报送平台作用，加强对全市工业总体运行情况，重点行业、重点企业运行情况，以及工业用电、税收等重要支撑指标的监测。充分挖掘监测数据所反映的深层信息，提高经济运行分析的前瞻性，为政府决策提供支撑。二是加大企业入规力度。加强对临近规上企业的统计监测，建立台账，动态管理，夯实拟入规企业基础性工作，强化跟踪和服务。对符合申报规模企业条件的，主动指导和帮助企业做好申报材料，加强与上级统计部门的协调对接，做好企业入规的报批工作，进一步扩张全市规模工业企业总量。三是高度重视安全生产。始终牢记安全发展理念，加强对监管范围内企

业安全生产工作的指导与监督，坚决遏制重特大安全生产事故。密切关注特困企业生产经营状况，加强企业资金链断裂、破产风险预测预警，维护企业和社会稳定。各县市区工信局要切实加强工业企业应急工作指导，引导企业积极应对工业突发事件，完善应急预案，做到早准备、早应对。

2. 坚定不移促转型

以规划为指引，以市场为导向，加快转型升级、优化要素配置，提高供给端质量和效益。一是加快新兴产业培育壮大。积极对接“中国制造 2025”和“互联网＋”，紧密结合湖南省制造业强省五年行动计划，重点支持军民融合、生物医药、清洁能源、装备制造、节能环保等新兴产业发展，加快健康医药产业园、军民融合产业园等一批新兴产业示范基地建设；培育壮大科伦制药、国信军创、中科电气、东方雨虹等骨干企业。二是促进传统产业改造升级。推进信息化与工业化深度融合，利用信息化大力改造提升传统产业，促进信息技术在石化、食品、建材、纺织、造纸等传统产业中应用，建设数字车间、智能车间。三是引导特色产业抱团出海。依托湖南省在东南亚、非洲及拉美地区建设的合作园区平台，围绕全市优势产业和特色产业，引导一批骨干企业“走出去”，通过示范效应带动更多企业参与国际竞争，从而促进优势产能国际合作，提升企业技术、质量和服务水平，化解过剩产能，形成新的经济增长点。四是实施特困企业分类处置。加大供给侧改革力度，抓住国家出台推动企业兼并重组、处置特困企业的政策机遇，对全市特困企业进行分类处置，清理僵尸企业，淘汰落后产能，推动兼并重组，提升企业活力与竞争力。

3. 凝心聚力上项目

坚持把“大抓项目、抓大项目”作为一种常态，深入开展项目大招商、大竞赛、大帮扶活动，推动项目建设攻坚提速。一是抓项目招商。围绕产业结构的调整与产业链的延伸，依托中博会、岳商大会、“一区一港四口岸”招商推介会等平台，利用沿海产业转移和长株潭老工业区搬迁的机遇，加大项目谋划和招商引资力度。加快推进市政府与四川科伦集团签订战略合作协议。二是抓项目推进。重点抓好株冶绿色改造升级、神华国华岳阳电厂、华电平江电厂、湘江纸业环保搬迁、际华 3517 新材料产业园、道道全 50 万吨/年食用油综合加工、中航浮空器产业园、军民融合卫星应用产业园、10 万吨煤制氢、2 万吨 SEPS/年工业化装置等重大项目建设，加强项目跟踪调度，积极协调解决

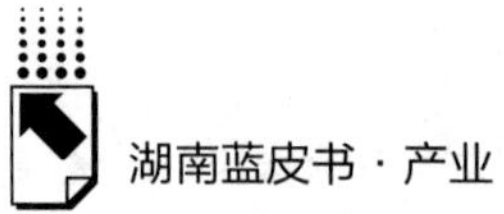

问题。三是抓项目开工。积极跟进与中国空间技术研究院签订的《军民融合卫星应用产业发展战略合作框架协议》的后续项目对接，加大中粮城陵矶产业园项目对接，争取早日开工建设。

4. 落实政策兴园区

强化“实力看工业、工业看园区”的发展理念，全面落实市政府《关于进一步促进产业园区发展的意见》，鼓励园区实行灵活的审批、用人、分配政策，推动园区自主发展、提速发展。一是突出龙头带动。以岳阳经济技术开发区、湖南绿色化工产业园、城陵矶新港区为重点，加大投入力度，做大园区工业经济总量，带动全市园区加快发展。大力发展“飞地经济”，重点支持长沙经开区汨罗产业园发展，打造区域共建共享示范窗口。二是提升承载能力。加快推进“135”工程建设，建成标准化厂房259万平方米，引进创新创业企业250家以上。推动园区建设向生产、生活、生态一体化协调发展，合理布局生产与生活区，增强园区的综合承载能力和发展竞争力，实现新型工业化和新型城镇化互动发展。三是严格绩效考核。对省级及以上产业园区，从产业发展、建设投入、招商引资等方面进行严格绩效考核，其中经开区、城陵矶新港区要求每年引进投资过20亿元项目1个以上，其他省级园区引进投资过5亿元项目2个以上。

5. 完善体系抓服务

加强中小企业公共服务平台建设，提升服务能力与水平。一是整合服务资源。依托国家级中小企业服务平台，整合全市中小企业服务机构资源，为企业提供人才培训、信息化建设、管理咨询、法律援助等一站式专业服务。二是完善创新体系。逐步完善以企业为主体、市场为导向、政产学研用相结合的制造业创新体系。依托中科电气、科美达等建设工业磁力设计中心，依托湖南科伦建立生物医药研发中心，深化与高校、科研院所合作，促进协同创新。三是鼓励配套服务。鼓励发展工业设计、工业物流、信息服务及外包、电子商务等产业，提高生产性服务业对工业要素配置、市场开拓、产业升级的支撑能力，实现制造业与生产性服务业互动发展。

6. 突出重点抓帮扶

继续深入开展重点产业和重点民营企业帮扶行动。一是明确帮扶重点。制定出台2016年度产业帮扶工作方案，进一步突出对先进装备制造、生物医药、军民融合、节能环保、清洁能源产业等新兴产业的帮扶力度。细化工作任务，在原有重点产业、重点企业的基础上，进一步明确重点帮扶项目。二是增强帮扶实效。对上争取政策、项目、资金支持；对外加强联络招商；对内优化环境、整治不正之风、减轻企业负担。坚持“挂号销号”制度，特别是针对上年未解决的老、大、难问题，进行细化分解，明确责任部门和解决期限，帮助企业排忧解难。三是创新帮扶方式。创新帮扶方式，制定《岳阳市工业产品推荐目录》，出台支持本地优质产品参与政府、企业采购，重点工程招标的鼓励政策，探索建立对企业、项目采购本地优质产品的财政补贴政策。举办本地优质产品的推介会、产需对接会，宣传推介优质产品，帮助拓展产品市场。

B.18
2015 ~2016年常德市新型工业化发展研究报告

沈习淼*

2015 年，受增长速度换挡期、结构调整阵痛期、前期刺激政策消化期“三期”叠加影响，全市工业经济下行压力不断加大。常德市紧跟省委、省政府的决策部署，凝聚共识、合力同心，变压力为动力、化不利为有利，实现了工业经济稳中有进、企稳向好。

一 2015年常德市工业经济运行基本情况

1. 经济总量稳步增长

全市“百亿产业”“百亿企业”“百亿园区”“百亿区县”分别为 8 个、3 个、7 个和 8 个，全市规模工业企业达到 971 家，亿元企业达到 443 家。全年完成规模工业总产值 2541.2 亿元，增长 9.1%；完成规模工业增加值 992 亿元，增长 7.1%，工业经济增长仍处于合理区间，工业经济发展形势继续趋稳向好。

2. 园区攻坚深入推进

全年全市园区完成规模工业产值 1415.6 亿元，同比增长 12.6%，全市园区基础设施投入突破 60 亿元，投入额度、增长速度均创历史新高。按照省“135”工程建设要求，规划创建创新创业园区 10 个，创建省级科技企业孵化器 2 个、省级中小微企业创业基地 7 个，建设标准化厂房 150 万平方米以上，争取省标准化厂房建设补贴资金 1.1 亿元。各园区基本建立起了“一权两制一

* 沈习淼，常德市人民政府副市长。

司”新的体制机制，并在进一步巩固、完善。启动了现代工业综合体建设，搭建了融资、物流、电商、政务服务等平台，全方位提升了园区的服务功能和承载能力。

3. “1115”工程不断深化

全年“1115”工程企业产值达到1040亿元，首次突破1000亿元。此外，金天钛业如期入规，力元新材料产业园投产，常德电厂建成投产，丰康生物实现重组再生。

4. 项目建设步伐加快

全市在建工业项目976个，其中亿元项目90个，新开工亿元项目55个。全年完成工业固定资产投资882亿元，增长18.7%；完成技改投资452亿元，增长25.3%。恒安纸业五期、金天钛业高性能钛合金加工项目一期、常德烟机超高速、高速卷接机组技术改造项目、华电常德电厂项目等已经建成，常德烟厂易地技改项目、汉能光伏电池项目等一批重点项目推进有序。忠旺铝材、中国中车等战略项目正在紧密洽谈跟进之中。

二 2015年推动新型工业化的主要做法

1. 抓园区攻坚，打造工业经济增长极

强化组织领导，形成强大园区攻坚合力。强化联动协作，营造浓厚园区攻坚氛围。召开了高规格的全市推进新型工业化暨园区攻坚工作大会。制定了详细攻坚方案，指导各地做好园区攻坚工作。强化调度考核，提升了园区攻坚效率。每月定期召开全市园区攻坚工作调度会、指挥部指挥长办公会、“1115”工程和企业特派员专题调度会，不定期召开指挥部全会、指挥部办公室例会，半年度开展园区攻坚现场督导活动，全面调度攻坚工作，督导攻坚进度，并及时对重点工作进行研究部署。强化活动推进，深化了园区攻坚效果。全年开展覆盖全市的“千名领导干部服务千家企业”“百名领导干部与百名民营企业家结对子工程”、全市园区建设和高新区创建学习考察、“华青大讲堂”走进百亿园区、德商恳谈会等重大活动20多次，并以活动为载体，不断将园区攻坚引向深入。

2. 抓运行调度，助推工业经济稳增长

始终坚持高密度、高强度、高效率的工业运行调度，确保了工业经济的稳中向好、稳中有升。一是加强日常调度。建立健全了“周调度、旬预测、月点评、季考核”的调度机制，做到“以周保旬、以旬保月、以月保季、以季保年”。二是加强重点调度。坚持市级领导联系服务重点企业和项目制度，建立了亿元项目、“1115”工程重点项目等五大项目调度体系，对新上工业项目和技术改造项目均建立了台账，实行动态管理和销号机制。三是加强目标调度。抓通报考核，把主要经济发展指标一月一排名、一月一通报，年底结硬账；抓任务分解，每月召开一次工业经济调度会，将全年的任务指标逐项分解到具体的时间节点，分解到每个区县市、每个工业园区和各个骨干企业；抓现场调度，定期召开流动现场会，市级领导带队督促各地加快完成目标任务。

3. 抓产业升级，力促工业结构大转型

一是加快构建现代工业体系。重点发展烟草、装备制造、电子信息、纺织服装、食品生物医药、有色金属及新材料等六大主导产业。六大主导产业完成规模工业产值1869.9亿元，同比增长7.3%，占全市规模工业产值达到73.6%。二是大力发展战略性新兴产业。采取政策激励、资金扶持、招商引资等措施，加快发展战略性新兴产业，全年战略性新兴产业完成产值471.2亿元。三是加快淘汰落后产能。制定了淘汰落后产能的发展规划和调整方案，分期分批取缔和关停达不到产能要求的小企业、小作坊。

4. 抓企业服务，盘活经济存量促发展

一是积极开展政策服务。出台了《关于促进非公有制经济发展的若干意见》《鼓励使用消费本地产品的意见》等政策，编印了《涉企收费目录》和《减轻企业负担百问百答》，极大地鼓舞了广大小微企业的信心和士气。二是着力优化环境服务。广泛开展“千名领导干部服务千家企业”活动。全市共派出服务组200多个，参与人员千余人，为企业解决融资、土地、周边环境等各类困难470多个。三是着力优化融资服务。设立、运行中小企业过桥资金，落实3亿元中小企业过桥基金，督促已经入围的14个项目的1.48亿元过桥资金的发放到位。四是搭建公共服务平台。启动了市级中小企业服务大楼建设，集中为中小企业和初创企业提供全方位、全天候、全覆盖的服务。目前，服务大楼已封顶，预计明年可投入使用。

5. 抓创新驱动，激活经济增长新生动力

一是加速“信息网”建设。目前，已成功引进浪潮集团投资30亿元新建了云计算中心，为智慧城市进行顶层设计。投资17亿元建成了以智慧城管、智能交通等为核心的社会管理信息网。二是推动“两化”融合。先后启动“登高”计划、“两化”融合水平评估和示范试点、“数字企业”“数字园区”创建等活动，引导企业提高工业生产全流程的信息化水平。三是推动科技创新。配合相关部门组织省内外高等院校专家教授来常进行技术对接，对外发布了全市企业关键技术需求项目100多个，联合科研院所、高等院校建成了生物制药、纺织机械、新材料、光机电、稻米深加工等五个产学研合作联盟。

三　2016年常德市新型工业化的发展思路

当前，全球经济仍处于缓慢、脆弱的复苏之中，国内资源环境约束逐步加强、产能过剩矛盾逐渐凸显、经济结构调整逐步加快，经济发展全面进入“新常态”。就常德市而言，总量不大、结构不优、创新不够、后劲不强等问题依然存在，特别是工业增长主要依赖烟草产业，目前烟厂进入低增长、微增长时代，在创造新增长点、衍生新产业方面难有大的贡献。据调查摸底，预计2016年全市完成规模工业产值2700亿元，同比增长7.5%；完成增加值1030亿元，增速在5%左右。就三家“百亿企业”而言，常德烟厂生产卷烟162万大箱，完成产值552.3亿元，增长3.5%；创元铝业受铝价持续下跌影响，已关停产能50%，产值将下降52%；中联重科四家核心企业预计完成产值50亿元，同比增长14%左右，但明年工程机械市场变数很大。就工业增量而言，明年新投产入规项目27个，新增产值33亿元，其中常德电厂和汉能光伏2个项目分别新增产值10亿元和3亿元；自然入规企业50家，包括金天钛业、欣瑞生物、雄鹰科技等，新增产值27亿元，这些增量对全市工业经济的支撑作用不明显。

尽管常德市工业经济发展面临严峻挑战，但近些年来，全市强力推进新型工业化、启动园区攻坚战役，积淀了加速发展的条件，惠企政策已逐步配套、外围环境正逐步好转，园区承载能力、产业扩张能力正在提升，一批重大项目

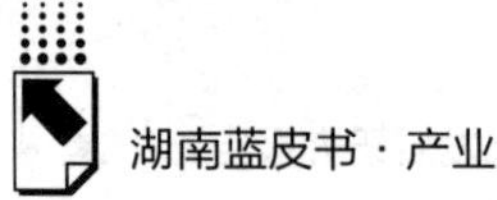

已经签约，重点企业发展来势向好，群众创业创富的愿望强烈，这些都为全市加快发展奠定了良好的基础。

（一）指导思想

根据省委省政府新型工业化的总体部署，按照全市新常德新创业的总体要求，坚定不移大力推进园区攻坚，坚定不移大力推进“1115”工程，坚定不移大力推进规模总量扩大，坚定不移大力推进新兴产业发展，确保实现“保存量、扩增量、稳增长”目标。

（二）预期目标

规模工业产值超过3000亿元，规模工业增加值增长8.5%左右；工业固定资产投资增长15%以上；新增规模工业企业100户以上，规模以上企业突破1000家；新创实体企业突破1000家；规模工业单位增加值能耗下降5%以上。

2016年全市园区发展的主要预期目标是：全市园区规模工业产值增长15%以上，规模工业增加值增长10%以上；固定资产投资突破700亿元；新增规模工业企业80户以上；完成基础设施投入60亿元以上；建设标准厂房150万平方米以上，使用率60%以上；成功创建国家级高新区，成功创建1家以上省级高新区。

四　2016年推进常德市新型工业化的对策建议

园区是常德市推进新型工业化的主引擎、主战场。努力实现园区大发展大跨越是常德市当前推进新型工业化重要而紧迫的任务。2016年，常德市将围绕市委市政府“一个中心、三个迈进、五个常德”的新要求，瞄准目标发力，奔着难题攻坚，大力推动全市园区走上发展的快车道。2016年的工作重点是：“企业要做大做强、项目要落实落地、基础要提质提速、服务要优质优化”。

1. 要以转型升级为核心，大力度推动现有企业做大做强

一是强力支持“1115”工程重点骨干企业发展壮大。要抢抓国家和省里的政策机遇，认真落实特殊发展政策、特殊服务制度、特殊贡献奖励的“三

特”政策，抓好企业动态管理，强化企业特派员服务，推动“1115”工程企业进一步扩大生产规模、进一步优化内部管理、进一步开拓国际国内市场，助推企业在尽量短的时间内过千亿元、百亿元、50亿元，年内“1115”工程企业产值要突破1200亿元。同时，要积极支持全市传统优势产业转型提质，加快芙蓉王现代新城、鼎城中联起重、桃源辣妹子食品二期、临澧锦湖气门、澧县新鹏陶瓷、安乡晋煤金牛、津市新中意食品等项目建设。二是强力扶持现有困难企业渡过难关。市里出台《常德市帮扶工业企业十条》，切实帮助企业减轻负担。各县市区将结合本地实际，出台相应减负政策；各级各部门将对中央、省里、市里的帮扶优惠政策要不折不扣的落实到位，绝不搞变通、搞截留，确保将政府的“温暖”转化为发展的动力、活力和实力。同时，要加大对中小微企业的支持力度，积极出台一些中小微企业在融资担保、企业上市、劳动用工等方面的优惠政策和措施，推动企业提质扩规、发展壮大。三是强力抓好当前企业生产调度。各级各部门将充分发挥职能作用，把转型升级、提质增效作为工作调度的关键和重点，鼓励企业自主创新，引导企业开拓市场，帮扶企业降本增效，积极培育新的经济增长点；加强对工业经济运行情况的跟踪、分析和研判，做好综合协调和统计调度；加强企业生产管理、市场开拓、要素保障等调度，千方百计帮助企业恢复开工、搞活生产、搞活经营，确保工业经济发展一季度“开门红”，为全市2016年工业经济稳步健康发展开好头、起好步，增添全社会抓经济、抓发展的信心和勇气。

2. 要以靠大靠强为取向，大手笔推动园区项目建设落地落实

园区就是生命，项目就是灵魂。要实现园区的大发展大跨越，必须牵紧项目建设这根“牛鼻子”。一是加大力度抓好项目招商。各级各部门、各园区把招商重点放在战略性产业上，把招商对象放在世界500强、国内100强和行业50强上，千方百计引大项目、靠大集团，着力引进和新上一批投资10亿元、50亿元、100亿元以上的投资规模大的战略性产业项目；把招商的重点放在高新技术产业项目上，加强与央企对接，加强与科研院所对接，力争引进一批高科技含量、高附加值的高新技术产业项目；充分运用标准化厂房建设的成果，重点引进一大批中小微企业、劳动密集型企业、短平快企业，做到快引进、快见效。各地党政主要负责人将赴招商引资第一线带头招商，各园区要引进过10亿元项目1个以上。二是加大力度抓好项目落地。深入开展“项

目推进年”活动，更高水平地掀起新一轮项目建设的热潮。对已有意向的项目，要抓紧对接、抓紧签约、抓紧落地；对已签约项目，要加快履约进度，督促企业加快建设、加快投产。要加快汉能光伏、华兰德光纤、力元新材、汉寿昊晖光伏等项目建设进度，加大中国中车、中国兵装集团、中国恒天集团、中国华电集团、中国医药集团、湘投控股集团、海利集团、科力远集团等重大战略投资项目的引进力度。确保全市完成工业固定资产投资突破1000亿元、工业技改投资突破440亿元，新开工亿元以上工业项目60个以上。三是加大力度抓好项目服务和调度。严格落实项目建设责任，继续实行领导联系重点项目制度。各级各部门要进一步强化领导力量、强化工作责任，及时帮助协调解决项目建设中遇到的困难和问题，为项目建设创造宽松的环境，确保项目不因审批受阻、不因用地影响、不因拆迁延误，确保不因政府的有关服务工作未到位而影响项目早落地、早开工、早见效。市园区攻坚指挥部将建立园区开工项目动态调度平台，将投资亿元以上项目全部列表上墙，排出建设进度，挂牌督导、看版管理、跟踪调度，定期召开会商会，及时研究解决问题。

3. 要以多元投入为手段，大气魄推动园区基础建设提质提速

借鉴外地“超前投入、超大投入、超强投入”的园区建设经验，用大气魄、靠大投入、下大力气，推动园区基础设施大的提升、大的转变。一是通过超前投入提升园区品位。各园区坚持“立足长远、适度超前、留足空间”的园区开发原则，加强园区发展规划修编，对园区进行扩大规模、扩容整合，提高园区发展的集聚度和综合效益水平，避免小而散，避免重复建设。二是通过超大投入提升园区竞争力。立足自身挖潜，拓宽融资渠道，采取多元化投入手段，全方位加强园区基础设施建设。开拓思路、多措并举突破资金和土地瓶颈问题，完善园区路网体系，加强标准化厂房建设，顺畅物流通道，保障能源供给，优化信息化网络，形成良好的基础设施条件，提升园区对外招商引资的竞争力。三是通过超强投入提升园区魅力。按照以人为本的要求，加强园区生活配套服务，把最好的学校、最好的医院、最好的公共服务配置进园区，大力完善园区商务、会展、休闲、娱乐等服务配套设施。让园区企业员工不出园区就能够享受到中心城区一样优质的生产生活服务，把园区建成新兴的生态之城、宜居之城、魅力之城。

4. 要以平台建设为载体，下决心推动园区机制服务优质优化

高效率的优质平台是进一步优化园区机制服务的重要手段。大力实施“八大平台建设工程”：一是建立科技企业孵化平台。每个园区都建设1个以上科技企业孵化器，年内成功创建1个以上国家级孵化器、2个以上省级科技孵化器。二是建立投融资平台。各个园区做大、做强、做实现有的投融资平台，积极引进金融机构落户园区，有条件的地方要设立工业引导资金、风险投资基金、科技种子基金、天使基金等。市现代工业投资公司注册资本金三年内增加至5亿元。今年，市财政新增1亿元过桥资金，县（市）注入资本金的，每年可按1∶5的放大倍数提供属地企业过桥资金；进一步加大市财鑫担保公司和善德融资担保公司为工业企业提供融资担保的规模。三是建立技术交易平台。积极引进和扶持中国技术交易所、中国科技网等技术交易、技术服务机构在园区设立专业平台，建设区域性技术交易中心和交易市场。四是建立企业研发平台。出台科技创新平台管理办法，加强对企业研发平台的支持、评估和管理，推动企业成为科技创新主体。力争金健米业成功申报国家稻米深加工工程技术研究中心、大湖股份成功申报国家水产工程技术研究中心，争取金鹏印务、常德烟机、中泰特种装备等企业国家级工程技术研究中心建设进入培育阶段。引导和支持润普科技、康普药业、桃花源种业、正阳化工、汇美食品申报省级工程技术研究中心，德人牧业、平安医械申报省级院士工作站，力争2家获批为省级研发平台。五是建立国家级检测平台。有条件的园区要创建国家级、省级企业产品检测中心。今年国家生活用纸产品质量监督检验（常德）中心投入运营。六是建立电商物流平台。各个园区都建立区域物流公共电子信息平台，引进物流企业，建设物流项目，打造全市的工业物流支撑平台。七是建立企业服务平台。市里组建企业公共服务平台，设立“企业服务110”热线，受理企业咨询、投诉，提供融资、管理、信息、培训等多项便捷服务。每个园区都要成立企业服务中心。八是园区展览展示平台。每个园区建立300平方米以上的园区展览展示厅，综合运用多媒体设备，全方位展示园区的规划发展、产业布局、重点企业、重点产品。

B.19

2015 ~2016年益阳市新型工业化发展研究报告

周振宇 *

一 益阳市2015年新型工业化主要指标完成情况

1. 工业生产总体稳健

完成规模工业总产值2035亿元，增长8.5%；完成规模工业增加值539.6亿元，增长7.1%，全省排名第8位；新进规模工业企业100家，完成全年目标任务的100%，全市规模工业企业达946家。

2. 园区大会战扎实推进

全市九大园区新建标准化厂房200万平方米；完成基础设施建设投资142.0亿元，增长14.8%，其中本级政府对基础设施投入21.0亿元；新开工工业项目110个，新投产工业项目110个，新增规模工业企业90家，园区标准化厂房利用率80%。

3. 优特产业继续壮大

几大优势特色产业继续保持较好来势，食品加工业完成产值464.3亿元，同比增长16.5%，其中黑茶完成产值77.6亿元，增长34.4%，实现快速增长；装备制造业完成产值395亿元，同比增长10.8%，其中船舶制造业完成产值45.8亿元，增长29.8%；电子信息产业完成产值240.6亿元，同比增长10.4%。

4. 工业投资与节能成效突出

全市完成工业投资692.9亿元，增长20.6%；完成工业技改投资455.6亿

---

* 周振宇，益阳市人民政府副市长。

元，增长24.8%。规模工业万元增加值能耗下降9.5%，超过全省年初预定下降4.5%的目标。

5. 融合发展进展顺利

2015年，城区宽带实现全覆盖，90%行政村通宽带，拥有固定互联网宽带用户41万户，互联网普及率达31%；中心城区3G/4G覆盖率达98%，乡镇覆盖率达95%，拥有移动电话用户320万户，移动电话普及率达66.7部/百人；省两化融合示范区长春经开区入园企业118家，扶持培育市级两化融合示范企业10家、省两化融合支持企业10家；大中型企业数字化设计工具普及率达60%以上，关键工序数控化率达20%以上，网络营销率达40%，50%以上中小企业实现主营业务环节的信息化，橡塑机械等3家企业成为国家级两化融合管理体系贯标示范企业。

二　益阳市2015年新型工业化的主要工作

1. 积极化解制约，增长基础有效稳固

从多方面着手，全力保障企业发展。一是加强运行监测。高度关注国内外经济走势、国家宏观调控政策、主要原辅材料价格波动等情况，加强重点企业、重点地区运行指标的预警监测，并制定了问题预案，确保平稳运行；协调相关部门继续帮助企业解决用人、用地、融资方面的困难，破解发展瓶颈，推动优质要素资源向园区集中，向成长型企业倾斜。二是着力缓解融资矛盾。以省中小企业信用担保公司、市中小企业信用担保有限公司为主体，加强担保体系建设，全年在保企业314家，在保额达15.21亿元，新增担保企业212家，新增担保额10.86亿元；组织银行、金融服务机构和企业召开融资对接会，共73个项目签订融资意向合同，融资额达24.82亿元，已到位资金9.45亿元；推荐桃江县湘益木业有限责任公司等48家优质企业成功登陆湖南股交所优选板、成长板、标准板，有3家企业通过股权融资6056万元。三是强化政策保障。牵头制定了《中共益阳市委益阳市人民政府关于支持非公有制经济发展的十条规定》《益阳市人民政府关于促进工业地产发展的实施意见》，修改完善了《益阳市新型工业化考核奖励细则》，在全省率先出台了《益阳市公用移动通信基站建设管理办法》等政策意见，切实加强了产业升级、扶持中小微、发展非公经济、推进园区建设、推进两化融合等方面的政策保障力度。

2. 突出园区建设，发展平台不断夯实

继续将园区建设大会战作为发展工业的重点工作，集中力量全力攻坚。一是科学制定目标。根据省“135 工程”下达的任务，科学制定了全年工作目标，并合理分解给各园区，指导各工业园区排出了完成目标任务的时间节点。二是重点抓好标准化厂房建设。坚持把标准厂房建设作为园区建设大会战的重中之重，千方百计筹措资金，对各园区标准厂房建设情况实行定期督查与调度，按照时间节点建立工作倒逼机制，做到任务落实到块、责任明确到人，确保了全年任务不折不扣地完成。三是全力推进园区项目建设。将项目建设作为园区的生命线来抓，对在谈项目，促其早日落地；对计划开工项目，积极落实条件，促其早日开工；对在建项目，全力保障施工环境，加快建设进度；对达到建设进度的项目，促其早日投产；对投产项目，促其早日达产，确保了签约项目 90% 以上在预定时间内开工，开工项目 100% 在预定期限内见效。四是加大服务力度。在真实掌握园区发展面临的困难与问题基础上，充分发挥部门职能作用，扎扎实实指导解决，加快项目落地和建设工作进度，全力以赴搞好园区和企业的服务工作，园区发展环境不断优化，切实帮助园区提振了攻坚克难、加快发展的信心。

3. 开展企业帮扶，下行压力明显缓解

认真贯彻落实市委、市政府开展企业帮扶行动的重大决策，全力部署开展专项行动。在帮扶过程中，始终坚持问题导向，落实过硬措施，建立健全帮扶工作制度，坚持定期联系企业、定期调度、定期督查、综合考评和问题销号 5 个制度，并建立企业帮扶工作台账；对全部规模以上工业企业、重点项目、重点规下企业进行问题登记，建立问题清单；各帮扶工作组对照问题清单，按“一企一策”要求，明确责任单位、解决办法和时限，督促各区县（市）确保落实帮扶措施。活动开展以来，共收集 503 家规模以上企业涉及融资、用地、用工、用电、交通、税费、审批办证、市场开拓、品牌建设、生产施工环境等 20 个方面 702 个问题，动员市、县、乡镇、园区等 61 个单位部门、干部 500 多人次参与帮扶，共计为企业解决各类问题 421 个，占全部问题的 60%，23 家半停产企业实现达产和增长。帮扶行动的开展，有效提振了困难企业应对挑战的信心和能力，起到很好的稳增长、防风险作用。

4. 狠抓项目建设，发展后劲有效增强

切实履行市重工办工作职能，确保项目建设快速推进，以新项目的竣工投产为稳增长提供了有力支撑。一是坚持深入一线、深入项目现场，逐个项目开展协调、服务和督办，针对重点工业项目实施中遇到的制约和难题，多次提请市级领导专题研究、召开会议，对重点问题逐一协调解决，为项目建设扫清障碍。二是紧盯项目强招商，加大对外招商引资力度，按照“招大、招群、招特”思路，加强与央企、名企的对接，尽力引进、储备一批体量大、带动性强的重大项目，着力提高全市项目建设的整体质量和水平。三是加强与国家、省发改和经信等部门的请示对接力度，及时跟进最新产业政策走向和项目申报机遇，充实项目储备，多方争取项目资金以支持项目建设。2015 年，全市列入重大工业项目动态管理项目共 63 个，其中竣工投产 12 个，完成总投资 39.4 亿元，新增产值 68.65 亿元，新增利税 2.62 亿元；在建项目 21 个，累计完成投资 45.21 亿元，预计将新增产值 117.1 亿元，利税 4.45 亿元；全年申报扶持项目 160 个，争取项目扶持资金 3.2 亿元。

5. 强化平台服务，提升服务质量不遗余力

一是打造服务品牌。全年推荐 14 家企业进入省“专精特新”发展示范企业名录库；新申报 5 家创业基地作为“湖南省中小微企业创业基地”；全力打造以市中小企业服务中心为核心的“益阳市中小企业窗口服务平台”，不断完善信息服务、人才培训、融资服务、项目推介等功能。益阳市中小企业服务中心的“服务体系市场化运行机制促发展”在由人民日报社人民网、中国中小企业协会主办的“2015 全国中小企业服务体系创新典型案例”优秀案例评选中获优秀案例奖。二是搭建服务平台。重点完善益阳市中小企业公共服务平台的各项服务功能，推进县、市、区、园区中小企业服务中心的子窗口建设，以工业园区为依托做大、做强创业示范基地，5 家创业基地全年新增标准化厂房 16.1 万平方米，引进服务机构 7 家，其中入驻企业 283 家，从业人员 13952 人，预计实现工业总产值 19.1 亿元，净利润 2.0 亿元。三是加强专业技术人才培养。组织企业参加湖南省“专精特新”中小企业研修班、“2015 年国家中小企业银河培训工程湖南省创业辅导师培训班”“全省创业辅导师培训班”等多场专题培训，开展了中小企业“腾飞杯”管理升级巡回大讲堂和中小企业员工技能培训等多种专业培训，有效提升了企业专业管理和技术人才队伍

水平。

6. 紧跟发展趋势，两化融合大幅推进

一是做好顶层设计，规划产业发展。根据市级主要领导指示，组织了《益阳市通信基础设施建设规划》和《益阳市“十三五”新型工业化发展规划》以及园区建设、信息化发展、装备制造、食品产业、电子信息等“十三五”专项规划，在规划中，“互联网+”产业作为重要发展产业，明确了发展目标、方向和措施。二是加强基础设施建设，提高互联网普及率。通过成立组织、明确目标、分解任务、制定措施、加强落实，全市互联网基础设施建设实现重大突破，宽带互联网普及率达32%，比上年提高4个百分点；3G/4G信号城区100%全覆盖，村镇覆盖率95%以上。三是推动智能制造发展，加深信息化程度。积极利用信息技术对建材水泥、有色冶金等传统行业企业开展改造升级，对食品加工、装备制造、生物医药等新兴产业实行提质升级，有效推进工业产品的数字化、网络化、智能化程度。四是推动移动互联网与产业的融合，发展电子商务。推广移动办公、手机应用程序（APP）、微博/微信营销、4G视频监控在工业企业的应用，推动现有制造业企业重点推动优势特色产业企业建立电商平台。目前，全市规模企业70%以上建立了官网，超过50%的企业开展了电子商务营销。

7. 推进绿色发展，节能降耗有力推动

一是大力推进清洁生产。积极推进电机能效提升工程，3家企业通过了省经信委的核查；全面落实全省2015年清洁生产推进计划，指导7家企业开展清洁生产审核，顺利通过专家评审并获得补贴资金；大力推广新能源汽车，新增新能源公交车260台。二是强化重点用能企业监管。建设完善了能耗在线监测系统，新进能耗大户直接纳入省经信委在线监控，有效促进了企业能耗信息化管理。三是大力发展节能环保产业。资源综合利用企业成长迅速，全年有8家企业进入全省重点支持的节能环保企业名单，同时关闭立窑水泥企业1家，至此益阳市所有立窑水泥生产企业已全部淘汰关停。四是切实加大水泥监管和新墙材推广。强化了水泥市场和新墙材使用的执法整顿，积极配合参与打击非法搅拌站和“一江三路”综合整治行动，取缔资江河道两侧非法搅拌站15家，城区内“限粘禁实”工作也基本完成，建设项目新型墙材使用比率达83%。

存在的主要问题：经济下行、增速放缓的外部环境仍未改变；本市企业和产品的竞争力普遍不强，转型升级、结构调整压力仍然较大；许多企业资金链、担保链断裂风险仍然存在，融资矛盾突出；受国家政策收紧影响，多数企业投资信心不足，大项目、好项目仍然缺乏；园区产业集聚水平和承载能力仍亟待提升，带动发展能力不强，等等。

三 益阳市2016年新型城镇化的工作思路和主要举措

2016年是贯彻落实党的十八届三中、四中、五中全会精神、全面深化改革的关键之年，也是实施“十三五”规划的开局之年。要坚定信心，以积极、务实、努力、创新的工作态度，全面贯彻落实中央，省委、省政府，市委、市政府的决策部署，加强运行监测，主动服务企业，加力招商引资，打好园区会战，推进项目建设，确保工业经济平稳健康发展，确保信息化建设有序推进。

（一）工作目标

完成规模工业总产值2260亿元，增长10.0%；完成规模工业增加值600亿元，增长11.0%；新增规模工业企业100家。完成工业投资680亿元，增长11%，完成工业技改投资446亿元，增长12%，继续保持全省靠前位置；规模工业万元增加值能耗下降4.5%。全市园区建设大会战新建标准化厂房150万平方米，引进创新创业企业200家以上，完成基础设施投资100亿元，新开工项目100个，新投产项目100个，全面完成“135”工程工作目标。互联网宽带用户达46万户，宽带互联网普及率达35%；大中型企业数字化设计工具普及率80%以上，关键工序数控化率30%以上，网络营销率达到50%，60%以上中小企业实现主营业务环节的信息化。

（二）工作措施

1. 加强运行监测，确保平稳增长

2016年，受国际经济复苏缓慢，国内工业产能严重过剩、投资效率低下、自主创新力不足等因素影响，工业经济仍将面临较大的下行压力，而且根据中央和省、市经济工作会议预判，各种新的不确定因素仍然较多。具体来说，工业企业景气度不够和运行数据匹配难仍将是2016年全市工业运行中的两大突出问题，为此，一是要科学分解年度目标任务。对上升潜力大的区县（市）要加担子，对上升潜力小的区县（市）要保稳定，充分发挥全市各级在稳增长工作中的积极作用；要继续实行工业生产旬调度、月通报、季点评制度，加强督促，确保完成年度任务。二是继续实行月中月末统计、经信、电力、交通、金融等部门会商制度。建议以统计部门牵头，年初制定好相关匹配数据的运行目标与匹配计划，出现问题及时会商解决。三是加强预警预报。密切关注工业宏观环境与走势的变化，及时掌握全市工业企业的运行动态，发现苗头性、倾向性、潜在性问题及时预警预报，认真调查研究，引导企业调整生产经营策略，促进工业经济平稳健康运行。

2. 优化帮扶服务，力促攻坚克难

面对当前经济形势与下行压力，要动员全市工业系统、协调相关部门主动靠前服务，强化要素保障，让帮扶服务多层面、广覆盖，着力稳定工业基本面，最大限度地激化发展活力。一是问题导向服务。要继续开展企业帮扶专项行动，对企业存在的问题实行动态管理，落实好问题台账制度和问题销号制度，按部门、层级、责任人进行责任分解落实，限期解决，助力企业尽快走出困境。二是政策落实服务。抓住国家长江经济带发展战略、“中国制造 2025”、洞庭湖生态经济区发展规划等机遇，用好、用足国家的优惠政策，帮助企业捕捉发展良机；要抓紧落实好益阳市出台的《关于支持工业地产发展的意见》《关于支持非公有制经济发展的十条规定》等政策措施，积极为企业发展营造宽松的发展环境。三是帮助融资服务。要继续开展银、企、担融资对接活动，鼓励有融资需求的企业主动到银行寻求帮助，敦促金融机构主动为工业企业服务；引导工业企业积极创造条件，争取更多企业到“新三板”上市，或进入股权交易中心挂牌交易，破解融资瓶颈对企业发展的制约。四是培训人才服务。要充分利用本市高校和职业技术培训院校的资源优势，建立校企合作机制，帮助企业培训急需人才；鼓励企业“走出去”与知名高校、科研院所开展合作，培养企业所需高、精、尖人才，增强企业的创新创造能力；继续组织企业参加“银河培训工程”和“腾飞杯”管理竞赛，帮助企业引进现代企业管理理念，建立先进的经营管理体系，提升企业的管理效率和抗风险能力。五是强化平台服务。要进一步强化中小企业服务中心的平台功能，更加充分地发挥好平台服务作用。特别是要发挥好服务联盟、统贷平台、担保平台、服务超市等分平台的作用，在融资、技术、市场、管理、培训等方面为中小工业企业提供全方位的系统服务，努力帮企业排忧解难，把中小企业服务中心打造成企业之家。

3. 加力招商引资，推进项目建设

项目建设是工业工作的重中之重，是培育新的增长点、增强发展后劲的重要举措。2016 年，一方面要加大招商引资力度，大力引进新的工业项目。要紧紧围绕市委、市政府“招大、招特、招群”的招商工作思路，依靠近年来招商引资工作打下的基础，突出装备制造、电子信息、有色冶炼、新材料四大产业招商；明确工作任务，落实工作责任，加强工作调度，启动追踪问效机制，务求取得实效；开展全员招商，采用亲情招商、信息平台招商、走出去、请进来等多种形式捕捉招商信息，开展招商活动，确保完成全年招商引资任务。另一方面要充分发挥重工办的跟踪、督办、服务功能，着力推进项目建设。及时将落地项目纳入项目库，收集相关信息，积极协调相关部门排解项目建设难题，将重工办同时打造成亲商、安商的平台，巩固全市工业招商的成果。

4. 打好园区会战，做强发展平台

通过近几年的发展，园区已经成为全市工业发展的主战场，但园区工业的发展和提升仍有较大空间。2016 年，一是要继续打好园区建设大会战。要把省“135”工程和市园区大会战的目标任务分解到各大园区，修订和完善园区考核内容与考核办法，继续实行一月一调度、一季一督查、半年一讲评、一年一总结的工作制度，督促各园区按时按进度完成工作任务。二是要加快园区基础设施的完善。特别是要加快园区道路、管网、污水处理、公共交通等配套基础设施建设，完善园区招商引资和承接产业转移的条件。三是要进一步优化园区发展环境。敦促各区县（市）加大为园区服务的力度，加快清理和处置园区僵尸项目和闲置土地，开展园区软环境综合治理，促进新项目落地快、建设快、发展快，营造良好的园区工业发展环境。

5. 推动绿色发展，致力提质增效

进一步引导食品加工、装备制造、电子信息等优势产业做强，进一步扶持生物医药、新材料、新能源等战略性新兴产业做大，巩固优势产业的支柱地位，发挥新兴产业的引领作用，继续扩大节能环保型产业在工业总量中的占比；加快对建材、造纸、化工等传统产业的提质改造，淘汰落后产能，引导“两高一资”型企业逐步退出市场竞争，推动产业结构不断优化。全面推行合同能源管理，加快改造工业锅炉、窑炉，降低工业能耗水平；大力发展循环经济，提高资源综合利用水平，积极推荐企业申报清洁生产审核。

6. 实施“互联网＋”，提升信息水平

一是实施“互联网＋”战略，认真落实《“互联网＋”三年行动方案》，加快发展互联网与产业融合新业态。二是继续推进工业化与信息化的深度融合，以信息化试点企业为示范，总结成功经验加以推广，抢抓国家实施《中国制造2025》规划的机遇，快速提升全市制造业的信息化水平。三是提高互联网入户率。继续推进宽带乡村工程建设，实现网络村村通目标；积极协调电信、移动、联通、铁塔公司等运营商向国家和省里争取项目资金，加快全市通信基础设施建设。

B.20

2015～2016年郴州市新型工业化发展研究报告

张爱国*

一 2015年全市推进新型工业化主要特点

一是工业运行总体平稳。全市规模工业增加值同比增长7.2%，新增规模工业企业98家，规模工业增加值占全省规模工业增加值的10.5%，比上年同期高0.69个百分点，排全省第三位。有色冶炼、烟草、化工、装备制造等支柱产业增加值分别同比增长10.6%、10.6%、10.8%、13.5%。

二是转型升级步伐加快。工业三大门类"一升两降"：制造业占比上升3.5个百分点，采矿业和电力燃气水供应业占比分别下降3.4个、0.1个百分点。产业集中度进一步提高，省级及以上产业园区规模工业增加值同比增长11%，占全市规模工业比重76.7%，比上年提高5.2个百分点，排全省第一位。新兴产业快速发展，全市工业新产品产值增长92%，装备制造、生物医药、电子信息等行业增加值分别增长13.5%、71.7%、7.5%，高于全市平均6.3个、64.5个、0.3个百分点。

三是发展活力不断增强。商事登记制度改革进一步加快，全市新登记企业6241家，注册资金252.1亿元。科技创新取得新突破，金贵银业、柿竹园公司创建国家级企业技术中心，华磊光电获批博士后科研工作站，金旺铋业入选全省制造业十大标志性创新成果。

四是绿色发展卓有成效。永兴冶炼加工企业整合稳步推进，工业企业能耗水平和污染物排放量持续下降，规模工业增加值单位能耗同比下降16%，工

---

* 张爱国，中共郴州市委常委、副市长。

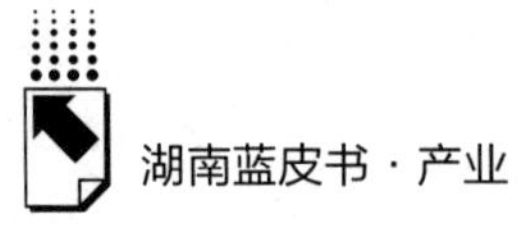

业固废利用和处置率同比提高 3.3 个百分点，达到 76.3%。中国矿业循环经济暨绿色矿山建设经验交流会在郴州召开。

二 2015年全市推进新型工业化主要工作成效

一是大力推进结构调整。出台《郴州市工业转型升级四年行动计划(2015~2018 年)》。新认定国家高新技术企业 19 家、省级企业技术中心 2 家。加快品牌建设，展泰有色等 5 家企业获中国驰名商标，临武通天玉和石墨球获湖南省地方标准。加大工业企业节能减排，组织 10 家企业通过清洁生产审核，淘汰关闭污染企业 60 多家。

二是大力推进园区建设。出台《进一步加快产业园区发展的意见》，推动产业园区规划布局、企业培育、项目准入、开发管理体制和政策扶持等方面的改革创新。深入推进创新创业园区“1555”工作计划，全年建成创新创业园区 11 个，完成固定资产投资 40.8 亿元，建成标准厂房 88 万平方米，引进企业 209 家，获得奖补资金 1.18 亿元。宜章经开区获批省级“飞地经济”试点，郴州经开区获批省级电子商务示范基地。

三是大力推进项目建设。出台《关于加快推进产业项目建设的实施意见》，持续开展“工业项目大会战”，全年启动工业固定资产投资项目 1320 个，完成固定资产投资 850 亿元，其中年投资 1 亿元以上项目 62 个；实施工业技改投资项目 800 个，完成工业技改投资 580 亿元，同比增长 16%。郴州烟叶复烤厂异地技改等 85 个工业项目竣工。深入开展工业招商引资活动，全年实施内联引资工业项目 352 个，实际利用境内省外资金 164 亿元，世界 500 强正威集团与郴州市达成战略合作协议。

四是大力推进两化融合。进一步完善信息基础设施，新建 4G 网络站点 458 个，市城区和所有县城区光纤网络覆盖率达 100%，行政村光网覆盖率达 65.6%。继续实施“两化融合”试点示范工程，积极推进大数据、云计算产业发展，东江湖大数据中心、郴州经开区电子商务产业园、东谷电子商务产业园等重大项目启动建设。

五是大力推进企业帮扶。帮助重点工业企业解决融资、用地、招工、办证等方面困难和问题 200 多个。全市建成各类企业综合服务平台 75 家、创业基地 13 家、担保公司 18 家、企业技术中心 19 家、小额贷款公司 20 家。建立涉企收费目录清单制度，清理规范行政审批前置服务项目及收费，进一步减轻企业负担。

在总结工作的同时，也分析到工业经济面临着各种挑战和不足。主要表现在：一是经济下行压力仍然较大，2015 年规模工业增速回落到个位数，特别是 2015 年 5 月至今，一直徘徊在 7.1% 到 7.3% 的低位，新开工项目大幅减少，工业固定资产投资增速首次跌至个位数，仅为 7.1%，工业稳增长形势压力仍然较大；二是部分企业生产经营困难，规模工业利润总额同比下降 3.1%，规模工业企业亏损面达 6.1%，企业停产面达 16%；三是产业转型升级任务艰巨，有色金属、能源、建材 3 大传统行业产值占全市总量的 50.5%，六大高能耗产业增加值占比达 49.6%；四是资源环境约束更加趋紧，新《环保法》对环境保护提出了更高要求。解决这些问题，要在市委、市政府的正确领导下，进一步采取有力措施，把准问题、厘清思路、精准施策、狠抓落实。

三 2016年新型工业化重点工作任务

1. 积极落实和对接国省重大战略部署

推进供给侧结构性改革。按照“去产能、去库存、去杠杆、降成本、补短板”的总要求，落实国家关于煤炭、建材等行业化解过剩产能实现脱困发展的专项方案，从郴州实际出发，因地制宜调整存量，积极稳妥地开展产业重组、处置“僵尸企业”工作，落实奖补支持，做好职工安置，实现困难行业产品升级、转型转产、扭亏增盈。实施制造强市战略。主动对接“中国制造 2025”“1 + X”政策和制造强省建设“1274”五年行动计划，找准郴州市制造业发展的主攻方向和重点领域，研究制订推动郴州市制造业提质发展的行动计划，打造若干个核心竞争力强、品牌影响力大、具有郴州特色的制造业产业集群。

2. 深入实施工业转型四年行动计划

加强工业运行调度。继续抓好工业经济监测调度和运行分析，认真落实稳增长的政策措施，确保实现规模工业增加值增速高于全省平均水平的目标。加大新兴产业招商引资。围绕郴州市电子信息、新材料、机械制造等基础较好的新兴产业，积极引进一批引领性、支撑性强的重大项目；组织开展产业链专题招商，引进一批工业配套企业落户郴州。加快传统产业技术改造。实施一批重大技术改造项目，支持金旺铋业铋系深加工材料基地、中湘钨业年产1500吨钨合金项目、和港新材10万吨铜产品加工基地建设。加大科技创新驱动。在有色金属深加工、电子信息、新能源、新材料等领域组织开展3项以上重大关键共性技术攻关，推动20项重点新产品开发和20项专利技术转化。

3. 着力推进园区经济提质升级

加快实施创新创业园区“1555”工作计划。力争完成新建标准厂房160万平方米，新引进创新创业企业不少于200家（其中规模以上工业企业不少于50家），争取省里专项资金不少于2亿元。进一步加快项目手续办理，对创新创业项目实施并联审批和标准化审批，推动已签约的企业尽快进驻标准厂房，最大限度提高标准厂房的利用率。加强调度考核，对创新创业园区建设每月一调度、每季一通报、半年一排队、年终重点考核。支持园区调区扩规和晋位升级。加快临武工业园、湘南物流园调区扩规申报进度，力争郴州经开区、资兴经开区创建国家级开发区取得突破性进展，加快永兴经开区、宜章经开区申报国家级开发区前期工作。扎实推进产业项目建设。全面落实《关于加快推进产业项目建设的实施意见》，围绕各园区产业布局，加快产业项目的包装推介、招商引资、报批报建、开工建设等工作，形成园区产业项目快速建设常态机制。重点推动阳普医疗器械产业园、荣鹏环保、青岛天能、大数据产业园等重大项目竣工投产，力争正威集团、双胞胎饲料、蒙源精细化工（二期）等重大项目开工建设。

4. 大力推进信息化加速发展

组织开展工业“互联网+”示范试点行动，在有色金属、食品医药、装备制造等领域，优选一批企业，推动新一代信息技术与郴州市工业经济各行业全面融合，提升企业智能制造水平。指导工业企业开展电商业务，扩大销售规模，提高产品市场占有率。鼓励各类基于互联网的新技术、新模式、新业态发展壮大。加快东江湖大数据产业园建设，加快大数据企业进驻园区，把郴州打造成为全国重要的大数据产业基地。

5. 积极营造企业发展良好氛围

继续开展工业企业帮扶。落实《郴州市工业企业四年帮扶行动计划》，创新帮扶工作方法，重点加大帮助企业解决问题的力度，在破解办证、用地、用工、融资等制约企业经营发展的突出问题上取得新实效。加快建设企业服务平台。扩大已建成的公共服务平台的服务范围，增强服务能力，支持搭建一大批众创、众包、众筹空间，为企业提供政策指导、融资对接、技术服务、员工培训等多层次的公共服务。同时，支持建设更多的专业化的企业服务平台和孵化基地。着力减轻企业负担。加强对国家各部委和省里出台的各项惠企政策宣传、解读、辅导，确保各项政策给企业带来真正实惠。持续加大向上争资立项力度，帮助企业包装项目。把减轻企业负担作为帮助企业降成本的重要内容，加大执法监督检查力度，重点帮助企业解决涉企收费项目多、费率高、收费混乱、红顶中介等问题。

6. 全面提升金融服务工业经济水平

一是进一步加大信贷融资力度。积极推动政银企合作，进一步加强与省级金融机构的沟通协调，落实好易鹏飞书记2015年走访省级银行金融机构达成的合作意向，力争全年完成新增贷款150亿元。不断优化信贷融资结构，引导各银行业金融机构加大对各重点领域和关键环节的信贷投放。二是积极推动资本市场发展。积极推动企业上市工作，力争高斯贝尔年内挂牌上市，积极培育一批上市后备企业和“新三板”挂牌资源库企业。支持优势企业特别是有色金属企业引进战略投资者，积极引导和支持企业进行直接融资。三是努力促进保险业发展。不断扩大政策性保险服务范围，加大“保险资金入郴”工作力度，力争取得实质性突破。四是深入推进地方金融改革。加快推进永兴、桂阳、安仁、嘉禾等县市的农信社改制。进一步完善金融组织体系，积极引进股份制银行来郴设立分支机构，加快推动“一县两行”工作，尽快实现村镇银行县域全覆盖，支持各县市设立国有背景的融资性担保公司。五是切实优化金融生态环境。加大金融风险防范宣传，加强小额贷款公司和融资性担保公司监管，加快推进社会诚信体系特别是做好农村信用体系建设，加大民间金融活动的阳光化、规范化管理，进一步强化打击和处置非法集资工作，及时稳妥处置有关企业债务问题，继续做好金融安全区创建工作，及时防范化解金融风险，确保地方金融稳定。

7. 着力提高国有资产监管水平

一是促进国有企业稳增长。强化创新驱动，结合供给侧改革和“互联

网 +”等国家战略，加大研发投入，完善产品体系，优化商业和盈利模式，促进企业可持续发展。指导企业开展购销合作、投资合作、业务合作等，抱团发展、形成合力，开拓周边省市市场。深入开展减债降负、挖潜增效活动，严格控制非生产性开支，有效降低非经营性成本。建立健全风险评估机制，加强法律风险、财务风险、投资风险防范，规范企业对外担保，加大去库存和应收款回收力度。二是深化国资国企改革。做好深化国资国企改革顶层设计，抓紧制定出台市属国有企业深化改革实施方案，明确市属国企改革的目标、路径和重点。按照产业相关、功能相近、优势互补的原则，通过整体合并、股权划转、资产划转等多种形式，积极推进市属企业重组整合。加快低效国有资产退出步伐，长期歇业的“僵尸”企业、长期亏损且扭亏无望的劣势企业要有序退出。加强与驻郴中省企业衔接配合，完善方案，强力推进，确保 2017 年底前基本完成驻郴省属企业“三供一业”分离。完善企业法人治理结构，加强企业董事会、监事会建设，指导企业加快建立完善现代企业制度。国资监管机构要依法履行出资人职责，从以管企业为主向以管资本为主转变，不干预企业的自主经营权，切实保护企业的市场主体地位。三是扩大与央企对接合作。认真研究国家产业政策走向和央企发展战略，在有色金属精深加工、休闲旅游、健康养生养老、宝石产业等领域开发、包装、推介、实施一批具有重大带动作用的龙头项目、产业链高端项目、延伸产业链的配套项目，重点推进南方石墨公司石墨提纯生产线建成投产，争取中国五矿组建郴州钨业集团和在郴州建设钨铋研发中心，争取与央企在生态旅游、健康养生等新兴产业方面合作实现突破。着力完善与央企对接合作联席会议制度，加强合作项目跟踪服务，保障项目建设用地、环境容量等需求，推动合作项目尽早落地建设。

B.21

2015～2016年永州市新型工业化发展研究报告

唐能武*

一 2015年永州推进新型工业化取得重大成绩

全市工业和信息化全面超额完成了年初确定的各项目标任务，多数指标增速居全省第一，打破了“八九不离十”的旧格局，其中规模工业增加值增速、入统规模工业企业户数、工业固定资产投资增速均排全省第一。

1. 工业增速居全省第一

全年新增规模工业企业127户，提前超额完成全年100家的目标任务，排全省第一。全年规模工业总产值突破千亿元达到1129.39亿元，增长19%；规模工业增加值达到330.16亿元，增长10.1%，自2014年6月份以来连续19个月均居全省第一。

2. 项目建设进展顺利

坚持把项目建设作为第一抓手，摆在重中之重，齐心协力抓好工业项目的推进。全年完成工业固定资产投资670.4亿元，同比增长23.6%，排全省第一；工业技改投资完成310.8亿元，同比增长12.6%。列入市“1511”重点调度工业能源类81个项目1～12月完成投资128亿元。零烟芙蓉王生产线技改全面完成，猎豹汽车CS10已经上市量产。康都制药、和广生物、恒伟医药、德福隆电子、九恒空气能、华讯科技、千山药机等项目已竣工投产；湘江纸业关停并转、神华火电、五矿江华稀土产业园、烟草产业园、湘器异地技改等重大项目正在顺利推进。

---

* 唐能武，中共永州市委常委、政法委书记。

3. 园区建设步伐加快

实施“百亿园区”推进计划，市委、市政府出台了《永州市工业园区经济发展专项考核办法》，并修改完善新型工业化考核办法，突出园区考核权重，为工业经济发展打造坚实平台。市委、市政府两次召开工业园区流动现场会，形成了比学赶超的热潮，有力地推动了园区经济发展。全年全市工业园区完成技工贸总收入 1518.25 亿元，同比增长 24.02%；完成规模工业总产值 858.12 亿元；完成规模工业增值 217.34 亿元，同比增长 11.6%；完成基础设施投资 20.7 亿元，同比增长 16.03%；新增土地储备面积 16294 亩；建设标准厂房面积 264.1 万平方米。

4. 企业服务有声有色

开展精准扶持行动。协助长丰猎豹汽车顺利通过工信部汽车整车资质验收，重新拿回整车生产资质；协调解决了长期影响长丰猎豹汽车发展的房屋拆迁、铁路专用线维护改造、新车型物流运输以及争取汽车销售补贴展期等问题。帮助烟厂解决了烟叶仓储不足等问题。大力开展“惠企政策落实年”活动。及时更新《2015 年永州市工业产品鼓励采购目录》，印制了《减轻企业负担政策百问百答（2015）》、《2015 促进中小企业发展优惠政策选编》，免费发送到各重点企业。突破瓶颈制约，加大要素保障。开展银企对接活动，帮助 78 家中小企业融资 3.2 亿元。开展全方位的招工服务，解决企业用工 3 万多人。大力开展“大众创业、万众创新”活动，鼓励各县区创办创新创业服务平台，全市新增各类小微企业 1600 多家。

5. 节能降耗成效明显

一是加快实施重点节能技改。组织鑫盈建材公司等 3 家企业申报节能奖励项目，经省里组织验收 2014 年节能奖励项目合格的 3 个、实施节能与资源综合利用示范项目 15 个。二是开展资源综合利用认定和清洁生产工作。组织三家企业申报认定资源综合利用产品企业，同时，组织海螺水泥有限公司、湖南恒远发电有限公司等 10 家企业申报 2014 年清洁生产审核计划，并完成了 10 家企业的清洁生产审核工作。三是开展电机能效提升工程。对全市企业电机使用情况进行摸底调查，并举办了全市电机能效提升培训班。组织九鼎饲料、福嘉有色 2 家公司申报省电机能效提升工程项目。四是超额完成规模工业增加值能耗指标。全年万元规模工业增加值能耗下降 10%，超额完成每年下降 4.5%

的目标任务。

6. 两化融合水平提升

一是实施“宽带中国”战略。编制《中心城区信息基础设施专项规划》，加强光缆、管道、基站等通信基础设施的共建共享和互联互通，打造“宽带永州”。二是实施智慧城市创建计划。采取BOT模式，以数字城管为突破口，推进电子政务、公共服务、社会治理三位一体数字化网络平台建设。全市统一的电子政务公共平台（云计算中心），政务数据中心，社会治理、城市管理和公共服务一体化综合应用平台，综合政务服务平台等初步构建成型。三是大力实施企业信息化示范工程。2015年新增祁阳、江华两县数字园区示范点建设，选定24家生产企业作为市级“两化融合”试点、示范企业，推动了241家规模企业参加“数字企业”创建活动，推荐达福鑫集团、湘君面业2家企业参加全省“两化融合”贯标企业评选，通过示范效应，带动了企业研发设计能力和后端营销服务能力提升。四是大力实施软件企业与生产企业的牵手行动，推动软件和信息服务业企业与生产企业的合作。全市软件和信息服务业服务收入达到5亿元左右，是2014年全年的1.7倍以上。

同时，全市工业经济也存在总量偏少、结构不优、产业不强、后劲不足等问题。工业经济新的不确定因素增加，工业运行压力较大；宏观经济环境仍然偏紧，国内外需求不足，企业生产经营仍然面临较多困难；项目建设中征地拆迁难、融资难、审批难等成为项目建设进程中最主要的阻力；用工、用地、融资等要素制约仍然突出。这些问题是制约工业经济发展的重要问题，需要逐步加以解决。

二 “十三五”时期推进新型工业化工作目标

“十三五”时期，全市推进新型工业化的主要目标是：到2020年，全部工业总产值完成2200亿元，年均增长13%；规模工业总产值突破2000亿元，年均增长15%；规模工业增加值突破550亿元，年均递增10%。

1. 着力打造“百亿园区”

按照“工业新城、城市新区、产城融合”的要求，依托现有的产业基础和资源禀赋，遵循“工业集中、产业集聚、突出特色、错位发展”的原则，积极探索园区发展新模式、新途径，着力培育园区龙头企业，大力提升园区集聚项目、承载项目能力；引导园区主导产业、特色产业快速发展，推动支柱产业、特色产业规模扩张。鼓励各工业园区立足本地实际，兴办特色明显的专业园区，重新规划建设汽车产业及其零部件配套产业园区，着力推进特色机械产业园和生物制药产业集群建设。鼓励社会资金和财团融资、股权投入等多方式投资兴建园区标准厂房，建设功能完善、管理科学的创业创新基地，着力将工业园区打造成为产业布局合理、产业特色突出、基础配套设施完善、管理科学的园区新体制。力争到2017年，冷水滩、零陵、道县、江华、宁远、东安等县区工业园建成百亿园区（祁阳经开区规模工业总产值达到200亿元）；力争到2020年，蓝山、双牌、江永、新田等县区工业园建成百亿园区（永州经济技术开发区规模工业总产值突破200亿元）。

2. 努力发展“百亿产业”

坚持分类指导，继续强化永州市农产品精深加工、矿产品精深加工、建筑建材、轻纺制鞋等传统产业的支撑作用。积极运用先进技术和信息技术改造提升传统产业，努力提高产品附加值和品牌知名度；鼓励和引进战略投资者对优势企业实行兼并重组，转型升级，做强做大传统产业。大力培育战略性新兴产业，不断拉长产业链条，推进产业集群，形成完整产业链。实施重点突破，提升先进装备制造、电子信息、新材料新能源、生物医药等新兴产业的支撑能力。力争到2020年，农产品精深加工产业过500亿元，先进装备制造、电子信息产业过300亿元，矿产品精深加工、轻纺制鞋产业过200亿元，生物医药、新材料新能源、建材建筑产业过100亿元。

3. 大力培育“百亿企业”

全面落实支持中小企业发展的各项政策，扶持一批规模企业上台阶，壮大一批主业突出、具有核心竞争力、能发挥支撑和带动作用的龙头企业。要深化企业间的对接融合，形成协作共进的发展局面；要面向国内100强、世界500强企业和长三角、珠三角地区，加大招商引资力度，推动与央企、省企的对接合作。到2020年，培育年产值过亿元企业200家，过10亿元企业15家，过50亿元企业4家，过100亿元企业3家。

4. 全力实施“百亿投资行动”

每年工业投资平均递增100亿元，到2020年，全市全年工业项目投资过

1000 亿元。对已签约项目实行全程跟踪服务，兑现政策承诺，及时破解难题，确保项目按计划开工建设，竣工投产；对项目前期的环评、安评、能评等审批事项实行全程绿色通道，对重大项目实行一事一议；对在建工业项目，要落实保姆式服务力度，着力优化、净化施工环境。力争 2015～2020 年，每年实施建设年度固定资产投资过 5000 万元以上工业能源项目 100 个以上。重点抓好长丰汽车扩能改造、零陵卷烟、神华火电、菲斯克新能源汽车整车、湘纸异地搬迁、烟草产业园、达福鑫电子、台湾高科技产业园、零陵百亿锰产业、康都药业、大唐风力发电等重点项目建设。

三　2016年推进新型工业化工作的主要目标及工作措施

2016 年工业和信息化工作目标为：全年规模工业增加值增长 10%；全年新入统规模企业 100 家以上，新增主营业务收入过亿元企业 20 家，5 亿元企业 5 家，10 亿元和 50 亿元以上的企业各 1 家；培育各类小微企业 1300 家以上。全市完成工业技改投资 250 亿元；全市工业园区规模工业总产值增长 20% 以上，力争 4 个以上园区规模工业总产值过 100 亿元，园区新增标准厂房面积 150 万平方米，新引进驻园企业 190 家。

1. 突出运行监测分析，确保工业经济平稳增长

一是加大企业入统工作力度。各县区要加强对新建成工业项目和具备“小升规”条件工业企业的调查摸底，指导企业做好申报资料的准备工作，确保 2016 年全市新增 100 家规模工业企业。二是加强运行分析协调。要充分利用工业经济运行联席会议制度，定期召开联席会议共同商讨工业经济运行情况，并针对当前工业经济运行中存在的问题采取有效措施予以化解。同时，建立工业经济运行数据平台，加大对重点产业、重点企业的运行监测协调服务力度，增强经济运行工作的针对性和有效性。三是加强部门协调配合。积极发挥市推新办的综合协调作用，形成部门联动机制，增强推新工作合力，做到应统尽统，真实客观地反映全市工业经济发展水平。

2. 突出产业转型升级，鼓励发展新兴产业

一是制订产业升级计划。对主导产业逐个开展调研，制订产业升级计划，

实行“一厂一策”。将原设立的工业发展资金转换为产业转型升级发展基金，市财政每年注入5000万元作为资本金，通过多种方式整合上级扶持资金等方式设立市级产业转型升级发展基金，扶持产业升级发展。二是推动产业转型升级。鼓励传统产业企业运用先进适用技术和高新技术改造提升。重点加强对农产品精深加工、矿产品精深加工产业进行整合改造提升，重点抓好以异蛇科技、异蛇实业等企业为龙头，整合提升全市异蛇产业，提高品牌效益，促进异蛇产业持续健康发展。大力发展战略性新兴产业。重点发展先进装备制造、电子信息、生物医药、新材料新能源、现代物流等新兴产业。不断拉长产业链条，形成完整产业链，尽快产生效益，形成生产规模。以长丰猎豹为依托，延伸产业链，不断引进先进配套厂家，做大做强猎豹汽车；强化产业引导，面向全市布局电子信息产业，优化产业结构，引导企业向园区集聚，实行错位发展，做实做大信息产业。以时代阳光制药、希尔制药、康都制药、恒伟医药为龙头，带动药材种植、采摘加工循环发展，做活做强生物制药产业，建设生物医药产业集群。三是推进产业标准化建设，鼓励技术创新。加强与质监部门配合，鼓励企业与高等院校、科研院所、优势企业共建技术平台和产业技术联盟；开展特色产品标准化生产，形成特色产品标准；鼓励企业加大科技创新力度，加大研发投入，建立产、学、研相结合的技术创新体系；鼓励企业增强品牌意识，创新品牌优势，争创名优品牌。鼓励企业建设国家级或省级实验室和检测中心，提高自主创新能力，占领技术高地，增强市场竞争力。

3. 突出产业链招商，增强工业发展后劲

重点抓好产业链招商工作，努力实现由点对点招商向产业链招商转变，力争招一个带一群，不断完善产业体系。一是依托龙头企业抓产业链招商。围绕重点骨干企业，突出产业链关键环节和缺失环节招商，优先承接产业链的高端环节、龙头企业和核心项目进行招商。依托长丰猎豹汽车为龙头加大汽车产业链招商力度，大力引进汽车发动机、变速箱等关键零部件企业，完善汽车产业体系。二是发挥企业招商引资主体作用。企业要增强自主招商意识，发挥主体作用，主动参与竞争。要适时包装发布一批形象良好、发展前景好的重点企业、重点产品、重点项目，鼓励外资开展协作、兼并重组或股权投资。要主动对接央企、名企，实施强强联合、互补合作，做大做强优势企业。要设立行业龙头企业招商引资奖励机制，鼓励龙头企业发挥主体作用。三是建立招商引资引导机制。要建立招商引资引导机制，加强对招商引资工作的引导、协调和服务，整合资源，简政放权，搭建好招商引资平台，创造好适应企业发展的政务环境，从而使招商引资工作步入良性发展轨道。

4. 突出园区产业引导，推进专业园区建设

以创建“百亿园区”为目标，全力实施省政府提出的“135”工程，做大做强工业园区。一是出台园区产业引导政策。出台《关于进一步促进产业园区发展的意见》，加强对全市各工业园区主导产业的规划指导，突出优势产业发展，优化产业布局，突出本地特色，实现错位发展，园区的主导产业产值在园区的占比要达到40%以上；同时，通过制定产业引导政策，支持主导产业的发展，项目扶持资金、税收优惠政策、土地、用工等生产要素都要向主导产业倾斜。二是着力建设专业园区。要做大做强永州市汽车工业，满足长丰产能的迅速扩张需要，引进汽车配套企业。在长丰工业园规划建设汽车配套产业专业园区。支持鑫东森机械、恒丰机械、田园机械，卓尔钻具等企业为骨干的特色机械产业发展，在永州经开区建设特色机械产业园。以时代阳光制药、希尔制药、康都制药、恒伟药业为龙头，实施产业扩张升级，尽快形成全市生物制药产业集群。三是完善园区机制体制。严格按照省、市相关文件要求，落实园区体制改革要求。各县区人民政府要明确同级政府有关部门在园区内所行使的相关管理职能，应委托给园区管委会行使。要建立工业园区负面清单制度，各工业园区都要建立全程代办机制，凡涉及产业园区内企业的审批、审核事项，由园区管委会实行全程代办。借鉴郴州等地做法，将园区规划以及地方政府授权开发建设的区域一并纳入工业园管委会管理范围。四是推进产城融合。加大园区基础设施投入，全面推进园区“基础设施建设年”活动，重点加快园区道路、水电管网、标准厂房等建设力度，特别是要突出标准厂房建设，力争全年新增标准厂房面积150万平方米。按照“产城融合”要求，指导园区统一规划生活配套区，并不断完善园区在绿化、金融、商业网点、社区服务、就学、就医、住房、交通等方面生活配套，力争通过3~5年的努力，基本完善园区基础设施和生活配套设施。

5. 突出精准服务，鼓励创新创业发展

一是深入开展“一帮二促”企业帮扶专项行动。今年要在全市范围内开展“一帮二促”企业帮扶专项行动。“一帮”就是要帮助企业解难题、降成

本、拓市场、增后劲、强保障；“二促”就是促进企业转型升级，促进企业上台阶。二是突出对骨干企业精准服务。要继续实行市级领导带队，1～2个市直部门参加组建企业帮扶小分队，对重点骨干企业实行精准服务，全力扶持企业上规模、上台阶。全力协助零陵烟厂加快产品结构调整，增大中高档烟生产比重，争取全年产值达到70亿元。尽快制定出台支持长丰猎豹汽车快速发展和销售政策，推进猎豹汽车CS10自动挡下线，争取长丰新车型和新能源乘用车布局永州，全力支持长丰猎豹年产15万台整车技改扩能项目建设，进一步扩大产能规模。同时，精心谋划新能源汽车发展，加快永州市汽车产业发展。帮助发展前景好、税收利润高、带动作用强的重点企业缓解融资难题，促进企业做大做强。三是着力建设创新创业孵化园。适应经济发展新常态要求，鼓励全民创业、万众创新。充分利用现有标准厂房，每个县区启动建设一个创新创业孵化园（平台）。为中小企业提供融资、就业服务和技术支撑，打造地方工业品展示平台。抓住工商部门放宽登记条件和小微企业的税收免征优惠政策机遇，集中力量扶持重点创新创业对象，重点扶持务工经商人员返乡创业和大学生创新创业发展，确保全年新增各类小微企业1300家以上。

6. 突出两化融合，提升“互联网+”产业水平

一是推动互联网软件服务业发展。大力支持信息系统集成、信息技术咨询、网络中介服务等信息服务业发展，重点支持华龙安防、鼎诚世杰、永泰中天、永州杰夫等本地软件和信息服务业企业发展。加快推进北斗导航（湖南）数据中心项目建设。进一步完善中小微企业公共服务平台网络，为小微企业创新发展提供技术、服务支撑。二是推进农副产品加工业与互联网融合。充分利用互联网技术，利用永州市已成为全国首家各县区同步整体推进阿里巴巴农村淘宝项目的地级市的平台，将信息技术植入农副产品加工业，促进传统产业转型升级。加大与阿里巴巴（中国）软件有限公司、杭州甲骨文科技有限公司等涉农电商平台合作力度，推进农产品联网监管溯源体系和象外科技电子商务产业园建设，建设“特色中国·永州馆”，鼓励和支持果秀、恒惠、金浩、林之神等发挥龙头企业带头作用，大力发展农产品电子商务。三是提升先进制造业的信息化和智能化水平。贯彻落实“中国制造2025”和“制造强省”五年行动计划，大力推动移动互联网、云计算、大数据、物联网等新一代信

息技术与现代制造业的融合，促进传统制造业数字化、网络化、智能化。要积极争取省级各类专项扶持资金，支持长丰猎豹等制造业引入智能机器人建设智能化车间和智能工厂，鼓励恒远发电、鑫东森机械、亿达机械加快发展，推动人工智能技术在产品、制造生产等领域广泛应用，提高科技含量，增强产业竞争力。

B.22
2015～2016年娄底市新型工业化发展研究报告

娄底市政府研究室　娄底市经信委

一　2015年新型工业化运行情况

（一）工业经济平稳增长

通过加强对经济运行形势的监测分析，重点抓住 30 户大企业，坚持问题导向，实行一企一策，加大运行调度，突出重点保障，调集精干力量，跟踪服务落实，开展惠企政策落实督促，确保企业达产稳产等措施，2015 年，全市工业实现增加值 593.38 亿元，同比增长 5.7%，占全市 GDP 的 45.9%；753 户规模以上工业企业累计完成工业产值 1669.64 亿元，实现工业增加值 410.9 亿元，同比增长 5.7%，每月增速保持在 5% 左右，保持了平稳增长，避免了大起大落。

（二）结构调整取得成效

按照“四转三化”的路径目标，全力推进工业结构调整和新兴产业发展，全年全市规模以上战略性新兴产业企业达到 93 户，累计实现增加值 69.7 亿元，同比增长 12.6%，快于同期规模工业增速 6.9 个百分点，特别是医药、食品、汽车及电器制造业分别增长 36.5%、18.8%、42.4% 和 14.1%，远快于同期规模工业增速；而六大高能耗行业仅增长 1.6%，低于同期规模工业增速 4.1 个百分点，占比同比下降 1.3 个百分点。新化县的特种陶瓷、双峰县的农机、涟源市的应急制造产业、冷水江的金属制品、娄星区的循环经济，娄底经开区的先进装备制造、电子信息等区域特色产业快速发展，区域发展更趋平衡，结构有所优化，全市工业经济增长正从严重依赖重化工业向轻工业、特别是新兴产业转变，转方式、调结构成效显著。

（三）项目建设稳步推进

通过建立高位推动的领导机制和高速驱动的调度机制，牢牢扭住列入全市“四个一批”的89个重点工业项目，按照“新建项目抓开工、在建项目抓进度、竣工项目抓投产、投产项目抓效益”的思路，全力推进项目建设，增加有效投资。2015年，全市投资500万元以上的工业项目1220个，累计完成投资441.96亿元，同比增长9.2%；完成工业技术改造投资303.65亿元，同比增长8.5%；列入全市“四个一批”的89个重点工业项目，完成年度投资计划的120%以上，光华机械、格仑新材、伍星生物、泰和不锈钢一期、湖南宜化技改等26个项目建成投产。

（四）两化融合逐步深入

出台了《娄底市关于促进移动互联网产业发展的实施意见》，全面促进“互联网+”产业发展；按照《娄底市两化融合示范企业认定管理暂行办法》，大力推进两化深度融合。至2015年底，全市规模工业完成信息化投入4.02亿元，250户企业参加省两化评估，50户企业达到集成提升水平。全市固定宽带普及率达到47%，3G网络城市覆盖率达到100%，万宝新区、娄星区移动互联网产业园建设稳步推进。

（五）园区工业质量齐升

按照“依法、放活、增效”的原则，加大园区体制机制改革力度，全年新向娄底经济技术开发区下放行政审批权40余项，机制进一步理活；通过扩规调规，全市省级以上园区规划面积达到187平方公里，建成面积40余平方公里，园区产业定位进一步清晰和科学合理，总量扩大。通过强力推进“623工程”，园区年新建标准厂房120余万平方米，七个特色产业孵化园初具规模，园区承载能力提升。2015年全市园区入驻规模以上企业178户，园区规模工业增加值占全市规模工业增加值的比重达到42.5%，比2010年底提高了13.5个百分点。

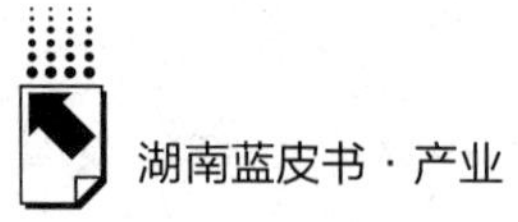

（六）节能减排成效显著

娄底是全省重点能源原材料基地，节能减排压力较大。为此，娄底将工业节能减排工作列入全市的绩效考核范畴，通过积极淘汰落后产能，强力推进重点节能工程，实行全同能源管理，推行能效对标达标和清洁生产等活动，2015年，全市万元规模工业增加值能耗同比下降了5.3%，“十二五”期间累计下降38.73%，超额完成了省政府下达的20%的节能降耗任务。全市13家资源综合利用企业共利用冶炼废渣81.08万吨、粉煤灰46.46万吨、煤矸石1.34万吨、其他废渣4.75万吨，共回收高炉煤气约20亿立方米，取得了较好的经济和社会效益，2015年，全市新型工业化和信息化工作虽然取得了较好成绩，但存在的问题与困难不少：一是工业结构整体不优，轻重比例失调、新兴产业占比过少、整体不优的现象尚未根本改变。二是两化融合程度不高，基础建设较为滞后，产业规模偏小，资源开发利用与共享能力较低，信息化应用水平亟待提高。三是园区经济规模偏小，发展不充分，整体集聚能力不强。四是实用型人才缺乏，企业自主创新能力不强。五是生产要素成本压力加大，企业利润空间减少。六是企业融资困难，投资意愿减弱，项目规模偏小，支撑乏力等问题依然存在。

二　2016年新型工业化面临的形势及思路

2016年，娄底新型工业化发展既有有利因素，也有不利因素；既有机遇，也有挑战，但总体上机遇大于挑战。

1. 不利因素方面

2016年将是中国经济持续探底的一年，不确定因素很多，稳增长压力巨大。从娄底具体情况看，一是传统支柱产业受到的冲击还在加大，钢铁、煤炭、有色等大宗商品价格仍呈下滑趋势，尤其是煤炭产业，随着斗笠山煤业集团的停产倒闭，周边区域内的煤矿将因排水问题全部停产，影响巨大。二是市场需求仍然不振，受国家“去产能、去库存、去杠杆”政策实施的影响，钢铁、煤炭、有色、水泥、电力等行业的产能将更难以释放，产量会持续下降。三是受融资难、应收账款和企业债务增加等问题的制约，一些企业因资金问题将难以维持正常生产，甚至会出现停产、半停产。总的来说，传统支柱产业仍将下滑，减量明显，增量有限，稳增长的压力很大。

2. 有利因素方面

一是党中央、国务院继续坚持稳中求进工作总基调，保持宏观政策的连续性和稳定性，财政政策和货币政策都坚持现有政策基调，坚持用深化改革的办法破解经济发展中的体制性、结构性矛盾，通过推进重要领域和关键环节改革，特别是今年中央经济工作会议上提出的实行从需求侧向供给侧改革的战略，将使市场在资源配置中起决定性作用，更好发挥政府作用，这些政策措施有利于增强经济发展的动力活力，有利于不断提高经济增长质量和效益，有利于促进经济持续健康发展，为工业经济稳增长提供坚强的政策保障。二是国家推进新型城镇化建设、大力发展战略性新兴产业及娄底享受的城镇化老工业基地改造、资源型城市转型、循环经济试点、两型社会建设等利好政策带来了新的发展契机。三是随着娄新、娄长、娄衡等 7 条高速干线公路的相继建成通车，以及沪昆高铁、娄底大道、娄邵铁路扩能改造，基础设施不断完善，区位优势得以凸显，城市品位不断提升，社会经济发展环境逐步优化。四是娄底工业的基本面是稳健的，娄底大企业多，这些大企业生产经营基本正常，效益虽有所下滑，但仍处于微利时代，支撑作用明显。大部分战略性新兴产业企业成长性很好，抗风险能力增加。五是汽车板、天宏不锈钢、湖南海螺二期、湖南煤机等重大项目的竣工投产，如能尽快达产达效，2016 年将新增产值近 50 亿元，成为新的主要增长点。六是正在实施的重大战略成效开始显现。随着“六个四年行动”“娄商返娄”“融城战略”等深入实施，为全市的产业转型、完善基础设施建设、稳增长提供巨大支撑。

基于此，2016 年娄底推进新型工业化和信息化工作的总体思路是：以党的十八届五中全会精神和《中国制造 2025》、“智慧城市”建设规划纲要为指导，以科学发展为主题，以转型升级为主线，以“四转三化”为途径，以创新创业、开放带动为动力，以改造提升传统优势产业、加快发展成长性新兴产业、选择性发展未来产业、培育发展生产性服务业、积极承接产业转移为主攻方向，通过集群化发展、两型化发展、融合化发展、协调化发展，不断提高发展质量和效益，构建多点支撑的、市场竞争力强的现代工业梯次产业体系，千方百计提振工业，努力实现娄底工业经济的快速可持续发展。

2016年娄底工业经济和信息化工作发展目标是：全市规模工业增加值增速确保8%，力争9%；工业投资完成460亿元以上；万元规模工业增加值能耗下降率达到4%以上；全市园区规模工业增加值占全市规模工业增加值比重达到45%以上；两化融合综合指数达到72，信息化对经济社会效益增长贡献率达到27%；新增规模工业企业50户以上；战略性新兴产业实现增加值80亿元，同比增长15%。

三 2016年娄底市新型工业化的工作思路和重点

为了实现上述目标，确保“十三五”开好局、起好步，突出抓好六个方面工作来提振工业。

1. 以制造强市为重点确保工业经济平稳增长

立足打造“娄底制造”目标，积极对接“中国制造2025”和“湖南制造强省‘1274’五年行动计划”，强力推进湖南汽车产业配套基地、板材深加工产业基地和不锈钢产业基地等三大基地建设，优化提升农机、应急制造和电子陶瓷三大特色产业，重点抓好薄板深加工产业园、精细电子陶瓷产业基地的开工建设，推进星泰汽车零配件制造产业园、三一配套产业园等续建项目竣工投产，力争全年制造业产值达到600亿元以上。

2. 以“四转三化”为目标加快推进结构调整

坚持“四转三化”发展路径不动摇，突出结构调整，谋求转型发展。立足抢占未来产业制高点，大力培育和发展新材料、生物医药、新能源、电子信息、节能环保等战略性新兴产业，重点抓好住宅产业化基地、卫星导航车载终端平台等项目的开工建设，加快三泰新材轧辊扩建、文昌科技金属半固态成形生产线改扩建、金品电器智能电视生产线等续建项目进度，推进三迅新能源汽车动力电池、星珂照明、晶盛光伏电站等新建项目投产，确保全年新增高新技术企业7家以上，战略性新兴产业增加值增长15%以上。立足钢铁、有色、能源、建材、化工五大传统产业的“强链、补链、升级”，促进“两化”融合，抓实一批技改项目，催生一批产业增长点，力争技改投资增长10%以上。

3. 以项目建设为龙头增强工业发展后劲

紧跟国家、省产业发展政策，特别是要抓住省人民政府办公厅《关于支持娄底市资源型城市转型发展的实施意见》（湘政发〔2015〕9号）契机，逐条逐项抓好对接落实，通过争取更多的资金和项目加快推进娄底经济结构转型升级。采取专业小分队、部门特色招商等方式，紧紧围绕新的产业布局和延伸产业链条抓实招商引资，全力引进更多的优势企业、优势项目、优势资源落户娄底。开拓思路，创新方式，积极完善项目推进机制，全力抓好签约项目的落地、开工和在建项目的竣工、投产、达产。围绕小微企业的做实做优、围绕与产业发展紧密结合的实用技术的推广应用、围绕企业转型升级来推进“大众创业、万众创新”，培育孵化出更多具有创新性、成长性的小微企业。

4. 以工业帮扶为抓手促进企业平稳健康发展

继续深入开展“四年帮扶行动”，精选帮扶企业特别是高成长性企业，因企施策，实施精准帮、智力帮和“点对点”对口帮，确保领导集中、力量集中、措施集中、要素集中，切实帮助企业共渡难关。积极推广使用本地优质产品，切实帮助企业破解融资难题、盘活存量、激活增量、拓展市场、共渡难关，做到亲商、安商、稳商，确保帮扶成效。在继续抓好重点企业、重点行业运行调度监测和要素保障的同时，指导企业从供给侧改革入手，创新产品，创新技术，科学组织生产经营，规避风险，稳定增长，重点支持涟钢、冷钢等企业逆势突围，帮助化工、煤炭、水泥等行业脱困发展。

5. 以两化融合为动力推进制造强市建设

全力推进“互联网+”产业发展，提升龙头企业和骨干企业的两化融合水平，推动信息技术在传统制造业的全面渗透、综合集成和深度融合，批量打造中小型数字企业。顺应“中国制造2025”，推进制造强市建设，着力提升制造业的信息技术应用水平和集成能力，逐步推进发展智能制造产品，提升制造装备和制造过程的自动化与智能化水平，推进产品的数字化、智能化和绿色化。

6. 以平台建设为基础提升园区承载能力

全力推进“623”工程的实施，加快推进中小企业乳化园和标准厂房建设，着力提升园区集聚项目、承载项目能力。加快中小企业服务中心建设，引进更多的服务机构和服务项目，为中小企业稳健发展提供优质服务。加快工业园区的基础配套设施建设，全面强化园区的经济功能、承载功能。大力推动产业示范基地提质升级，打造一批具有娄底特色和较强竞争力的新型工业化产业示范基地和省级中小企业创业基地，为工业企业提供宽广舞台和创业乐园。

B.23
2015 ~2016年湘西自治州新型工业化发展研究报告

龙靖波*

一　2015年全州新型工业化运行情况

（一）工业运行总体平稳

紧紧围绕工业稳增长、调结构、增效益，将稳工业作为稳增长的头等大事，加强运行调度，强化要素保障，推动工业经济平稳较快发展。2015 年全州规模工业增加值同比增长 5.2%，延续一季度（4.1%）、上半年（5.0%）、前三季度（5.3%）增速稳步上升的发展趋势，呈现总体平稳、稳中有进的运行态势。工业关联指标货运量、工业用电量和工业贷款运行稳健。

（二）产业结构逐步优化

新常态下全州工业长期结构性矛盾和短期周期性矛盾相互交织，锰锌等主导产业浓度调整，食品、建材等传统产业提质增效，新材料、电子信息、生物医药等新兴产业来势较好，基本实现了稳增长与调结构的平衡。全州轻工业占比从上年同期的 19.7% 上升为 26.8%，重工业占比从 78% 下降到 55%，轻重工业占比“一升一降”之间反映全州工业产业结构呈现积极变化。充分发挥政府引导和市场倒逼作用，锰加工产业链条有效延长，锌加工产业集中度大幅提高，综合竞争能力明显增强；全州新兴产业发展来势较好，实现高新技术产业增加值 23 亿元，增长 14.8%，高于全州工业增速 9.6 个百分点，其中电子

* 龙靖波，中共湘西自治州委常委、副州长。

信息、生物医药、新材料产业分别同比增长79.1%、12.2%和8.9%，产业结构正由“一矿独大”向“多点支撑”加快转变。

（三）园区建设加快推进

一是完善园区基础设施。全州工业园区完成园区建设投资38亿元，全面加强园区生产性和生活性配套设施建设。二是推进标准厂房建设。贯彻落实省政府创新创业园区“135”工程，出台《关于推进创新创业园区建设加快实施“73”计划的意见》，整合项目资金1亿元，重点推进园区标准厂房建设。全州新建标准厂房123万平方米，由于标准厂房建设推进力度大、进度快、成效好，全省创新创业园区“135”工程建设现场推进会在湘西州召开。三是加快园区经济发展。全州工业园区实现规模工业增加值39.86亿元，增长1.2%，园区经济占全州规模工业增加值的比重为50.9%，成为推进新型工业化的主战场。四是创建产业示范基地。省新型工业化产业示范基地湘西经开区工业增加值同比增长33.5%，“飞地经济”试点建设稳步推进；泸溪工业集中区获批省新型工业化产业示范基地，产业集聚集群发展能力进一步增强。

（四）企业培育成效明显

一是企业入规取得新进展。积极推进“个转企”商事制度改革，全州新增规模工业企业32户，总数达294户；2014年新增的66家入规企业2015年完成工业总产值35.5亿元，增长75.9%，拉动规模工业增加值增长2.7个百分点。二是企业上市挂牌取得新突破。金天铝业、众鑫科技、新中合3家企业新三板成功挂牌，丰达合金等一批中小科技型企业推进挂牌事项；吉首市和龙山县共20家企业在湖南省股权交易所挂牌；太丰集团、湘泉药业等8家企业进入全省拟上市企业后备名单。三是重点企业取得新发展。酒鬼酒、宗南汽车、湘泉药业、恒远生物等重点企业保持较快增长。酒鬼酒公司实现恢复性增长，全年实现销售收入6亿元，上缴税收1.64亿元，分别增长55%和105%；东方矿业与新华电力实现矿电合作，有效降低生产成本，推动矿业发展模式创新。

（五）两化融合步伐加快

加强通信设施建设，以数字化信息工程为主要抓手，全年完成投资6亿元，建设 FTTH 光网端口 14.1 万个、光缆 7900 纤芯公里、4G 基站 2135 个、4G 室内分布系统 193 套和 3G 基站 500 个，为“互联网 + 湘西”先行先试示范州建设提供网络基础支撑。大力发展互联网经济。以特色食品产业为突破口，积极探索线上线下融合发展，培育鑫牧科业、松桂坊等一批电商企业；支持凤飞传媒等移动互联网企业发展，涌现了“搜湘西”“掌上湘西”等一批应用服务平台。加强与腾讯公司、长虹集团等互联网公司的战略合作，实施“互联网 + 湘西”行动计划。

（六）开放水平有效提升

贯彻落实“环境优化年”活动，优化发展环境，营造亲商、安商、富商的发展环境。将工业招商作为工业经济发展的第一菜单，创新招商引资方式，积极开展以商招商、产业链招商等招商活动，全州引进奥鑫车业 5 万台/年电动汽车生产线、恒裕新材 8000 吨/年铝基复合材料、沃康油业 1.5 万吨/年茶油生产线、大青山 5 万千瓦风力发电等重大产业落地项目 37 个，发展后劲不断增强。

（七）服务水平持续提高

完善服务中心建设。州中小企业服务中心正式投入运营，招驻 10 多家优质中介服务机构，累计服务企业 300 余次，其中 58 家企业发布融资需求，45 家企业签订贷款意向协议。积极开展培训活动。先后举办“互联网时代的企业转型”等各类培训活动 20 多场次，培训人员 1000 余次。加强企业精准帮扶。开展“扶助小微企业专项行动”“一进二访三联”等活动，发放《扶持中小微企业发展文件汇编》《减轻企业负担百问百答》等宣传资料 1000 多套，千方百计帮助企业解决实际问题。

全州工业经济保持平稳运行的同时，也存在以下几个方面的困难和问题。主要表现为“一大一弱一增”：工业经济下行压力依然较大，尤其是锰锌行业和企业运行十分艰难，产品价格持续走低，企业利润不断下降。如电解锰、电解锌价格创近几年新低，价格与生产成本倒挂，导致矿产品加工企业处于停产、半停产状态，企业开工率明显不足。传统增长动力减弱，受国内钢铁等传统产业产能过剩影响，州内关联产业产能利用率不足，市场需求低迷，电子信息、新材料等新兴产业的较快增长不足以弥补锰锌等主导产业的下滑。新常态下近十年持续快速发展的重化工业化发展阶段已经临近结束，而湘西州仍然以矿业经济为主的工业发展动能不足。企业生产经营压力增加，受劳动力、融资、环保、安全投入等生产成本上涨与市场价格下降的双重挤压，盈利空间进一步收窄，企业债务风险有所显现。当前，环保、安监等刚性约束趋严趋紧，工业用电价格偏高，融资成本居高不下，导致企业生产经营比较困难。同时，全州工业经济还存在重点项目支撑不足、投资增速有所放缓、园区经济实力不强等问题。

二　2016年全州新型工业化趋势分析

当前，全国经济发展进入新常态，全国、全省工业化已进入工业化中后期，全州正处于工业化初期向中期迈进的工业经济发展既面临挑战和机遇。

（一）面临的形势

不利因素：从国际形势来看，世界经济仍处于金融危机后的深度调整期，经济复苏曲折缓慢；从国内环境来看，实体经济尤其是工业经济运行艰难，市场需求不足，经济发展可能经历一个L形增长阶段；具体到全州而言，全州工业经济面临的下行压力仍然存在；从产业来看，锰锌等矿产品加工业可能延续低位运行态势，其他食品、建材等传统产业有效支撑不足，新兴产业体量较小；从企业来看，工业企业更多地注重于保生存，生产效益尚未根本好转；从项目来看，全年有望投产、形成新的经济增长点的项目不多。

有利因素：国家大力实施“中国制造2025”、“互联网+”行动计划、大众创业万众创新等一系列战略，经济有望保持中高速增长；全省全面启动制造强省建设，实施“1274”行动，新型工业化及制造业将迎来重大发展机遇。全州将新型工业化确定为全州经济社会发展“四轮驱动”发展之一，赋予精准扶贫、全面小康时期新的内涵。一是政策日益集聚。全州陆续出台了《关于加快推进新型工业化的决定》《工业振兴“四百工程”专项行动计划》，正在起草工业企业精准帮扶行动，工业经济将迎来更好的政策环境。二是基础日趋完善。交通物流等基础配套逐步完善，多点支撑产业格局正在形成，发展空间布局日益优化，工业发展的基础更加坚实。三是全州关心工业、谋划工业、发展工业的氛围日益浓厚。

湘西州工业经济从初期发展到中期水平，预计需要十年左右的时间，其间将经历基础形成、融合发展、创新发展等承接转换的发展阶段，每个阶段的主要矛盾和主要任务将发生相应的变化。基础形成阶段重在实施基础设施、基础产业和服务体系的建设。

2016 年，是实施“十三五”规划的开局之年，是推进“四百工程”的攻坚之年，工业工作的总体思路是：坚持州委、州政府“542”发展思路，认真贯彻州委经济工作会议精神，坚持创新、协调、绿色、开放、共享的发展理念，以供给侧改革推动调结构转方式，切实落实“中国制造 2025”和“互联网 +”行动计划，积极对接湖南省“一带一路”的发展布局，行政推动、市场运作，坚持存量工业转型升级，增量工业园区带动，力促工业经济实现中高速增长。

（二）工作目标

主要预期目标：实现规模工业增加值 84.5 亿元，增长 8% 以上；完成工业投资 70 亿元，增长 15% 以上；完成园区建设投资 30 亿元，新建标准厂房 100 万平方米，厂房利用率达 70% 以上；新增规模工业企业 30 户；新增新三板、区域股权交易所挂牌企业 10 户；引进固定资产投资 2000 万元以上工业项目 30 个。

（三）实现路径

1. 实施“四大带动”，形成推动合力

继续实施园区带动，完善园区规划，配套基础设施，推进产城融合，扩大建成区面积，增加入园企业数量。重点突破招商带动，把工业招商作为工业增长的第一菜单，完善体制机制，坚持领导挂帅，推动产业链招商，积极承接产业转移。有序引导上市带动，抢抓股票发行注册制改革的机遇，支持企业主板上市和新三板、区域股权交易所挂牌。强力推进金融带动，引导新增信贷资源向工业领域倾斜，鼓励扩大股权、债券等直接融资，拓宽融资渠道，缓解融资难题，为推动工业加快发展提供强有力的金融保障。

2. 开展精准帮扶，壮大企业主体

从科技含量高、安排就业多、财政贡献大、发展潜力大和基础规模大的工业企业中选定100户左右重点企业，坚持分类施策、优势优先、精准帮扶、轮动发展的原则，稳定发展一批，转型升级一批，培育壮大一批，推动重点帮扶企业跨越发展。

3. 优化空间布局，实现协调发展

产业园区由“一核两极六点”的分散布局向“一核两带”整合发展。一核：以吉首地区园区为依托，发挥州府优势，坚持产城融合，实施创新驱动，充分发挥核心带动作用；两带：沿泸溪、花垣、保靖G319高速沿线重点布局重工业产业带，沿凤凰、古丈、永顺、龙山G209高速沿线重点布局轻工业产业带，打造两条错位发展的工业经济增长带。发挥泸溪通江达海的优势，确立开放发展战略，对接“一带一部”，打造巨型企业；花垣整合资源资产、鼓励重组嫁接，倒逼转型、腾笼换鸟，变资源带动为创新带动。

4. 夯实基础工作，提升服务能力

启动实施工业“五个一”基础工程：制定工业招商文件，建设工业人才交流中心，建设运行监测中心，完善企业服务中心，建设专家咨询中心。

（四）重点工作

紧紧围绕州委、州政府“项目决战年”“招商突破年”和“环境优化年”主题活动年要求，突出重点，强化措施，力争取得新突破。

1. 深入推进园区建设“73”计划①

进一步加快园区调规扩容工作，加快园区全要素配套建设，积极创办国家级经济开发区。进一步加快在建厂房建设进度，尽早启动本年度建设计划，切实解决企业入驻难的问题。推进泸溪、花垣、凤凰示范园区建设。优化产业布局，实现园区特色、错位和集聚发展。

2. 启动精准帮扶“百企腾飞”专项行动

围绕重点产业、重点企业和重点项目，以规模以上工业企业为重点帮扶对

---

① 根据“73”计划，从2015年起，湘西州计划用三年时间整合专项资金3亿元，完成固定投资300亿元，建设标准厂房300万平方米，引入企业300家以上。到2020年，吸纳就业30万以上，实现工业年产值300亿元，年创税收30亿元以上。

象。创新体制机制，建立州县联动、部门联企、领导牵头、专人联络的精准帮扶体制，建立推进新型工业化领导小组、专题联席会议办公室（金融、政策、矿业、医药食品、电子信息）、部门（联络员）分级会办督办机制。培育优势产业，壮大企业主体，推进重点项目。

3. 加大工业招商工作力度

创建亲商引资的政策洼地，在“招商突破年”活动中，研究制定工业招商的竞争性、针对性、稳定性政策和措施。建立适应产业招商的工作体制，作为常设机构配置、经常工作部署、重点工作考核，组建专业队伍，形成工作体系。加大工作力度，完善制度建设。

4. 开展“宽带中国”示范城市创建活动

实施数字化信息工程，完成通信基础设施投资5.8亿元，加快4G、宽带等网络基础设施建设；扶持一批成长性好的移动互联网企业，推动软件和信息技术服务业发展；开展“数字企业”建设，提高中小企业信息化应用水平。完成通信设施年度建设任务，新建、改建4G基站903个，新建光网宽带通村380个，新开通无线宽带村150个。

5. 协调推进电力设施建设

按照精准扶贫电力设施配套工程建设年度任务的要求，完成农网改造投资1.26亿元，对95个扶贫村和146个贫困村进行农网改造升级完善，全州农网改造完成率达到90%以上。加强对电力体制改革工作的领导，切实协调解决体制理顺过程中的遗留问题。积极探索大工业用电的新体制、新模式，用创新的方式解决差别化电价形成机制。

三　推进新型工业化的对策和建议

（一）加大金融支持力度

实体经济尤其是工业经济离不开金融的支持。建立与当前新型工业化发展水平相适应的金融服务体系。一是引导金融机构加大对工业领域的投放力度，大力引进银行、担保公司、小额贷款等金融机构，增加金融机构数量，建立金融机构支持工业发展的考核激励机制。二是鼓励企业发行企业债券，引进战略投资者、风投等股权投资，提高企业直接融资比重。三是加快企业上市步伐。

推进企业股份制改造，加大对企业上市挂牌的扶持力度，鼓励企业到二级市场直接融资。四是设立工业发展专项基金。创新财政投资方式，撬动社会资本投资，设立政府投资性工业发展基金，支持新兴产业发展。

（二）加强生产要素保障

加强锰锌矿产品加工企业的矿源保障，提高本地矿产资源的配置效益，引导矿产品冶炼企业向两头延伸，向采选冶深加工一体化的发展模式创新，提高抗风险能力，推动企业集团化发展。积极推动电力体制改革创新，推进企业直供电试点工作，建立灵活多样的供电方式，消除全州与武陵山周边地区的电价剪刀差，发挥锰锌产业的技术和资源优势，提升产业综合竞争力。

（三）夯实园区发展平台

坚持产城融合发展，加快园区调规扩容，完善配套设施，优化产业发展布局；深化园区管理体制改革，赋予园区县一级政府的经济管理权限和独立的财政管理体制，让园区拥有更多的发展自主权，实现园区“封闭式”管理，切实做到园区企业办事不出园。全面提升园区服务企业发展的能力和水平，营造良好的发展环境。强化园区工业招商主体地位，全面梳理全州西部开发、民族地区等各项优惠政策条件，发挥政策优势和后发优势，打造招商引资的政策洼地、服务高地。精准定位园区主导产业和空间布局，树立全州产业园区发展“一盘棋”理念，实现错位协调发展。

（四）全面加强工业招商

将工业招商摆在工业经济工作更加突出的重要位置，作为以存量招增量、扩大工业总量的重要抓手。理顺工业招商体制，明确工业招商主体，健全招商工业机制。围绕全州重点产业、重点项目、重点企业开展全方位招商，加大承接产业转移力度，切实提高招商工作的针对性。

园 区 篇

Industrial Zone

B.24

2015 ~2016年长沙经济技术开发区产业发展研究报告

李科明 *

一 2015年长沙经开区经济运行的主要特点

（一）转型升级迈出新步伐

一是产业结构在规模扩张中不断优化。在工程机械行业持续低迷、汽车库存压力较大等背景下，园区依然完成了年初预定的目标，并保持了较快的增长。全年实现规模工业产值 1811 亿元，同比增长 10%；实现全社会固定资产投资 150 亿元，其中工业固定资产投资 120 亿元，同比增长 10%；工商税收突破百亿元大关，达 106 亿元，同比增长 10%。工程机械、汽车制造、电子信息产业占比调整为 52%：21%：12%，多点支撑产业格局日趋完善。同时，

* 李科明，长沙经济技术开发区管委会主任。

集成电路、节能环保、建筑新材料、现代服务业等新兴产业蓬勃发展，园区新的经济增长极正加快形成。

二是传统支柱产业转型逆势发力。园区工程机械、汽车产业领域优势企业，主动对接国家战略，精准把握市场需求，从技术、市场、管理、模式等方面探索转型发展方式。园区水利机械、港口机械、地下装备、风电机械等工程机械产品产销两旺。铁建重工生产的地下隧道设备深受市场欢迎，依然保持30%的增速。三一集团、中联重科、山河智能等企业加快拓展海外市场，订单日趋回暖。上汽大众历经两年建设后正式投产，湖南省首款本地制造的高端吉普车型——克莱斯勒 JEEP 自由光正式上市，为园区打造“中国汽车产业集群新版块”注入强劲动力。全省首款纯电动轿车——众泰云 100 投放市场后供不应求，长丰集团、广汽三菱等布局、研发新能源汽车呼之欲出。至此，园区拥有整车企业 9 家，其中世界 500 强整车品牌 4 家，拥有汽车整车及零部件企业140 多家，属地配套率达 30%，形成了体系完整的汽车产业集群。全年有望实现汽车工业产值 400 亿元，同比增长 25% 以上。

三是新兴产业正成为产业转型的新亮点。近年来，园区积极培育集成电路、电子商务、住宅产业、节能环保、现代服务业等战略性新兴产业，努力打造新的经济增长极。承办了省集成电路发展战略发布暨产业对接会，获得了中国集成电路设计业 2016 年会承办权。加快建设深圳 IC 基地长沙基地，引进了集成电路企业 5 家。依托落户在长沙经开区的省电子商务协会和湖南电商创业基地，先后引进了电子商务企业 10 家。引进现代服务业企业 10 家。远大可持建筑、三一“快而居”成为园区住宅产业化的重要力量。以万容科技、凯天环保为代表的节能环保产业，已成为园区特色的静脉产业的主力军。加快发展现代服务业，引进了奕豪品牌酒店、大连亿达等投资商，有望为园区企业打造高品质的创新创业、购物消费、休闲娱乐的平台。

四是企业成为创新发展的主体力量。依托“国家知识产权示范园区”平台，通过园区专利驱动、招才引智及技能型人才等政策，加大科技创新与人才引进培育力度，全年投入研发、人才资金 4400 万元。全年完成发明专利申请628 件，同比增长 21.9%，授权发明专利 485 件，同比增长近一倍。园区企业获得省级以上技术奖项 11 项，重大成果转化项目 6 项，市级各项奖励及认定92 项。其中，千山药机获评国家知识产权优势企业，三一集团、铁建重工获得两项中国专利优秀奖。28 家企业通过高新技术企业认定。全年引进高层次人才 26 人、创新创业项目 12 个，新建博士后科研站、院士专家站 4 个，引进技能人才 4000 余人。全年组织人才招聘会专场 33 次，校园招聘 22 场。

（二）招商引资再掀新高潮

2015 年，全区主动适应招商新常态，发挥园区产业优势，突出招大引强，服务转型升级，呈现重大项目纷至沓来的喜人局面。全年组织参加了中国（长沙）第三届国际工程机械配套件博览会、中博会湖南省汽车零部件产业推介会、美国湖南经贸周等招商活动等招商活动，共引进过亿元项目 11 个，其中投资过 50 亿元的项目 3 个，分别是福田汽车环境装备产业园与新能源汽车项目、千山慢病精准管理与服务中心项目和长丰集团整车扩产及新能源汽车项目。特别是三一集团、铁建重工、北汽福田、千山药机、中车时代、博世汽车等本土骨干企业，抢抓新一轮改革机遇，不断扩大投资，实现裂变成长，开展“再次创业”，显示出本土企业转型创新发展的强大动力，掀起了园区“二次招商”新高潮。

（三）项目建设激活新动力

2015 年，园区坚持重大项目“领导联点、部门参与、专员督办”“学习与服务”、全程代办、督查考核等机制，领导干部践行“一线工作法”，及时破解项目建设难题，为重大项目开建、竣工提供了有力保障。全年园区 54 个在建项目、45 个待建项目。2014 年新引进项目中，开工建设 20 个，竣工 8 个。2015 年列入市重大项目共 41 个，其中新建项目 15 个、续建项目 20 个、预备项目 6 个，全年重大项目开工率、投资完成率均达 100%。长沙科技新城、工程机械交易展示中心、北汽福田环境装备产业园等重大项目全面推进。上汽大众、广汽菲克、蓝思科技（二期）、远大“小天城”、住友橡胶（一期扩建）等重大项目相继竣工达产。特别是上汽大众、广汽菲克、蓝思科技等重大项目的竣工投产，激活了园区未来发展新动力。

（四）品质园区展示新形象

坚持高起点规划、高标准建设、高品质配套，完成了园区商业中心、公共设施、公共道路、人行天桥等专项规划。按照“五优”建设理念，加快绿化亮化、道路改造、公租房建设、路标路牌导向、交通设施优化等工程建设。全年完成基础设施投入5.65亿元，平整场地975亩，完成道路提质改造25.1公里，完成道路亮化6.5公里。泉塘中学、榔梨消防站、榔梨公租房等项目按期建成。持续推进生态园区建设，顺利通过国家环保部等三部委评审，即将授牌成为全省首家“国家生态工业示范园”。启动了新一轮“三年造绿行动”，重点推进道路绿化、公园绿化、小区绿化，全年新增绿化面积51公顷。支持上汽大众启动太阳能光伏电站项目。加快推进星沙污水处理厂、城北污水处理厂等扩容提质项目，不断完善雨污管网路网建设。依法从严抓实环保责任，强化对重点企业废水排放、空气质量、地表水质及放射源的实时监控，保持了天蓝水清地绿的生态环境。

（五）社会管理谱写新篇章

加大社会管理创新投入，41个公共服务项目有序推进。加强和创新了蓝色置业、板桥公租房、创业乐园等企业员工集中居住小区的服务和管理。试点建设并逐步推广园区公共信息导向系统。着力清查并规范了园区门牌号清理工作。坚持产业工人需求导向，重点优化园区公共交通网，切实解决企业员工出行难题。坚持依法拆迁、和谐拆迁、阳光拆迁，确保补偿资金“点对点”支付，全年完成拆迁腾地2289亩，保障了重点项目顺利推进。稳步推进泉塘三期、龙华二期、龙峰等安置区建设，保障了拆迁群众权益。加快公租房建设，全年建成公租房1678套，惠及近3万产业工人。加大安全生产监管，对企业安全生产问题不讲情面、不讲大小、不搞变通，探索试行安全生产网格化管理，对企业开展地毯式梳理，重点对危险化学品行业、劳动密集型企业开展专项整治行动，确保了安全生产零事故，严格依法查处。加强综治维稳工作和信访接待工作，维护了园区的社会稳定。

（六）机制改革激发新活力

加大简政放权力度，依托“全程代办”服务，不断优化、精简审批流程，积极推进商事登记改革，开辟了初步设计评审、常年施工队伍捆绑招标、临时施工许可等“绿色通道”，实现了行政审批再精简、再提速。探索开展土地短期出让制度试点、储备土地管护和临时利用新模式。首次建立《企业年度发展报告》机制，不单纯以产值、税收等经济贡献论英雄，倡导企业创新发展、绿色发展、可持续发展、和谐发展、诚信发展，对集约用地、保护环境、安全生产、科技研发、诚实守信、履行社会责任等方面取得突出成绩的企业予以表彰奖励，营造转型创新发展的舆论氛围。完成了机关事业单位“三定”调整，组织开展了新一轮竞争上岗，完成了雇员招聘工作，全力激发团队新活力。坚持政企分离、市场化运作，全面完成了公司化改造，建立了职业经理人制度，初步建立了董事会、党委会、监事会等公司法人治理结构，完善了公司内部管理，加大了投融资改革力度，为园区开发建设提供了坚强保障。持续推进“以区带园”，星沙产业基地积极承接园区产业辐射，发展迅速，实现工业总产值50亿元。加快推进“飞地园区”建设，汨罗产业园建设全面铺开，安置区工程、工业地产项目、两纵两横道路全面启动。新疆鄯善工业园已编制控制性详细规划。创新“机关党支部 + 企业党组织”互联共建的工作模式，采取“1 + N”的联组模式，以联点交流形式服务项目（企业）党组织。制定了党风廉政“三张责任清单”，实行领导干部“股份零持有、投标零参与、工程零干预”公开承诺机制，从源头上保障风清气正的投资创业环境。

二　2016年长沙经开区经济发展环境分析和走势预测

（一）2016年长沙经开区经济发展环境分析

2016年是“十三五”开局之年，也是供给侧改革攻坚年。“十三五”期间，国际经济在深度调整中修复转型、曲折复苏，世界多极化、经济全球化深入发展，新一轮科技革命和产业变革风起云涌，产业高端化、信息化、智能化已成大势所趋，产业跨界融合、转型升级悄然涌动，全球产业梯度转移势不可当。

“十三五”期间，中国经济发展形势也在发生深刻变化：一是经济发展进入速度变化、结构优化、动力转换的新常态，“三期”叠加将在较长时间内制约经济发展，资源环境承载能力和要素供给能力面临严峻考验，要素驱动、粗放式发展模式已经难以为继。但中国拥有全世界最完整、最齐全的产业体系，中国经济具有巨大的潜力、韧性和回旋余地。二是区域发展正在形成新格局。“一带一路”“长江经济带”等正在为中国在更高层次、更广领域推动区域协调发展和扩大开放打造新优势。三是国家治理迈向新台阶。“五位一体”“四个全面”，创新、开放、协调、绿色、共享发展“五大理念”为未来发展指引了方向，深化改革、简政放权正在释放改革红利，大众创新、万众创业正在激发创新活力，增加公共产品、公共服务正在成为经济发展的新动力。

目前，长沙经开区经过多年发展，已经奠定了坚实的基础。但是也面临不少挑战：一是经济转型压力增大。新常态下，成本上升、需求疲弱、产能过剩等多重因素叠加，传统主导产业增长动力减弱，新兴产业尚未形成规模效应，基础还不牢靠，园区经济增长后劲不足。二是要素制约比较突出。土地、空间、资金、电力、拆迁、人才等各种生产要素仍然在一定程度上制约了项目建设和企业生产。三是政策优势正在弱化。当前，国家各类税收等优惠政策逐步规范，拼优惠政策、以地生财等粗放式发展模式难以持续，依法行政已经成为难以逾越的“红线”。四是产城融合任务艰巨。打造现代城市经济综合体，促进产业发展与城市功能深度融合，亟待完善园区商业生活配套，不断满足人民群众对公益设施、公共服务、公共平台的需求。

但是，长沙经开区也迎来新的历史机遇。一是主导产业体系完善，特色鲜明，一批重大工业项目纷纷签约、开建和投产，将陆续释放产能，将为园区未来发展提供强大动力。二是“一带一路”战略为工程机械、汽车制造产业“走出去”开展产能合作、消化过剩产能提供了战略机遇。“中国制造2025”“创新驱动”“大众创业、万众创新”等国家战略将大大提升企业创新能力和全民创业活力，助推园区产业转型升级。三是交通大融合将进一步提升园区区位优势。依托高铁、机场、港口等现代交通枢纽，承东启西，贯通南北，全方位融入长江经济带、长江中游城市群和沿海开放经济带，打造长沙东部开放型经济走廊。四是公司化改造、工管委班子交流调整、干部竞争上岗、政府雇员招聘等必将优化人力资源配置，大大激发干部队伍干事创业激情。

（二）2016年长沙经开区经济发展前景预测

新的一年，长沙经开区将继续围绕打造省会城市次中心、建设现代城市工业经济综合体的发展定位，继续坚持“稳住、进好、调优”的总要求，主动适应和引领新常态，以项目建设为龙头，坚持创新引领，推进转型升级，培育发展动力，激发内在活力，提升服务效能，确保工业经济平稳运行，积极发挥工业园区“主阵地、主战场、主力军”的引领性作用，努力实现园区“十三五”发展精彩开局。预期实现规模工业总产值2000亿元，工商税收116.8亿元，工业固定资产投资136亿元，完成到位外资4.85亿美元，外贸进出口总额27亿美元，各项指标均同比增长10%以上。

三 加快长沙经开区转型创新发展的思路和措施

（一）高起点加快转型升级，着力打造经济增长新引擎

一是巩固提升支柱产业。坚持精准服务，依托三一重工、中联工起、山河智能、铁建重工、上汽大众、广汽菲克、广汽三菱、博世汽车、众泰汽车等龙头企业，确保工程机械制造产业总体平稳，汽车及零配件制造产业稳中有进。主动对接“中国制造2025”、湖南省“1274”战略和长沙市“13518”战略，实施“制造+互联网+服务工程”“高端装备创新工程”“中小企业‘专精特新’”发展等行动，支持园区优势企业参与国家级制造业创新中心、智能制造示范企业和智能制造示范车间建设。加快工程机械、汽车制造等配套企业发展，不断提高属地配套率，补齐支柱产业核心零部件“短板”。依托中国（长沙）工程机械交易展示中心、CTEC国际零部件及二手设备交易中心，着力发展工程机械后市场，推动工程机械规范化、品牌化、专业化、集群化发展。坚持车企需求导向，着力打造汽车检测试验、人才培训、产学研用、贸易博览等公共平台。主动对接埃塞·湖南装备制造合作园区、2016“湖南·星沙走进东盟”经贸系列活动，加快工程机械、汽车制造等产能与装备“走出去”。

二是培育壮大新兴产业。突出新产业、新业态、新技术，力争电子信息、大健康产业、新能源、集成电路、住宅产业化、节能环保、电子商务、现代服务业等领域培育壮大更多新的经济增长点。大力支持蓝思科技蓝宝石项目等电子信息产业骨干企业发展。依托千山药机慢病精准管理与服务中心项目，大力推进大健康产业发展。重点支持众泰新能源汽车、长丰新能源汽车、中上电驱

动力系统等新能源汽车发展。用活集成电路政策和专项扶持资金，依托国科微电子，做实深圳 IC 产业示范基地长沙基地，优先发展集成电路设计业和封装测试业。积极引导集成电路产业向园区汽车电子、储存、传感器、工业控制等领域融合发展。依托远大可建、三一快而居等骨干企业，积极推动住宅产业标准化建设。依托凯天环保、万容科技等企业，继续培育引进再生资源利用企业，加快发展低碳产业和循环经济。依托省电子商务协会和湖南电商创业基地，精准引进知名电商企业，优化园区企业产品服务平台。依托星沙商务中心区、长沙科技新城等载体，重点发展软件电子商务、金融、保险、信息等现代高端服务业，拉长现代生产服务业“短板”，积蓄园区转型发展新动力。

三是打好为企业减负“组合拳”。坚持问题导向，及时准确了解企业需求，迅速行动，精准发力，在“审批、代办、收费、平台、招商、融资、服务”等7个方面，打好企业减负增效“组合拳”。精选1～2个试点项目，深化工程建设领域流程再造，探索建立建设监管服务新机制。采取政府购买服务、股份制合作等方式，打造工业项目行政审批全程代办服务升级版。坚持企业需求导向，建立资源开放共享、运作规范高效、可持续发展的企业服务平台。主动对接上级政策，研究制定经开区配套政策。坚持市场化运作，加强与融资平台对接，着力降低企业融资成本。坚持区县一体，加强高位协调，统筹解决好精简审批流程、提高审批效能、降低收费标准等问题，形成区县服务企业的合力。

四是聚力服务项目建设。健全推广领导联点、专员督办等机制，主动对接铁建重工、长丰集团、北汽福田、千山药机、中车时代、博世汽车、黄金小镇、中上控股等项目需求，倒排时间表，高效推进支持政策、拆迁平地、规划国土、工程建设等事项，确保项目早开建、早达产。着力引导审批部门提前介入项目，加强行政审批协调，优化审批流程，完善项目调度、督查、考核机制，确保全年新开工开建项目15个，竣工投产项目20个。

（二）高精度推进招商引资，全力掀起二次创业新高潮

一是推进精准招商。主动对接国家重大战略、“三去一降一补”、兼并重组政策、园区产业发展等需求，瞄准支柱产业、新兴产业发展方向，紧盯电子信息、大健康产业、新能源、集成电路、住宅产业、节能环保、电子商务、现代服务业等重点领域，继续加大招大引强力度。围绕产业链招大引强，在产业

承接、产业延伸上精选项目，着力引进世界500强、央企和国内知名企业，力争全年引进投资过10亿元项目4个以上，其中投资过50亿元项目1～2个。

二是创新招商方式。围绕主导产业培育和转型升级，在产业链招商、二次招商、以商招商、园区共建招商等方面取得新突破。注重招商实效，突出合同管理，强化项目全过程管控，切实提高签约项目的履约率、资金到位率和开工率。引进和培育一批优质的社会中介机构，鼓励和支持公司化、专业化和市场化招商。坚持客商至上，强化项目洽谈、考察、签约、服务工作规范化和标准化。积极对接本土重大“裂变”项目，引导企业以存量引增量，以股权换投资。精准“打包”招商政策，优化宣传服务手段。持续规范招商引资优惠政策，健全项目准入、评价和退出机制。

三是扩大对外开放。推进以区带园、“飞地园区”建设。依托星沙、黄花、榔梨等托管园区，做实汨罗产业园、长鄯产业园等“飞地”园区，实现园区产业辐射、项目输出、基础设施对接。做实埃塞·湖南装备制造合作园区，办好2016“湖南·星沙走进东盟”经贸系列活动，建好外贸综合服务平台。主动融入长沙东部开放型经济走廊、黄花综合保税区建设，依托星沙海关、出入境检验检疫局，出台外经贸转型升级政策，带动本土外向型企业加快发展。立足园区区位优势、产业优势，积极探索园区跨境电商发展。培育引进“走出去”咨询服务机构，服务优势企业“抱团出海”，参与全球竞争。精心组织中国集成电路设计业2016年会，引进一批IC集成电路设计企业。

（三）高质量实施创新驱动，全力激发转型发展新活力

一是激发创新创业活力。主动对接“大众创业、万众创新”“135”工程等战略，培育和催生经济发展新动力，激发全社会创新潜能和创业活力，积极发展中小微企业。加强工业地产企业入驻政策引导，用活创业富民、小微企业等专项资金，派发小微企业“政策大礼包”，加强政策解读与宣讲，培育引进一批科技成长型项目。优化中小微企业入驻审批流程，加强事中事后监管。创新商事登记制度，推行企业集群注册。全力支持三一众智新城等一批孵化载体、众创基地建设，持续开展“三湘汇”等创客文化活动。二是鼓励企业自主创新。用好专利驱动政策，鼓励企业创新创造，支持企业加快转型升级。大力支持铁建重工高端地下装备项目建设，助推工程机械产品转型。重点支持博

世汽车打造“工业 4.0”的典范工厂，推动传统企业管理模式升级。依托众泰、广汽三菱、长丰集团、中上汽车等企业，提高新能源汽车研发能力。依托入区新建项目屋顶资源，鼓励三一分布式光伏太阳能等新能源项目建设。依托远大科建、万容科技、凯天环保等骨干企业，大力推动住宅产业化、重金属污染治理、污水垃圾处理等领域技术创新。依托千山药机、三一集团等骨干企业，带动本土企业拥抱“互联网 +”助推转型发展。三是集聚科技创业人才。修订完善招才引智政策，创新人才（项目）申报评审机制。重点开展好招才引智（北美）政策推介会、招才引智三周年专题活动，着力引进一批高层次人才和优质创新创业项目。统筹落实“技能型人才计划”“劳动技能竞赛”，重点加强技能型人才培育引进。加强校企合作对接，提升园区“固定招聘日”“企业校园行”“星沙大讲堂”等品牌活动。四是构筑科技创新平台。做实知识产权工作，抓好实践基地运作，确保“国家知识产权示范园区”复核和“国家专利审查员基地”重申工作圆满完成。积极实施品牌战略，支持和组织企业开展著名商标申报。加快推进企业信用建设，鼓励企业运用园区信用评估指标及体系。做实科技创新信息服务平台，引导企业加强知识产权保护和运用。引进专利代理机构，为企业提供专业化服务。用好贷款风险补偿资金池平台，帮扶中小微企业市场融资。加快企业服务站建设，为中小微企业提供全方位、全天候服务。

（四）高标准推进提标提档，全面展示品质园区新形象

一是大力促进节约集约用地。实施“多规合一”决策支持系统，在招商引资、项目建设、报建审批等过程中发挥指导作用。探索建立项目布局的联合把关机制，从源头上增强招商工作与区域空间布局和功能定位的对接。积极对接土地利用规划调整，优先保障园区后续发展空间。依法做好征地拆迁和土地出让，提高建设用地供地率，努力实现供地率全部达标。创新节约集约用地方式，盘活土地存量，提高土地利用效率。二是快速推进基础设施建设。全面铺排 135 个基础设施建设项目，加快推进园区道路及桥梁、绿化、公租房、城乡一体化等工程建设，着力保障长丰集团、中铁一期、黄金小镇等重大项目场地平整，重点启动管线信息化管理，全力抓好“两水”扩改工程。三是重点打造园区特色景观。全年计划 21 个提标提档项目，重点抓好经开区“环城绿带”建设工程，着力推进重要道路、“三年造绿行动”、园区骨干路网、重要

道路交叉路口等区域的提质改造。四是巩固生态园区建设成果。加强污染总量和排污权交易管理，建立并运营环境GIS系统。继续推动企业清洁生产、环境和质量体系认证、环境标志产品认证等生态化升级改造。继续严格执行新环保法，确保园区环境安全，不发生环境污染等级事故。

（五）高品质致力共享发展，重点实现社会治理新突破

一是强化公共服务设施建设。坚持企业需求导向，逐步完善教育医疗、地下管网、公共道路、停车场、商贸街区等专项规划，在教育医疗、公共交通、体育文化、公共服务项目、员工居住区等方面有新突破。二是加强城市环境维护。重点抓好企业周边卫生环境、扬尘雾霾、流动摊贩、户外广告、违章建筑、停车秩序、路灯亮化、废品收购站、社会治安等环境治理，全面提高园区环境质量。三是全力推进平安园区建设。强化“党政同责、一岗双责、失职追责”意识，整合安监、质监、消防等执法力量，做实安全生产网格化管理服务，突出危爆物品生产存储企业、工业地产、用工密集型企业、粉尘涉爆企业等重点区域，全面开展园区火灾隐患、安全隐患排查，确保全年不发生重大安全事故。认真做好群众信访接待工作，健全园区群防群治机制，做好矛盾纠纷排查调处化解，确保全年不发生重大群体性事件。

（六）高效率强化服务保障，全面催生深化改革新气象

一是创新体制机制。依托权力清单、责任清单和流程清单编制，厘清行政权力边界，规范权力运行。探索开展企业简易注销改革工作，完善市场主体退出机制。探索推进规划设计图、建筑施工图、消防施工图等“多图联审”机制探索建立可行性研究报告评审、环境影响评价、节能评估等联合评估机制，减少评价过程中的重复环节。督促相关部门修订完善政策制度，出台机关政策制度及配套程序。二是加快推进政企分开。健全法人治理结构。坚持管资本为主，扩大集团公司董事会决策权限，完善决策程序，进一步理顺管委会、集团公司之间的权责利关系。统筹整合集团公司金融、房地产、水务等资源，加快资本运作步伐，实现资产经营取得新突破。坚持市场导向，盘活优质资源，全力支持重大项目引进，重点发挥集团公司在园区招商、项目、融资等方面的保障作用。三是强化督查考核。全力督促重大项目建设的关键环节、重要节点，

重点督查制约项目落地的拆迁、场平、电力、道路等任务，确保政令畅通、工作落实。严查顶风违纪，加大明察暗访力度，重点抓好厉行节约、公务接待等专项检查。创新园区绩效考核指标体系，完善内部绩效考核办法，加强考核指标运行监测。四是强化政治保障。探索创新开放式、信息化、规范化的组织生活形式，做实党工委中心组学习、党内主题教育活动。依托互联共建联组、“四型三星”创建、“微党建”平台等载体，激发基层党组织和党员活力。加强与战略媒体互通共融，深耕自有媒体，着力推介园区发展成果。通过系列宣传品和文化活动，深度塑造传播“力量之都”形象。持续转变园区选人用人理念，出台新一轮干部培训三年计划，加强中层负责干部教育培训，激发干部队伍新活力。认真开展“党内法规学习教育年”活动。强化部门主体责任意识，开展“三零”公开承诺专项行动，规范领导干部配偶、子女及其配偶经商办企业行为，推进党风廉政建设责任清单落实。

B.25
2014～2015年长沙高新技术产业开发区产业发展研究报告

周庆年*

一 2015年工作回顾

2015年，是国家自主创新示范区建设的启动之年。面对经济持续下行压力，我们坚持稳中求进的总基调，更加突出创新驱动和项目带动，更加注重产业升级和环境优化，经济社会发展取得新成效。高新区“一区四园”实现技工贸总收入4000亿元，其中麓谷园区实现技工贸总收入2500亿元，增长13.6%（剔除中联重科增长33%）；规模工业总产值1321亿元，增长7.5%；高新技术产值1450亿元，增长5.4%，完成财政总收入81亿元，全社会固定资产投资151亿元，其中工业投资110亿元，增长22.3%。综合实力在全国146个国家高新区中排名第15位。

（一）着力推进示范区建设

启动实施国家自主创新示范区建设“三年行动计划”和“十件大事”。积极协调落实国家支持示范区创新发展政策。省委、省政府和国家质检总局支持示范区建设的政策意见出台，市委、市政府加快推进长沙高新区建设示范区的相关政策意见即将出台。建立协同推进机制。省、市分别成立了建设示范区领导小组和推进委员会，部际协调和部、省会商第一次会议在长沙召开。组织编制示范区发展规划纲要，并已通过市政府常务会议和市委深改领导小组会议审定。启动建设了一批创新示范项目。中科院天仪空间研究院、省产业技术协调

* 周庆年，长沙高新区管委会主任。

创新研究院、省知识产权交易中心、湖南航天新材料技术研究院等首批54个高端研发创新项目落户麓谷，陆续启动建设。

（二）加快推进产业转型升级

着力推进产业结构调整和培育发展新兴产业，在支持以中联重科为代表的工程机械行业加快转型的同时，大力培育发展节能环保与新能源、新一代信息技术、新材料、生物医药等战略性新兴产业和移动互联网、北斗导航、绿色建筑等特色产业。除先进制造业外的其他新兴产业快速发展，占园区规模工业产值比重首次达到50.6%。电子信息产业实现产值252亿元，增长102%；新材料产业实现产值173亿元，增长31.8%；生物医药产业实现产值96.4亿元，增长19.2%；软件和信息技术服务业总收入达到112亿元，增长21.9%。移动互联网、北斗导航等特色产业发展迅速，全年新增移动互联网企业1083家，企业总数近1700家，占全省的90%，实现营业收入256亿元，增长150%；北斗导航产业聚集了中国电子、中国航天等相关企业40多家，占全省北斗导航企业数的80%以上，产值达到25亿元，增长60%。一批重点企业快速成长，新增规模工业企业31家，新增产值180亿元。过亿元企业达到143家，新增7家，过10亿元企业25家，新增3家。纳税过百万元的企业达539家，新增77家，其中纳税过千万元的企业95家，新增16家。科力远、航天环宇、中冶长天、御泥坊、伟业动物、华曙高科、中森通信等16家规上企业产值增速超过50%，远大住工、金杯电工、杉杉新材等43家规上企业产值增速超过20%。智能制造加快发展，华曙高科、红太阳光电等20家企业入选国家和省、市级智能制造示范企业，省级试点企业占全省一半。

（三）强力推进项目建设

坚持“项目立园、产业兴区”理念，招商引资取得新的突破。全年实现到位外资3.74亿美元，到位省外境内资金35.3亿元，市外境内资金固定资产投资额61.8亿元，完成进出口总额26.5亿美元；新注册各类企业3363家，增长60%，高新区企业总数突破12000家。引进19个量大质优的产业项目，总投资达到230亿元。中国通号投资50亿元建设长沙产业园，中国联通投资

50亿元建设长沙云数据基地，中兴通信投资40亿元建设中部地区最大的全球战略研发基地，航天环宇等3个项目总投资30亿元以上。全年启动拆迁项目20个，拆迁总面积4000亩，安置拆迁人口近3000人，列全市第一。全年铺排产业项目65个，总投资442亿元，其中中国通号、中兴通信、丰树、乔治海因茨、航天环宇等新开工项目26个，投产后预计年产值可达360亿元；远大二期、方盛制药、科瑞鸿泰、博泰航空等项目竣工16个，达产后可实现年产值200亿元以上。

（四）深入推进创新创业

着力改革创新，推进大众创业、万众创新。实施了一批创新改革。全省首推企业集群注册制度和国地税联合办税，出台负面清单、权力清单、流程清单、责任清单等“七张清单”。强力推行行政审批服务“两集中两到位”，审批服务效率成倍提高。推出了一批创新举措。启动移动互联网“柳枝行动”，实施“麓谷创新创业”引领工程，出台支持节能环保、新材料等特色产业和众创空间发展的政策意见。深化科技与金融结合，新增3家IPO企业，上市企业总数达39家，新增19家新三板，新三板挂牌企业达到32家。成功举办中意技术合作推介会、中欧企业对接洽谈会、科技部湖南赛区创新创业大赛和移动互联网湘江峰会等一系列特色活动。搭建了一批创新平台。中国电子－IBM联合创新实验室、高分子复杂结构增材制造国家工程实验室、长沙智能制造研究总院等落户麓谷。新增2个国家级创新平台，国家级创新平台总数近60个。新增3家省级孵化器，孵化器、加速器总数达到20个，新增孵化面积35万平方米，孵化总面积达300万平方米。打造“麓谷·创界”众创空间品牌，引进腾讯众创空间、微软云移动应用孵化平台，创业服务中心等3家单位入选省首批众创空间试点。聚集了一批创新人才。新增省、市级院士工作站各1家；新增8人入选省“百人计划”，占全市60%；新增86人入选市“3635计划”，占全市50%；新增45人入选区“555计划”。新获授权专利1726件，其中发明专利900多件，增长80%，高新区创新能力排名进入全国前十名。

（五）全面推进产城融合

围绕麓谷科技产业新城建设，加快推进产城融合步伐。加强规划引领作用。组织编制“十三五”规划，开展产业发展、土地利用、城市建设和生态保护等“多规合一”试点，加快推进城乡融合发展。加快基础设施建设。长川路、青山路等18条道路建成通车，金洲大道拓改完成。完善城市配套功能。全年铺排保障房和公租房建设项目8个，建筑总面积达50多万平方米。公交线网进一步优化，新增、优化、延长21条公交线路，穿梭巴士开通运行。提升城市建设品质。大力推进“清洁城市”“三年造绿”“最严城管”和“拆违控违”行动，加强市容整治，提质改造安置小区，推进主次干道园林绿化、拆墙透绿。拆除违章建筑12.6万平方米，率先全市实现基本清零目标。社会事业稳步推进，乡镇区划调整顺利完成，原两镇两街调整整合，新设立雷锋、麓谷街道办事处。教育支出增长29%，高新技术工程学校等10多所学校改扩建顺利完成。社会保障全面加强，成功举办全国民营企业招聘周活动，人力资源公共服务综合标准化试点工作通过省级验收，已建工会组织的企业工资集体协商建制率达91%。全面推进麓谷街道网格化综合治理，加大刑事犯罪打击力度，加强交通安全秩序整治和消防实战能力提升，安全生产形势平稳，连续两年走在全市前列，“平安高新”建设不断深化，社会大局和谐稳定。

二　2016年工作思路和主要任务

2016年，是“十三五”的开局之年，是中央推进结构性改革的攻坚之年，也是省、市加快推进国家自主创新示范区建设的关键之年，做好今年工作，意义重大，任务艰巨。

要认清新形势。一是外部环境形势依然严峻。世界政治经济秩序尚不稳定，国内经济仍将面临较大下行压力，新旧动力转换接续尚需时日，区域竞争日趋白热化，不进则退、慢进也是退，高新区争先进位面临巨大考验。二是自身发展压力依然巨大。经济总量还不大，产业结构还不优，工程机械下行尚未见底；招商引资竞争更加激烈，环境约束、空间制约、依法行政、征地拆迁等领域矛盾日益突出；等等。

要把握新机遇。一是中国经济形势和运行态势总体趋好，经济发展长期向好的基本面没有变。经济进入新常态并不意味着经济变坏，而是意味着全社会进入一个由更高附加值、更高创造力来支撑的理性环境。随着国家推进供给侧结构性改革，实施“去产能、去库存、去杠杆、降成本、补短板”五大重点任务，有利于加快结构调整，特别是降成本，将有利于减轻企业负担，激发企业活力。面对改革机遇，企业转型需要思考如何在企业治理结构现代化的同时，积极应对下一轮发展的升级需求，用创新驱动的供给侧新结构应对新的需求升级。二是国家大力实施“中国制造2025”“互联网+”等发展战略，推进“大众创业、万众创新”，新业态、新模式蓬勃发展，新经济增长点不断形成，为高新区加快产业转型升级、培育和壮大特色产业提供了重大机遇。三是国家加快实施“一带一路”“长江经济带”等区域发展战略，湖南“一带一部”区位优势凸显。此外，作为“三区叠加”即两型社会综合配套改革实验区、长株潭国家自主创新示范区、湖南湘江新区的核心区，高新区示范引领和辐射带动的地位将更加凸显。

要树立新目标。“十三五”期间，我们的总目标是：奋力争先晋位，挺进全国十强。力争到2020年，麓谷园区企业总收入在“十二五”末基础上再翻一番，高新区的综合实力进入全国高新区前十强。按照国家自主创新示范区“三区一极”和湖南湘江新区产业核心功能区两个战略定位，努力创造一流机制、聚集一流人才、培育一流企业、构建一流环境，将高新区打造成为具有全国影响力的创新创业中心、高端制造研发转化基地和创新创意产业集聚区，积极争创世界一流高科技园区。

2016年的基本思路是：全面贯彻党的十八届五中全会和中央、省、市经济工作会议精神，深化创新、协调、绿色、开放、共享发展理念，牢牢把握“稳住、进好、调优”的总基调，以国家自主创新示范区建设为主线，紧紧围绕“奋力争先晋位、挺进全国十强”的总目标，着力建设“创新新区、开放新区、生态新区、幸福新区”，争当全省自主创新的领头雁。主要预期目标是：确保实现技工贸总收入2800亿元，规模工业总产值1400亿元，高新技术产值1560亿元，完成财政总收入90亿元。到2020年企业总收入达到5000亿元，2025年达到10000亿元。

（一）全面加速示范区建设，打造创新发展新平台

围绕“三年见成效、五年上水平、十年树样板”的战略部署，加快打造麓谷创新创业新名片。突出“三区一极”战略定位。突出长沙高新区在长株

潭示范区中的龙头、引领地位，着力打造“创新驱动发展的引领区、科技体制改革的先行区、军民融合发展的示范区和中西部地区的经济增长极”。实施创新提升五大工程。围绕创新创业引领工程、产业集群提升工程、军民融合创新工程、科技金融结合示范工程、创新人才聚集工程，优化创新创业生态，全面提升持续创新基础能力，重点推进一批原始创新技术和关键共性技术攻关，打造国家重要研发和产业化基地。推进国际先进技术交易、转移和海外技术并购，吸引世界级的创业团队，重点融入跨国公司产业链、创新链、供应链核心环节，提升在全球产业价值链中的位置。大力鼓励社会资本以众筹模式投向科技型、创新型、创业型企业，开展担保融资、信用贷款、知识产权质押贷款、股权质押贷款、信用保险和贸易融资、并购贷款、产业链融资等信贷创新试点。狠抓政策落实和规划落地。加强协调对接，落实“6+4”创新政策和各级出台的支持意见。加快实施示范区发展规划纲要、湘江新区高端制造研发转化基地和创新创业产业集聚区五年发展规划，明确一批重点项目，落实建设主体，持续加以推进。

（二）全面推进项目建设，增强经济发展新动能

始终把项目建设作为全委工作的重中之重，加大改革创新力度，完善内部工作机制，提升招商水平，确保建设成效。着力招大引强。成立招商工作领导小组，组建重大项目投资局，设立北京、上海、深圳三个招商工作站，围绕新一代信息技术、新材料、新能源与节能环保等战略性新兴产业和移动互联网、3D打印、绿色建筑、生物医药与健康等特色产业，瞄准世界500强、国内100强企业和央企等，主动出击、精准招商、以商招商，完善产业链，确保引进一批产业链前端、价值链高端的优质项目。狠抓项目建设。成立项目建设工作领导小组，负责重大项目从开工建设到竣工投产的全过程协调服务。加快道路、水电等重大基础设施规划布局和建设实施，全面保障项目落地和建设施工环境。全年确保新开工项目20个、力争30个，确保竣工项目25个、力争30个。

（三）全面促进产业转型升级，构筑产业发展新优势

坚持以推进产业转型升级为导向，加大供给侧结构性改革力度，稳住存

量，做大增量。进一步优化产业结构。实施“麓谷制造2025”行动，扎实推进智能制造示范试点，大力支持以中联重科为龙头的先进装备制造企业转型升级，打造千亿级产业集群；依托电子信息、新材料等优势产业，培育壮大一批百亿级产业基地；加快落实龙头企业扶持计划、麓谷之星培育计划、隐形冠军塑造计划，着力推动产业发展骨干梯队建设，重点培育壮大年收入过10亿元企业阵容，形成“十亿级企业”方阵，巩固多点支撑格局。着力壮大特色产业。实施制造业与服务业双轮驱动，推进信息化与工业化深度融合、科技与金融结合、文化与产业融合、传统产业与互联网融合，大力发展移动互联网、北斗导航、3D打印、绿色建筑、物联网、大数据等新兴产业和科技服务、科技金融、文化创意等新兴业态。强化“两帮两促”。成立“两帮两促”工作领导小组，明确联点领导，落实责任部门和工作人员，强化协调调度，每月一走访，一月一调度，一季一专题，以龙头企业、骨干企业和成长型企业为重点，围绕企业发展的困难和问题，做好精准施策和有效帮扶。加快政策兑现。围绕招商引资和产业发展的优惠政策，加快兑现产业发展配套资金，特别人才基金、移动互联网和节能环保产业扶持资金，兑现企业用于购地、房租、平台、研发、并购重组等方面的补助，促进企业快速发展。

（四）全面深化产城融合，建设美丽幸福高新区

抓住创建国家生态工业示范园区契机，以产兴城，以城促产，打造品质新区。强化规划引领。按照“产业集聚、功能齐备、错位发展”的原则，优化空间布局，合理优化调整生产、生活、生态空间，促进产城协调发展。启动长沙科技城规划建设，以雷锋湖为核心，向西打造一流研发和产业人才的聚集区、高端创新和创业资源的汇集区、转型创新和产城融合发展的示范区和高端产业总部经济区。完善基础配套。全面推进黄桥大道以东主干路网建设和黄桥大道城市化改造，全面完成东方红路绿化提质。开展地下管网普查和新建区域内的规划建设。抓紧推进黄桥大道以西城乡融合发展，加快农村基础设施建设，打造长沙西部城市绿廊。提升城市品质。加强城市管理，完善公共交通，巩固拆违控违成效，持续推进“清洁城市”“三年造绿”和“最严城管”行动，实现景观精致化、建筑精品化、道路畅通化，打造精致精美、宜居宜业、人见人爱的品质新区。发展社会事业。增强教育、医疗卫生、文化体育、社会

保障以及就业养老等公共服务保障能力。回应人民群众对平安稳定的新要求、新期待，以争创全省最具安全感和满意度的城区为目标，进一步加强和创新社会治理，深入开展“平安企业”“平安社区”创建活动。全面落实安全生产的企业主体责任，加强打非治违、隐患排查，加大安全生产标准化创建和企业隐患自查自改系统的推广应用，实行达标企业滚动管理，将复查降级企业作为安全生产“黑名单”的入列条件之一，以职业卫生示范园区创建为突破口，推动安全示范区创建。

（五）全面深化重点领域改革，优化经济发展新环境

着力推进行政审批等重点领域改革创新，完善体制机制。深化行政审批制度改革。协调推动行政审批、综合执法等机构设立。进一步精简优化办事项目和流程，建立代办专员制度。加快建设在线审批系统，推进区、街、社区三级政务服务体系建设，实现审批效率再提速。加强融资保障能力建设。创新投融资模式，大力实施社会资本参与城市基础设施、公共服务项目和专业园区的开发建设。

B.26
2015～2016年株洲高新区产业发展研究报告

李　智*

一　2015年园区产业发展情况

2015年，株洲高新区深入贯彻落实党的十八届三中、四中、五中全会和科技部相关工作会议精神，坚持稳中求进总基调，围绕建成全面小康社会、建设发展升级示范区、打造中国动力谷的总目标，深入推进转型升级总战略，加快实施创新驱动，推进产城一体绿色发展，全区经济社会平稳健康发展。根据科技部2015年公布的统计结果，株洲高新区在全国115个国家级高新区中，综合排名第28位，较上年度大幅提高12位。

（一）综合实力稳步提升

2015年以来，面对国际国内严峻复杂的形势、面对经济下行压力加大带来的挑战，株洲高新区克服各种不利因素影响，园区经济发展呈现稳中有进、稳中向好态势。预计全年高新区实现地区生产总值665亿元，增长8.5%；工业总产值1766亿元，增长8.0%；固定资产投资522亿元，增长20%；财政收入过60亿元。所在行政区天元区连续四年进入全国百强区，小康各项经济指标完成情况较好，全年有望全面建成小康社会。

（二）产业集聚不断壮大

株洲高新区拥有工业企业930家，规模企业近300家，年新增销售收入过300亿元企业2家，过100亿元企业1家。三大动力产业发展强劲。轨道交通

---

* 李智，株洲高新技术开发区管委会主任。

方面，中车株机、中车株所抢抓国家轨道交通产业契机，产业集群有望年内突破1000亿元，成为株洲市首个千亿元产业集群。2015年11月16日，中车株机公司出口马其顿的列车成功开跑，马其顿动车组项目既是中国出口到欧洲的首个动车组项目，也是中国动车组产品符合欧洲TSI（欧洲铁路互联互通技术规范）要求进入欧洲市场的第一单。中车株机公司积极布局欧洲，成功参与欧洲国家的铁路设施建设，推动当地的轨道交通发展，成为国家“一带一路”战略的积极践行者。此外，由中车株机公司研发的国内首条具有自主知识产权的中低速磁浮轨道交通线路于12月26日在长沙试运行，将成为我国首条中低速磁浮商业运营示范线，也是目前世界上最长的中低速磁浮商业运营线。通用航空方面，通用机场、航空城、山河科技等重大项目持续推进，全年预计销售收入过100亿元。新能源汽车方面，北汽新能源汽车在株洲下线，北汽二工厂开工建设，北汽公司全年预计销售收入60亿元以上；中车时代电动汽车产量突破2000台，产值有望突破20亿元。与此同时，先进硬质材料、电子信息等动力配套产业发展迅速，成为全区经济增长的重要力量。

（三）重点项目建设推进有力

一是招商引资成果颇丰。全年高新区共引进亿元以上项目10个，涉及汽车零配件、生物医药、电子信息及第三产业等领域。主要包括：总投资8亿元的长城电脑、总投资5.5亿元的北京海通新维原料药、总投资5亿元的北京亚太汽车底盘、总投资2亿元的思榕科技自动化、天利铁路机车车辆配件、腾顺城合电子技术、长河电力机车、倪光南院士国产操作系统微智电脑等工业项目，总投资6亿元的融创地产及总投资5亿元的高德－神农城物业等三产项目。二是项目建设稳步推进。全年完成开工建设项目45个，建成工业项目15个，实现工业固定资产投资100亿元。其中，北汽二工厂全面开工，完成整车厂1813亩范围内房屋征拆和场平，规划设计、报建手续达到开工条件。大汉惠普软件园、首鹏汇隆也已正式开工建设。三是六大百亿工程建设如火如荼。省“135”“146”工程加速推进，动力谷自主创新园、天易科技城自主创业园、大汉惠普产业园等重点项目进展顺利。全年建成标准厂房60万平方米，全区标准厂房建设达到200万平方米。支撑项目初具规模。动力谷自主创新园展示中心、会议中心、公共管理中心基本完成主体，研发中心、众创空间、加速器竣工并投入使用。北汽二工厂完成整车厂1813亩范围内房屋征拆和场平，规划设计、报建手续达到开工条件。新马EBD完成投资7.17亿元，万丰湖生态水系景观工程一期完成驳岸、游道、电瓶车道、微地形、绿化工程。汽车博览园交易中心主体启动建设，3家4S店试营业，6家4S店开工建设。天易科技城自主创业园项目启动建设，长城电脑株洲基地于11月开工奠基，新区拉开了城市南向发展序幕。月塘生态新城内华晨、九八缔景城等楼盘全面开发，未来超大型生态社区已具雏形。完成“三纵二横”路网建设，栗雨东路、衡山路正式通车，生态新城、武广新城两大片区加速融入主城区。基础建设不断加快。29个重点建设项目完成投资70亿元，高科集团总部壹号、美的万豪酒店、株洲市人防疏散基地基本建成，珠江北路三四街区竣工通车，完成神农大剧院外装饰和神农艺术中心主体工程，神农文化休闲街建设全面完成，大汉惠普软件信息产业园、宏达高功能塑料工业园等12个工业项目启动建设。

（四）科技创新体系不断完善

株洲高新区创新驱动实施有力，成立了科技创新服务中心，中国动力谷自主创新园顺利开园，12个创新型项目签约入驻，聘请8位院士为创新创业导师，与14所高校签订战略合作协议，成立清华大学中国动力谷自动化技术研究中心成果转化基地，引进湖南省轨道交通协同创新中心。引入14家科技中介服务机构，与10家专业投资机构对接建立优质项目互通机制。正式运营“新动力咖啡”和“新动力众创空间”。株洲市出台《关于支持长株潭国家自主创新示范区建设的意见》，并印发了《株洲市建设长株潭国家自主创新示范区行动方案（2015 ~2020年）》，加快推进长株潭国家自主创新示范区建设。上海新能源汽车检测中心在株洲高新区设立分中心，与中车株机合作建设智慧园区、智慧工厂。支持引导企业进入资本市场，7家企业在新三板、新四板挂牌，3家企业在区域股权交易市场挂牌。科技银行扩展到5家，财政风险补偿资金扩充到1亿元，为80家中小企业累计授信4亿元。高科集团发行18亿元债券，融资到位44.9亿元，总资产达到311亿元；天易集团发行17亿元企业债，融资到位36.41亿元，总资产达到260亿元。建立民间资本引入机制，天易科技城自主创业园、新马学校等PPP项目试点进行。

（五）服务企业水平明显提升

实施“5211人才计划”，落实“万名人才计划”，大力引进和培养优秀高层次创新创业人才。2015年“5211人才计划”资助人才100名，柔性引才8名，全职引才24名，评选出创新创业领军人才7名，发放人才补贴450多万元。开展千家企业帮扶活动，制定了行动方案，开展了大走访130余家企业，收集并上报问题80余件，区本级问题60多件，已经全部解决。以举办讲座沙龙等形式开展惠企政策推送、培育活动。全年组织申报各类科技计划50项、高新技术企业8家，申请专利1400件，争取到各级科技项目资金2.3亿元，新增国家实验室2家。修订完善“创新奖”奖励办法，20家瞪羚企业获得扶持资金2200万元，人才专项资金从每年100万元提高到1000万元。

二 2016年具体工作目标及任务

全区经济社会发展的主要预期目标是：GDP增长10%；公共财政预算收入增长10%；全社会固定资产投资增长15%；社会消费品零售总额增长10%；城镇居民人均可支配收入增长10%；万元GDP能耗下降3.5%以上，完成年度减排任务；主要污染物排放强度低于全市平均水平；各项工作继续保持全市领先水平。重点要抓好以下三个方面的工作：

（一）强化创新驱动，推动“中国动力谷”取得新突破

依托国家自主创新示范区建设，创建创新型特色园区，加快形成以创新为引领支撑的产业体系和发展模式。

聚集科技创新创业资源。突出企业创新主体地位，加强重大科技研发，实施国家级、省级重大科技项目10项以上，突破一批关键技术，形成一批具有自主知识产权、市场竞争力强的高端产品，新增高新技术企业20家以上。支持企业创新平台建设，鼓励中车株机、中车株所等龙头企业建设国际研究院，新增国家级重点实验室、国家工程技术研究中心3家以上。利用湖南轨道交通自动化协同创新中心，降低轨道交通装备配套企业研发成本，落实国家新能源汽车公共技术服务平台建设，推进高等院校和科研院所的重点实验室、工程技

术研究中心向企业和社会开放。加大招才引智力度，围绕集成电路、工业机器人、智能设备、“互联网+”等领域，引进一批掌握关键核心技术的创新创业团队和领军人才，力争引进高端创新型人才20名以上、新兴产业项目和研发机构10～20家；推动8位签约院士设立常驻工作站，对接入驻自主创新园的12个研发项目和14家高校院所落地见效。

推动优势产业发展升级。深度落实“中国制造2025”行动，抓好新能源客车智能化工厂等国家智能制造项目示范试点，推动优势产业迈向中高端水平，全年新增规模企业10家，动态培育瞪羚企业10家，实现工业总产值增长10%以上。加快汽车及零部件产业发展，推动北汽二工厂30万辆项目实质性开工，加速海纳川二期、首鹏汇隆二期落地建设，引进一批发动机、变速箱、汽车电子等高端汽车零部件企业。大力培育汽车贸易和后市场服务规模，推进汽车博览园汽车交易中心、汽车运动、交通组织三大重点项目建成运营，启动南方汽车配件及用品采购中心、二手车交易市场建设。抢抓轨道交通产业发展良机，提质升级新能源、新材料、健康食品和生物医药等传统产业，突出扶持龙头骨干企业，帮助企业减负担稳增长，力争新增主营业务收入时代新材跨100亿元、时代电动汽车跨30亿元，科瑞变流、绝缘材料等10家企业跨1亿元。着力壮大现代服务业，以中国动力谷科技创新区等四大城区服务业集聚区为平台，引导电子商务、技术研发、科技咨询、金融保险、物流配送等生产生活服务向园区集中集聚。

促进大众创业万众创新。加强创新创业载体建设，落实省政府“135”工程和株洲市“146”工程，大力推进动力谷自主创新园、天易科技城自主创业园标准厂房建设，全年开工建设100万平方米，建成60万平方米。有力完善生产生活设施配套，加大项目落户进驻力度，提高标准厂房使用率。积极探索创业咖啡、创新工场等新兴孵化模式，发挥第三方运营机构主体作用，建设动力谷自主创业园个性化的众创空间，完成70%以上的场地招租，向省级国家级众创空间迈进，为创客和初创企业提供全生命周期孵化服务。优化创业中心孵化资源，孵化面积达到20万平方米，苗圃面积扩大到3500平方米，引进发展潜力大、创新能力强、专业领域新、符合产业发展导向的科技项目进驻，在孵企业超过400家。加快建设大型共用数据资源、知识和专利信息等公共服务平台，举办企业家沙龙、项目路演、创新创业大赛等活动，从办公场地、创业服务、孵化奖励等方面对创新孵化器和创业企业给予引导支持，打造大众创业、万众创新理想高地。

健全金融创新服务体系。深化科技金融结合，大力发展风险投资、科技支行、中小企业集合票据，引进各类投资基金 20 亿元以上，发起设立 5 支创业投资基金 2 亿元以上，设立以科技型中小企业为服务对象的科技支行 5 家以上，推动信用贷款、知识产权质押、股权质押等金融产品，帮助科技型中小企业开展间接融资。创新财政投入方式，探索建立按市场化方式运作的政策性引导基金，正式运行中国动力谷创新创业投资引导基金，与各类专业基金、投资公司建立合作，共同设立天使、创投等子基金，充分利用政府“母基金”的杠杆效应，拉动多倍的社会资金参与投资。改善政府资金的使用办法，建立产业引导资金、风险投资基金、天使基金为主导的科技融资服务体系，完成项目直接投资 10 家以上。助推企业上市融资，建立湖南省股权交易所驻株洲高新区服务中心，加强政策引导推动企业改制，支持符合条件的科技型、创新型中小企业通过境内主板、中小板、创业板、境外市场等资本市场融资，培育 60 家拟上市后备企业，争取新增 5 家企业在新三板或区域股权市场挂牌。

（二）强化项目带动，推动产城一体开拓新局面

大力开展“项目突破年”活动，以项目拉动投资，以项目促进发展。

抓好六大百亿元工程。动力谷自主创新园，对外开放 3000 平方米众创空间，加快完善园内及周边道路、绿化等配套设施建设，基本建成北片区并全部投入使用，完成中央景观公园建设，全面建设南片区 500 亩、45 万平方米的标准厂房。新马 EBD，完成万丰湖生态景观工程并正式开园，加快万丰上院临湖商业地块、人才公寓的开发建设，完善新马大道、万丰路、新丰路、仙月环路等路网。月塘生态新城，完成 148 亩商业土地出让，启动 100 万平方米建筑，湘芸路、栗合路、规划三路、规划四路等“两纵两横”道路建成通车。切实做好片区道路的绿化设计，打造名副其实的生态新城形象。天易科技城自主创业园，加快完成项目规划、报批等前期工作，推进一期 568 亩土地征地拆迁，启动纵向湘芸路、响泉路、创智路及横向创业大道、创业一路建设，基本完成长城电脑厂房在内的 28 万平方米厂房建设。汽车博览园，加快北汽大道下穿株洲大道、京珠匝道与园区互通等路网建设，完成城市展厅主体以及会展

中心主体工程，试乘试驾基地、汽车检测线实现开工，督促18家4S店摘牌，确保5家进场施工，完成4家开业，协调车管所、车检站开工建设。汽车产业集群，北汽二工厂完成整车厂挂牌、办证，北汽进场地勘施工，尽早实现全面开工；加快海纳川二期、首鹏汇隆二期等零部件配套产业用地的报批、报建、征地拆迁及场地平整等工作，确保招商项目顺利入园。

突出抓好项目投资。全年建设重点项目50个，开工14个，竣工6个，完成投资74亿元。坚持项目建设“储备一批、落地一批、建设一批、投产一批、达产一批”的梯次滚动机制，形成每月有项目交地、有项目开工、有项目竣工的发展局面。在项目包装上，启动国家专项债项目建设，精心策划一批项目，着力推进湘江新城、棚户区改造等重大前期项目。在项目引进上，注重由量的扩张向质的提升转变，重点跟踪铼合金材料、瑞丰光电、比克电池、江苏富仁等项目，大力引进智力型、研发型、创新平台、高端城市综合体等项目，确保全年引进亿元以上项目10个，实际引进外资2.8亿美元，实际引进内资50亿元。在项目建设上，全力促进园区工业企业开工，协调肯特硬质合金、盈顺硬质合金等项目启动建设，确保宏大高分子建成搬迁，炎帝生物二期、精工硬质技改等项目建成投产。

切实增强项目保障。坚持阳光征拆，大力开展“清零”行动，全年新征续征土地10000亩，完成交地6000亩以上，保障重点项目用地需求。盘活土地“存量”，清理回收园区闲置土地，力争收回百时得项目用地。加大土地报批力度，争取全年批回项目用地不少于4000亩，新增可挂牌出让工业用地2000亩，商业地1000亩。拓宽项目融资渠道，做好地方政府债券置换存量债务工作，用活地方债券在扩大投资、稳定增长方面的作用。积极推广运用PPP融资模式，支持社会资本投资参与公用基础设施建设。完善重大项目工作协调和推进机制，健全“一个项目、一名领导、一套班子、一抓到底”的工作制度，着力解决项目建设中的突出问题。

（三）强化科学治理，推动城乡统筹迈出新步伐

坚持以人为核心的新型城镇化，加快构建城乡互动、统筹协调的新型城镇化发展格局。

完善城乡设施。建设规划八路、规划六路、长江北支路、规划六路、莲花南路一期、泰黄支路二期等小街小巷，疏通城区交通“毛细血管”。优化农村

路网结构，拓宽改造老旧乡村道路30公里，新硬化村道30公里。提升和完善农村公路安保设施，建设社会客运站10个。全面推进“点亮天元”工程建设，扩大农村亮化工程覆盖面。加大危桥改造力度，完善水上交通安防设施，确保水上交通安全稳定。加快农村水利设施建设，除险加固6座小Ⅱ型水库和4座小河坝，建成96处小型农田水利工程，完成中央财政小农水重点县建设任务。

统筹城镇管理。完善城市管理长效机制，构建科学顺畅的大城管工作格局，城市管理考评稳定保持全市第一。巩固全国文明城市创建成果，落实市容卫生精细化要求，不断提高城市品位。持续推进老旧小区物业管理全覆盖三年攻坚行动，为市民营造优美、舒适的居住环境。强化垃圾清运和清扫保洁，垃圾无害处理率达到100%。启动农村人居环境“千村整治”，分类整治农村生活垃圾，保持环境治理常态长效。推进美丽乡村建设，实现基础设施建设向乡村拓展、公共服务向乡村延伸，发挥响水村重点示范效应。基本完成土地经营权确权登记颁证，加快推进农村宅基地、耕地、农村集体建设用地、林地等确权颁证。

改善生态环境。加快创建国家生态工业示范园区，争取获得国家授牌。按照湘江保护治理第二个三年行动计划要求，认真抓好湘江流域生态保护和综合治理，巩固湘江干流一公里禁养区和砂石场整治成果，持续开展制止打击“乱挖乱采乱砍”行动。深入推进两型社会建设，强心生态绿心保护，健全完善两型技术产品应用、第三方治理等体制机制，推动两型示范创建向村庄、园区、企业、学校延伸。建立高效的治违控违机制，严格查处违法建设行为。稳步推进重金属污染治理和耕地修复，督促三门镇玻璃工业园4家灯饰玻璃企业关闭到位。积极开展植树造林，完成中央长江防护林工程1500亩。

B.27

2015～2016年湘潭经济技术开发区产业发展研究报告

孙银生*

一 2015年园区产业发展情况

2015 年，湘潭经开区实现技工贸总收入 1420 亿元，工业总产值 860 亿元，在下行压力下增速较往年有所放缓，但经济形势总体保持稳中有进、稳中向好，在重大产业项目引进、主导产业发展、重点项目建设等方面成效显著。

1. 三大主导产业特别是龙头企业来势良好

三大主导产业全年完成产值 548.8 亿元，占工业总产值的比重为 63.8%，产业聚集度进一步提升，同比增加 4.8 个百分点，规模工业增加值增速达到 11.5%。汽车及零部件产业完成产值 189.8 亿元，增长 14.9%，其中吉利汽车完成产值 130.1 亿元，增长 30%，实现月产销过万台。塔奥地通完成产值 16.6 亿元，增长 3.3%。先进装备制造业完成产值 230.3 亿元，进一步支持泰富重装不断创新商业模式，实现从传统制造业向制造服务业转型，并成功获批湖南省海工装备特色产业园，完成产值 165.5 亿元，增长 50.4%。电子信息产业完成产值 128.7 亿元，兴业太阳能、桑顿新能源、全创科技、蓝思科技等 7 家企业产值过亿元。龙头企业的强势增长，有效弥补了园区部分中小型企业发展不足，确保经济整体运行稳中有进、稳中向好。

2. 重点项目招商和建设取得重大突破

产业精准招商成果丰硕。围绕主导产业进一步延伸产业链招商向纵深发展，成功引进投资 35 亿元的吉利汽车新能源 SUV 项目、投资 30 亿元的蓝思

* 孙银生，中共湘潭经济技术开发区工作委员会书记。

科技产业园项目等重大产业招商项目，为全市扩大投资、做大优势产业注入了新动力；实际到位外资2.9亿元，到位内资52.4亿元，进出口总额6.1亿美元，社会消费品零售额总额44.9亿元，增长14.5%。重点项目建设成效显著。全年新建和续建固定资产投资项目113个（其中新开工项目47个），完成投资360.5亿元，增长25.2%。其中，工业项目完成投资164.6亿元；基础设施项目完成投资74亿元；38个省市重点项目支撑作用强劲，完成投资143.03亿元；威胜电气等4家企业建成投产，泰富二期主体全部完成；湘江风光带、九华大道北段全线通车，成功实现与湘江新区的互联互通，区域融合发展再进一步；沪昆高铁湘潭北站站前综合枢纽主体完工。

3. 发展质量得到明显提升

财税收入再创新高。实现32.03亿元，增长18.9%，达到市绩效考核优秀目标，为全市稳增长做出突出贡献；其中，国税收入8.77亿元，增长59.7%，地税收入11.09亿元，增长13.7%，税收结构得到进一步优化，税收占比财政收入62%；税收过千万元的企业21家、过百万元的企业154家。创新能力显著增强。制定出台鼓励创新创业、促进宜居兴业的"21条"实施意见，推出了共有产权房、创新创业扶持资金、众创空间、鼓励引进高层次人才就业等系列政策，湘潭经开区创新创业园获批全国青年创业示范园区；全力推进产、学、研合作，成立了园区第二家"院士工作站"（欧阳晓平院士工作站）；与上海交大签订了战略合作协议，共建汽车工程联合研发中心，在工程实验室建设、技术创新、人才培养等方面开展深入合作。

4. 投资发展环境不断优化

社会治理方式不断创新。进一步强化智慧九华综合指挥平台功能，实现了园区公安、交通、城管、应急、民政和社区管理一体化；大力推进平安城市建设，实时监控园区内各主支干道路和人员密集区域；全面实施社区"网格化"管理，2015年4月，经开区获批全省首家国家"智慧城市"试点园区。城市配套功能日益完善。黄河索菲特大酒店基本建成，步步高新天地商业街建成开业，九华湖公园顺利开园；引进北大培文、湘潭市和平小学等名校资源合作办学，目前已建成投入使用；倡导绿色出行，开通公共自行车租赁系统和九华免费公交、免费无线网络，基本覆盖了建成区内人流聚集的主要地段。

二 2016年产业发展形势分析

（一）准确把握发展形势

从国际层面看，国际环境仍处于机遇挑战并存、机遇大于挑战的时期，全球化合作和区域合作日益紧密，通过“一带一路”、亚投行等战略举措，中国参与世界经济的话语权和主导权不断提升，国内开发区在国家对外开放战略布局中的地位和作用不断提高，特别是在产业转移对接、支持优势企业“走出去”等方面前景广阔。从国内层面看，当前我国经济虽然进入了增长速度换挡期、结构调整阵痛期和前期刺激政策消化期“三期”叠加阶段，但经济发展的基本面并没有发生根本转变，仍处于大有作为的重要战略机遇期，积极的财政政策加大力度，稳健的货币政策灵活适度，“三去一降一补”，将为国家级开发区发展创造良好环境、提供难得机遇。从省内层面看，省委、省政府推进长株潭一体化发展的战略决心不断增强，目标更加明确，2016 年的省委经济工作会议明确提出“长株潭要依托两型社会试验区、湘江新区和自主创新示范区建设平台，以一体化为方向，打造新常态下核心增长极的升级版”，湘潭经开区在这当中扮演着重要的战略作用，在湘江西岸，湘江新区、宁乡经开区、长沙高新区、湘潭经开区、湘潭综合保税区等国家级园区（新区）交通相连、产业互依、设施共享，在“十三五”期间，打造湘江西岸经济走廊，再造内陆地区的“滨海新区”“浦东新区”指日可待。从园区层面看，省内周边园区竞相发展，同质化竞争日趋激烈，湘潭经开区“二次创业”赶超进位压力大。但同时，湘潭经开区拥有得天独厚的区位优势、交通优势、良好的产业基础、战略纵深和资源储备较好，以比较优势破局发展的势头依然强劲。在“2015 环球总评榜”发布典礼上，经开区与天津滨海新区、大连经开区、苏州工业园等 10 家国内实力园区一道获得“2015 年中国最具投资吸引力园区”和“十大最具发展潜力园区”两个奖项，说明经开区的综合竞争力在不断提升，知名度和影响力在不断提高。

（二）正视发展的困难问题

1. 产业整体竞争力不强

吉利汽车、泰富重工两家企业独大，但龙头带动作用不明显，零部件本地配套率不足20%，产业链松垮，上下游及终端效益差，产业内部还未实现高度融合；中小企业发展面临困境，近60家企业出现不同程度负增长，少部分企业出现停产或半停产状态，税收贡献率低下；传统产业占比高，战略性新兴产业发展相对薄弱，产业转型升级迈向中高端任务繁重；服务业发展滞后，生活性服务业和生产性服务业发展结构还不优、层次还不高、功能还不全、内容还不丰富，成熟的商业圈还未形成；房地产去库存压力大，入住率低，人气不旺。

2. 发展要素制约依然突出

资金方面，承担省市建设任务重，资金压力大，平台公司自身造血能力薄弱，融资渠道不宽，绝大部分资金来源靠用土地抵押向银行贷款、债券发行等融资渠道，靠举新债还旧债，还本付息压力大，防风险能力较弱。土地方面，突出表现在用地指标受限，建设用地紧缺，重大产业项目用地供给不足，闲置及低效利用土地、厂房清理整改任务重，遗留问题错综复杂。人才方面，突出表现在高端专业人才少，吸引人才、培育人才、留住人才、服务人才的机制办法不完善，效果不明显。

3. 工作水平和服务能力有待提升

惯性思维依然存在，适应新常态能力不强。在解决矛盾困难问题时，还停留在传统的思维模式、过去的工作程式、老套的化解办法上，对当前宏观经济形势以及园区的经济运行研判不深不透，对新形势下做好开发区工作的思考不深；业务素质普遍有待提升，干部职工教育培训力度不大，缺乏有效的培训、激励、淘汰措施；服务意识有所弱化，干事创业激情和负重奋进的精神退化，“衙门”作风有所滋生，服务意识、服务能力、服务水平滑坡，工作责任心不强，执行力不高。

三　2016年工作目标和重点

2016年，是全面建成小康社会决胜阶段的第一年，是“十三五”规划开局之年，是全面深化改革的攻坚之年，也是湘潭经开区实现“二次创业”目标的关键之年。总的发展思路是，认真贯彻落实党的十八大和十八届三中、四中、五中全会精神，按照中央、省委、市委经济工作会议部署，坚持创新、协调、绿色、开放、共享发展，积极引领“新常态”，着力抓好产业招商，做大做强主导产业；着力创新融资方式，加快推进项目建设；着力深化改革创新，释放发展活力；着力改善社会民生，提高人民群众幸福指数；着力提升服务水平、加强党的建设，营造风清气正干事创业环境，确保全区经济社会发展取得新的局面。

（一）发展目标

2016年以来，经开区党工委、管委会认真学习贯彻十八届三中、四中、五中全会和习近平总书记系列重要讲话精神，按照中央、省委和市委经济工作会议部署，结合经开区工作实际，通过深入调研摸底并广泛征求意见，确定了湘潭经开区的发展目标：通过5~10年时间，将湘潭经开区建设成为全国一流园区。重点实现“五个一流”奋斗目标。

1. 一流的速度

到2020年，园区工业总产值力争突破2000亿元，在今年的基础上实现翻一番，年均增速在18%以上，同时要将汽车及零部件产业培育为千亿产业；技工贸总收入要实现3000亿元，财政收入要力争突破80亿元。

2. 一流的体制

园区的快速发展要有一流的体制来保障。今年，我们将全面推进机构、人事、绩效、投资管理、财政预算、平台公司等重大改革，通过改革，冲破发展的制度制约、体制藩篱和机制束缚，广泛调动园区各方积极性，充分释放发展活力。

3. 一流的服务

继承发扬“三个服务”理念，将服务企业、服务群众、服务基层根植于心中。同时，将服务的理念通过机制的创新、制度的保障和目标的考核，真正建立全过程、全天候、全方位的服务体系，让一流服务成为助推园区发展的最大生产力。

4. 一流的团队

全面激发干部职工的创造性、主动性和积极性，打造一支引领“新常态”有准备、干事创业有冲劲、解决困难问题有办法、助推转型升级有能力的创业团队，打造一支主动作为、敢于担当、清正廉洁，与国家级经开区、全国一流

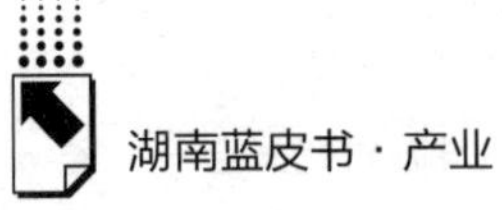

园区相匹配的一流创业团队。

5. 一流的产业

不断壮大三大主导产业集群，支持现有龙头企业做大做强，新培育2～3家百亿元企业，使优势产业、龙头企业支撑湘潭、引领全省、辐射中部、影响全国；全力推进产业融合发展，纵向形成完整产业链条，横向实现产业跨界融合，抢占未来产业发展新的价值高地。

2016年，主要经济指标为：园区生产总值达到400亿元，增长15%；技工贸总收入达到1700亿元，增长20%；工业总产值达到1000亿元，增长16%；第三产业产值达到700亿元，增长25%；规模工业增加值增长13%；固定资产投资达到450亿元，增长31%；财税收入达到38亿元，增长19%；进出口总额达到4亿美元，增长142%；实际利用外资完成4亿美元，增长39%；入园项目实际到位资金完成150亿元，增长186%。

（二）工作重点

1. 狠抓产业招商，加快项目建设

全年招商工作合同引资要达到300亿元，重大产业项目招商要达到10个以上，力争全部签约、部分落地，其中上半年力争完成项目签约资金100亿元，完成舍弗勒、蓝思科技、桑顿锂电池三期、蒂森克虏伯、汽车文化产业园等一批重大产业项目的签约。同时，积极推进韩国SK新能源动力电池等一批在谈项目的跟踪，争取早日签约落户。重点围绕“五大板块”推进，分别是汽车及零部件产业板块、海工装备和军民融合产业园板块、电子信息产业板块、文化创意休闲消费旅游等现代服务业板块、民生保障公共服务设施板块，进一步创新方法，突出以商招商、狠抓片区招商、树立全员招商，确保招商引资目标顺利实现。全年完成固定资产投资450亿元，着力推进重大产业项目建设，重点推进吉利SUV新能源汽车项目建设，完成投资18.5亿元，建设工艺车间及生产线；泰富重工（海工特色装备产业园、军民融合产业园）完成投资8亿元，确保泰富重工二期建成投产，引进一批配套企业；桑顿动力电池及机电一体化项目（二期）完成投资16亿元，确保项目建成投产；恒润汽车整车及新能源车生产扩建项目启动一期建设，完成投资6亿元；威胜电气产业园完成投资5亿元，完成一期扫尾；塔奥地通总部及核心零部件生产基地完成投资 2.5 亿元，建成投产；汽车工程研发中心启动一期建设，完成投资 1.2 亿元；加快时代风电项目建设和华电分布式发电项目的开工建设；加快富力地产、步步高商区、黄河索菲特等在建项目建设；加快舍弗勒、桑顿新能源电池项目（三期）、韩国 SK 新能源动力电池项目、汽车文化产业园项目签约落户，启动建设，并完成部分投资。同时，抓好重点基础设施项目和配套服务设施项目建设，全力推进湘江风光带扫尾和景观工程、九华大道北段扫尾及附属设施、沪昆高铁湘潭北站站前综合枢纽工程建设，确保建成投入使用。

2. 创新融资方式，加强投资项目管理

全年投资公司资金筹集要达到 300 亿元，其中融资 200 亿元，拉动社会投资 100 亿元，全面降低融资成本，优化债务结构，公司今年将加大经营力度，各类经营性收入达到 10 亿元。进一步拓宽融资渠道，形成多元化、多层次的投融资体系，积极推进 PPP 模式等社会资本参与园区开发建设；进一步加大直接融资力度，发行集合债券、中期票据等融资产品，积极探索资产证券化、政府购买服务、融资租赁等方式；设立专项产业基金，支持园区产业发展，探索推进股权投资，提高资本收益；严格控制商业和房地产供地总量，有计划策划包装出让一批商业用地，提高土地收益。狠抓项目前期工作。全面清理在建项目，对没有办理前期手续或前期工作不完善的项目，明确牵头部门，限期办结各项前期手续；对新开工的项目，要履行项目前期手续，严把立项关，对未出具国土预审意见、规划选址意见，未经评审或评审未通过的政府投资项目，发改部门一律不办立项手续，财政部门一律不安排资金，其他部门一律不办相关手续；严格实行限额设计，以估算控制概算、概算控制预算，预算控制决算；严格规范招投标行为，强化预算评审，严禁围标串标，严禁场外交易；强化项目监督管理，投资主管部门、行业主管部门和财政、审计、监察部门要全面加强协调配合，形成纵横联动监管体系，切实做好政府投资项目全过程监督管理，依法查处项目审批、建设过程中的违法违规行为。

3. 全面深化改革，充分激发活力

通过不断的改革创新，进一步挖掘潜力、释放活力、解决问题、引领发展。着力推进六大改革。第一，机构改革。按照精简、高效的原则，整合职能、权责、机构、机制，建立结构精简、职能合理、管理高效的管理体制；按照“大职能、宽领域、少机构”的大部制设计理念，减少部门职责交叉和分散，归类相近单位职能；深化管理机构服务职能建设，推行部门权责清单制度和服务流程化标准管理，确保为服务对象提供便捷、优质、高效的全方位服务；做好简政放权改革，乡镇街道充分履行职责；完善决策权、执行权、监督权相互制约、相互协调的权力运行机制。第二，人事制度改革。按照以岗聘人、全员聘用的原则，建立充满生机活力的选人、用人机制，形成一套全员聘用、竞聘上岗、绩效考核、动态管理的人事管理制度；部门工作人员在核定的岗位职数限额内实行动态管理，建立多种用工制度相结合的人事管理模式，做到全体起立，打破铁饭碗，实现能上能下、能进能出，人尽其才、岗尽其用。第三，绩效制度改革。进一步改革分配制度，实行企业制的岗位薪酬管理，建立以绩效工资为核心的工资制度；创新绩效考评体系，细化、量化考核指标，依据岗位职责进行个性化定制，明确任务、标准和时限，做到因岗而定，分部门而设；优化绩效考核方法，坚持分级考核与分类考核相结合，日常管理与年度考核相结合，组织评价与社会评价相结合；强化考核结果运用，工作考核结果直接与绩效奖励、评优评先等挂钩，并作为职务调整、岗位变动以及聘用合同续订、终止的重要依据，充分激发经开区干事创业的积极性。第四，投资管理体制改革。进一步完善科学决策机制，增强政府投资决策程序的公开透明，提高项目决策科学化、民主化水平；加强对政府投资项目的监督管理，实行链条式全过程监管，完善第三方评价机制，建立政府投资项目责任追究制度；充分激发社会资本投资活力，进一步开发社会投资领域；强化民间投资服务引导，实行公共资源透明化交易、规范化运作，不断优化社会投资的政策环境。第五，财政预算体制改革。加强预算管理，强化预算约束作用，建立全口径预算编制，所有收支纳入政府预算管理范围；按照事权和财权相适应原则，调整区与乡街财政体制；调整财政支出结构，进一步盘活财政存量资金，集中财力保障重点支出；加强财政投资评审管理，扩大财政支出绩效评价范围，建立科学的财政绩效管理制度；完善财政预决算公开制度，健全政府债务风险防控和预警机制。第六，平台公司改革。全力推进投资公司的转型发展，做实做强，科学编制投资公司发展规划和纲要，明确发展方向、阶段性目标、发展路径和措施；按照现代企业管理模式，建立科学决策机制和管理流程；建立精细化的预算管理和风险防控机制；进一步改革公司人事管理和薪酬制度，激发全体员工干事创业的激情；进一步优化公司工程项目管理，建立全生命周期的管理体系；强化公司市场化运作，进行资产整合，充分发挥资产收益功能，实现资产保值增值；探索以市场化路径支持服务园区产业发展，建立产业发展基金等专项基金；拓宽融资渠道，创新多元化融资模式；进一步强化投资公司廉政风险防控体系建设。

4. 化解遗留问题，营造良好发展环境

加快历史遗留问题处理，坚持尊重历史、依法依规、快速处置的原则，认真梳理、分类处理，做到“一个问题，一套班子，一个方案”，重点抓好工程建设领域手续不全的问题，主动上门、积极对接、限时办结；着力去库存，制定出台支持房地产健康有序发展的政策，成立专业平台公司，按照政府引导、市场化运作的模式，今年力争消化三分之一以上、50 万平方米左右的库存量，新增常住人口 1 万人；盘活闲置及低效利用土地，通过多种途径，不断提高土地效益；盘活空置厂房，对园区所有空置厂房进行清理，建立清单目录，成立专门机构，进行包装策划，通过有条件二次利用的支持一批、以商招商消化一批、统一竞价租用一批等方式，使空置厂房重新焕发活力，成为助推发展的新增量、新动力。设立集中受理全程代办企业项目服务中心，在全省园区率先探索“集中受理、全程代办”的服务模式，重塑服务标准，再造服务流程，努力实现四个转变：由“衙门式”审批到“企业化”服务、由单点片段式服务到全过程服务、由部门各自为政到全岗全员服务、由多个窗口分离式服务到后台所有部门联动服务，建立从招商引资到项目竣工投产完整的服务链条。建立和完善企业服务机制，搭建各类企业服务平台，推出一批精准有效的“服务套餐”；进一步完善企业发展扶持奖励措施，对项目建设进展快、企业生产效益好、产值税收高、创新能力强、产品技术取得重大突破、品牌创建成效显著的企业予以重点奖励；采取一对一、点对点的个性化定制服务，引进社会化、市场化服务体制，针对企业的不同需求，支持企业开展上市，扶持企业开拓市场，帮助企业做好员工招录培训、高端人才引留，完善企业周边配套设施，解决企业和员工生产生活后顾之忧。

B.28

2015～2016年衡阳高新技术产业开发区产业发展报告

欧　杏*

一　强基础、攻短板，衡阳高新区跨上新的台阶

（一）经济发展稳中有进

2015年，高新区经济运行取得稳增长的积极效果，各项经济指标增速均高于全市平均水平，稳居全市前列。高新区实现地区生产总值增速12.1%，全市排名第一；完成财政总收入15.55亿元，增速达15%，可用财力突破10亿元；实现工业规模总产值27.03亿元，增速10.82%，规模工业增加值增长8%；实现社会消费品零售总额13.07亿元，增速12.4%，全市排名第一；实现固定资产投资增速达25%，全市排名第一；规上服务业营业收入增速16.5%。

（二）转型升级积极推进

2015年高新区加大了科技创新与科技投入，园区企业及个人发明专利申请量达399件，专利申请量是上年度的2.2倍，科技创新投入占GDP的4.1%。目前，高新区内高新企业共18家，创新型企业41家，高新技术产品65个，高新技术产业销售收入占工业销售收入的90%以上，在区内企业中，电子信息企业占比45%，先进制造业占比32%，现代服务业占比11%。

（三）发展环境大幅改善

一是做大了空间。完成了调规扩区工作，为未来发展扩展了空间。目前高

---

* 欧杏，衡阳高新技术产业开发区主任。

新区总面积达137.35平方公里，其中核心区面积由15.09平方公里扩大到43.35平方公里，调规扩区为高新区下一步大建设大发展提供了强有力的后盾保障。二是启动了规划。高起点、高水平编制智慧生态产业陆家雨母新区的规划设计，市四大家领导对新区概念性规划进行了评审，目前正抓紧编制新区的总体规划和控制性规划，预计2016年三月份可以出台，上半年可以全面推进征拆和建设工作。三是提升了标准。大力推进建成区提质改造工程，加快道路、供水、供电、排水、排洪、污水处理和绿化、美化、亮化等基础设施配套建设，全年累计投入基础设施建设资金5亿元，新建道路共计5.8公里，完成绿化工程共计17.1万平方米。特别是以文明创建为契机，开展多种形式的文明创建活动，城市综合管理水平有了新的提升，为产业发展打造了宜居宜业环境。

（四）项目建设如火如荼

推进了一大批项目：2015年共有20个项目被列为市重点工程建设项目，累计完成投资13.2亿元，其中风顺车桥悬架、中兴网信二期、神州数码等项目有序推进。引进了一大批项目：全年完成内联引资20.5亿元，引进重大项目12个。神州数码科技园、贝蓝斯科技园、启迪科技园、中兴科技园二期、万达商业广场、万恒茶文化广场等项目总投资额均超10亿元，另有华为科技园、南华大学科技园、雨母生态科技园、万达酒店、麦德龙商场等15个项目正在洽谈中。包装了一大批项目：根据形势变化，紧盯国省政策，按照“干今年，想明年，谋后年”的思路，精心策划包装了创新创业中心等105个项目，总投资达1275亿元，为今后项目的滚动开发建设打下坚实的基础。

（五）改革创新不断加快

投融资平台建设方面：衡阳高新投资有限公司成立，累计注入资产约45亿元，已获3个专项建设基金，并依托高新投创新创业孵化平台项目发行10亿元的项目收益债，发行15亿元规模的企业债，对接银行贷款超过30亿元。现已启动实施各类项目33个，总投资58亿元。创新创业平台建设方面：大力推进衡阳市留学人员创业园、启迪众创空间、湘南自主创新基地和科创中心等创新基地和创新平台建设；抓紧对中兴、启迪、贝蓝斯、神州数码、华为、雨母、南华大学七大科技园进行规划和建设，以科技促发展，以创新促腾飞。科技创新方面：镭目科技依托自主创新实现突破，在核能领域研发了世界领先的核辐射安全监控系统，填补了国内技术空白；北方光电积极开拓新市场，与DKS研究所形成长期合作关系；湖南六和引进4条节能环保的加工、组装生产线，新生产线总装机容量下降九成以上，节能降耗成效显著。

（六）发展环境显著改善

一方面积极优化发展硬环境。注重科技与金融的相互促进相互结合，大力引进金融服务业入驻，促成了长沙银行衡阳总部正式进驻开发区，兴业银行也正在对接，目前高新区已有9家银行衡阳总部和6家保险公司衡阳总部以及近60家金融营业网点和近20家投融资公司进驻，“资本洼地”效应日臻显现，为企业创业成长壮大提供更优质的发展环境。另一方面全力改善发展软环境。先后出台了《关于促进总部经济发展的若干规定》《促进实施商标品牌战略奖励暂行办法》等制度，提请市人大出台《衡阳高新技术产业开发区条例》；进一步转变职能简政放权，提升园区服务质量，着力构建新型政企关系，提高服务意识，提升服务水平，坚持“企业围绕市场转、政府围绕企业转”，确保企业和居民“园内事园内办”；深入推进依法行政，加强“三重一大”监督检查，积极开展“三严三实”活动，切实转变机关工作作风。

二　提标杆、谋长远，衡阳高新区把握新的机遇

当前，我国经济发展正处于增长速度换挡期、结构调整阵痛期、前期政策消化期、新的政策探索期“四期叠加”阶段，经济发展、内外环境、动力方式等都发生了很大的变化。我们在经济发展新常态下驱动“双引擎”，实现“双中高”认真研究、好好把握。

（一）切实把握结构改革的新任务

在适度扩大总需求的同时，着力推进供给侧结构性改革，是适应和引领新常态的重大创新。在供给侧方面，重点是要打好五大歼灭战：去产能，去库

存，降成本，去杠杆，补短板。在需求侧方面，重点是释放三大潜能：国家“三大战略”需求潜能、新型城镇化需求潜能和民生需求潜能。对于我们高新区来说，要重点发展高、精、特产业。

（二）切实把握宏观政策的新动向

2016 年国家把结构性改革作为宏观政策的核心取向。积极的财政政策更加积极有力，将适度提高赤字率，相应增加国债发行和地方政府发债规模。稳健的货币政策灵活适度，保持流动性合理充裕和社会融资总量适度增长，扩大直接融资比重，降低融资成本。产业政策精准发力，设立创新基金，支持战略性新兴产业发展，加快传统产业技术改造，促进经济转型发展和新旧动力接替。

（三）切实把握调控方式的新变化

主要有“三个更加关注”：一是更加关注企业。要在制度政策上营造宽松的市场经营和投资环境，鼓励和支持各种所有制企业创新发展，改善企业市场预期。二是更加关注风险。加强对企业资金链断裂、银行不良贷款、非法集资、地方债务及养老金缺口、规模性失业等重点领域的风险防控，做好应急处置准备工作。三是更加关注长效。在区间调控基础上加强定向调控、相机调控，加强逆周期调节，更加注重引导市场行为和社会心理预期，增强政策透明度和可预期性。

三　新起点、大发展，衡阳高新区力争新的跨越

（一）大规模加快项目建设，着力抢占转型升级制高点

一是全面加强招商引资力度。紧紧围绕产业强区目标实行精准招商，招商对象从“面”定位到“点”，从地毯式服务提升到个性化“VIP”服务，服务由大众化服务升级为个性化定制。通过在深圳设立招商联络处，推动产业链条延伸，有针对性地进行产业招商和项目招商，重点加快对接引进珠三角一批高科技产业和现代服务业项目。二是全面加快项目前期工作。充分发挥高新区的

比较优势，开发包装一批重大项目，全力加快项目的国土、规划、立项报建等前期工作，确保一批产业发展大项目和基础设施大工程尽快落地，开工建设。三是全面加快工程进度。要紧盯建设目标，精心组织施工，细化责任，倒排工期，着力突破控制性工程和“卡脖子”路段，严厉打击阻工闹事、强揽工程等违法违规行为；严格按照“周调度、月督查”工作机制，确保各项工程按时间节点顺利有序推进。

（二）大手笔推动基础建设，着力打造产业发展新环境

一是高标准规划陆家雨母新区建设。通过引进总部经济体、科研单位、研发机构入驻，使其成为衡阳市的总部基地、高新技术产业创新孵化基地以及中央商务区、金融港、信息港和国际社区，同时发挥雨母核心风景区的辐射带动作用，引进高端生物医药技术、高新农业生产技术，打造生态发展新的增长极。二是高质量做好建成区提质改造。继续加大对建成区提质改造力度，特别是高新区路网和公园提质、临水路及蒸水东堤风光带、陆家片区蒸水及支流防洪堤等工程的建设，进一步绿化、亮化、美化环境，将高新区打造为展示衡阳面貌的新名片。三是高水平抓好云网端信息基础设施。鼓励高新区加快数据中心、云端设备、应用编程接口等云端设施建设，加快移动终端、数据终端等设施建设，利用“云－网－端”的方式整合互联网资源，推进园区数据云端共享，着力打造据示范园区。

（三）大力度强化改革创新，着力增强经济发展新动力

一是做优做强投融资平台。加大高新投融资力度，2016 年要力争实现高新投年度融资 50 亿元，总资产突破 150 亿元，为高新区大投入、大建设、大发展提供坚实资金保障。二是建好、用好创新创业平台。加快实施“2237”工程，即 2 大创业园，分别是衡阳市留学人员创业园、衡阳市大学生创业园；2 大创新创业示范基地，分别是衡阳国家高新区创新创业示范基地、湘南自主创新孵化基地；3 大众创空间，分别为“启迪之星”众创空间、腾讯“互联网＋”众创空间、银泰众创空间；7 大科技园，分别为中兴网信衡阳科技园、神州数码衡阳科技园、清华启迪科技园、华为衡阳科技园、南华科技园、雨母生态科技园、湖南贝蓝斯医疗科技园。三是创新革新体制机制。着眼于园区管理

和服务体制机制的提升创新，进一步梳理完善机关部室及委属单位的职能，着手高新区招商体制改革，实行精准化招商、产业链招商。研究创新教育体制机制，推动高新教育集团化发展。研究产业发展规律，开展五大产业发展规划，创新产业发展思路，落实产业发展行动计划。加快促进高新区三定方案出台实施，规范人员编制和选人用人机制，提供发展空间，充分调动广大干部职工的工作积极性。

（四）大视角优化发展环境，着力扩大对外竞争软实力

一是简化行政审批。全面清理前置审批和非行政许可审批事项，继续取消不合理的资质资格许可事项和评比达标表彰项目，推动各项行政审批明确标准、简化程序、降低收费、提高效率。二是创新服务方式。加强职能转变，努力寻求新的服务方式，通过成立“党员先锋队”“青年志愿者服务队”等模范服务队，深入一线、下到基层，为群众帮困、为企业解难。三是提高服务水平。环境就是竞争力、环境就是生产力。高新区开展机关建设年活动，以争创一流的发展环境为目标，重点加强安全、环保、城市建管、招商、企业服务等方面的环境优化，真正站在为企业考虑的角度，想企业之所想，急企业之所急，全力做好企业服务工作。

B.29
2015～2016年浏阳经济技术开发区产业发展研究报告

彭卫新　胡晓江*

2015年，浏阳经开区首次登上技工贸总收入1000亿元、财政总收入30亿元台阶，园区综合实力进入湖南省产业园区前4强，综合竞争力位居湖南省第三，区域竞争力和结构优化程度排名湖南省第一。

一　浏阳经开区2015年产业发展的分析

（一）经济实力快速增长

2015年，浏阳经开区实现工业总产值856亿元，同比增长19.4%；规模工业企业实现产值840亿元，同比增长18.6%；实现财政总收入30.34亿元，同比增长24.9%；实现固定资产投资160亿元，同比增长16%，工业固投完成124.5亿元，同比增长19.5%。招商引资到位资金50亿元，同比增长19%。其中，实现工业总产值856亿元，是“十二五”初期的3.39倍；实现财政总收入30.34亿元，是“十二五”初期的3.65倍；实现规模工业增加值256亿元，是“十二五”初期的2.82倍。工业总产值、财政总收入、规模工业增加值的增长速度位居长沙市园区第一。

（二）经济结构不断优化

转方式、调结构成效显著。2015年，浏阳经开区被国家工信部批准为国

---

* 彭卫新，浏阳经济开发区管委会办公室主任；胡晓江，浏阳经济开发区管委会办公室主任助理。

家新型工业化示范基地（电子信息），被湖南省人民政府授予“生物医药特色产业园”和“电子信息特色产业园”。

电子信息、生物医药、健康食品三大支柱产业占园区总产值的93.8%。其中，生物医药实现产值292亿元，同比增长16.8%，占园区总产值的34.8%；电子信息实现产值468亿元，同比增长20.9%，占园区总产值的55.7%；健康食品实现产值28亿元，同比增长11.5%，占园区总产值的3.3%。新经济版块达80%，高新技术产值达87%，结构优化、特色鲜明。

为将污染、落后、效益低下及过剩产能调整好，分别请土地评估机构、环保评估机构、安全评估机构对园区企业进行了调研摸排。宏灏基因公司是一家孵化企业，以前纳税最多的一年也只有6万元，通过上市公司千山药机控股，注入资金、加强营销，2015年纳税一跃高达3000万元，增长500倍。继蒙制药以前官司缠身、举步艰难，通过香港上市公司泰凌集团1.5亿元收购而走出困局。嗑得响食品公司是一家破产企业，通过伯远公司并购重组，已于2015年10月重新投产。至2015年底，浏阳经开区成功兼并重组企业18家。

（三）企业方阵不断壮大

至2015年底，浏阳经开区共注册各类企业686家，其中，规模企业110家。以蓝思科技、基伍通信、欧智通电子为代表的电子信息企业，以尔康制药、威尔曼制药、华纳大制药为代表的生物医药企业，以盐津铺子、康师傅为代表的食品企业，在全国具有一定影响力。涌现永清环保、尔康制药、蓝思科技上市企业3家，涌现“丰日”“盐津铺子”“绿之韵”“好味屋”“浏阳河饲料”“益康生物”中国驰名商标6个，拥有湖南省著名商标58个。2015年新增产值过300亿元企业1家、产值过50亿元企业2家，新增税收过10亿元企业1家、税收过1亿元企业1家，税收3000万元以上企业总数超过20家。

蓝思科技在浏阳经开区获得爆发式增长，并诞生中国女首富。同时，浏阳经开区企业家周群飞、帅放文、刘正军家族进入湖南省富豪榜10强。年内，蓝思科技定向增发募集60亿元用于“蓝宝石生产及智能终端应用项目”“3D曲面玻璃生产项目”和补充流动资金，为企业发展注入勃勃生机。尔康制药获评“金牛最佳创业成长公司”，由于淀粉胶囊和柠檬酸脂两大新产品的贡献，尔康制药净利润增长88%。基任通信于11月投产，首台“湖南制造”的智能手机整机在浏阳经开区诞生。上市企业上海振华重工增资入股丰日电气，促使丰日电气纯电动汽车快步入市；永清环保进军土地修复和垃圾发电，打开了新的市场；兴嘉生物多项指标领跑全国，可为客户提供兽禽、水产微量元素营养整体应用解决方案。广东百年老厂百草堂药业实现当年落户、当年启动建设。新盐津铺子、春光九汇、丰日电气、九典制药进入湖南省重点上市后备企业资源库。

（四）招商引资成效显著

以招商引资为抓手加强产业集聚。2015年共签约产业项目18个，合同引资177.5亿元，其中50亿元以重大产业项目2个，分别是电子信息产业的欧智通智能移动终端产业园项目和生物医药产业的利美健康产业园项目，还引进广东百草堂药业等投资过30亿元项目1个。投资50亿元项目中，欧智通实现6月签约、9月开工，利美健康产业园一期利美医院实现3月签约、10月试营业。新增产业项目的平均投资强度达500万元/亩。持续发力招商引资，使浏阳经开区电子信息、生物医药、健康食品三大产业集群的规模更加壮大。

（五）科技优势不断强化

至2015年，浏阳经开区高新技术企业总数达49家，其中“国家火炬计划重点高新技术企业”27家，有省部级企业工程（技术）中心41家、国家级工程（技术）中心6家。企业产品获国家科技进步二等奖1个、国家科技发明二等奖1个。有色凯铂的“帕拉米韦”成为湖南历史上首个国家1.1类新药并成为国家抗禽流感的唯一治疗性药物。蓝思科技的玻璃面板加丝印技术、尔康制药的淀粉胶囊均是行业内的革命性成果。获专利授权792项，每万人有效发明专利拥有量达24件，领先于湖南省其他园区。

先后建设医药科技创业中心、实验动物中心、药品安全评价中心等科技公共服务平台并产生积极作用，并于2015年6月启动无线电设备检测中心建设。在生物诊断试剂、基因芯片等方面走在世界行业前列，并形成了生物医药、电子信息两大主导产业的科技公共平台体系。

（六）产业配套得到加强

至2015年，浏阳经开区建成区总面积达17平方公里，道路总长达65公里。开发建设南过319国道、北抵开元路、东过克里河、西抵洞阳河，并通过捞刀河景观桥的建设，使园区开发跨过捞刀河。基本建成“三纵四横”园区路网，并将319国道、金阳大道、长浏高速、浏醴高速、大浏高速、开元路有机融合，互联互通、成网成环。其中，2015年完成重大基础设施项目东园22万伏变电站主体建设并进行电气安装，同时完成房屋拆迁184户、征地3500亩，完成道路建设12公里、完成平地3000亩。

总投资3.5亿元的长郡浏阳实验学校全面建成，顺利实现招生；园区首个五星级酒店——洞天大酒店开工建设，金阳湖片区概念规划初步完成；金阳文化艺术中心投入使用并演出舞剧《桃花源记》、歌剧《白毛女》、京剧《辛追》等10余场，观众达7188人次；幸福泉市民公园、仲景公园开门迎宾，首期1000辆公共自行车租赁系统投入运行。创造性出台了促进创业就业人员就地城市化的一系列惠民政策，对在园区落户的创业就业人员实施购房补贴，并实施从幼儿园到高中的学费全免。随着软硬条件的提升，园区城市配套再上台阶。

（七）产业短板需要重视

一是融城阻碍依然存在。目前，浏阳经开区连接长沙的交通干线主要是319国道浏永高等级公路和长浏高速，但去往长沙均须经过收费站。一个收费站，使长沙与浏阳变成了“关内与关外”。二是要素保障依然困难。未来发展受制于捞刀河的水源和纳污能力。而捞刀河的集雨面积不够、水量不大，要支撑该区域更大的发展，必须将捞刀河上游的几座水库扩容，以增加蓄水能力。同时，依托农村电网供电，且变电站建设滞后，导致电力供应受限。三是功能配套依然不全。中央商务区尚未形成，三甲医院、五星级酒店等高端配套没有跟上，常住人口严重不足，产城融合还任重道远。迫切需要设立街道办事处，并鼓励、引导园区创业就业人员就地市民化。四是“一业独大”需要警觉。蓝思科技一家企业的产值、税收占到园区的接近一半，且为代加工企业，自主主导市场能力较弱，需引起重视。

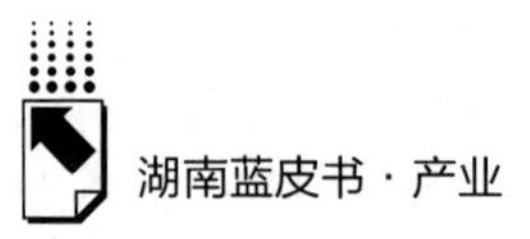

二　浏阳经开区“十三五”发展的研判

（一）宏观经济形势利于发展

经济新常态需要新动力作为带动，园区和依托园区的战略性新兴产业将担当重任。中央重点实施的“一带一路”、长江经济带发展战略，对处于中部地区的湖南产生直接带动。浏阳经开区作为长沙东中心，地处承接沿海产业转移和长株潭城市承载的黄金节点，将带来难得的发展机遇。

（二）国家产业政策利于发展

一是“智能制造”和“互联网+”开拓了产业新领域。在信息技术革命的催生下，“互联网+”的新兴业态正蓬勃兴起。“中国制造2025”也提出要推行数字化网络化智能化制造、推行绿色制造等。“智能制造”和“互联网+”与开发区的主导产业十分契合，空间巨大。二是全面深化改革开拓了发展新篇章。新型城市化、简政放权和“大众创业、万众创新”等各项政策措施的出台，以及“十三五”规划的实施，有利于园区加快发展。

（三）区域发展环境利于发展

一是交通融合有利于发展。“十三五”期间，也将是浏阳市经济社会发展最好的时期。金阳大道将通车，使浏阳经开区又增加一条与黄花国际机场无缝对接、通往长沙主城的无费公路。同时，经过浏阳经开区腹地的长浏轻轨和经过浏阳经开区周边乡镇的长沙市北横线将启动建设，将使浏阳经开区的交通优势大为提升。二是区位提升有利于发展。浏阳打造省会副中心和湘赣边区域性中心城市，将使浏阳置于更为广阔的发展空间和更为优越的地理区位。同时，长沙市加快东部经济走廊建设及金阳新区新型城市化试点，也为浏阳经开区发展提供了更大动能。三是产业提质有利于发展。浏阳经开区的产业基础雄厚、蓄势待发，随着调规扩区的实现，一批重磅企业将加快扩产扩能步伐、掀起二次创业热潮。浏阳经开区将因势利导，通过“大带小”“园中园”“标准厂房+总部”等多种模式大力推动产业发展，快步迈向“双千亿”园区。

三　浏阳经开区2016年产业发展的思路

2016年，浏阳经开区将以产业结构调整为主线，突出改革创新、项目攻坚、产城融合，确保完成技工贸总收入1180亿元，同比增长18%；实现工业总产值1002亿元，同比增长17%；完成财政总收入35亿元，同比增长15%；完成固定资产投资180亿元，同比增长15%。

（一）突出抓好产业升级

一是优化产业服务。制定出台浏阳经开区《鼓励企业兼并重组实施办法》《支持企业创新创业发展有关意见》《降低企业运行成本行动计划》等一系列扶持产业发展的政策文件，将政策红利落到实处。设立金阳产业发展基金等产业扶持基金，重点向研发型企业和小微企业倾斜。二是加强招商引资。重点瞄准珠三角，发挥好驻珠三角招商办事处作用，以生物医药和电子信息为招商重点产业，以园区龙头企业为基础，延伸产业链条。高度关注宏观经济结构调整下的新产品、新技术转移，通过招大引强招新，全面提高招商项目的投资强度和单位面积贡献率，提升园区新经济板块的比重。2016年计划完成招商合同引资120亿元，新引进产业项目15～20个，其中，投资过50亿元产业项目1个，过10亿元产业项目2个，过1亿元项目10个。三是促进产业发展。重点支持盐津铺子、迪诺制药、春光九汇、华纳大、丰日电气等进入上市后备企业库的企业上市。力争在“十三五”期间逐步形成5家百亿元企业集团、10家50亿元规模企业、10～15家上市公司的企业方阵。

（二）认真抓好供给侧改革

一是降低企业成本。启动电力改革，加强与省市电力部门协调，力争实现每度电降低2～3分成本的目标。出台政策降低企业蒸汽、燃气开户费用。改革园区供汽供热体制，做到企业供汽质量明显提高。研究成立园区土地储备分中心，保障企业用地，降低征拆用地成本。加快推进分质供水，促进企业生产用水高效循环利用。二是实施“创新驱动”。充分发挥园区科技资源优势，大力推进依托科技研发平台的差异化创新创业工作。制定出台创新创业人才政策、产业引导政策、创新服务政策、创业就业政策等。加快科技成果转化。鼓励生物医药、电子信息产业相关研发人员和技术团队沿产业链开展创新创业。充分发挥长沙 e 中心等产业平台作用，积极推动创新创业企业“标准厂房 + 总部”的发展模式，使“智能制造”和“互联网 +”落到实处。

（三）继续加大投资力度

一是实施项目攻坚。全年铺排重点项目 68 个，确保竣工重点项目 30 个，完成项目投资 186 亿元。加快推进欧智通电子、百草堂药业、百沃丰药业、宝湾物流、美丹食品等 42 个重大产业项目建设。加快推进 319 国道园区段改造、北盛大道、健康大道北延、污水管网、燃气管网、e 中心三期标准厂房等 14 个重大基础设施项目建设，为产业发展配套。二是推进项目落地。确保全年报批土地 3000 亩，完成征地 2000 亩以上，平地 2400 亩，确保项目落地所需土地。

B.30
2015～2016年宁乡经济技术开发区产业发展研究报告

戴中亚*

一　园区2015年产业发展情况

全年预计实现规模工业总产值875.62亿元，同比增长12.5%，实现工业增加值220亿元、同比增长14%；全年累计实现固定资产投资194.98亿元，同比增长31%。

（一）园区主导产业的运行特点

园区现基本形成了以“3+1”为主导的产业格局，即以华润饮料、加加食品等为代表的食品产业，以楚天科技、格力电器、中联重科、飞翼股份为代表的装备制造产业，以中财集团、松井新材料等为代表的新材料产业，以天宁热电等为代表的现代商贸服务业。

1. 食品产业强势发展

园区积极打造和强化食品产业在园区的第一主导产业的地位。一是强化种群基础，2014年以来成功引进康师傅、洋河酒业、湖南省粮食集团等龙头企业，也引进了小洋人、盼盼食品、买买提切糕等中小微企业，发展势头良好，强化了食品产业的种群基础。小洋人乳业依托成熟产品，迅速抢占市场，今年实现销售4亿元。盼盼食品紧跟市场热点，开发出9种乳酸菌发酵的乳饮料，口感好，市场反响较佳。梦享时代积极开展电子商务，除在买买提切糕这一单品继续引领全国市场外，其核桃、巴旦木等干果也有较好的销售，同时公司积

* 戴中亚，宁乡经济技术开发区管委会主任。

极开发星空棒棒糖等潮流食品，引领市场。二是继续扶持和新建食品小微企业孵化基地。积极协调解决了妙盛孵化港的电力增容、污水处理配套设施建设等方面的问题以及总计16栋，合计10万平方米的食品企业孵化基地——玉屏山国际产业城一期项目已经顺利运营。三是围绕食品产业的配套建设做文章，引入了源山冷链物流、宇培物流等物流企业以及信联智通、隆盛塑业等配套企业。食品工业水厂也纳入了工作发展规划。积极推动宁乡城郊乡的纸业园转型为印刷包装产业园。四是重点搭建食品产业相关平台。随着食品工业示范园区的品牌集聚效应不断增强，园区成为省内食品项目的重点布局区域，现已聚集了五十余家食品企业和二十多个极具影响力的品牌产品。

2. 装备制造产业艰难转型

园区积极推动机械制造企业转型以及智能家电园区的创建。园区装备制造产业主攻方向为机械装备及其零部件制造、智能家电。机械装备制造及配套产业受到较大的冲击的宏观环境下，积极拓宽产品类别，寻求差异化发展，走出国门，开拓海外市场，目前处于艰难的转型期。百川超硬加强协同创新，海外市场销售额达2500万元，创历史新高；凯瑞冶金坚持错位发展，研制的国内首台出铝车设备交付使用。园区与格力电器、晶弘冰箱顺利签约后，2016年3月，举办了家电产业配套企业及智能制造大会，邀请了国内以及园区的家电相关企业进行交流，共商如何把家电产业做大做强。多家家电配套企业已经落户园区，其中包括珠海泰川、长沙悦翼等家电配套行业的知名企业。

3. 新材料产业蓄势待发

园区积极发展绿色建材和消费类材料领域。从细分产业领域来看，绿色建材领域发展势头良好，新型城镇化的推进有效拉动了市场对各种建筑材料的需求，央行的降息降准给房地产行业也添加了新的动力。海大铝业推进产品转型，租赁厂房开展工业铝型材深加工，产值税收较上年同期均有较大提升。园区积极推动新型储能材料企业包括雅城新材料、懋天世纪、顺泰钨业等企业上市融资工作。在消费类新材料领域，园区积极创建湖南妇孕婴童产业园。积极扶持妇孕婴童企业代表性企业康程护理做大做强，积极协助企业开展电商工作。康程护理的线上销售额将突破2亿元。松井新材料积极研发苹果手表涂料，寻求新增长点。

（二）招商引资成果喜人

全区精心组织“蓝月谷之夏产业活动季”等系列主题活动，今年以来，共签约项目40个，合同引资232亿元，到位资金75亿元。其中投资50亿元以上项目2个，为中国建筑湖南绿色建材产业园、格力电器全球第十大综合生产基地；投资5亿元以上项目7个，分别为未来方舟城市综合体、湘茶集团、香港宇培物流、酒鬼酒、皇氏集团优氏乳业、洽洽高端坚果和香港多力服饰等项目。

（三）项目建设加速推进

格力暖通、康师傅2个项目列入省、市重点工程；省粮食集团等34个项目列入市重大项目投资计划；盼盼食品等18个项目列入县“双百服务”活动范围；开展两轮“百日会战”，大力实施“3223”计划。新引进项目开工率、投资到位率和项目竣工率均排名全市5个国家级园区之首。有效解决康师傅用地征拆、省粮食集团一期项目用地拆违、楚天钨业蒸汽管网铺设等150多个问题。

（四）转型升级稳步前行

认定了10宗土地涉嫌闲置，其中下达5宗闲置用地调查通知，中财化建、恒佳铝业等项目的闲置土地再开发加快推进；出台《加快转型升级促进产业倍增发展的若干规定》，对41家企业发放扶持资金447万元；出台《关于推进玉屏山国际产业城创新创业发展的实施意见（试行）》，对中小微项目引进和创新创业等给予全方位鼓励和支持；积极组织企业参加市经信委组织的管理升级大讲堂、协同创新、上市对标和专家园区行、主题沙龙等系列活动，加加、格力、楚天成为长沙市首批智能制造示范企业，建益、百川分别获得转型升级和协同创新优胜等级；举行企业上市培训及交流活动，楚天钨业、利洁生物成功挂牌新三板；与湖南大学工商管理学院、湖南商学院开展战略合作，加强技术和智力支撑。

（五）平台提升成效突出

成功获批全省唯一的“食品加工特色产业园”“家电特色产业园”“孕婴

童产业示范园区”；正委托清华大学编制“中国·长沙丝绸之路”特色食品产业园总体规划；委托中国食品发酵工业研究院编制宁乡县千亿食品产业规划；成功引进全球认可度最高的马来西亚“JAKIM”清真认证咨询中心打造中马国际清真产业园；依托“湘品出湘”战略，推动湘粮、湘盐、湘酒、湘茶等省内大型集团入驻；成功与北京西恩多纳、江南大学、湖南澄源等合作创建食品信息中心、技术转移中心、检测中心；湖南省首个省级海智计划工作基地成功落户园区；创建的中国长江经济带转型升级示范开发区已由省发改委上报至国家发改委。

二　2016年园区发展趋势分析

总的来说，2016 年形势好于上年，预计规模工业总产值达到 950 亿元。三大产业将持续发力，维持“3 + 1”的产业格局，两大新兴产业妇孕婴童产业和保健品化妆品产业积极积蓄能量。

分具体产业来看，食品产业来势强劲，随着华润怡宝的全面达产，绝味食品、六和通饮料、盼盼饮料等大型项目在 2016 年的投产，2016 年会有大幅度提升，预计可较上年提升 20% 以上。

装备制造产业在龙头企业的引领下，2016 年将有不俗表现。飞翼矿山填埋事业部发展迅速，借助顺利在新三板挂牌的契机，企业迎来新的发展格局。特别是格力电器的一期项目进展顺利，预计 2016 年的 3 月份可以开始试生产，预计 2016 年园区装备制造类企业在国内大环境持续低迷的情况下，产值较上年增长 10% 。

新材料产业企业注重科技、注重市场；预计园区新材料龙头企业松井新材料调试完毕，中财三期项目的投产，懋天钨业、顺泰钨业、利洁生物三家企业在新三板挂牌成功，将进一步拉动行业发展，预计 2016 年新材料产业产值较上年度增加 15% 以上。

三　园区发展的问题和困难

一是经济新常态下的压力。当前国家政策趋紧，优惠政策规范、融资平台受限、政策配套严格。出口不旺、消费不旺、投资不旺，经济下行的压力巨大。二是产业升级的压力。园区经济总量偏小，基础薄弱，产业结构仍处于低端，产业链条不完备，企业与企业之间、上下游之间并未形成合作分工、相互支撑的外部经济效应。要素集聚度偏低，龙头带动格局尚未成型；企业资金短缺，科技创新能力不强，经营管理水平滞后，安全生产形势依然严峻，传统企业转型升级任务艰巨。三是环境约束的压力。环境保护、环境建设、环境治理、安全生产的相关法规约束日益严格，园区的一些粗放型、高能耗、有环保问题的企业已无生存空间。四是要素保障的压力。用地难题、融资难题、招工难题。目前受规划、国土等发展制约，加之省市紧缩地根，园区用地指标近于枯竭，重大战略项目的承载能力岌岌可危。五是周边竞争的压力。县内、市内、省内园区的竞争，长沙范围内的五个国家级开发区相互竞争十分激烈。

四　2016年园区发展目标、思路与措施

（一）发展定位

紧紧围绕“后发赶超，鼎足三湘”的发展目标，抢抓“一带一路”、湘江新区等国家战略带来的发展机遇，加速园区转型创新发展步伐，全面提升园区发展品质、竞争实力和开发开放水平。

（二）主要指标

完成规模工业总产值950亿元、同比增长10%，完成规模工业增加值238亿元、同比增长11%；合同引资120亿元，到位资金40亿元，其中50亿元以上项目1个、10亿元以上项目3个；实现财政收入24亿元。

（三）产业发展思路

一是做强三大主导产业。食品饮料产业：重点发展以休闲食品、焙烤食品、乳制品和方便食品、保健食品为主的食品制造业，以健康饮料、预调酒为主的饮料制造业，以精制食用植物油加工、肉制品精深加工为主的农副食品加工业以及清真食品等4个细分产业。先进装备制造业：重点发展智能家电、工

程机械、节能环保装备和再制造4个细分产业。新材料产业：重点发展绿色建材、新型储能材料。

二是打造四大特色板块。全力建设中国（长沙）丝绸之路特色食品产业园，按照“一大中心（承东启西的特色食品加工贸易集散中心）、两大目标（2020年加工贸易总收入达1000亿元，其中加工收入达500亿元）、三大特色（科技、清真、地域）、四大片区（蓝月谷高端品牌集聚区、玉屏山综合服务平台区、桃花林特色食品加工贸易区、菁华湖都市观光农业示范区）”全面推进。全力建设湖南智能家电产业园，按照家电主机产业园（格力电器综合生产基地，晶弘电器高端冰箱生产基地，海信生产基地）、家电配套产业园（家电配套区、创新孵化区、公共平台区）的规划，大力发展家居生活家电、环保健康家电、个护人居家电三大子产业。全力建设湖南绿色建材科技产业园，依托中建集团、中财化建、联塑管业、远大住工、意大利马克菲尔等龙头企业集聚优势，打造中部地区最大的住宅工业化基地和绿色家居建材基地。全力建设湖南妇孕婴童产业园，围绕打造中西部地区首家妇孕婴童产业专业园区，建好孕婴护理用品产业园、婴童文化创意产业园和孕婴童产业孵化中心。

三是发展五大现代服务业业态。大力发展研发设计、现代物流、检验检测、电子商务、商贸服务五大现代服务业业态。建好以源山冷链、宇培物流、帝中物流、格力区域销售中心、海信区域销售中心、酒鬼酒区域销售总部等为主的现代物流园项目；建好未来方舟城市综合体、省粮食集团食品城、迎宾广场商贸区、尚峰尚水体育社区、玉屏山国际产业城、蓝月谷总部经济区、金洲湖十里画廊生活社区等现代服务业高度集聚的区域。

（四）工作重点及举措

1. 打造高端平台，提升平台承载力

园区将重点建设丝绸之路特色食品产业园、智能家电产业园、妇孕婴童产业园3大产业平台，为园区企业在关键技术研发、信息情报分析、产品质量检测、技术转移共享、人力资源培训、股权上市交易等方面提供全方位、全流程服务。依据产业特点，建设国家一流平台，推动产业集聚。科学整合资源，加快食品、家电、新材料的信息化融合，加快企业生产、生活高端需求的配套。全力推动玉屏山国际产业城项目，建设与江南大学合作创建的长沙食品研究

院、与工信部电子科学研究所合作创建的食品产业信息中心、与中国食品发酵研究院合作创建的食品检测中心，以及青少年食品安全教育基地、再制造产业孵化中心、循环经济教育示范基地等平台，为园区的主导产业发展提供配套服务。

2. 壮大种群基础，提升园区产业竞争力

围绕特色主导产业，开展全产业链招商，积极推动项目建设，实现入园企业早日投产。努力形成层次分明、结构合理、良性竞争、互为补充的产业种群生态。一是园区基础、配套设施集中向主导产业配置，土地指标重点向主导产业倾斜，在建设工业新城的同时体现“现代产业新城”的鲜明发展特色。二是瞄准国内外产业企业中的大公司和行业领军企业，积极招商引资，在招大、招外方面强力突破。同时坚持“引资”与“引智”相结合，大力引进具有先进知识、技能的专业技术人才和具有先进理念、经验的管理人才。

3. 注重工业运行监测调度和政策辅导，加速转型升级

加强对优势产业、重点企业的监测和预警，密切掌握工业经济发展态势，及时了解工业运行的突出问题；积极推动新建项目和企业入规，收集企业主要经济指标数据和市场发展趋势，进行认真整理和分析。研究落实省市相关产业政策，积极争取政策和资金支持，为园区企业的长远发展搭建创业平台，促企业转型升级。引导企业加强科技研发投入，提升产品附加值，鼓励企业与科研院所合作共建一批国家和省市重点实验室、企业技术中心、工程技术中心、院士工作站、博士后科研工作站，让“蓝月谷制造”升级为“蓝月谷智造”。

4. 落实要素保障，全力保障运行

在劳动用工方面，建立健全就业信息服务体系，切实解决“用工难”问题。在生产要素完善方面，收集了解企业用水用电相关信息，协调电力部门做好电力规划，保持电力信息畅通，加大投入减少停电次数，稳定电压。加快建好蓝月谷大道、蓝月谷医院、污水处理厂、北大附小等生产生活性配套设施。

五　推动园区发展的对策建议

（一）加大资源整合力度，注重差异化发展

进一步完善园区产业规划，按照各产业之间的关联度、差异化、特色化和

企业群落的要求，以市场驱动为主，政府引导为辅，加快产业区域结构重组步伐。2016 年，园区将全力做大做强食品产业，精心培育全省唯一的家电产业，突出重点发展新材料产业。

1. 食品产业

通过几次的实际运行数据分析，无论从产值占比还是税收占比，或者从华润、洽洽、加加、青啤等龙头企业品牌效应来看，基本支撑了食品第一主导产业的地位，宁乡经开区打造安全食品特色园区有了一定的基础。食品产业贴近消费需求，受宏观经济影响较小，为园区长远发展计，特别是为园区效益考虑，食品产业值得优先去发展。由于食品生产工艺的特殊性，要求能源供应稳定，一旦停电停水停气，将造成较大损失，因此园区应加强电力调度，做到检修停电提前通知，有序用电免停食品企业，同时还要考虑双回路建设。自来水不仅要保证供应，还要保证水质，须加强与自来水公司协调和调度。蒸汽方面，要帮扶天宁热电渡过难关，保证蒸汽连续供应，考虑天宁热电的经营状况，园区应提前制定天宁热电蒸汽断供的处置预案，确保不因蒸汽问题而影响食品企业生产。

2. 装备制造产业

产业形势严峻，行业下行趋势加剧，产值和税收占比逐渐落后于新材料产业，但装备制造产业是基础产业，上下游带动能力强，吸纳就业人数多，为园区提供一部分稳定税源，需要帮扶企业渡过难关。一是支持主机厂飞翼股份、凯瑞冶金、搏浪沙在自主创新方面继续前进，在发改、工信、科技等方面的项目争资方面给予重点倾斜，支持飞翼在矿山机械领域差异化发展。二是针对中小企业，要督促它们提升管理水平，装备制造生产工艺本身决定了现场管理的提升对其成本、质量、安全生产等方面有十分显著的直接效果，园区将按照管委会部署，积极推进现场管理升级项目化管理各项工作。三是组织工程机械中小配套抱团取暖，通过成立企业家协会，增强彼此沟通和协作，特别是要同心协力利用此次中联淘汰供应商的机会蚕食其他地区的配套企业，趁势扩大配套份额。四是切实减免中小企业负担，切实减少各执法部门下企业检查的频次，一些诸如“三同时”项目评价费用要联系市县职能部门给予开发区企业减免。五是利用格力电器、海信电器落户园区的契机，重点引进家电配套企业，对于园区现有的装备制造类企业，引导其转型发展成为格力、海信的配套商。

3. 新材料产业

新材料产业需要细分分支产业，设计“一企一策”进行指导。一是以绿色建材为发展重点，引进相关优质企业，培育园区远大住工、文象环保、三友建材等企业做大做强。一是新能源产业出现产能过剩，利润率低，而且普遍占地广，能耗大，环保压力大，效益较差，因此不建议作为重点招商对象。二是对于贴近民生和民用的新材料产业要加大发展步伐，产品贴近民生意味着贴近消费需求，像松井新材料就是赶上电子消费品快速增长的契机从而迎来发展良机。我们积极捕捉类似企业的投资信息，重点招商。三是要督促新材料企业加快闲置土地开发，提高土地利用率。

（二）新常态下的应对策略

基于园区运行分析，随着宏观经济形势继续恶化，未来1～2年内极有可能会出现一部分企业破产倒闭，园区将密切关注园区每一个企业的运行情况，准确掌握其动向，对有破产迹象的企业尽早预警。应尽快研究制定企业破产应对处置预案，保证园区经济、社会的稳定。

一是谨防由隐性失业转向全面失业，目前从数据看园区就业未受大的影响，但存在轮休、大面积放假等隐性失业情况，随着经济形势恶化，全面失业会随之而来，应极早评估失业潮对园区带来的影响，制定预案，有效应对，保持社会稳定。

二是由金融证券办掌握园区所有企业的在途贷款情况，评估其运行情况、资金状况，对资金链断裂征兆提出预警。

（三）其他建议

1. 千方百计促进企业转型升级

通过园区的长期观察和分析，在此轮经济危机中生存的较好的企业大部分是前面几年在技术创新、研发投入较大的企业，例如松井新材料、飞翼股份、盛泓机械等。创新是企业转型升级的关键，园区将在项目争资、知识产权、管理升级等方面引导企业加大研发投入，加强与中南大学、湖南大学等高校的合作，提升企业的核心竞争力，千方百计促企业成功转型升级。充分用好用足相关政策法规，修订《加快转型升级促进产业倍增发展的若干规定》，对企业先进设备购置、专业人才引进、研发平台建设、金融环境等方面给予政策和资金支持，为园区企业的长远发展搭建创业平台，促企业转型升级。后续园区将结合企业参与，管委会大力推动，咨询公司把脉的方式，具体分析企业特点，突出对企业的分类指导，形成不断优化的一企一策的实施方案，激励企业转型升级发展。对现有企业的闲置用地低效用地进行提质增效。通过建立低效闲置资产处置工作领导小组，明确责任，充分盘活园区低效闲置资产，进一步推进节约集约用地。

2. 努力提升金融服务水平

首先是改善园区融资环境，扶持企业发展。完善融资扶持政策，进一步探索和落实园区中小企业贷款贴息政策、担保公司的中小企业融资担保风险补偿政策、特别是园区与银行合作的贷款风险共担的工作机制，切实降低银行贷款风险和企业申贷利率，扶持企业发展。其次是全方位加大力度支持园区优质企业及早上市。园区加加、楚天等企业上市后，为后续企业上市提振了信心，拓宽了融资渠道，下阶段，园区应进一步对企业上市的宣传、培训力度加大，引导企业自觉实施生产经营与资本经营相结合的发展战略，走上市之路。最后是加快园区与战略合作银行整体融资合作方案的出台和实施。当前有浦发银行、东莞银行、兴业银行、民生银行四家银行均在积极探索与园区整体战略合作方案，拟针对开发区实际情况，制定一套专属开发区企业的融资产品。当前应积极鼓励银行及早出台政策，特别是在企业还款高峰期，引导银行针对企业目前资产情况，进一步理顺资产并重新整合盘活再利用，以提升资产价值，扩大资产规模。

3. 健全服务体系

一是以创业服务中心为依托，构建科技创新体系，以玉屏山科技产业城为重点，组建相关管理运营团队，深化玉屏山科技城发展定位与运营模式，依托项目申报、向上争资，做实创业服务中心实体；二是以促进产业倍增三十条为抓手，推动园区转型升级，一方面是认真组织好三十条政策的申报、验收工作；另一方面，对资金流向、发挥效益进行深入分析，适时修订完善，建立非单独供地企业成长清单、单独供地企业瞪羚计划，切实发挥政策资金的“指挥棒”作用，真正促进转型升级、实现产业倍增；三是以企业家协会为载体，搭建企业家交流互动平台。一方面是“走出去”，组织企业外出考察学习 2 次以上，学管理理念，学创新经验；另一方面是“学典型”，每季度组织企业家就园区内企业现场生产管理、内部制度规范等方面进行现场观摩和现场讲评。

B.31

2015～2016年长沙金霞经济开发区产业发展研究报告

刘展宏　伍隽*

一　2015年园区发展回顾

1. 经济运行稳步发展

2015年，园区完成规模工业总产值441.01亿元，同比增长12.0%；完成规模工业增加值106.24亿元，同比增长8.5%；完成固定资产投资129.60亿元，同比增长24.9%；完成财政收入20.38亿元，同比增长25.2%。税收收入占财政收入比重51.3%，相比上年提高1个百分点，香江商贸城、长沙统一、国药控股等30家重点企业完成税收8.08亿元，增长29.7%，经济发展的质量和效益稳步提升。

2. 项目建设全面推进

大力实施“一线工作法”和党政领导联点项目制、重点产业项目周工作调度制等工作机制，以“十大重点产业项目”和“123”工程为抓手，实现了：一开工：传化项目开工；二投产：中民筑友、三新住工竣工投产；三开业：芒果汽车、高岭国际商贸城、金霞保税店开业运营，全力推进各项工作。项目建设推进整体呈现三个特点。第一，启动建设项目多。启动了中民筑友一期、传化物流一期、佳海工业园二期北片区、普洛斯一期等13个项目建设。其中，中民筑友项目一期主厂房已建成，5条线已生产，办公楼已封顶；传化物流一期已于11月20日举行开工仪式，主要建设“平台交易中心、运力调拨中心、货物集散中心”三核心，打造智能公路港3.0版本；佳海工业园二期北

* 刘展宏，长沙金霞经济开发区产业发展局局长；伍隽，长沙金霞经济开发区产业发展局运行主管。

地块正在进行土方平整和临时设施建设；普洛斯一期等项目均在进行基础或主体施工。第二，续建项目速度快。高岭国际商贸建材及副食板块公共装修和配套建设已完成，已引进商户 1600 余家，并于 12 月 28 日举办了建材家居订货会；金霞保税店现已打造“金霞（综合）馆”“欧洲馆”“韩国馆”和“澳新馆”4 个购物场馆，于 12 月 19 日正式营业；长沙医药健康产业园一期 14 万平方米物流专业仓储已建成，正在进行配套设施建设。同时，鸿源物流、新港三期北片、中南纸业大市场、长重生产基地一期等续建项目进展顺利，均在抓紧建设中。第三，投产开业效率高。工业板块，罗莎食品一期台北豆浆生产配送基地项目于今年元月建成并已正式投产；佳海工业园一期投产的中小企业已达 41 家，二期南地块于元月正式交付，目前已交房企业 103 家，有 60 家企业进场装修，装修后进入试生产企业已有 55 家；中民筑友、三新住工、宝盛钢材加工中心生产线均已投产，长沙统一扩建项目宿舍和仓库已竣工并交付使用。商贸流通板块，长沙医药健康产业园已于 2015 年 5 月 15 日正式开园，已引进企业 42 家，投产运营 18 家；芒果汽车已于 2015 年 11 月 6 日开业，双十一期间签约意向订单 1591 单，意向金额 2.91 亿元。金霞保税店已于 12 月 19 日正式开业，开业当天销售额突破 3000 万元；高岭国际商贸城一期已于 2015 年 12 月 28 日试营业，当天吸引约 10 万人前来购物。

3. 招商引资成绩显著

园区以构建引领全国的商贸物流产业生态圈为目标，锁定世界 500 强企业、行业龙头企业和上市公司，开展有针对性选商招商，同时，加强平台项目“二次招商”，招商工作取得了新的突破。其中，重大项目招商方面，签约引进了世界 500 强企业 2 个，即嘉里物流湖南总部和辉瑞控股医药电商产业园项目；投资过 10 亿元的项目 3 个，即高岭国际商贸城二期、高岭综合交通枢纽和湖南粮食集团食用油加工配送中心项目；投资过亿元的项目 19 个，包括纽曼科技、金六谷医药总部和天劲医药总部项目等。平台招商方面，长沙医药健康产业园一期全部完成租售，42 家企业中已通过国家新版 GSP 认证企业达到 11 家，已投产运营企业 18 家；高岭国际商贸城 A3 建材馆及 A4 食品馆引进商户 1600 余家；保税中心引进企业 30 余家电商及外贸企业；长沙佳海创业中心已引进企业 159 家，成为园区工业经济发展的一大亮点和增长极。

4. 科技实力不断提升

2015年，园区专门针对科技创新和知识产权保护出台了《长金管发〔2015〕8号文件〈科技创新驱动发展专项资金奖励办法〉》，对企业自主创新给予更高重视和更多扶持。全年园区完成高新技术产值196亿元，同比增长12%；园区企业专利授权296件，同比增长228.89%；专利申请554件，同比增长329.68%，其中，发明专利申请量为164件，同比增长331.58%，实用新型申请量为375件，同比增长393.42%，增速在全市园区排名第一。2015年10月，经国家人力资源和社会保障部、全国博士后管理委员会审核批准，凭借自身的科研实力和技术优势，湖南粮食集团成功获批设立国家级博士后科研工作站。8月22日，湖南山河供应链管理有限公司获批湖南省首家科技孵化基地——省生物医学技术孵化基地；12月5日，建立生物医药创客空间——长沙医药健康产业园总裁俱乐部——“创业营”；12月8日，长沙医药健康产业园入选湖南省中小微企业创业基地。积极推进“135”工程，园区规划1.95平方公里建立创新创业园成效显著，目前已有长沙佳海创业中心、长沙医药健康产业园和中民筑友建筑工业产业园3个在建标准厂房项目，已引进企业183家，解决就业5600人。

5. 开放平台全面升级

火车新北站一期已建成运营，铁路运能达500万吨/年，开通了“五定班列”和“湘欧货运快线”，启用了铁路口岸和“无水港”，班列重箱运费节省25%，2015年完成货物吞吐量190.1万吨。长沙新港启动了三期工程建设，开通了“五定班轮”，2015年完成货物吞吐量544万吨，其中集装箱12.1万TEU，件杂散货300万吨。保税物流中心2015年完成报关8399票，监管保税货值31.14亿美元。跨境电商服务试点顺利推进，完成了跨境电商监管中心、金霞联检大厅建设，打造了湖南省跨境电商产业园、湖南跨境产贸城等外贸综合服务平台，实现“互联网+外贸”的融合。园区从水上陆上、线上线下全面连通了“一带一路”，成为湖南对外开放的窗口。

6. 产城融合明显加快

全年在建房地产项目20个，实现商品房销售面积59.26万平方米。高岭自来水加压站投入使用，沙坪输变电线路完成改造，新港污水处理厂实现通水，芙蓉北路、青竹湖路等道路绿化全面提质，青竹湖中心片区商业节点完成招商，周南附小建成开学，新开通公交线路7条。园区面貌明显改善，人气商气加快聚集。山语城、双湾国际、钱隆世家等楼盘的入住率达80%。

在总结成绩的同时，也需正视发展中存在的困难和问题：第一，龙头企业偏少，项目布局分散，产业聚集度不高，对发展的支撑还不够强；第二，五个组团同步推进建设，水电路等基础设施和食住行等三产配套跟不上，企业和群众生产生活还不方便；第三，绿化、净化、亮化有待提升，品质园区建设亟待加强；第四，管理水平、服务效能和干部素质等与创建国家级园区的要求还有差距等，这些都需要高度重视，在今后的发展中切实加以改进。

二　2016年发展思路和工作重点

1. 发展思路

紧紧围绕园区“打造千亿级产业，争创国家级园区”的奋斗目标，以五大发展理念为引领，加快建设“五型”园区，全力打造“中国金霞物流谷”，为创建国家级经济技术开发区而努力奋斗。

2. 工作重点

继续实施“十大产业项目”“十大市政道路”和“十大配套项目”，力争年内完成拆迁土地约4000亩、完成招拍挂约3500亩，实现续建和新开工产业项目32个、市政道路24条、配套设施项目11个，主要经济指标同比增长20%以上，努力为“十三五”发展开好局、起好步。

三　2016年发展对策建议

1. 以发展提质铸就强劲实力

按照以现代物流为基础、商贸市场为主体、加工贸易为补充、跨境电商为亮点的产业定位，立足产业高端，坚持板块推进，努力将园区做大、做强、做特、做优。第一，提升招商质效。突出战略招商，重点锁定世界500强、行业100强和上市公司，引进一批具有牵引力、支撑力和辐射力的龙头型、战略型、旗舰型大项目，形成“引进一个项目、集聚一批企业、带动一个产业”的拓展效应。注重结构招商，立足产业链前端、价值链高端，重点引进现代物流、商贸物流、住宅产业化的优质项目，推动产业向“微笑曲线”两端延伸。提质平台招商，重点服务高岭国际商贸城、湖南进出口商品展示交易中心、长沙医药健康产业园等平台项目的“二次招商”，努力引进一批规上、限上和品牌企业入驻。实施精准招商，精心策划包装，充分借力行业商会协会，开展有针对性地选商招商、小分队上门招商，提高项目签约率和履约率。力争年内战略招商新引进投资过亿元的项目10个，其中投资50亿元以上的至少1个；平台招商引进规上和限上企业30家以上、小微企业100家以上。第二，推进项目建设。突出重点抓项目，紧紧扭住高岭国际商贸城、中民筑友、佳海二期、深国际、高岭综合交通枢纽、传化公路港、金健油脂、嘉里物流、辉瑞控股和普洛斯等“十大”投资过亿元、生产或销售过10亿元、税收过千万元的产业项目，以重大项目快建成、快达效，推动发展大增长、大跨越。创新方式抓项目，对多年不动的闲置项目，既要优化服务“架梯子”，帮助项目解决实际困难和问题；又要较真碰硬“扬鞭子”，协助国土和规划等部门加大执法力度，力促项目上马、开工建设。健全机制抓项目，继续强化党政领导联点负责和产业项目周调度制，实行一个项目、一名领导、一个班子、一套办法、一抓到底，形成时时谋项目、天天抓项目、月月上项目的浓厚氛围，促进项目开工率、投资率、达效率“三率齐升”。第三，提升战略地位。把创建国家级园区作为重中之重，全神贯注、凝心聚力地抓实申报工作。夯实申报基础，坚持一手抓“硬件”，对照国家级园区的审批条件和标准，备足资料，补齐短板，确保硬性指标全面达标；一手抓“软件”，加强内部管理，涵养企业文化，树立现代高效的园区形象，为申报工作奠定坚实的基础。凸显申报特色，发挥物流园区的特色优势，走差异化申报之路，争取上级和相关职能部门的大力支持与配合，让行政、社会、经济等资源向园区配置，形成强大的创建合力。

2. 以品质建设展现靓丽形象

贯彻落实中央城市工作会议精神和省、市、区委的部署，把“宜居宜业、精致精美、人见人爱”的品质园区建设推向深入，努力使自然生态更加秀美、城市环境更加精美、园区风貌更加优美。第一，高起点规划。坚持规划现在与规划未来并重，既立足当前开发建设实际，又引领园区未来发展需要，提高规划的前瞻性。坚持整体规划与专项规划并重，既精心做好发展的顶层设计，实现园区80平方公里区域全面规划到位，又突出做好鹅秀、高岭组团的组团分区规划，优化提升综合交通、给排水、电力、管网、绿化和景观等专项规划。坚持规划编制与规划实施并重，在规划编制过程中，建设、招商、产业等提前介入，实行联动，提高规划的可操作性，确保规划画在纸上、落到地上。第二，高标准建设。重点铺排“十大市政道路”和“十大配套设施项目”，增强园区承载功能。加快捞刀河路二期、鹅羊路、汤家湖路、竹隐北路等道路建设，完善园区路网体系，畅通内部交通循环。加快湘江风光带、鹅羊山公园建设，推进品质建设工程，提升出入城口、新港大道等主干道的绿化、亮化品质，让园区靓起来、人气旺起来。加快河口小学、板塘小学、长沙市六水厂、新港污水处理厂配套管网、广胜变电站等设施建设，拓展基础配套、公共服务、人居环境容量，增强对产业、人口和要素的聚集力和吸附力。第三，高水平管理。坚持“规划一张图，管理一盘棋”，既严格控制自主投资项目的品质，又切实加强对社会投资项目的指导和管理，提升园区建筑品质，增强空间立体性、平面协调性和风貌整体性。加强城市管理，理顺环卫保洁和园林养护体制，强力推进“清洁园区”“绿色园区”和“靓丽园区”建设，提升园区美化、净化和规范化水平，营造整洁、清新、靓丽的新形象。

3. 以开放创新提升发展优势

抢抓国家和省、市扩大对外开放的机遇，提升开放层级，拓展开放格局，加快开放型经济发展，打造湖南对外开放的高地。第一，完善开放通道。重点加快港口三期4个千吨级泊位和铁路专用线建设，推动港区扩容提质；加快火车新北站二期拆迁并启动建设，支持申报铁路一级口岸，提升铁路物流综合服务功能；加快公路港建设，打造3.0智能版本，全面解决“物流最后一公里”问题，推动水路、铁路、公路“三港”互动、多式联运。大力优化“五定班轮”“五定班列”和“湘欧国际货运快线”，实现班轮、班列常态运营，提升运行效率，形成大进大出、快进快出、优进优出的大通道。第二，升级开放平台。加快启动保税二期的征拆和建设，完善物流配送、综合仓储、办公服务等功能，提升保税物流平台。大力推进跨境电商综合服务试点工作，协调省、市加快跨境电商综合试验区申报，力争早日突破跨境电商进口试点业务。支持嘉德集团加快“跨境产贸城”建设，打造集合进出口商品集散中心、外贸企业运营总部和仓储分拨中心等多种功能的外贸服务平台。第三，壮大开放产业。按照“一年翻番，三年过百亿”的目标，加快湖南电商产业园建设，年内新引进10家以上全国知名电商企业入驻；加快跨境电商试点，力争年内业务量达到每天2万单以上；推动湖南进出口商品展示交易中心全面建成运营，加大青竹湖服务外包基地建设，发挥产业聚集效应，力争3～5年崛起一座“百亿美元”的开放型经济产业城。

4. 以务实作为点燃创业的激情

创建国家级园区使命光荣、任务艰巨，必须全面提升效率和效能，实现节奏更快、氛围更浓、干事创业的合力更强。第一，理顺工作机制。理顺部门职能职责，健全协调配合机制，凝聚分工合作、相互支持、齐头并进的强大合力。理顺工作流程，建立分线牵头、分工负责、分块落实的机制，促进工作流程化、精细化、顺畅化。理顺财政与投融资机制，整合“一区一园一中心”投融资平台，建立大城北规范有序的财政预算与支出体系。理顺管理机制，完善员工教育培训、绩效考核、岗位交流等机制，激发人才活力，提升队伍素质。理顺管理制度，修订完善各项规章制度，确保制度行得通、管得住、用得好。第二，破解瓶颈难题。继续巩固和深化与政策性银行的战略合作关系，精心包装项目寻求贷款突破；做好存量土地文章，抓好经营性用地的收益变现；加大资产经营，通过投资标准仓储开发、清理闲置土地等方式，盘活存量资产，增强“造血”功能，强化开发建设的资金保障。发挥金霞片区拆迁指挥部统筹拆迁的机制，重点推进金健油脂、高岭仓储、保税二期等10大项目的拆迁，按计划年内完成拆迁腾地4000亩以上。加强与省市国土、规划、建设、环评等部门的工作汇报，尽可能加快手续办理，促进项目早日开工建设。第三，凝聚发展合力。弘扬“顺势永进，创造成功”的金霞精神，真正把园区的事业当成自己的事业，主动想事干事，甘于吃苦奉献，全心全意为园区的发展进步挥洒汗水、贡献心智。以“钉钉子”的精神推动工作，遇到问题不回避，落实任务不打折，真正一项任务抓到底、一份责任负到底、一气呵成干到底。弘扬团队精神，增强大局观念，主动参与不落后，全力配合不脱节，同心同德，群策群力，共同谱写园区跨越赶超的新华章。

B.32 2015 ~2016年湘潭综合保税区产业发展研究报告

朱又红*

一　2015年湘潭综合保税区经济发展现状

1. 招商引资来势良好

截至2015年底，湘潭综合保税区实现技工贸收入49.59亿元，实现进出口总额4.63亿美元，共引进项目43个（2015年签约项目32个），其中加工类5个，仓储物流类7个，国际贸易类19个，服务中介类8个，保税展示类1个，跨境电商类3个。已有可可环球、吉利美嘉峰、桑尼森迪等21家企业投产运营。可可环球婴幼儿纸尿裤、奶粉进口仓储及智能玩具加工出口项目总投资人民币4亿元，项目全部达产后将实现年进出口额6亿美元，年产值人民币40亿元，年上缴税收人民币7000万元以上（不含关税及海关代征增值税）。同时，还有一批优质项目正在洽谈中。

2. 平台建设进展顺利

一是湘潭保税商品展示交易中心2016年下半年投入运营。为充分发挥综合保税区国际商品展示交易的功能优势，集保税政策、展示交易、便捷通关、现代商业等优势于一体的湘潭保税商品展示交易中心项目已于2015年8月10日开工建设，当年12月16日主体封顶，预计2016年10月份建成运营，将集“进口+出口+网络贸易”于一体，汇聚世界一流品牌商品入驻。二是跨境电商试点及海外跨境直购业务即将开通。跨境电商综合服务平台已搭建完成，引进了步步高云猴网、海倍网、美货通、百通网等电商平台企业，长沙海关验收

* 朱又红，湘潭综合保税区管理委员会主任。

后即开展跨境电商海外直购贸易，预计初期日均业务量能达6000单以上。三是公路口岸作业区正式对外开放，港湘直通车、湘欧快线已经开通，港区联动、江海联运已无障碍。

3. 通关效率迅速提高

湘潭综合保税区管委会与韶山海关、韶山出入境检验检疫局联合成立了通关服务协调领导小组，坚持问题导向原则，第一时间解决问题，确保全天24小时通关无障碍。

二　湘潭综合保税区建设的优势和亟须突破的瓶颈及障碍

（一）优势

1. 产业功能优势

湘潭市的智能制造（自动控制和系统集成）产业优势明显，突出表现在新能源装备、海工装备、先进矿山装备三大领域；“千亿园区”湘潭经开区已形成了汽车及零部件、电子信息和先进装备制造业三大特色产业集群。湘潭综合保税区可以依托湘潭经开区良好的产业基础和湘潭乃至长沙、株洲良好的工业基础优势，大力发展主导产业，推进产业转型升级。

2. 空间优势

综合保税区以虚拟港口为依托，突破了地理上的限制，被称为“内陆保税港区”，有利于引入陆空联运、海陆联运等多种联运模式，推动空港、陆地港的协同发展，扩大区港联动效应，有效利用国际国内两种资源、两个市场，实现虚拟口岸功能的实体化。

3. 区位优势

南北东西四通八达，在湖南省乃至全国的交通区位优势非常明显。

4. 地位优势

湘潭是伟人故里、湖湘文化的发源地；地处长株潭核心区，科技教育医疗等资源以及文物遗产等历史文化资源丰富；中央和省委省政府提出支持湘潭率先发展；张平、徐守盛等国家领导人和省委主要领导来到湘潭综合保税区指导发展。

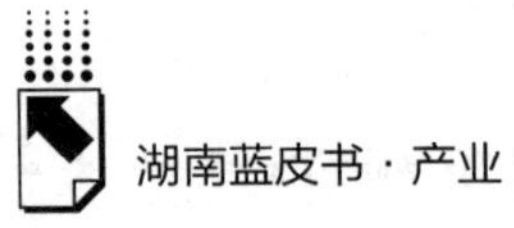

（二）亟须突破的瓶颈及障碍

1. 管理体制机制不明，要素支撑能力不足

湘潭综合保税区是长株潭地区首个封关运行的综合保税区，负有政策创新制高点的使命，但目前的行政管理体制机制仍未最终明确，工作推进机制层级多、行政效率受限，整体建设执行力偏低。同时，因为湘潭综合保税区由湘潭经开区投资所建，所有资产并未划转至湘潭综合保税区建设投资有限公司名下，导致湘潭综合保税区在配套设施建设、土地利用、资金筹备等方面还存在机制不活、瓶颈制约过多等突出问题。

2. 法律体系不健全，立法保障不足

根据国际上的成功经验，设立特殊经济区域一般都是先立法，明确特殊经济区域的性质和作用，再推广实施。目前仅有《保税区海关监管办法》《保税区外汇管理办法》《国务院关于促进海关特殊监管区域科学发展的指导意见》《中华人民共和国海关保税港区管理暂行办法》《加快海关特殊监管区域整合优化方案》等由国务院及部门制定的行政规章，没有考虑到海关特殊监管区域的功能实现问题，部分政策法律缺乏配套细则或脱离实际，在实践中难以操作。各个海关特殊监管区域的管理与业务运营仍然主要依靠其所在地的人大、政府制定的地方性法规与规章，湖南省暂未出台相应的地方性法规与规章。

3. 封关运行时间较短，主导产业集聚不齐

湘潭综合保税区正按照“两条腿走路，两个翅膀起飞”的发展思路稳步前行，但受限于封关运行时间较短，目前区内引进的国际贸易企业较多、加工制造企业偏少，跨境电商刚刚起步，国际金融服务尚未启动。高新技术产业、现代制造业、现代服务业、现代物流业产业集群优势不明显。

4. 同质竞争日趋激烈，功能叠加优势不显

目前，在外贸经济总量并不大的湖南省布局了衡阳、湘潭、岳阳、长沙四家综合保税区，这在内陆省份独一无二，沿海省份也不多见，竞争可见一斑。此外，作为外向型经济功能总部的综合保税区需要各类指定口岸功能作为依托，虽然长沙、株洲、湘潭、岳阳、衡阳已分别取得多个指定口岸资质，但是一方面因为没有政策支持可以共享各类口岸资质，另一方面也迟滞了湘潭综合保税区各类口岸的申报进程。

5. 高素质人才不足，高端人才较为匮乏

湘潭综合保税区的建设是一项开创性工作，党工委班子带领全体干部职工在摸索中前行，艰苦创业、创新图强，虽然取得了一定成绩，但仍暴露了高素质人才不足、紧缺人才难以引进等问题，尤其关键岗位、核心部门熟悉相关产业领域、具备专业知识背景、高超谈判水平的专业招商人才、管理人才缺口较大。

三　2016年加快建设湘潭综合保税区的对策建议

针对湘潭综合保税区现有问题，必须要科学有效地突破固有发展思维模式，助推湘潭综合保税区成为区域性对外开放的大平台、经济发展的新动力。

（一）推进湘潭综合保税区发展的思路和目标

1. 发展思路

作为湖南省、湘潭市重要的经济功能区和对外开放的最前沿，湘潭综合保税区将全面贯彻落实党的十八届三中、四中全会精神，按照省委省政府、市委市政府要求，充分发挥“境内关外”功能优势，根据“一带一部”的坐标，积极对接“一带一路”，利用好自身的政策优势、区位优势、服务优势，坚持国际加工、国际贸易“两条腿走路”，培育跨境电商、国际金融服务“两个翅膀”，以“功能创新、联动发展、便捷服务”为主线，以“大加工、大物流、大商贸、大服务”为重点，牢记“企业的需求就是我们的追求，企业的怨言就是我们的食言，企业的壮大就是我们的强大”的服务宗旨，瞄准“四区一中心”（智能制造集聚区、国际物流集散区、配套服务样板区、改革创新先行区和进口商品展示交易中心）的定位，艰苦创业，创新图强，推进产业转型升级，打造区域性开放型经济的新增长极。

（1）突出区域性。遵循“东部沿海地区和中西部地区过渡带、长江开放经济带和沿海开放经济带结合部”的新坐标，深度融入“一带一路”战略，着力构建“东接西通，南融北进”新格局。东接，向东对接“21 世纪海上丝绸之路”；西通，向西参与“丝绸之路经济带”建设；南融，向南对接珠三角，盯紧港澳台，承接优势高端产业项目转移；北进，向北对接长江开放经济带。

（2）突出功能性。按照《国务院关于加快培育外贸竞争新优势的若干意见》（国发〔2015〕9号）要求，加强区域开放载体建设，积极探索开放平台转型升级新途径，将湘潭综合保税区打造成国际加工制造中心、国际贸易销售中心、国际交易结算中心、国际物流配送中心、国际维修检测中心、国际研发设计中心。

（3）突出创新性。加快目标创新、观念创新、思维创新、制度创新、职能创新，“当好改革开放排头兵，创新发展先行者”。

2. 发展目标

2016年是湘潭综合保税区封关运行的第二年，计划完成技工贸收入100亿元，进出口额8亿美元，财税收入5000万元，固定资产投资20亿元。今后3~5年主要经济指标要保持年均30%以上的增幅。力争通过两年至三年的创新实践与发展，将湘潭综合保税区基本建成行政管理高效、投资贸易便利、监管模式灵活、服务热情周到、配套生态宜居、法制环境规范的国内一流的综合保税区。

（二）推进湘潭综合保税区发展的策略和措施

1. 发展策略

（1）规范发展策略。要做到立法规范、规划规范、服务规范。通过高效、真诚、周到、优质的服务，促进项目的引进和落地，促进湘潭综合保税区的发展壮大。

（2）融合发展策略。①产业融合。一是三次产业融合发展。习总书记在华东七省市党委主要负责人座谈会上明确提出要“由主要依靠第二产业带动向依靠第一、第二、第三产业协同带动转变”，而三次产业要融合发展，才能实现协同带动。二是传统产业和新兴产业融合发展。习总书记讲“要加快改造提升传统产业，着力培育战略性新兴产业”，湘潭的传统产业很有生命力，湘潭综合保税区是功能平台，可以为产业融合提供平台。三是工业化和信息化融合发展。工业化和信息化是国家的产业战略，内涵非常丰富。如“互联网+”，“互联网+工业”就是智能制造，“互联网+商业”就形成了电商，这些都是发展的趋势，而这些趋势都适合湘潭综合保税区功能总部定位。②产城融合。要求产业与城市功能融合、空间整合，“以产促城，以城兴产，产城融合”。③功能融合。综合保税区是功能叠加的经济总部，其中包括政务服务功能融合，口岸功能与综保区功能融合，各类信息平台与实体经济的融合，进口与出口功能的融合。

（3）聚焦发展策略。①产业聚焦。聚焦进出口业务量大的产业，聚焦有前瞻性的产业，推动优势和战略产业快速发展，并向综合保税区集聚。②区域聚焦。聚焦产业发展的空间布局，不仅立足湘潭，还应放眼全省、全国乃至全世界。③政策聚焦。不仅聚焦产业政策，同时聚焦区域政策，凡是有利于湘潭综合保税区发展的政策，都要积极争取。④资源聚焦。包括土地资源、人力资源、企业资源等。

2. 具体措施

（1）健全法律保障体系。新的国内外经济背景和法制建设要求综合保税区必须在完全的市场经济下生存发展，这需要强大的法律保障。请求建议尽快出台湖南省综合保税区管理条例或管理办法，并明确各地综保区地位和作用，鼓励各综合保税区依托当地产业优势，发挥其特殊功能和区位优势，成为承接国内外产业转移和调整产业结构的试验田。要借鉴上海自贸区的立法经验，体现前瞻性和稳定性。要立足内陆开放实际，把握好中央与地方立法侧重点。

（2）优化空间结构布局。根据保税加工区、保税物流区、通关作业区和综合服务区四个功能分区，合理使用土地。加强与城市空间融合。城市一定要有产业的支撑。对老城来讲，产城融合主要是城市更新，通过城市功能的调整、产业的引入、合理的功能配置，使老城的城市商业功能、文化活力、城市活力、经济活力再次迸发出来。对新城来讲，产城融合要通过紧凑式的发展、卫星城的布局、城市综合体的建设、把产业和居住融合在一起，把工作场所、衣食住行、医疗教育等资源都配置好，使新城成为居住的城市、生活的城市、工作的城市。湘潭综合保税区既是催生产业发展的平台，也是改善湘潭百姓生活、提升城市品质的平台。应该把湘潭综合保税区看作一个企业来为城市服务，又要把湘潭综合保税区看作一个商业综合体来提供城市服务。

（3）推进产业转型升级。①加强产业规划布局。作为湘潭市的一分子和湘潭经开区的伙伴，湘潭综合保税区的产业规划布局，注意与湘潭市和经开区产业尤其是优势产业的有效衔接，实现地区产业的整体协调发展。②提高产业发展层次。在明确自身产业定位的基础上，应逐步建立和完善企业准入制度，吸引有更强带动作用的加工制造、国际贸易、跨境电商、国际金融服务企业入区。避免为加快发展，盲目地、无原则性地招商引资，要通过入区企业的带动，提高湘潭综合保税区及所在区域的产业发展层次。③培育新型改造传统。一是加快湘潭保税商品展示交易中心和海外跨境直购项目建设步伐，打造湖南先进装备保税研发、检测、维修中心和湖南国际服务外包中心。二是制定政策，吸引和加速与国内外科技合作。三是引进智力，增量扩模，架构企业创新体系。

（4）抓住招商引资龙头。湘潭市人民政府确定 2016 年是招商引资突围年。招商引资是贯穿经济工作始终的生命线，更是湘潭综合保税区发展的生命线。招商引资不仅专业性、政策性、法律性非常强，还需要千山万水、千辛万苦、千言万语、千方百计的“四千精神”。①目标要定得高一点。全年要新签约实体项目 50 个以上，实际到位资金 20 亿元以上；要确保有 15 个项目新开工建设，至少 15 个项目投产。②任务要分解得细一点。招商指标要分解到每位领导、每个部门。下达任务，签订目标责任状。③方式要更灵活一点。全力开展“招商引资突围年”活动，明确招商突围方向，积极开展实体项目招商，实行全员招商，大力开展敲门招商、以商招商；优化招商引资政务服务、要素资源配置、配套服务等环境；加强招商队伍建设，落实经费保障，完善考评体系，健全激励机制，让广大员工研究招商、投身招商、融入招商、大胆招商，从而真正激活招商引资工作，进而推进湘潭综合保税区实现跨越式发展。

（5）强化各项政策支持。①项目布局方面：在省、市开放型经济重大项目实施中优先发展湘潭综合保税区，省、市开放性经济发展的各项政策创新及改革试点项目优先在湘潭综合保税区先行先试。将湘潭综合保税区建设纳入省重点工程。②劳务培训方面：鼓励职业院校为湘潭综合保税区内企业开展定向培训。③财税支持方面：设立长株潭开放经济发展引导资金，并连续 5 年列入湖南省财政预算，每年预算金额 5 亿元，其中突出开放平台建设专项。

专 题 篇

Special Reports

B.33

基于供给侧结构性改革的湖南绿色产业体系构建

刘茂松*

经济发展新常态意味着，中国经济进入了深度转型升级的关键时期。特别对于尚处于后发赶超的湖南来说，进入经济发展新常态就是要着力进行供给侧结构性改革，解放生产力和发展先进生产力，全面实施绿色产业发展战略，建立可持续快速高效发展模式。所谓绿色产业发展战略是指建立在生态环境容量和资源承载力的约束条件下，将自然环境保护作为实现可持续发展重要支柱的一种新型产业发展模式，最核心的问题是资源与生态的可持续性。在现代经济学中，资源不仅是指社会经济活动中人力、物力、财力的总和，而且包括了自然环境这个极其重要的资源，它们共同构成了人类社会经济发展的基本物质条件。因此，对社会资源进行合理配置与有效利用，在保护好自然生态环境的前提下，最大限度地满足人类持续增长的有效需求，这就是经济学意义上绿色产

* 刘茂松，湖南省经济学学会理事长，湖南师范大学经济学教授、博导。

业发展的宗旨。总之，后金融危机时代的全球经济转型，实际上是一场绿色化产业革命，由此构成了湖南实施绿色发展战略，加快建设资源节约型、环境友好型社会的机会窗口，只要我们坚持深化改革，及时抓住充分利用，实施绿色产业发展的反梯度推移，就能又好又快地实现湖南产业结构的全面转型升级，形成人与自然和谐发展的现代化建设新格局。

一　可持续绿色发展的后发竞争优势理论模型

以资源节约和环境友好为宗旨的绿色生产方式，其内涵是实现经济的科学发展、社会的包容发展、生态的可持续发展，而生态的可持续则是产业绿色发展的前提。生态可持续性的三大本质：一是时间可持续性。当代人应主动采取“财富转移”政策，为后代人留下宽松的生存空间；二是空间可持续性。对自然资源进行合理的空间配置，区域间的资源环境做到共享和共建；三是效率可持续性。以技术进步和体制创新为支撑，采取低耗、精细、高效的资源利用方式。所以，产业绿色发展要敬畏自然，尊重规律，科学利用，以技术成熟、市场需要、环境无害、域间公平、代际均衡的要求来利用自然资源。实践表明，我国和湖南省在经济追赶的初期即工业化启动时期所建立的以资源禀赋为基础的产业发展方式，实现了经济的快速增长，经济规模的快速扩大，比较成本优势发挥了重要的作用。但随着发展中国家和地区经济结构高度化的演变以及世界经济发展趋势的变迁，特别是在我国工业化中后期，一方面信息化技术的发展对工业化进程和国内外市场竞争产生了重大影响，另一方面发展中国家和地区的人口和土地等资源红利逐渐消失，环境承受能力大幅度下降，这时比较优势理论便出现了较大的局限性，难以指导工业化中后经济的可持续快速发展。

为此，我们认为湖南在工业化中后期应立足于创新驱动，打造后发竞争优势，发展可持续高效能的绿色产业，实现新型工业化反梯度推移。在当今信息化和低碳化时代，竞争优势就集中体现在绿色产业的规模和质量上，这是湖南进入工业化中后期实现可持续快速发展的决定性因素。

二　构造新型工业化绿色产业集群的大格局

市场化条件下的产业集群是不存在外部指令的，产业系统按照相互默契的规则，分工配套，各尽其责而又自动形成的有序自组织结构，是介于市场和等级制之间的一种新的空间经济组织形式。湖南实现新型工业化可持续快速发展的核心就是要打造信息化绿色产业集群。

1. 集中力量做好战略性新兴产业集群

对此，我们建议分三大类来组织运营：第一类是新兴的超级产业。建议湖南“十三五”期间应进一步做强做大智能化装备机械产业。湖南机械装备制造业有较好的基础，早在 2007 年机械装备工业就成为全省首个千亿元产业，形成了四大优势产业，其中工程机械规模跃居全国首位，同时涌现出了一批产销过百亿跨千亿元的大企业。特别是在新产品方面，湖南省交流六轴 9600kW 大功率电力机车、300 吨电动轮自卸车、5MW 风力发电机、1000 吨全路面汽车起重机、1600 吨履带起重机等一大批重点新产品相继研制成功，全行业新产品产值率高出全国平均水平近 20 个百分点，其核心竞争能力大大提升。由于有这样一个先进优质的产能基础，因而湖南在“十三五”期间应全方位对接“中国制造 2025”，大力提高工程机械、盾构装备、轨道交通、矿山机械和农业机械等优势产业的高端智能制造水平，并积极向海洋工程、环保机械、民用航空等新领域深度拓展，在此基础上狠抓节能汽车和新能源汽车产业链集群；第二类是新兴优势产业，如湖南省的新能源、新材料、电子信息、移动互联网 + 、集成电路、文化创意产业等。这里尤其要高度重视数字信息制造产业的发展，建议依托蓝思科技、富士康、南车株机和南车时代等优势企业拓展平板显示产业链、数字化整机及电子元器件产业链和轨道交通电子产业链；第三类是新兴配套产业，包括生产性服务业。如高档液压元器件、低速大扭矩发动机、变速箱、混合动力系统总成、驱动电机及控制系统、高性能电池等。同时，还要大力发展软件、物流、信息、设计、金融、商务和科技咨询等生产性服务业，提高支柱产业集群的带动力和影响力。

2. 狠抓新能源装备和新材料产业集群发展

能源是战略性、基础性资源，能源装备是装备业中的重点。从两型发展、低碳发展、绿色发展的方向来看，湖南要高度重视发挥新能源装备制造业的基础优势，打造新一代的超级支柱产业，着力打造四大新能源装备制造产业：光伏产业链、风电装备产业、电动汽车产业化、核电装备产业，形成带动湖南经济跨越发展的新型产业集群。

湖南具有新材料技术和产能优势，在“十三五”期间应以长沙高新区、望城经开区、宁乡经开区、株洲高新区、湘潭高新区等为载体，重点发展先进复合材料、储能材料、硬质材料、金属新材料、化工新材料、特种无机非金属材料六大新材料产业集群，加快培育和发展前沿新材料，加快研发先进熔炼、凝固成型、气相沉积、型材加工、增材制造、高效合成等新材料的关键技术和装备，到2020年全省新材料行业形成年销售收入过100亿元的企业达到5家以上、过10亿元的企业达到50家以上，新增国家级创新平台10家以上，年产值平均增长15%以上，打造湖南省具有较强竞争优势的、力争年产值过5000亿元的新材料产业链。

3. 实现全省传统产业结构调整升级

以企业资产重组和企业产能异地转移升级等措施为主，有步骤地淘汰电力、钢铁、建材、电解铝、铁合金、造纸等传统产业中的落后产能。这里尤其要高度重视中低碳消费品工业的发展。据有关资料，消费品工业产品的碳排放强度一般在0.1吨标煤/万元GDP以内；而资本品工业产品的碳排放强度普遍在0.5吨标煤/万元以上，其中最高的黑色金属冶炼及压延加工业达到1.4175吨标准煤/万元，普遍比消费品工业的碳排放强度至少高一倍以上。为此，我们建议湖南在“十三五”期间消费品工业发展思路上应采取“一轴两轮三化四突破”战略，即立足于可持续跨越发展这个主轴，实现资源深度开发与需求有效创造这两个车轮同步运行，走产业化、信息化和低碳化的发展路子，突破和实现四大关键工程，即农产品加工向农产品精细制造深化的升级工程、乘用汽车工业向超百万辆规模发展的腾飞工程、现代生物医药产业赶超发展的创造工程和家用电器产业复兴工程。此外，湖南还要积极开展以工业化改造农业化的产业工程，建设一二三产业融合的现代农业全产业链体系。

4. 建设分工、协同和配套的产业园区

这些年湖南的产业园区发展较快，国家级和省级各类产业园区已达到141个。但湖南省产业园区当前也仍存在重“地”轻“产”的倾向。为此，建议加速调整升级，推广宁乡县“项目立园，平台提质”的集群发展经验，下功夫抓好以下四大工程：第一是狠抓项目招商，做特色产业。针对大项目、好项目不足的情况，要根据自身定位，盯住全国乃至全球具有代表性的企业，针对性招商，以一带多，形成特色产业集群。第二是狠抓配套集群，做全产业链。

从全产业链角度，梳理产业链各环节的缺失，重点围绕关键环节抓配套，引进补链企业。第三是狠抓清洁生产，做循环经济。按照“两型”发展标准，培育一批“两型企业”“两型园区”。推广宁乡“飞地产业园”模式，鼓励高排放项目向大环境容量异地转移，促进县内乡镇工业集中生产营运。第四是狠抓产城融合，做服务平台。加强产城配套发展，产业园区与城镇化发展配套协调，从生活上满足园内企业员工衣食住行及精神消费需求；从经营上培育一批商务服务、商贸流通、法律、设计等生产性服务业。

三　创建“企业公民”模式的绿色责任企业

目前，湖南企业发展与绿色产业发展的要求还存在很大差距，主要问题是企业的产品档次偏低、企业生产经营规模偏小、企业 R&D 投入总量偏少以及企业的排污和能耗超标等，市场机制对企业行为的规范和调整不到位。因此，湖南深度推进产业转型升级，势必要彻底改变上述落后状况，全面创建绿色责任企业，以此带动全省新型工业化水平的提升，真正实现以信息化和绿色化发展为内涵的新型工业化、新型城镇化和农业现代化同步发展。

湖南绿色责任企业的发展应建立“企业公民”模式，即企业将社会基本价值与日常商业运作和经营策略相整合的行为方式。在市场经济条件下，经济增长是由资本推动的，其约束条件是直接进入企业生产过程的成本最小化，生产要素转化为资本利润的最大化。而在传统经济学和经济核算体制中，自然环境资源是不进入企业成本的。资源的有效配置基本上是指经济资源的节约，其直接目的是追求资本利润最大化。可见，这种资本生产方式对于其经济利益主体包括不同的国家、部门、企业和个人而言，都是一种商品生产的“私权利”。而绿色发展所要求的环境友好或环境质量改善却是面向全社会、全人类提供公共产品，受益的是不分阶层、不分族群、不分国度的整个社会和整个世界，这是一种“公权利”，其本质是充分满足人类健康生存和发展的要求。由于“私权利”的膨胀会直接冲击和损害“公权利”，而“公权利”的维护又会限制“私权利”的利益，因而这些年来无论是在全球或全国范围还是在区域性范围，二者之间都存在巨大的利益冲突和博弈，经济的增长便难以自动改善环境质量。总之，当自然环境的成本没有转化为企业成本时，是不可能达到绿色发展的。那么，如何从根本上解决这个问题？唯一的出路就是给包括自然资源在内的整个生态环境定价，推动环境产权的市场交易，实现环境外部性的内部化（进入经济核算体系）。其本质是在市场经济制度的框架内，通过环境产权交易实现社会“公权利”对企业和其他经济主体“私权利”进行组合内化，维护自然生态环境生命线，建立绿色生产方式，以求达到人类经济生产从自然界获取的物质要素不超过自然再生产的增殖能力，构建社会经济再生产过程与自然生态再生产过程之间良性物质交换和循环的机制。从微观经济层面来说，这就是“企业公民”规则。为此，我们建议，采取下述产权规制和政策调控措施创建绿色责任企业。

1. 制定绿色责任企业发展的法律法规和政策体系

根据绿色产业及其企业发展的规律，各级政府应制定或完善节能降耗减排环保的地方法规和政府规章，从制度上倒逼企业绿色化发展，对绿色责任企业生产的绿色产品予以优先考虑；完善优惠政策，给予政府采购等政策支持；建立和完善绿色责任企业产品投融资机制，切实提高绿色责任企业的融资能力和融资水平。除了经济鼓励政策之外，各级政府还要运用税收和价格机制惩罚企业的高耗能、高排放行为，加大对水泥、造纸、印染、电解铝、炼铁、铁合金、制革等企业落后生产能力的淘汰力度。

2. 引导和推动企业在运营中建立清洁生产机制

研究表明，清洁生产是绿色责任企业的标志，也是全面实现以绿色产业为内涵的新型工业化快速发展的一个核心问题。因此，要从几个方面着手：一是依据企业制成品的重量来征收生产废料垃圾处理费，引导企业建立轻型经济机制。国际上从20世纪60年代开始到现在，产品的轻型化大行其道，从汽车生产，到铝制易拉罐等，以及越来越轻便的电子数码类产品，由此节约了大量的生产材料、运输成本和废物排放；二是对使用再生材料的厂家提供财政补贴或者在税收上给予优惠，引导企业建立循环经济机制；三是强化生产者延伸责任制，采取经济、法律等方面手段，引导生产企业在产品的设计研发、生产、回收等环节采取绿色发展的方式。

3. 创立和实施湖南省绿色责任企业认证制度

在绿色责任企业绩效评价体系基础上，建立以资源节约和环境友好产主导的企业认证制度。建议省政府组织各行业管理办或行业协会，并邀请专家组成评审认证委员会，制定严格和规范的考核机制，对企业绿色生产和经营的效能进行综合评价，定期评定出达标的绿色责任企业。对连续三年绿色达标的企业，由省政府颁发“绿色责任企业认证书”。该类企业可在政策上获得一系列优惠。同时，“绿色责任企业认证”也和“中国驰名商标”“质量认证”等一样，最终形成产品的品牌价值，或具有绿色价值的品牌，这对提高企业产品的附加价值会产生极为重要的作用。在这里，“绿色责任企业认证”所形成的品牌规制转化为了市场监督机制，最终把企业担负的资源节约和环境友好的社会责任内化为企业的商业活动，并持之以恒。

B.34

湖南军民融合产业协同创新报告

彭富国*

协同创新是指创新要素和资源有效汇聚，通过突破创新主体间的壁垒和释放彼此间人才、技术、资本、信息等创新要素活力而实现深度合作，特点是各独立创新主体拥有共同目标、内在动力，开展直接沟通、共建共享资源平台，进行多方位交流、多样化协作。军民融合中的“军”包括军品、军工、军事以至国防建设，“民”包括民品、民用科技工业、民口以至国民经济。军民融合是指通过建立有效的体制机制，调动全社会特别是军工企业和民用企业的各种资源，促进军民技术共享和双向转移，实现军、民从基础研究、应用开发、产品设计制造到技术应用和产品采购的全面有机融合，目的是实现国防科技工业可持续发展和为国民经济发展提供强劲动力和支撑。湖南是国家军事工业布局的一个重点省份，军民融合产业包括在湘中央军工、地方军工、民口配套等单位，全省军工单位的军品、民品及军民结合产品，民口配套单位的军品、军民结合产品，已经建成的产业涵盖核、兵器、航空航天、军工电子、民爆和船舶等领域，既有优势特色又是全省工业的重要组成，考察政府部门公布的数据资料，研究军民融合产业协同创新，有利于湖南推进军工可持续发展、拉动经济转型升级和建设创新型湖南。

一 湖南军民融合产业协同创新现实基础

湖南军民融合创新成果多，独具优势。天河二号超级计算机、轨道交通（高铁）等“领跑”全球，通用航空发动机、新材料、工程机械、光伏、风电、3D打印、工业机器人等“并跑”国际前沿，自主可控操作系统打破垄断。

* 彭富国，中共湖南省委党校、湖南行政学院副巡视员、教授。

（一）协同创新力量强大

1. 协同创新阵营齐整

军口方面，全省共有各类专业技术人才 3 万多名，国家国防科技工业创新团队 5 个；拥有国家级企业技术中心 8 家、省级企业技术中心 19 家，国防科技重点（学科）实验室 7 个，中南大学、湖南大学、湘潭大学、南华大学协议共建高校 4 所；全省军工及军品配套单位共有 149 个，民爆生产企业 4 家、民爆经营企业 18 家和船舶企业 92 家，武器装备科研生产资格单位 71 家、保密认证单位 121 家，主导行业军工企业的民品产值比重稳定在 72% ~81% 之间。民口方面，全省共有各类科技人员 180 万人（居全国第 7 位），2014 年研发人员总量达到 10. 74 万人年；拥有两院院士 61 人（含聘用），国家“千人计划”84 人，自然科学类高层次创新人才 1300 多人；拥有国家重点实验室和国家工程（技术）研究中心 49 家，省级重点实验室、工程（技术）研究中心 300 多家。

2. 协同创新特色鲜明

军工超级计算、卫星导航、激光陀螺、新型材料等一批高新尖技术成果有力地支撑了国家安全和经济发展，大飞机起落架系统、核科技研发、超算中心等项目成果取得较大进展，建成我国首个北斗资源开放共享平台——“卫星导航仿真与测试开放实验室”。民口配套单位在材料、动力等领域形成了自身的独特优势，三一重工进入重点装备研发前期，湘电集团、湖南有色铍业、湖南金天钛业等企业在研发、试制、生产及检测等方面优势明显，处于国内领先水平；湖南航天环宇通信高端微波通信产品领域技术领先，先后参与嫦娥、北斗、载人航天、大飞机等国家重点工程项目，“十二五”年均增长 60% 以上。

3. 落实重大专项能力强

对接有探月工程、载人航天、北斗导航、大飞机、高分辨率对地观测等国家重大专项，大飞机起落架系统、探月工程月球车、探月工程月球土壤及其他深空探测样品异地存储基地、江南麓谷研发中心、中航湖南通用发动机、南方宇航高精传动、中航中小航空动力零部件、铀纯化转化、北斗卫星导航应用示范工程等国家重大专项工程项目落户湖南省，“十二五”期间实施军民融合重点项目达到 177 项。省政府先后与 7 家军工央企签订战略合作协议，北斗卫星导航应用示范工程等一批国家重大产业项目落户湖南。麒麟信息自主可控开源服务器操作系统打破了国外操作系统的长期垄断，长城信息、湘邮科技和创越电子承担国家级北斗卫星导航应用核心任务，博云新材炭/炭复合材料推动国内航空器关键部件实现技术跨越。

（二）协同创新平台扎实

1. 协同创新研究载体多

省政府与国防科大共同组建湖南省产业技术协同创新研究院，推进国防科大军工技术高新成果在湘转化，建立产业技术研究、成果转化及促进产业规模化发展新机制，推动北斗导航应用、激光陀螺等战略性新兴产业发展，在长沙高新区建设湖南省军民融合科技创新产业园。全省拥有七个国家级高新区，长株潭国家自主创新示范区在全国唯一具有军民融合创新特色。长沙高新区聚集中国电子、中国航天、中国电科、中国兵器等一批国家军民融合企业，发展超级计算机、北斗导航、激光陀螺、航空航天等领域，北斗卫星导航率先发展，集聚了长城信息、湖南航天电子、中森通信、国信军创等全省80%以上的北斗导航企业，在芯片研发、军事应用、工程机械定位、邮政物流导航、智慧城市等领域创造了多个全国第一，2014年军民融合产业产值达200多亿元，拥有转化军民两用技术、军地两栖市场的企业300多家。

2. 军民融合产业园发展快

全省拥有株洲航空产业园、平江工业园、湘潭雨湖工业园三个国家级军民结合产业示范基地，数量居全国第一。大力推进长沙航空园、株洲航空园、湖南航天科技园、长沙光电产业园、长沙工程机械产业园、长沙特种材料工业园、湘潭工程机械产业园、湘潭汽车产业园、岳阳民爆器材产业园等10个军民融合产业园建设，重点支持长沙建设“湖南省军民融合科技创新产业园”和“湖南地理信息产业园”、岳阳建设“军民结合卫星应用产业园”，依托株洲高新区建设航空航天产业园，依托湘潭经开区建设海洋工程装备产业园，引导军工和地方优势资源集聚。岳阳市与中国空间技术研究院签订战略合作协议，推进以卫星应用、智慧城市、节能环保等航天技术应用。常德市与中国兵器装备集团签订战略合作协议，兵装集团在常德投资建设百亿智慧产业园。

（三）军民融合产业发展态势良好

1. 产业增长速度高

2009～2014 年，全省军民融合产业主营业务收入从 270 亿元增加到 1541 亿元，工业增加值从 67 亿元增加到 487 亿元，利润从 8.79 亿元增加到 66 亿元，利税达到 122 亿元，增速高于全国和湖南规模工业同期水平。在全国经济增长放缓减速的背景下，目前全省军民融合产业主营业务收入、工业增加值、利润、利税各项指标仍然保持持续稳定增长态势。

2. 产业结构升级快

初步形成了包括装备制造、航空、新能源、新材料四大主导产业，航天、民爆和化工、电子信息、船舶四大特色产业，节能环保产业和高新技术服务业两新兴产业在内的十大军民融合产业发展格局。以十大军民融合优势产业、十大军民融合产业基地为抓手，“军转民”“民参军”初见成效。为进一步发挥装备制造、工程机械、有色金属加工等民用领域的基础优势和航空航天、特种船舶等产业特色优势，确定了重点推进航空航天、船舶和海洋装备、军工电子和北斗导航、核燃料及核装备等七大领域军民融合产业创新发展。中电软件园研发的北斗双模手持型和车载型用户机，产值、订单年均超过 1 亿元。

3. 深化改革力度大

坚持把深化改革作为推动湖南军民融合产业发展的动力和主要手段，军民融合企业焕发出了较高的生机与活力。积极扶持南岭、神斧、新天地集团等军工企业股份制改造和投资主体多元化，移交华湘工业集团，推进“太阳鸟”游艇、江南集团、中航起公司开展跨省兼并重组，鼓励长沙鑫航、博云新材等企业与美国霍尼韦尔、德国利勃海尔合作。中国电子信息产业集团与省政府签订协议，投资 70 亿元实施自主可控计算机整机、银医一卡通等 10 个电子信息项目。湖南方恒复合材料与国防科大签订合作协议，在动态材料领域加强合作、技术互通，成立爆炸试验基地，共同研发爆炸复合重大课题。

（四）推动军民融合产业协同创新力度大

1. 加强组织领导

省委省政府成立湖南省军民融合产业发展领导小组，建立省校协同创新联

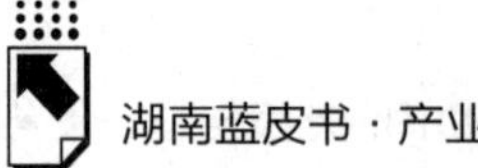

席会议制度，强化组织保障，畅通“绿色通道”，重点支持关键核心技术突破、产学研合作机制建立、军民两用技术产品和军民融合产业做大、做强。在军工单位较为集中的长沙、株洲、湘潭三市挂牌市国防科工办，切实为武器装备科研生产和军民融合产业发展提供高效便利服务。

2. 加强政策引导

将推进军民融合产业发展列为工作重点，制定《湖南军民融合产业发展规划（2009～2015年）》、《湖南省通用航空发展规划（2013～2020年）》，发布航空航天、民爆、船舶等专项规划，重点发展军民两用核能产业、航空产业、航天产业、光电信息产业、特种材料产业等10个军民融合优势产业，着力打造长沙航空工业园、株洲航空产业园、湖南航天科技城、长沙光电信息产业园、长沙特种材料工业园等10个军民融合产业基地，推进湖南由军工大省向军工强省跨越。颁布《关于加快推进军民融合产业发展的意见》《关于加快推进军民融合产业发展的若干政策措施》《关于支持航空装备产业发展的若干政策措施》等政策，从产业发展、技术创新、资金、人才等方面，明确军民融合重点项目享受绿色通道相关政策，给予军民融合产业税费、用地、要素保障等多方面的优惠，鼓励民用企业承担军品研制任务，推动全社会优质资源参与军民融合产业发展。

3. 加强资金扶持

设立“湖南省军民融合产业发展专项资金”，重点支持军民两用核能、航空航天、爆破器材、北斗卫星导航、高分遥感、特种材料、汽车及零部件、工程机械、精细化工、船舶等产业项目，科技计划安排装备制造、新材料、新能源、新一代电子信息等领域研发项目。截至2015年，总计安排专项资金2亿多元，支持技术改造、科研开发及基础能力提升项目100多个。据统计，2014年，安排的专项资金5000万元，带动企业和社会资本投入3亿元，支持项目共计完成产值4.13亿元，实现利税1.12亿元，获得国家发明专利1项、实用新型专利5项、软件著作权1项，新增就业岗位400个。“十二五”以来，通过享受优惠政策减免有关税费4亿元。

二　湖南军民融合产业协同创新制约因素

近年来，湖南在军民融合发展上取得了良好的军事效益、经济效益和社会效益。但是，受传统思维、体制机制、政策法规等因素影响，还存在思想观念跟不上、体制机制不完善、融合效益不高，以及协调统一管理不够有力、产业空间布局不够合理、军民两用资源共享利用率与军民两用成果转化率有待提升、协同创新能力不强等问题。

（一）协同创新意识不强烈

主要反映在对军民融合协同创新的认识还比较片面上。有的认为军民融合无所不包，只要涉及军与民、军队与地方之间的事都是军民融合，不能从军地优势互补、资源共享、要素耦合上深刻把握军民融合的本质属性。有的片面认为军民融合就是“地方帮军队”“经济建设支持国防建设”，不能从强军兴国的高度、国防和经济两大建设良性互动和双赢互促的角度认识军民融合的功能。一些部门和单位存在本位主义思想，缺乏大局观念和开放心态，“融”别人很积极，不愿意被别人“融”，共享别人资源可以，分享自己资源就不行。基础设施和信息化建设等方面仍然统筹不够、资源闲置浪费，促进民参军、军转民的政策出台了，但参与不了、转变不成的现象仍存在，民企面临的“玻璃门”“弹簧门”“旋转门”依然较多。有的单位用自身利益权衡军民融合产业发展，忽视军民融合协同创新对经济建设的拉动作用。

（二）协同创新合力不凝聚

具体表现为产品和产业两个方面。第一产品方面，全省军工承担的高新技术武器装备研制任务虽然点多面广，但产品结构以配套产品为主，军品整机产品和大型号不多，大项目不足，特别是适应信息化条件下联合作战的新一轮高新武器装备布局在湖南省偏少，争取总体型号、大型号、整机项目落户湖南省的任务艰巨。对传统型号订货依赖较大，在海、空、天、电、网及非传统安全领域仍有许多空白。全行业电子信息技术支撑普遍较弱，机械化信息化复合程度不高。第二产业方面，利用军工能力发展起来的民用产业多、散、小的问题不同程度存在，不少军工企业民品产业涉及几十个甚至上百个行业门类，集中度不高，骨干企业数量在总量中占比较低，且缺乏新兴骨干企业；民用核能、民用航空航天、民用船舶产业规模较小，民口单位军品总量偏低，“民参军”单位数量不足，没有形成较大规模的民品产业集群。社会化大生产的优势尚未充分利用起来，市场意识、竞争意识和机遇意识欠缺，地方军工、民口单位、非公经济参与军品科研生产障碍仍然较多，协同创新的引领和带动作用未充分发挥出来。

（三）协同创新机制不顺畅

在管理体制上，省政府建立了促进军民融合发展领导协调小组，但受现有国防科技工业管理体制条块交叉影响，跨领域军地专项协调机制还存在职能交叉、分工不够明确。省与市（县、区）军民融合领导体制仍不完善，协调起来有难度，不利于军民融合协同工作开展。传统的军民二元分离体制仍没有彻底打破，军民两大系统建设相互脱节、职能交叉重叠等问题仍然存在，涉及跨军地、跨部门、跨系统的军民融合重大项目、重大举措，目前都是由协调机构负责管理，个别地方未能建立有效的协商沟通方式，加大了推进军民融合协同创新难度。在运行机制上，党的十八届三中全会提出的统一领导、军地协调、需求对接、资源共享“四大机制”建设目前尚在探索之中，利益补偿、监督评估等还处于论证试验阶段，形成顺畅高效的协同创新运行机制仍需努力。例如，需求对接还存在论证不充分、对接主体不明确、对接程序不规范等问题，资源共享还存在底数不清、渠道不畅、补偿机制不健全等问题。又如，受现有财税体制和条块管理模式影响，分散于各区域的军工企业，大多隶属于各军工集团，利润主要反馈给中央军工企业集团总公司，而且受军品免税和优惠政策影响，军工企业给当地财税贡献较少。与此同时，支持“民参军”的有关投资、税收等制度也有待进一步完善。在发挥作用上，一些地市的军工企业集团是军民融合协同创新的龙头，军民融合产业已经成为本地经济发展的重要支柱，但部分军工集团未有效融入区域经济，随着军工集团的发展壮大，如何通过有效的联动机制，充分发挥其对当地产业的带动作用、本地产业结构的优化升级作用，仍需进一步探索有效的实现形式。

（四）协同创新互动不充分

“军转民”方面，长期以来形成的军工行业相对封闭的格局尚未完全打破，自成体系、自我保障，武器装备科研生产配套相对封闭，国防科技高新技术成果产业化进程较为缓慢，制约协同创新主体积极性的发挥。“民参军”方面，大多数民用企业面临着进入军工领域的多重障碍，虽然具有某些领先技术优势，但由于对国防科技工业技术需求知之不多而难以获得配套订单，信息渠道不畅通而“参军无门”，无法利用自身优势研制出适合武器装备发展需要的新技术和新产品。技术研发方面，力量分散且较少交流与协作，关键芯片、核心部件和软件依赖进口，涉及信息网络安全核心技术的软硬件自主可控能力较弱，军民标准分割导致技术和产品难以互通互用，有效整合全社会资源、联合各种研发力量进行协同创新缺乏“责、权、利”实施细则，靠情感维系、靠关系协调、靠觉悟推动的现象还不同程度存在。资源共享方面，军民通用的研发资源优化配置程度不高，重大基础设施共用程度落后，军地信息网络资源缺乏共享顶层设计，共享方式、共享内容等方面不明确，军地之间的信息交流与技术合作、军工技术成果孵化转化、产权交易、融资担保等方面缺乏相应的服务机构和平台。保密工作方面，相关流程责任主体不明确，解密标准不统一，就高不就低，诸多具有很好市场应用前景的军工技术因没有及时解密，影响了向民用领域转移，本可以解密公开和转向民用的军工技术难以在经济社会发展和科技进步中发挥有效作用。

三　湖南军民融合产业协同创新着力点

（一）全面贯彻军民融合深入发展国家目标

1. 加快形成全要素、多领域、高效益军民融合协同创新格局

一是全要素融合。鼓励有条件的各种所有制经济、各类经济主体将其优势资源投入国防建设领域，支持技术、工艺、资本、人才等生产要素通过各种形式“参军”；发挥先进军工技术、国防项目对经济建设的辐射作用，使之成为湖南省经济结构调整和发展方式转变的生力军；建立健全军地资源共享共用机制，推进军用技术和民用技术、军用产品和民用产品的通用性，增强民用设施和军用设施的共享性，促进各类生产要素在两大建设中的顺畅流动。二是多领域融合。积极推进武器装备科研生产、军队人才培养、军队社会化保障和国防动员四大重点领域和重大基础设施、海洋、空天、网络信息等新兴领域的军民融合协同创新，努力探索金融、保险、物流、通信等服务业领域军民融合协同

创新的途径和办法。三是高效益融合。在发挥国家法律法规强制性作用、政府计划规划和政策调控作用的同时，运用价格机制实现利益主体之间的互利双赢，运用竞争机制将最先进的技术、最优秀的人才、最完善的服务纳入协同创新领域，运用供求机制优化市场资源配置，运用补偿机制确保军地资源得到充分利用，实现协同创新的高质量和高效益。

2. 进一步丰富融合形式、拓展融合范围、提升融合层次

丰富融合形式方面，采取符合本地实际的融合形式，由军建民用、民建军用单纯模式，向军民共建共享和军地合作研制、协同开发、联合攻关模式转变；由“民参军”“军转民”单向渗透，向相互转化、功能嵌入、优化重组、资源整合等多形式融合方向发展；由主要通过政府行政干预，向技术标准、政策制度和市场调节等多种手段综合运用方面延伸。拓展融合范围方面，由技术、资本等要素的融合，向技术、人才、服务、资本、信息、管理、标准等全要素的融合延伸；由武器装备科研生产、人才培养等领域的融合，向基础设施、海洋、空天、网络等新兴领域延伸；由机械化条件的普通技术，向信息化条件下的信息技术、生物技术、新材料技术、新能源技术等领域延伸；由主要面向大型军工骨干企业，向国有、集体和非公经济成分并存延伸。提升融合层次方面，加强顶层统筹衔接，由以军地主管部门分别对接、对口协调的领域和行业层融合为主，向以集中统一领导、统筹规划安排和高层组织协调为主转变，国防建设与经济社会建设同步设计、同步运筹、同步落实、同步推进。加强深度融合，由板块对接式的松散型结合向要素渗透式的紧密型融合转变，军口企业与民口企业在行业、领域尽可能共享共用协同创新平台。

3. 着力强化大局意识、改革创新、战略规划、法制保障

一是强化大局意识。树立“一盘棋”思想，以国家安全和发展大局利益为重，自觉摒弃部门本位主义思想和个人利益得失，跳出小天地和小圈圈，站在党和国家事业发展全局的高度思考、推动军民融合协同创新工作。二是强化改革创新。深化技术层面和制度领域改革，破解制约军民融合协同创新的体制性障碍、结构性矛盾和政策性问题。建立统一领导、军地协调、顺畅高效的组织管理体系，健全系统完备、衔接配套、有效激励的政策制度体系，政府投入、税收激励、金融支持配套齐全且覆盖军民融合协同创新全过程。三是强化战略规划。明确军民融合协同创新的指导思想、推进思路、行动原则、预期目

标、运行模式、重要领域、关键环节、根本抓手等重要内容，明确主体责任，细化任务分解，加强规划实施督导检查，强化规划的刚性约束和执行力，把军民融合协同创新落到实处。四是强化法治保障。用法制思维和法制方式推动军民融合协同创新，军民融合的组织领导、运行机制、权利义务、配套保障等在法治的框架下健康发展。提高法治素养，掌握法律法规，依法办事、依法推动军民融合产业协同创新。

（二）准确把握军民融合产业协同创新关键任务

1. 加强国防科技协同创新

一是完善国防科技协同创新服务体制。完善军地跨领域创新资源整合体制，整合军地科研、试验基础设施优势资源，共同攻克具有重要战略价值的颠覆性前沿技术，提高协同创新质量；完善国防科技协同创新跨区域整合体制，整合协同创新各种项目，加强军民融合产业发展和园区建设，提升协同创新效益；完善军地跨行业创新主体和资源集成体制，协调军地行业优势人力和物力资源，为协同创新提供坚实的智力支撑和物质保障。二是构建国防科技协同创新激励机制。纵向上健全促进各级部门贯彻国防科技协同创新战略规划的激励机制，横向上健全促进军地创新主体锐意进取的激励机制。强化精神激励，设置军民协同创新组织奖、项目奖、荣誉奖，营造军地协同创新良好氛围。强化物质激励，综合运用政策优惠、知识产权保护、专利技术参股等多种方式，以及直接经济拨付、间接政策优惠等方式，确保军地创新主体不会因为“协同”而受损。三是打通国防科技协同创新市场渠道。打通需求对接渠道，通过科研人才多向交流、科研资源军地共享，促进军地科研院所之间、生产企业之间、军地需求主体与供给主体之间的无缝链接。打通成果转化渠道，促进军民协同创新技术成果双向转化，形成成果转化合力。打通信息流动渠道，搭建协同创新信息服务平台，及时发布军民协同创新领域供求信息、军地协同创新主体研发信息。

2. 加强“军转民”协同创新

一是选准优势领域。利用和发挥军工领域的人才、技术和能力优势，加快核能、航天、航空、船舶、精细化工和电子信息、节能环保、新材料、新能源、装备制造等优势产业领域融合发展。在军工和民用科研生产资源相对集中的地区，优先安排和支持军民结合项目进入产业基地集聚、纳入区域发展布局。二是支持产学研结合。支持科研院所、高校和企事业单位建立军民结合技术创新战略联盟，解决技术难题、双向应用技术成果。鼓励推广军用技术，打造军转民“服务链”，完善知识产权、成果转化、科技奖励等政策制度，促进技术链、人才链、资金链融合，发挥军工技术带动产业提升的积极作用。三是鼓励科技中介参与。建立军转民技术转移中心、技术交易中心和孵化中心，开展多种形式的技术对接交流、技术交易和创新创业活动，拓宽信息沟通渠道，提高军民融合协同创新公共服务能力和军民资源共享水平。

3. 加强“民参军”协同创新

一是培育创新主体。对列入承制目录和具备“参军”潜质的民口企业和科研院所，在政策、技术、资金以及资源等方面给予相应的扶持，开展有针对性地业务培训和技术指导，提高其协同创新能力。二是构建体制机制。建立“民参军”统一领导体制，完善促进“民参军”军地协调、需求对接机制，打破阻碍民口企业参与武器装备科研生产维修活动的准入壁垒，在基础资源共享、保密资格认证、军用技术标准、优惠政策补贴、税收直接减免等方面，享受与军工企业相同的政治和经济待遇，激发民口企业参与国防建设的内生动力。三是拓展创新领域。以国防和军队现代化建设的当前和长远需求为依据，遴选经济社会领域各种民口企业和资源，有计划、有步骤地拓展创新领域，确保“民参军”行为效果与国家安全和发展利益相一致。

（三）紧紧抓住军民融合产业协同创新工作重点

1. 推动军民融合优势产业创新发展

军工电子和北斗导航产业，重点研发高性能电子元器件、北斗卫星导航模块、数字化整机及其各类设备以及计算机基础软件和应用软件。航空航天产业，重点开展航空动力与减速传动系统、起飞着陆系统、通用飞机研发和航空营运、维修等业态发展，以及无人飞艇、卫星地面装备及应用装备研发和航天服务业发展。军民两用光电信息产业，重点研发特种光电设备及元器件、通信指挥系统，推进光伏创新链—产业链—资金链的融合。船舶和海洋装备产业，重点研发游艇、工程船、特种工作船、附加值高的内河及沿海运输船、新型高性能复合材料船艇和船舶配套产品，以及海洋工程装备。军民两用特种材料产业，重点研发粉末冶金材料，铍业、稀土稀有金属材料，钛合金、石墨等材料。核燃料及核装备产业，重点研发核能资源及应用技术、核电装备配套和自主核装备制造。民爆产业，重点研发工业炸药、工业雷管、工业及特种导爆索和相关配套产业。

2. 推动军民融合特色产业园区建设

一是推进科技园区军民融合产业创新发展。加快湖南省产业技术协同创新研究院发展，充分发挥国防科大人才、技术优势攻克产业技术关键难题，培育科技领军人才、产业技术创新人才和创新团队，促进国防科大军民两用科技成果在湘产业化。推进长株潭国家自主创新示范区、国家级和省级高新区的军民融合产业创新发展。二是推进国家军民融合产业示范基地建设。株洲航空产业园，开展直升机和通用飞机总装设计、研发、生产及整机制造，引入和做强通用飞机动力、辅助动力装置、地面燃气轮机、风力发电、航空标准件制造、发动机维修等产业，打造通用飞机和民用直升机、中国通用飞机动力、国内地面燃气轮机及其成套设备主要研发制造区；湘潭雨湖工业园，发展军民两用先进装备制造、汽车及汽车零部件、军民两用电子信息等产业，建设军民结合产学研基地和科技成果孵化基地，建成军民融合产业集聚区；平江工业园，发展军民两用爆破器材、汽车与工程机械、光电信息、新材料，提升产业层次，促进产业聚集发展。三是推进省级军民融合特色产业园区建设。长沙航空工业园，发展起飞着陆系统、航空材料、航空维修等，依托大飞机起落架和机轮刹车重大专项，打造集设计、制造、试验、服务为一体的飞机起飞着陆系统研制维修服务基地；湖南航天产业园，发展近空间飞行器设计与制造、卫星地面装备与应用设备、航天材料、惯性导航等，推动航天技术在交通、环境、应急通信等领域的应用，打造近空间飞行器、卫星地面装备及应用装备研制基地；长沙光电产业园，发展太阳能电池制造装备、太阳能电池、集成电路芯片、电子封装材料、特种元器件等产业和相关配套产业，打造光电产业研制和孵化基地；益阳轻型特种装备产业园，发展轻型化、信息化、自动化军用/警用系列特种装备，推动数控机床和高档外贸猎枪发展，打造国内轻型特种装备的研制、生产、试验、实训基地；益阳船舶工业产业园，发展游艇、公务艇制造、内河运输船和工程船整装、船用舾装件及配套等产业，打造内河船舶制造基地和船舶设计研发中心。

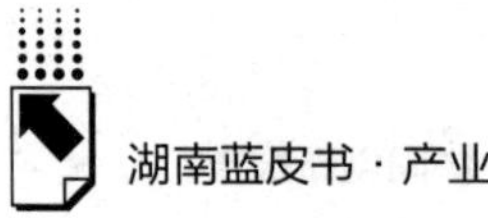

3. 推动军民融合产业协同创新体系建设

一是建设以企业为主体的自主创新体系。采用产业链延伸模式，龙头企业联合上下游企业进行协同研发。采用品牌扩展模式，拥有品牌产品企业向军地双向扩展。采用动态联盟模式，以项目为纽带联合高校院所开展合作创新。努力建设以军民融合相关企业为主体、市场为导向，产学研相结合的自主创新体系。推进军工企业建立现代企业制度，提高效率、增强活力。二是促进军用民用技术成果双向转化。创新军工技术转化机制，在卫星导航、卫星遥感、飞机发动机、航空新材料和兵器制造等技术方面，提炼一批可以进行民品转化的技术成果，发展高新技术产业和战略性新兴产业。搭建军民技术双向转化平台，推动先进民用技术在国防领域应用，采取技术转让、合作开发、二次开发等方式促进军民技术相互转化。三是营造良好协同创新生态。发挥高校、科研院所、科技服务机构的作用，强化军民融合产业协同创新人才、技术和设备支持。发挥党政部门、企事业单位、社会组织、新闻媒体的作用，为军民融合产业协同创新营造良好的社会环境。

B.35
加快湖南农业发展方式转变

曾福生*

作为粮食大省的湖南，迫切需要贯彻落实国务院有关文件精神，推进农业转方式，加快农业现代化进程。

一　农业发展方式转变的紧迫性

（一）经济发展新常态需要湖南省转变农业发展方式

从全国层面上看，农业发展面临的各种风险挑战和结构性矛盾在积累集聚，迫切需要加快转变农业发展方式，解决农产品价格“天花板”封顶、生产成本“地板”抬升、资源环境“硬约束”等问题。湖南省转变农业发展方式其时已至、其势已成。

1. 农业生产成本“地板”和农产品价格“天花板”双重挤压

（1）农产品价格“天花板”封顶。和国际市场的价格水平相比，我国主要农产品如稻谷、小麦、玉米、棉花、糖等农产品价格普遍较高。关税内进口的低关税配额的那部分农产品的价格，开始明显高于国外农产品进口到岸完税以后的价格。（2）生产成本“地板”抬升。2003 年以来，各类农产品生产费用全面上涨。2006～2013 年我国稻谷、小麦、玉米、棉花、大豆生产成本年均增长率分别达到 11%、11.6%、11.6%、13.1%、12.0%。（3）粮食成本增速高于粮食产量增速和价格增速。2004～2011 年，三种主粮土地成本年均增长 15.7%，人工成本年均增长 10.4%，物质与服务费用年均增长 8.7%，都高于价格增速。

---

* 曾福生，湖南农业大学副校长，教授、博导。

2. 农业发展面临生态环境和资源条件两个“紧箍咒”

（1）农业污染日益严重。“高消耗”“高污染”的农业生产方式对资源与环境威胁在加大。一是农业面源污染严重。粮食生产目前仍处于靠化肥、农药和大水漫灌来提高产量的粗放生产阶段，难以摆脱“大农、大水、大肥”的特征，化肥农药使用量已经普遍偏高，对生态环境带来了比较大的危害。同时也对农业自身的发展构成了越来越大的制约。二是工业“三废”对农业环境的污染。2013 年湖南省废水排放总量为 26.8 亿吨，其中工业废水 9.6 亿吨，城镇生活污水 17.2 亿吨。三是农村废弃物污染。据初步估算，湖南省农村生活污水日排放量约 240 万吨，处理率 10% 左右，农村生活垃圾日产生量约 3.5 万吨，综合利用率和处理率仅 30% 左右。四是规模养殖粪便污染越来越严重，大量使用农药、除草剂，造成生态环境危害。面对赫然亮起的资源和环境“红灯”，任由传统粗放的生产方式继续下去，农业发展的根基必然会被动摇。再也不能走拼资源、拼消耗、拼生态、拼环境的老路了，已经到“踩刹车”“转方式”的关键节点。

（2）农业资源相对稀缺。一是耕地资源约束问题突出。湖南以占全国 3.2% 的耕地，生产出占全国 6% 的粮食，但面临人多地少、资源短缺、环境容量低等发展压力。农业发展面临农产品需求不断扩张、资源要素约束不断强化、农村生态环境恶化和农产品质量安全的挑战。耕地资源质量下降。2010 年，湖南耕地面积 5686 万亩，比 2000 年净减了 1% 万亩。中低产田比例大，全省中低产田比例达 67.7%。湖南“三区”（大中城市郊区、工矿企业周边区和污水灌区）产地受到重金属污染。土壤酸化明显加快，耕地土壤养分失衡，耕作层普遍变浅，稻田潜育化加剧，新开耕地培肥难。城乡、农业与工业争夺耕地、水资源等资源和要素的竞争将日趋激烈。二是水资源约束日益突出。湖南省农业用水量占湖南省总用水量的 73.4%，同时还是费水大户，水的有效利用率平均仅为 40%，其中，农业灌溉用水约占到总用水量 90%，而灌溉渠的水利用率仅为 30% ~40%，不足发达国家的一半水平。2001 ~2013 年间，湖南年年都有干旱发生，其间旱灾面积 1500 万公顷/次，占农作物累计受灾总面积的 32%。全省重旱区面积广，以衡邵盆地最为严重，夏旱的高温干旱高峰期持续时间 1 个月左右，粮食受旱面积占受旱农作物面积的 76% 左右。

（二）提高农业发展质量和效益，迫切需要加快转变农业发展方式

（1）粮食供需矛盾仍很突出。随着人口不断增长，现有的农业发展方式面临着农产品需求不断扩张的挑战。居民对农产品多样化需求和质量安全的要求越来越高，老百姓愈发关注“舌尖上的安全”。（2）种粮收益不高。湖南省农业 GDP 增速长期远低于非农产业增速水平，且逐渐低于全国平均水平。与湖南省非农部门相比，湖南省农业产业部门的比较劳动生产率水平常年在 0.5 以下的低位徘徊，并且呈现明显的下降趋势，且低于全国平均水平。农业比较效益低，农民增收乏力，种养衔接不紧、循环不畅，粮经饲结构也不尽合理。农业产业链条短、产品附加值低的问题依然十分突出。按照粮食最低收购价格，农民种水稻一亩地的纯收入为 300 元左右。种粮一年不如打工一月，严重挫伤了农民种粮积极性。

二　湖南省农业发展方式转变的阻力

（一）农业产业不强，组织化程度不高

产业不强，农民增收困难，钱包鼓不起来，消费潜力就无法发挥。长期分散经营，导致农业种植技术长期处于低水平状态。湖南省农业还没有能够真正出现很明显的规模经济和规模效应，每户农民种地往往是不到 10 亩，决定了农业竞争的基础竞争力不够。一些新大陆国家、南北美洲大洋洲都是几千亩、上万亩甚至几万亩地，规模效应很明显。城镇化发展滞后，农民进不了城，这个规模效应永远也起不来。据统计，全省单户经营 100 亩以上的面积仅为 300 万亩，占规模经营总面积的 35%，耕地流入农业专业合作组织和农业企业的面积不足 20%。湖南省 2013 年对农业固定资产投资 633.87 亿元，不足当年对制造业固定资产投资总额的 10%，仅占总投资份额 3.45%。这使得农业固定资产投入难以形成推动农业现代化发展的强大动力。需要将创意经济、休闲经济、旅游经济、文化经济的理念引入湖南现代农业建设，运用创意经济的思维逻辑和发展模式推进湖南现代农业发展，将创意休闲农业作为湖南农业战略性新兴产业加以培育。

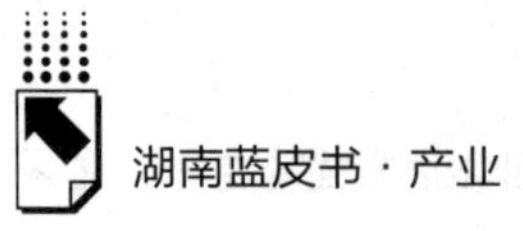

（二）农民老龄化影响农业劳动者素质提高

农村劳动力供大于求的格局正在改变，“谁来种地”的矛盾日益突出。当前，农业劳动力老龄化倾向严重。如2013年湖南农业从业人员中50岁以上的比重超过50%，小学及以下文化程度超过50%；农业劳动力季节性、区域性、结构性短缺严重，复合型、创业型人才严重缺乏。将来务农劳动力的老龄化会推进得非常快，农业会面临着后继乏人的严峻的形势。湖南乡村人口5712万人（其中乡村劳动力3488万人）、乡村从业人员3211万人（其中农业从业人员1833万人），培训市场缺口巨大。农村留住一部分青年人，特别是中年人，否则，农村很有可能会成为荒芜的农村、留守的农村，可能成为一个记忆中的故园。

（三）农业技术创新和推广乏力，制约科技推动农业效率提升

省内农业科研经费投资明显不足，严重制约湖南省现代农业发展。2013年湖南省农业研究经费支出1835万元，政府资金仅298万元，仅占到16.24%，与同年省内制造业研发经费多达2674102万元，其中政府支出169484万元，相差甚大。目前，水稻和玉米的机收机播率较低，与发达国家相比还有很大差距，农机推广空间仍然巨大。湖南农业劳动生产率不足第二产业的1/7，不到第三产业的1/3，传统农业经营方式很难大幅度提高劳动生产率。湖南农作物复种指数高，化肥、农药投入高，土地产出率与荷兰、日本、韩国等国家相比则要低很多。农业劳动生产率约为同期世界平均值的47%，约为发达国家平均值的2%，仅为美国和日本的约1%，严重影响了农业的竞争力。要走依靠科技进步、提高单产的内涵式发展路子，给农业和粮食插上科技的翅膀。要把绿色理念贯穿于增产模式攻关的全过程，在技术路径上，推广高产、高效、多抗的新品种，推进规模化、标准化、机械化，推进耕地的质量建设，大力推广控肥、控药、控水等节本增效的技术。

（四）先进理念指导农业发展不够

一是统筹城乡发展推进现代农业建设理念需要进一步创新。没有树立统筹城乡发展来推动现代农业建设的全局意识，没有树立建设系统的可持续的现代

农业的理念。推动现代农业发展的市场力量仍未得到有效的引导。二是城乡二元体制极大地制约着农业的发展。户籍制度没有实质性的突破，农村土地产权制度没有真正明晰。三是统筹利用两个市场两种资源能力尚待提高。湖南省历年外商直接投资项目数量、金额都属于全国中等水平，而且与先进水平省份差距较大。在湖南省农业利用外商直接投资方面，从 2000 ~ 2009 年农业利用外商直接投资是成倍增长，但是从 2010 年开始金额不断下降。农业利用外商直接投资额占全省外商直接投资总额的比例 2012 年仅为 3.44%。资金来源过于集中，不利于农业技术的引进和农业资金风险的分散。

（五）农村改革系统性深化不够

农村改革涉及面广，必须作为一个整体来统筹谋划实施。（1）从单兵突进、轻骑兵式突围看，30 多年来我国农村改革大体经历了家庭承包经营制度、农村税费改革、城乡分割的二元体制改革等三个发展阶段。（2）从农业政策内容看，以农村土地制度为主要内容的农村集体产权制度改革、构建以解决“谁来种地”和“地怎样种”为主要内容的新型农业经营体系，以及健全以财政、金融、价格三大政策为主要内容的农业支持保护体系等，尚未建立有机联系。（3）从“四化”联系看，农村分工分业深化，分散的经营方式难以适应现代农业发展；农村资产资源不活，以农村土地制度为核心的农村集体资产产权改革迫在眉睫；农户分层分化加快，加强和创新农村社会治理刻不容缓，这些矛盾需要从“四化同步发展”高度来解决。

三　湖南省加快转变农业发展方式的政策建议

（一）稳生产：要坚持把增强粮食生产能力作为首要前提

转变农业发展方式要始终把粮食安全放在第一位。（1）集中力量千方百计把最基本、最重要的谷物、口粮保住，统筹兼顾棉油糖、“菜篮子”等重要农产品生产。转变农业发展方式，绝对不能把粮食产能转少了，把粮食生产优势转没了。（2）加快建设高标准农田。整合相关的发展资金，改变撒胡椒面的扶持方式，统筹高效使用资金，有计划地分片推进中低产田改造。结合永久基本农田划定，探索建立粮食生产功能区，优先建成一批优质高效的粮食生产基地。(3) 走依靠科技进步、提高单产水平的内涵式发展道路。大力开展粮食高产创建活动，推广绿色增产模式；大力发展现代种植业，推进主要农作物全程机械化，加快发展农业信息化。

（二）扩规模：要以发展多种形式农业适度规模经营为核心

农业生产规模的扩大是实现市场配置资源机制的基础。扩规模是“产权”明晰、三权分置下生产力的优化组合，是公平与效率、发展与稳定双赢下的模式创新，是因地、因时、因人制宜下的“度”的把握，是多种要素耦合下的协调发展。(1) 坚持家庭经营不动摇。确保到2017年全省基本完成农村土地承包经营权确权登记颁证任务。(2) 合理确定土地经营规模。经营规模应当有适宜范围，要因地制宜，合理确定。组织实施好“百企千社万户”现代农业发展工程，做强龙头企业，做实农业园区。(3) 多种方式实现适度规模经营。在城市郊区和发达地区，应着力通过土地经营权流转，解决“谁来种地”的问题。在广大农区应通过发展农业生产性服务来解决“地怎么种好”的问题。农业经营主体和服务体系可以多种多样。(4) 引导农户依法流转承包地。加快发展多种形式的土地经营权流转市场，完善县乡村三级服务和管理网络，鼓励发展多种形式适度规模经营，构建“四化”新型农业经营体系，规范引导工商资本“下乡”。

（三）调结构：调整农业自身结构

农业结构调整是加快转变农业发展方式的有效载体和具体支撑。在粮食增产和农民增收的历史高点上的顺势而行、主动作为、主动调优。调优、调强、调精农业产业，着力构建产业集聚、特色鲜明、布局合理、产出高效的新型格局。逐步构建出粮经饲统筹、种养加一体、农牧渔结合、一、二、三产业融合发展的高效现代农业产业体系。(1) 需要因地制宜、有保有压地调整。对于资源环境过度利用、污染突出地区要痛下决心“调休调理”，对于作物、品种品质结构不合理地区毫不含糊“调精调优”，对于一、二、三产业融合不够、种养结合不紧地区想尽办法“调和调活”，延伸产业链、打造供应链、形成全产业链，提高农业整体效益。(2) 推动农业领域的一、二、三产业融合，构建“小而美”的新型农业经营主体群落。通过发展家庭农场和合作社两种途径，提高新型农业经营主体的抗市场风险能力。（3）坚持市场导向，围绕市场组织生产。坚持消费导向，要瞄准市场需求，大力发展品牌农业、特色农业和绿色优质农业。要立足资源禀赋，资源适合干什么就干什么。坚持尊重农民意愿，切忌搞强迫命令和行政瞎指挥。

（四）融产业：让农民更多分享产业链的增值收益

加快转变农业发展方式，一、二、三产业融合。（1）纵向延伸产业链、价值链，发展“六次产业”。做强一产、做优二产、做活三产，一、二、三产业融合发展，将传统农业变为“六次产业”。（2）横向拓展产业的多种功能，打造“功能农业”。深度挖掘农业的休闲价值、生态价值和文化价值。（3）利用好新技术、新业态和新模式，构建“智能农业”。需要将新技术、新业态、新模式渗透到传统农业中，要加快发展农产品精深加工，加强农产品流通、销售和品牌建设，形成全产业链条，带来农业生产倍增效应。（4）明确“四大板块”的功能定位，形成各具特色的优势产业带。在环洞庭湖区发展优质稻、优质油菜、优质水产品等优势大宗农产品，做好棉花种植结构调整；在大湘西地区发展生态旅游和特色种养业；在大湘南地区发展优质粮油、特色禽畜、特色果蔬茶、烟草等高效经济作物；在长株潭地区推进都市农业和农产品精深加工业发展，加快生猪产业转型发展。

（五）保生态：“两型”发展是中国农业发展方式转变的时代命题

要以可持续理念来要求和指导现代农业的转型升级。（1）打好农业面源污染治理攻坚战，努力实现“一控、两减、三基本”。要节水控肥控药，不欠新账。要治污净土，还好旧账。严格控制农业用水总量，发展节水农业。把化肥、农药的施用总量逐步减下来。（2）要改变“重用地、轻养地”的利用方式，从单纯注重数量保护向数量质量保护并重转变，走绿色发展、循环发展、低碳发展新路子。（3）明确把提升农产品质量安全水平、确保“舌尖上的安全”。（4）坚持产管并举，力求做到“产出来”与“管出来”两手抓、两手硬。重点是推进“四化”（标准化生产、绿色化生产、规模化生产和品牌化生产）和“两治”（实施专项整治和社会共治）。在四水流域和大中城市周边，开展农业环境容量评价。

（六）提素质：新型职业农民培养是转方式的内生驱动力和根本保障

转方式归根结底是要提高农业劳动者素质。（1）要加强职业农民教育培训，做到“教育先行、培训常在”。要加强对新型农业经营主体的负责人培训，提升其科学文化素质和示范带动能力。开展新型职业农民培育，加快职业农民认定工作，建立与农民发展和农业产业发展需要相适应的农民终身教育体系，探索新型教育培训模式。提升农业经营主体的经营管理、文化素质等综合能力。（2）要鼓励高素质人才回流务农，推动农民由“身份”向“职业”转变。政策激励有文化、有技术的大学毕业生和有志青年也投身农村。（3）让新型职业农民成为令人羡慕的职业。从思想认识、收入水平等各方面加以引导。

（七）强科技：内化在转变农业发展方式的全过程、各方面

以科技进步为动力，创新农业生产方式。一是深化农业科技体制改革，完善农业科研创新保障机制。完善科研人才流动制度、科研成果权益分配制度和科研知识产权交易机制。加快农业科技成果转化，鼓励科技人员深入农村农业第一线。二是推进农业科研创新与推广的结合。三是以需求为导向，加大农业科技创新和推广力度。四是推进关键技术研发和农机农艺结合。五是加强农业科技园区和环洞庭湖国家现代农业科技示范区建设，搭建农业科技融资、信息、品牌服务等公共服务平台。

（八）统全局：深化推进农村改革，统筹衔接和配套

立足湖南省情，牢牢把握以工促农、以城带乡的发展阶段的基本特征，牢牢把握走中国特色农业现代化道路的关键时刻，牢牢把握城乡经济社会发展一体化新格局的重要时期，进一步深化农村改革，加快推进农村体制机制创新。

B.36

理顺管理体制破解湖南省园区发展“小散弱”难题

刘友金*

随着改革开放的深入，湖南省园区经济得到快速发展。到2013年，湖南省有省级及以上园区125个（其中国家级园区13个），共吸纳了全省50.1%外资和35.4%内资，创造了全省47.5%规模工业增加值和77.9%高新技术产业产值。但值得高度重视的是，湖南省园区“小散弱”问题非常突出，严重制约了其发展后劲。为破解这一难题，我们认为应该从理顺管理体制入手。

一　湖南省园区“小散弱”问题非常突出

（一）单个园区规模小

2012年湖南省107个产业园区中，仅2个产业园区规模工业主营业务收入突破千亿元大关，分别为长沙高新技术产业开发区1374.7亿元，长沙经济技术开发区1177.51亿元。而2012年上海市104个产业园区中，二、三产业营业收入超千亿元以上的园区有11个，超万亿元的有1个，超过5000亿元的有1个，超过4000亿元的1个，工业产值超千亿元以上的产业园区达到7个，仅上海张江高新技术产业开发区2012年总收入就达到1.88万亿元。从2012年省级及以上园区的平均工业产值来看，上海240.87亿元、江苏840.52亿元、湖南123.25亿元，湖南是上海的1/2、江苏的1/7（见图1）。从2012年省级及以上园区的平均业务总收入来看，上海483.09亿元、江苏1158.7亿元、湖

---

* 刘友金，湖南科技大学副校长，教授、博导。

南171.04亿元，湖南是上海的1/3、江苏的1/7（见图2）。另据统计，2012年湖南省规模最小的10个省级工业园区的平均主营业务收入仅为4.47亿元、平均技工贸总收入仅为14.90亿元。

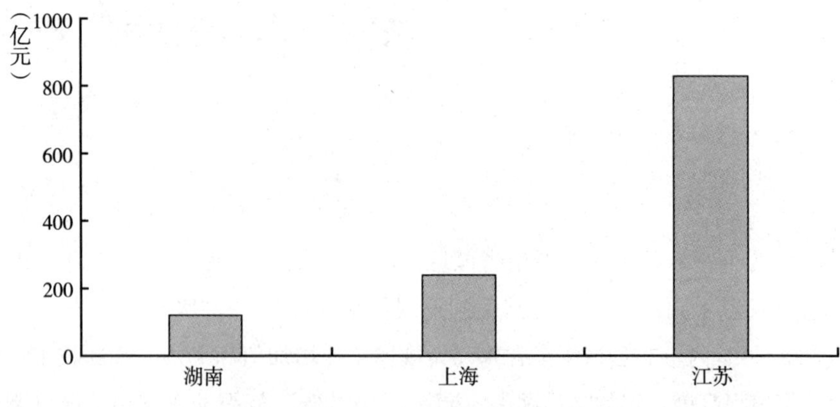

图1　2012年园区平均工业总产值比较

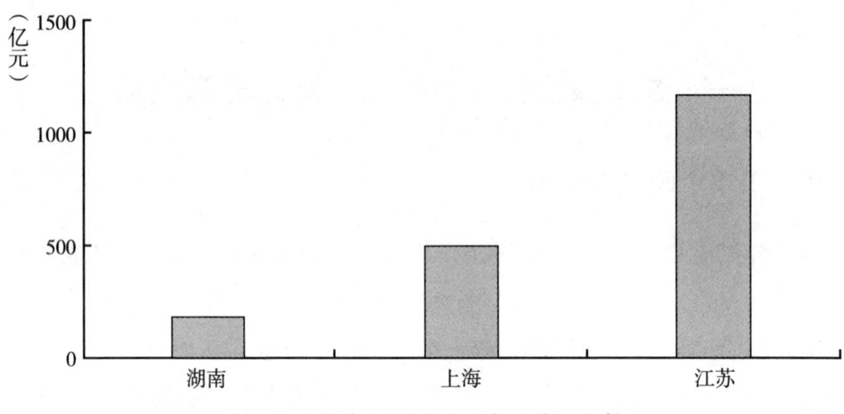

图2　2012年园区平均业务总收入比较

（二）园区主导产业分散

首先是园区涉足行业领域偏多：2012年湖南省级及以上产业园区共涉及工业大类行业38个，占全部大类行业个数的92.7%（见图3）。全省有13个产业园区涉及的工业大类行业超过20个，有32个产业园区涉及的工业大类行业超过15个，而这些产业园区规模工业主营业务收入却在60亿元以下。2012

年，湖南省13个国家级产业园区中，有7个园区涉及的工业大类行业超过20个，有12个园区涉及的工业大类行业超过15个。其次是同一产业分散在不同区域：全省省级及以上开发区中，一半以上的主导产业有“机械制造”，分布于除怀化和湘西州之外的12个地市（见图4）；51个省级及以上开发区的主导产业有“农副食品加工”，遍及全省各地州市；化学原料和化学制品制造业分布在全省37个开发区内，有色金属冶炼和压延加工业分布在全省36个开发区内，专用设制造业分别分布在全省30个开发区内，这些行业几乎都涉及全省各地州市。

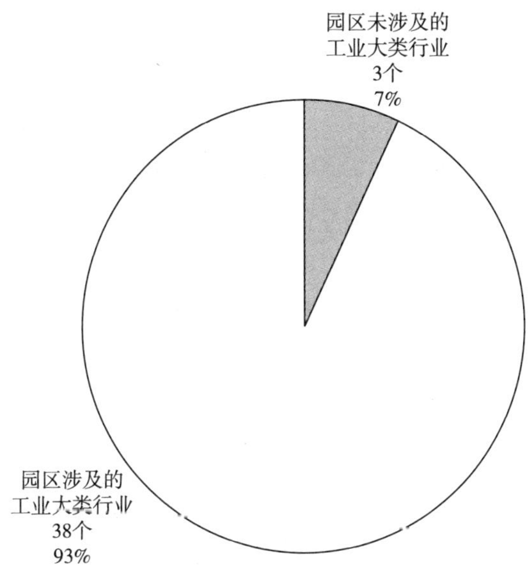

图3　园区涉及的工业大类行业情况

（三）园区整体竞争力弱

园区已经成为湖南省经济发展的重要载体、招商引资的重要平台、优势产业的聚集地和创新发展的先行区，但园区投入产出效益不明显，投资强度较小，园区的发展质量有待提升，园区竞争力有待增强。2012年，全省共有72个园区投资强度低于33.33万元/亩，最少的仅为0.143万元/亩。41个投入产出效益较差的园区，每亩创造税收少于2万元，此类园区普遍表现为中小企业居多，大企业及高新技术企业偏少，项目或企业占用土地较多，单位土地投资

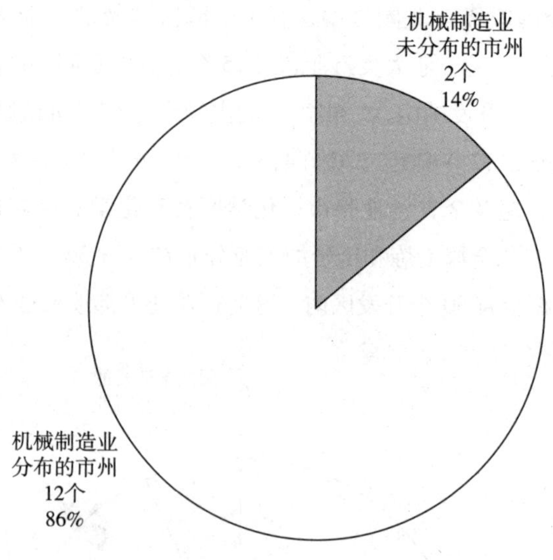

图4　机械制造业在湖南的区域分布情况

额不高，产出效益低。与其他省份相比，2012年园区累计投资强度，上海282万元/亩、浙江246.1万元/亩、湖南36.31万元/亩，湖南是上海的1/8、浙江的1/7（见图5）；2012年土地税收产出率，上海39.33万元/亩、浙江13.7万元/亩、湖南5.42万元/亩，湖南是上海的1/7、浙江的2/5（见图6）。另据统计，2012年，园区企业高新技术产品占比，江苏为21.11%、山东为36.21%、湖南为13.3%，湖南大约只有江苏的1/2、山东的1/3。

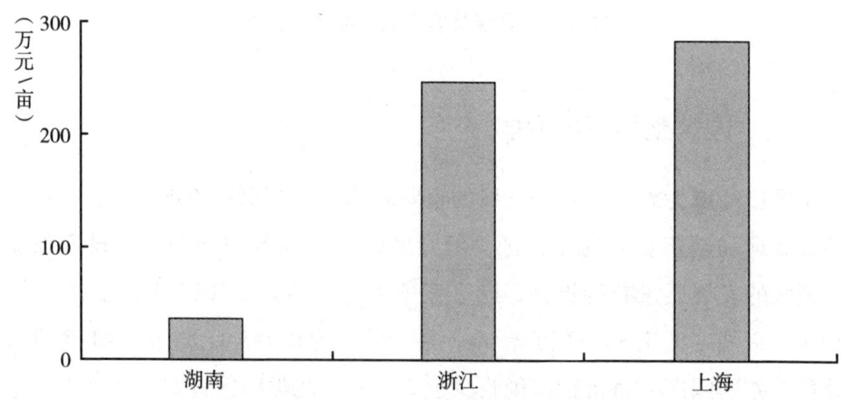

图5　2012年园区累计投资强度比较

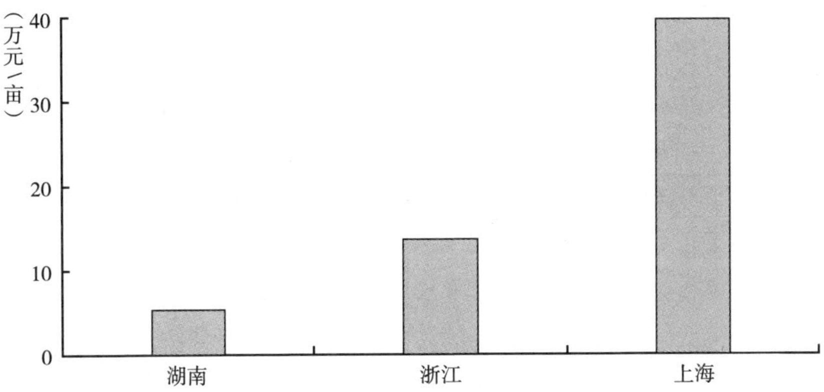

图 6　2012 年园区土地税收产出率比较

二　导致湖南省园区发展“小散弱”问题的体制根源

（一）湖南省园区管理基本特征

1. 一区一园的管理架构

2014 年，湖南省 14 个地州市 122 个行政区共有省级以上园区共有 138 个，平均每个行政区有一个工业园区。14 个地州市中，有 11 个市州的园区数要大于行政区域数，如长沙 9 个行政区域有 13 个园区，湘潭 5 个行政区域有 8 个园区，郴州市 11 个行政区域有 14 个园区，有些区或县甚至有 2～3 个园区，如长沙市的长沙县和湘潭市的岳塘区都有 3 个园区，长沙市的岳麓区、浏阳市、宁乡县和湘潭市的雨湖区，岳阳市的云溪区等都有 2 个园区（见表 1）。在管理上，园区一般采用的都是点式管理，即一个开发区、一个产业园、一个管委会、一个利益主体的“一区一园”管理架构。管委会作为政府部门的派出机构，负责开发区的日常管理，代表政府行使与所在市政府同级的经济、行政管理权限，独立负责开发区各类行政事务，对开发区开发建设的全过程实行高度集中的统一领导和封闭管理，协调各部门、各单位与开发区有关的工作，实现经济开发规划和管理，并为各类企业提供服务。由于各园区一般都代表不同的利益主体，所以在管理上都相互独立，缺乏协调，即便是某些行政区域内存在多个园区，这些园区之间在管理上同样是相互独立的。

表1 湖南省各市州行政区域数和园区数（2014年）

市州	行政区数(个)	园区数(个)	市州	行政区数(个)	园区数(个)
长沙市	9	13	郴州市	11	14
株洲市	9	8	永州市	11	11
湘潭市	5	8	邵阳市	12	12
岳阳市	9	10	张家界市	4	3
常德市	9	10	怀化市	12	15
益阳市	6	9	湘西自治州	8	9
衡阳市	12	10	娄底市	5	6

资料来源：各园区网站及湖南统计信息网。

在“一区一园”管理架构下，众多的园区管委会不仅造成管理机构增多、人力资源、管理资源浪费等问题，而且由于开发区没有统一管理，各园区各自为政，使得各园区优势资源得不到整合，区域产业布局得不到优化，产业链无法得到有效整合，区域协同创新和产业集群式发展受到限制，最终会导致各园区产业分工不明确，产业结构趋同，园区特色不明显，从而阻碍集群化、特色化工业园区的发展。

2. 多区并存的管理模式

湖南省园区发展呈现的另一个明显的特点是“多区并存”。从纵向看，在一个行政区域内设立了多个不同层级的工业园区，如国家级的、省级的，还有地市级、区县级的。除永州市、邵阳市、张家界市、怀化市和湘西自治州没有国家级园区外，其他市均有国家级和省级园区并存的现象。个别的区或县，如长沙市的岳麓区、长沙县、浏阳市、宁乡县，湘潭市的岳塘区、雨湖区，益阳市的赫山区，郴州市的苏仙区，都存在国家级和省级园区并存的状况。从横向看，一个行政区域内设立了多个不同类型的开发区，如商务部管理的经济技术开发区和出口加工区、科技部管理的高新技术产业开发区，发改委管理的工业集中区，海关总署管理的综合保税区，等等。湖南14个地级市中，有8个市既有高新区、经开区，又有工业集中区、工业园等园区，其他6个市虽然没有高新区，但都存在经开区、工业集中区、工业园等并存的状况（见表2）。另外，个别园区集综合保税区和工业园区于一体，如湘潭经济技术开发区又是湘潭综合保税区、衡阳高新技术产业开发区又是衡阳综合保税区、郴州高新技术产业园区又是郴州出口加工区。

表2　湖南省各市州分类型的园区数（2014年）

市州	高新区（个）	经济开发区（个）	工业集中区、工业园等（个）
长沙市	1（国家级）	8（国家级4个）	4
株洲市	1（国家级）	4	3
湘潭市	2（国家级1个）	4（国家级1个）	2
岳阳市	1	1（国家级1个）	8
常德市	2	1（国家级1个）	7
益阳市	2（国家级1个）	4	3
衡阳市	2（国家级1个）	6	2
郴州市	1（国家级）	6	7
永州市	0	5	6
邵阳市	0	5	7
张家界市	0	1	2
怀化市	0	1	14
湘西自治州	0	3	6
娄底市	0	5	1

资料来源：各园区网站及湖南统计信息网。

在多区并存的管理模式下，我国各类开发区归口于不同部门审批和管理，园区带有不同的行政级别，使得园区间的协作存在体制性障碍，统筹发展的区域行政壁垒问题非常突出，不利于统一管理和协调，园区互动效应不足，制约园区间统筹协作发展、区域联动、资源整合长效机制的形成。

（二）湖南省园区管理体制诟病：利益分割

1. 利益分割导致园区孤岛式管理

由于每个园区代表一个利益主体，各利益主体在追求GDP绩效的利益驱动下，各自为政、进行“孤岛”式的开发和管理，许多开发区不惜代价吸引投资，却不顾这些投资是否适合自身的类型，往往出现多个园区争抢一个项目的局面，园区的产业布局也难以站在整个区域的角度进行考虑。在“多区并存”状态下的“一区一园”碎片化管理体制下，园区牵扯的利益主体多，在地方政府GDP竞争背景下，这种利益分割的孤岛式管理，必然形成同质化、低端化的恶性竞争，各园区主体注重的是眼前利益，不能构成合理的分工协作格局，园区间的资源要素难以形成有效互动，区域内的资源也无法进行有效整合。

2. 利益分割导致园区间无序竞争

一方面，现行财税体制是分税制下的中央和地方分成，各市县都期望通过建设各类园区来吸引投资，增加当地政府的可支配收入，于是出现了争办开发区、争先恐后给优惠的现象。另一方面，在GDP竞争与财税收入等利益驱动下，竞争意识浓厚，协作意识淡薄，各园区不会从全局出发考虑自己的产业发展定位、产业布局。更为严重的是，为了更多地吸引投资，大多数开发区将竞争的着眼点集中在基础设施、土地价格、税收优惠等可模仿的“成功要素”的相互复制与盲目攀比，竞相压价，突破国家土地、税收法规及相关政策，在地价、税收等方面推出了一系列地方性优惠政策。

在园区调研过程中，政府有关部门和园区管委会普遍反映，湖南省园区经济发展“多而散、小而弱”的症结，正是狭小行政区域范围内的园区重叠设立、利益分割、各自为政、无序竞争。可见，多“区”并存状态下的“一区一园”利益分割管理体制是导致“园区规模小、主导产业分散、产业低端化、整体竞争力弱”的主要根源。

3. 利益分割导致技术创新动力弱

创新是工业园区持续发展的强大动力。然而在利益分割的管理体制下，各园区更多注重的是眼前利益，普遍缺乏对创新公共服务平台的有效政策扶持，在创新活动组织、创新资源配置和创新制度建立等方面没有建立协同机制，技术创新投入不足。以高新技术开发区为例，2012年长沙高新区、株洲高新区、湘潭高新区、益阳高新区和衡阳高新区R&D经费支出分别为45.1亿元、31.13亿元、14.15亿元、4.41亿元和2.32亿元。R&D经费支出最多的长沙高新区，只占深圳高新区R&D经费支出的56%，北京中关村R&D经费支出的11.83%（见表3）。创新投入不足，严重影响了湖南省园区的竞争力成长与可持续发展。

表 3　湖南省高新区 R&D 经费内部支出与国内其他重点园区的比较（2012 年）

	园区名称	R&D 经费内部支出(亿元)
湖南省	长沙高新区	45. 1
	株洲高新区	31. 13
	湘潭高新区	14. 15
	益阳高新区	4. 41
	衡阳高新区	2. 32
其他省份	北京中关村	381. 34
	天津高新区	125. 95
	广州高新区	99. 85
	深圳高新区	80. 06
	成都高新区	125. 89

资料来源：《2013 中国开发区年鉴》，《2013 湖南省开发区发展报告》。

三　实施“一区多园”管理体制破解湖南省园区发展“小散弱”难题

（一）“一区多园”是园区管理体制发展的新模式

当前，我国的区域竞争由过去的个体竞争走向群体竞争转变，相较单个园区的实力，更重要的是整个产业链的整体竞争优势。这就需要改变目前园区发展中存在的“小散弱”现状，整合各地区产业园区要素资源，优化园区分工，凝聚发展合力。

“一区多园”是园区管理体制发展的新模式，通过“多区合一”，整合行政区内多个开发区，形成以核心园区辐射带动、产业分工明确、空间布局优化的园区发展大格局。“一区多园”模式，能够打破行政管理边界、空间布局边界、政策优惠边界，变单个园区“孤岛式”竞争为园区群“岛链式”竞争，使园区从“点”到“面”协调互动，是破解目前园区发展中“小、散、低、弱”难题的有效途径，能促进园区规模化、集群化、专业化、特色化发展。

美国硅谷最早采取“一区多园”模式，园区布局从斯坦福科学园扩展到周边十几个城市。台湾地区新竹科学工业园已发展为“一区六园”布局，地跨新竹市、新竹县、苗栗县、桃园县、宜兰县。2012 年底，中关村创新示范区进一步从“一区十园”调整到“一区十六园”，实行“双重领导、以区为主”的领导体制，将核心园区原有土地、人才、融资等相关政策推广和普及到一般园区，从而推动产业链上下游的有效集聚。上海张江高科技园区通过“聚焦张江”战略，形成了“一区多园”模式，2012 年初扩至“一区十八园”，将“管委会与公司合一”协调运行，实行“区镇联动”，形成“一个品牌、统一招商、联合开发，利益共享”机制。浙江省最近要求同一个行政区域内实现“多区合一、一区多园”发展。可见，多个省市已经在积极探索“一区多园”模式，“一区多园”是未来园区发展的普遍趋势。

（二）“一区多园”管理体制的重点要整合园区空间资源

通过“一区多园”战略的实施，整合各地区产业园区要素资源，优化园区分工，凝聚发展合力。

一是整合工业园区空间。建立科学合理的园区发展评价指标体系，对发展快、势头好、管理体制灵活、上规模、上水平的园区，给予鼓励；对一些发展缓慢、改革力度不大、措施不力的园区，将整合到其他园区。通过园区空间整合，减少园区数量、扩大园区规模，不仅可以改变现有园区“小散弱”状态，还推动园区有序竞争，优化产业布局。

二是整合工业园区资源。首先是园区管理资源整合。按照“精简便捷、高效运行”的原则要求，实行园区管理机构整合，将多个园区主体合并，统一协调，解决行政资源分散问题。同时，建立“一个平台、一张蓝图、一套班子、多块牌子”的领导管理机制，各类扶持政策、设施配套、部门对接、公共服务以及能耗管理、环境容量等政策资源打通使用。其次是园区要素资源整合。整合园区要素资源，应以区域经济社会发展总体规划为指导，以国家级开发区为龙头，在空间上谋划产业布局和分工，实施错位发展战略，形成区域产业合作体系。通过整合，对区域辖区内各开发区进行整体规划、整体包装，实现联动开发。突破行政区划限制，积极探索合作建园、飞地园区、区县产业协作、农业工业协作等方式，优化组合资源，促进产业集聚规模化发展。

三是整合招商引资力量。由园区管委会统一招商政策的协调、招商信息的发布以及招商项目的谈判和储备，并根据园区的产业特点，统一协调项目的落地，从而改变以往单打独斗、相互竞争、资源内耗的模式。

（三）“一区多园”管理体制的关键要科学设计利益协调机制

通常“一区多园”是在市级行政区域内进行园区整合，妥善解决由此带来的市、区（县）两级政府利益冲突，是顺利推进“一区多园”战略的关键。为此，我们建议将园区经济发展权与行政管辖权分开。强化市级政府对整体园区的经济发展权，保留区（县）级政府对所辖园区的行政管理权，采取经济发展权与行政管辖权相分离的“双重分管”体制。

一是要统一各级地方管理部门的思想认识。要求各地管理部门从整个区域经济发展的大局出发，强调“行政管辖权要让位于发展权”，使其尽快融入新的管理体制。

二是要设计政府间的利益补偿和分配机制。重点从要素补偿机制和财税分配机制着手，从税收方面来弥补原经济利益的丧失，确保区（县）级政府的经济利益，调动各方积极性。

三是要完善组织内部的利益协调机制。一是要建立健全分配激励机制，鼓励长期合作，在分配中减少先期技术转让费预付的金额，采取销售收入分成，技术入股、技术持股的分配方式，实现技术资本化。二是建立起产学研合作创新利益与风险共担的责任制度，采取多种措施分层次、分阶段分解风险责任，高校和科研机构要承担技术成果实现性风险。

（四）“一区多园”管理体制的实施要分类推进

我国30多年的改革开放经验证明，先行先试者先受益。“一区多园”既是一种发展趋势，也是一种改革方向，湖南省应当加快研究推进。为此，我们提出如下对策措施。

一是成立专门工作机构。实施“一区多园”战略，是园区管理体制的重大调整，关系湖南省经济发展全局，牵涉不同利益主体和不同业务主管部门，需要在省级层面统筹。为加快推进这项工作，建议省人民政府成立专门领导小组及工作机构，办公室挂靠在省发改委。该机构全面负责推进“一区多园”工作的整体谋划、政策制定、组织实施、指导协调。

二是系统设计实施方案。实施“一区多园”战略，是一项复杂的系统工程，不能盲目推进。为了少走弯路，应当在借鉴和学习他人经验的基础上，结合湖南实际，系统设计“一区多园”具体实施方案。这种实施方案设计，既要立足园区的现实状况和既定格局，又要着眼长远目标和全局发展。通过规划方案，明确战略实施的任务书、路线图和时间表，做到“全省一盘棋”，整体设计、分类指导、有序推进。省级有关部门结合各自职能，根据“一区多园”战略方案，制定各部门支持示范区发展的具体政策措施。

三是分层次梯度式推进。“一区多园”既要“多区合一”，打破开发区类别、层级界限，整合发展平台；又要“一区带多园”，突破开发区行政隶属关系，整合管理主体。由于各地市园区发展水平不均衡，所处情况千差万别，不能一刀切，也不能直接套用他人模式。因此，在实施策略上，建议制定引导政策，让市场发育比较好、核心园区带动性强、园区之间协作性比较高的地市先行先试，然后通过典型示范、经验推广，分批实施。并且在实施过程中，统筹兼顾，加强组织和领导。

B.37
关于长沙市战略性新兴产业发展的调查与建议

长沙市政府研究室　长沙市科学技术协会

2011 年，长沙明确将高端制造、新材料、新能源与节能环保、新能源汽车、生物产业、文化创意、信息网络产业作为重点发展的战略性新兴产业。新常态下，长沙战略性新兴产业发展面临新挑战和新机遇，为全面、深入掌握全市战略性新兴产业发展情况，更好地助力长沙转型创新发展，课题组进行了两个月的深入调研，就加速全市战略性新兴产业发展提出对策建议，供决策参考。

一　当前战略性新兴产业发展的总体趋势

（一）从国际层面看，战略性新兴产业进入激烈竞争阶段

后金融危机时代，战略性新兴产业成为引领新一轮产业变革的着力点。互联网、绿色能源和 3D 打印技术等正在引发新的产业革命。在新一轮产业革命浪潮来临之际，美国、欧盟、韩国及部分发展中国家竞相出台相关政策，加大对战略性新兴产业发展的扶持力度，以期在新一轮经济格局调整中抢占制高点。金融危机后，全美主要风险投资都投向了以计算机和生物技术为主的战略性新兴产业，其中，近一半的风险投资额集中在软件领域，12.9% 的风险投资额投向了生物技术。德国出台了中小企业创新计划、数字德国 2015 计划等系列措施，2012 年德国大约有 3.4 万家研究型企业和超过 11 万家创新型企业，中小企业已经成为德国战略性新兴产业发展的主体力量。

（二）从国家层面看，战略性新兴产业成为新的重大战略

2010 年 10 月，国务院出台《关于加快培育和发展战略性新兴产业的决

定》，确定了节能环保、新一代信息技术、生物、高端装备制造、新能源、新材料和新能源汽车七大产业作为发展重点，并出台了系列扶持政策。2015 年，国家又实施“中国制造 2025 战略”和“互联网 +”计划，加快在集成电路、智能制造、增材制造、机器人、新能源汽车等方面布局，通过专项规划、产业基金、兼并重组、政策扶持等措施加快推进产业发展。“十二五”期间，全国战略性新兴产业保持高速增长，产业规模显著扩大，支撑作用逐步凸显。上年我国战略性新兴产业领域 27 个重点行业企业主营业务收入达 17 万亿元，实现利润近 1.3 万亿元，同比分别增长 13.7% 和 16.6%，比工业同期增速高 6.7 个和 13.3 个百分点。

（三）从区域层面看，战略性新兴产业呈现竞相发力格局

重庆市 2015 年按照“政府引导、市场运作、科学决策、防范风险”的原则设立了战略性新兴产业股权投资基金，由市政府产业引导股权投资基金和市属国有企业共同出资设立，引入社会资本共同参与，基金采取母子基金结构设立，总规模约 800 亿元，基金以股权或股权 + 债权等方式将资金投向重庆市十大重点发展的战略性新兴产业。深圳市围绕重点发展的六大战略性新兴产业，相继出台了互联网、生物产业、新能源产业振兴计划等系列规划和配套政策，建立新兴高技术产业发展领导小组和新兴产业发展联席会议制度，每年投入 15 亿元，支持战略性新兴产业形成规模。

二 长沙战略性新兴产业发展现状

（一）长沙战略性新兴产业发展总体情况

1. 对经济发展的贡献更加突出

从全市来看，战略性新兴产业呈现蓬勃发展趋势，对经济的贡献率逐年提升。2012 年，全市战略性新兴产业实现增加值 814.3 亿元；2013 年实现增加值 931.0 亿元，增长 14.9%；2014 年实现增加值 1129.2 亿元，增长 13.5%；增速均高于全市同期 GDP 的增速（2013 年 12%、2014 年 10%），为全市经济平稳较快发展提供了强力支撑。

2. 在全省的领跑作用更加突出

长沙作为全省战略性新兴产业发展的核心增长极，无论规模、产值，还是质量、效益都在全省领跑，辐射和拉动效应不断增强。2014 年，长沙市战略性新兴产业营业收入 3804.37 亿元，占全省的 37.4%。实现增加值 1129.15 亿元，占全省的 35.5%。长沙战略性新兴产业在不断发展的同时，也带动了全省战略性新兴产业发展的提速与提质（见表 1）。

表 1　2014 年全省各市州战略性新兴产业主要情况

市州	营业收入（亿元）	占全省比重(%)	利润总额（亿元）	营业收入利润率(%)	增加值（亿元）	占 GDP 比重(%)
全省合计	10177.24	100	430.99	4.23	3088.39	11.4
长沙市	3804.37	37.4	172	4.52	1129.15	15.5
株洲市	949.65	9.3	66.34	6.99	356.86	16.5
湘潭市	918.74	9	20.92	2.28	302.41	19.3
衡阳市	827.14	8.1	23.1	2.79	245.03	10.2
邵阳市	264.85	2.6	13.13	4.96	82.41	6.5
岳阳市	1084.04	10.7	25.13	2.32	274.41	10.3
常德市	322.16	3.2	23.76	7.37	83.92	3.3
张家界市	16.54	0.2	1.34	8.13	6.43	1.6
益阳市	395.76	3.9	19.58	4.95	127.99	10.2
郴州市	902.24	8.9	40.68	4.51	303.38	16.2
永州市	151.21	1.5	5.99	3.96	44.12	3.4
怀化市	132.88	1.3	3.16	2.38	43.21	3.7
娄底市	362.22	3.6	13.53	3.73	81.55	6.7
湘西州	45.45	0.4	2.33	5.14	16.09	3.5

3. 高端发展的特征更加突出

创新向高端突破、资源向高端集聚、产业向高端发展的趋势明显（见表 2）。全市在智能制造、新材料、生物医药等方面集聚着诸多自主创新的科技成果。在先进装备制造方面，以 3D 打印、工业机器人为代表的智能制造关键技术国内领先，具有较好的发展潜力。新材料行业在先进储能和永磁材料的技术攻关和产业化上实现重大突破。汽车和零部件产业发展异军突起，形成了以

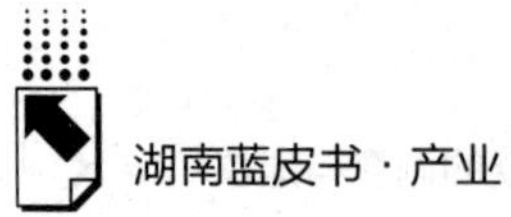

六大整车为核心的汽车产业集群。电子信息产业涌现出蓝思科技等高新企业，形成新的增长点。

表2　长沙市战略性新兴产业主要企业及主要产品列表

产业类别	重点行业	主要企业	主要产品
高端制造	工程机械	三一重工	混凝土机械、筑路机械、挖掘机械、桩工机械、起重机械
		中联重科	混凝土机械、起重机械系列产品
		山河智能	大型桩工机械、全系列挖掘机、现代凿岩设备、起重机械、路面机械、军用工程机械和通用航空设备
	汽车及零部件	广汽菲亚特	菲翔、致悦
		广汽三菱	广汽三菱劲炫，劲畅
		上海大众	朗逸
		比亚迪	6B、M6、F0
新材料	金属新材料	晟通集团	高纯电解铝、高端铝箔、高端轨道车体铝材、高级铝托盘、高精铝铸棒等
		金龙铜业	电工用光亮铜杆、铝杆等有色金属新材料
	复合材料	博云新材	碳/碳复合材料制品、粉末冶金材料
	先进储能材料	杉杉新材	钴酸锂、镍钴锰三元系、锰酸锂、磷酸铁锂等新型锂离子电池正极材料
	永磁材料	航天磁电	高性能永磁铁氧体器件、高性能粘结钕铁硼稀土磁和高性能烧结钕铁硼稀土磁器件
新能源与节能环保	新能源设备	中电48所	硅材料研制生产、光伏设备、电池片、蓄电池、LED半导体照明
	新能源	中和能源	生物柴油
	环保设备	永清环保	重金属离子矿化稳定剂、湿式静电除尘器、垃圾焚烧发电炉排设备、污泥干化一体化设备
	污染治理	凯天环保	工业厂房治理、大气治理、重金属治理、污水治理、固废治理
新能源汽车	新能源汽车	比亚迪	K9、K8
		众泰汽车	云100
生物医药	生物制药	尔康制药	淀粉植物胶囊，其他药用辅料
		九芝堂	六味地黄丸系列产品、驴胶补血颗粒、中药特色饮片等
		方盛制药	以血塞通分散片为主的心脑血管科药物、以藤黄健骨片骨伤科、以头孢克肟片为主的抗生素和儿科、妇科等药品
	制药机械	楚天科技	安瓿瓶联动线、西林瓶联动线、口服液瓶联动线、玻瓶大输液联动线、软袋大输液线、配液系统、冻干集成系统、自动灯检机、胶塞（铝盖）清洗机等制药机械

续表

产业类别	重点行业	主要企业	主要产品
文化创意	影视传媒	湖南广电	电视、电影、广播、网络、影视艺术等综合性传媒
	数字出版	湖南出版投资	图书、报纸、期刊、音像、电子、网络等传媒产业
		青苹果数据	互联网及数据制作
	文化创意	华凯文化	文化主题馆创意设计,数字多媒体展示,影视动画制作
	动漫卡通	山猫卡通	动漫节目及动漫衍生产品
		拓维信息	手机动漫
电子信息产业	信息设备制造	蓝思科技	光学镜片、玻璃制品、金属配件、平板显示屏、3D 显示屏及显示屏材料等
		介面光电	触控显示屏、触控系统、触控组件、触控屏幕、触控技术应用软件、硬件、触控相关外围配件、触控产品相关塑料组件
		基伍通信	智能手机
		威胜集团	电、水、气、热各类先进能源计量产品、系统与服务
	信息服务	长城信息	金融电子、高新电子、医疗电子等

（二）长沙推进战略性新兴产业发展的主要举措

1. 明确七大重点产业

2011 年 11 月下发了《关于加快培育发展战略性新兴产业的意见》，明确将高端制造、新材料、新能源与节能环保、新能源汽车、生物医药、文化创意、信息网络七大产业作为发展重点。

2. 推进十大载体建设

加快全市战略性新兴产业布局，着力推进人才创业示范区、国家综合性高技术产业基地、国际性工程机械制造基地、光伏及节能环保产业基地、新能源汽车产业基地、航空航天产业基地、国家生物产业基地、信息产业园区、“数字长沙”“一廊一圈”文化创意产业聚集区等载体，为战略性新兴产业发展提供支撑。

3. 强化三项保障措施

加大政策扶持。设立总额 1 亿元的战略性新兴产业发展专项支持资金，同时设立了移动互联网、新能源汽车、电子商务、工业机器人、文化产业等专项发展基金。制定战略性新兴产业重点支持产品目录和技术目录，列入目录的产品和技术享受财税、项目报建、土地、人才、科技等方面的扶持政策（见表3）。优化产业环境。启动有利于培育战略性新兴产业市场的新产品示范应用和推广工程，示范工程采购列入重点支持目录产品的给予专项补贴；围绕战略性新产业发展需求，大力发展现代物流、金融保险等生产性服务业；依托产业园区建设一批战略性新兴产业特色产业基地。强化要素支撑。以自主创新示范区获批为契机，健全鼓励自主创新的支持政策体系。加速构建多层次资本市场，拓宽融资渠道。继续实施“3635 人才计划”，围绕战略性新兴产业发展引进领军人物、高级经营管理和研发人才、专业技术骨干人才，强化人才保障。

表 3　长沙市支持战略性新兴产业发展部分政策汇总

文号	发文部门	文件名称	发文时间
长政发〔2011〕23 号	市政府	关于加快培育发展战略性新兴产业的意见	2011 年 11 月
长政发〔2014〕33 号	市政府	关于进一步加强知识产权保护工作的意见	2014 年 8 月
长政发〔2014〕29 号	市政府	关于加快推进两型住宅产业化的意见	2014 年 7 月
长政发〔2014〕28 号	市政府	关于进一步加快工业园区发展的意见	2014 年 7 月
长政发〔2014〕27 号	市政府	关于加快北斗卫星导航应用产业发展的意见	2014 年 7 月
长政办发〔2015〕24 号	政府办公厅	关于加快分布式光伏发电应用的实施意见	2015 年 7 月
长政办发〔2014〕42 号	政府办公厅	关于印发《长沙市移动互联网产业发展专项资金管理暂行办法》的通知	2014 年 12 月
长政办发〔2014〕31 号	政府办公厅	关于新能源汽车推广应用的实施意见	2014 年 10 月
长政办发〔2014〕28 号	政府办公厅	关于促进电子商务产业发展有关事项的通知	2014 年 10 月
长政办函〔2014〕150 号	政府办公厅	关于印发《工业机器人产业发展三年行动计划(2015～2017 年)》的通知	2014 年 9 月
长政办发〔2013〕36 号	政府办公厅	关于促进电子商务产业发展有关事项的通知	2013 年 9 月
长政办发〔2011〕93 号	政府办公厅	关于印发《长沙市工业发展专项资金管理办法》的通知	2011 年 8 月
长科发〔2011〕26 号	科技局	关于印发《长沙市产业技术创新战略联盟管理办法(试行)》的通知	2011 年 10 月
长科发〔2012〕43 号	科技局	关于印发《长沙市科技创新平台建设管理办法》的通知	2012 年 12 月
长科发〔2014〕50 号	科技局	长沙市技术先进型服务企业认定管理办法	2014 年 12 月

续表

文号	发文部门	文件名称	发文时间
高新管发〔2011〕36 号	长沙高新区	关于促进服务外包、电子商务、动漫游戏产业发展暂行办法	2011 年 4 月
长政办函〔2015〕101 号	政府办公厅	《长沙智能制造三年(2015～2018 年)行动计划》	2015 年 8 月
长政办函〔2015〕98 号	政府办公厅	长沙市新材料产业发展三年(2015～2018 年)行动计划	2015 年 8 月
长政办发〔2015〕26 号	政府办公厅	长沙市关于支持发展创客空间的若干意见	2015 年 8 月
长政办函〔2015〕1 号	政府办公厅	关于做好全市两型产品推广使用工作的通知	2015 年 8 月

（三）长沙主要战略性新兴产业发展情况

1. 高端制造

工程机械产业方面，2014 年完成规模工业总产值 1807 亿元，占全市规模工业总产值的 19.1%；完成增加值 476.3 亿元，占全市规模工业增加值的 15.7%。全市混凝土机械、液压静力压桩机、汽车起重机国内市场占有率分别达到 80%、70%、30%以上；中联、三一、山河位居全球工程机械 50 强；三一的混凝土泵车，中联的塔式起重机、轮式起重机在全球处于领先地位（见图 1）。汽车及零部件产业方面，集聚了大众汽车、广汽三菱、广汽菲亚特 3 家世界知名汽车企业，比亚迪等 4 家中国汽车 20 强企业。2014 年，实现总产值 600.5 亿元，增速达到 31%，高于全市规模工业增速 17.7 个百分点。长沙已经成为全国第六大汽车生产基地、全国首个具备完整车系制造能力的城市，整车产能 120 余万辆，形成了以六大整车为核心的汽车产业集群（见图 2）。智能制造方面，工业机器人发展迅速，长沙从事机器人应用技术及核心部件开发的企业达到 30 多家。拥有长泰机器人、三一智能、爱威科技等 5 家企业产值过亿的龙头企业。3D 打印实现突破，2014 年国内首个集装备与材料于一体的研发及产业化基地——华曙高科增材制造园区正式启用，长沙成为国内 3D 打印技术新高地。

2. 新材料

材料产业已步入快速发展通道，2011 年产值规模首次突破千亿元，2014

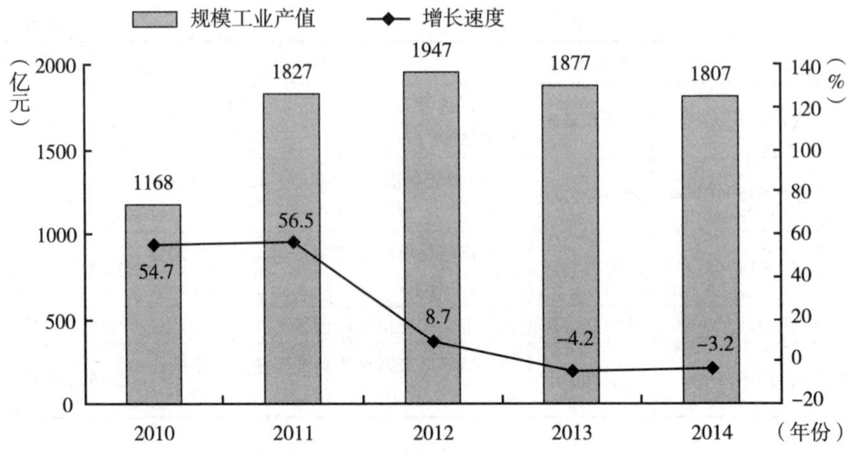

图 1　工程机械规模工业产值及增速

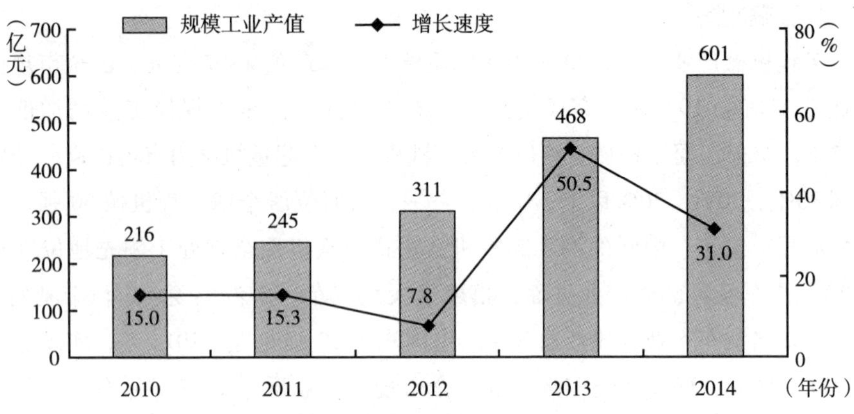

图 2　汽车及零部件产业规模工业产值及增速

年，以晟通、杉杉、博云为代表的新材料产业完成规模工业总产值 1900 亿元，比上年增长 20.9%，占全市规模工业总产值的 20.1%。目前已经形成了先进储能材料、先进复合材料、金属新材料、先进硬质材料四大特色优势的新材料产业集群。先进储能材料、先进硬质材料在全国处于领先地位，先进复合材料、金属新材料进入全国第一方阵。拥有以黄伯云、刘业翔、钟掘院士等为代表的一批国内外享有盛名的科技精英与领军人才和一大批新材料方向的国家级、省级创新平台（见图 3）。

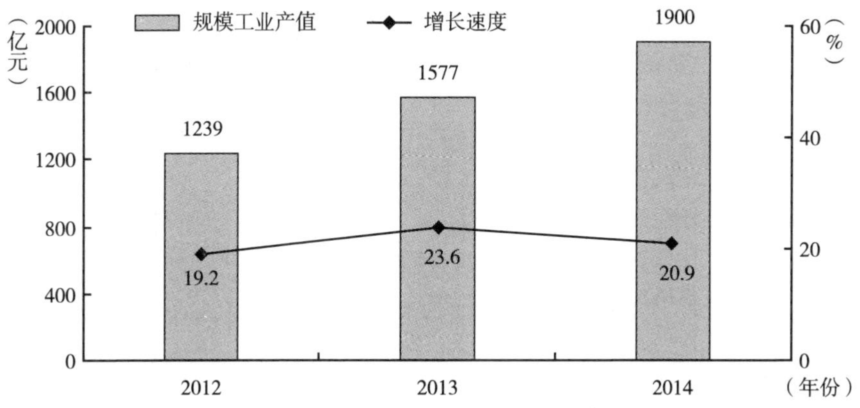

图 3　新材料产业规模工业产值及增速

3. 电子信息产业

2014 年，以蓝思科技、拓维信息、长城信息等为代表的全市电子信息产业收入突破 1500 亿元，增长 26%。电子信息制造业实现工业总产值 1174.57 亿元，首次突破 1000 亿元，近三年分别增长 29.2%、41.4%、20.6%。全市拥有电子信息企业 1800 多家，其中规模以上的企业 218 家，产值过亿元的企业 87 家，过 50 亿元和过 100 亿元的企业各 1 家。形成了长沙高新区、浏阳经开区、长沙经开区三大产业集聚区，电子信息制造业、太阳能光伏产业、软件产业、信息服务业四大优势板块。特别是移动互联网、电子商务和北斗导航产业快速发展，成为全市产业中最具活力的板块。2014 年移动互联网产业实现经营收入 120 余亿元，同比增长 120% 以上。2014 年全市电子商务相关交易总额超过 2550 亿元，同比增长 70%，建成初具规模的 B2C 类交易平台约有 50 余个，B2B 类专业交易平台约 10 多家。北斗导航产业化提速，长沙目前已拥有国内领先的北斗导航系统核心技术的研发能力和建设运营能力，培育了长城信息、湘邮科技等骨干企业。高新区已聚集 10 多家北斗信息产业企业，基本形成以芯片、设计到封装、主机、运营服务为主的产业链条（见图 4）。

4. 生物医药产业

2014 年，以尔康、方盛为代表的生物医药企业完成产值 305 亿元，增长 30.4%。现全市拥有生物医药领域国家级工程（技术）中心 6 家、省部级企业工程（技术）中心 41 家，累计获专利授权 792 项，发明专利授权

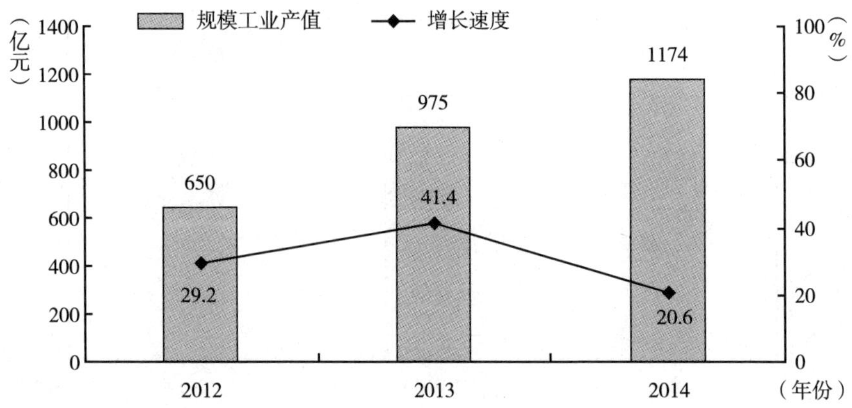

图4　电子信息规模工业产值及增速

217项，各类高技术要素和科研资源在长沙扎堆，现代中药和现代种苗技术处于全国领先水平，基因工程处于中部领先水平。培育和引进了九芝堂、九典、安邦等一大批市场前景好、科技含量高、发展后劲足的成长型企业，浏阳经开区、长沙高新区、金霞经济开发区成为主要集聚区，产业承载能力较强（见图5）。

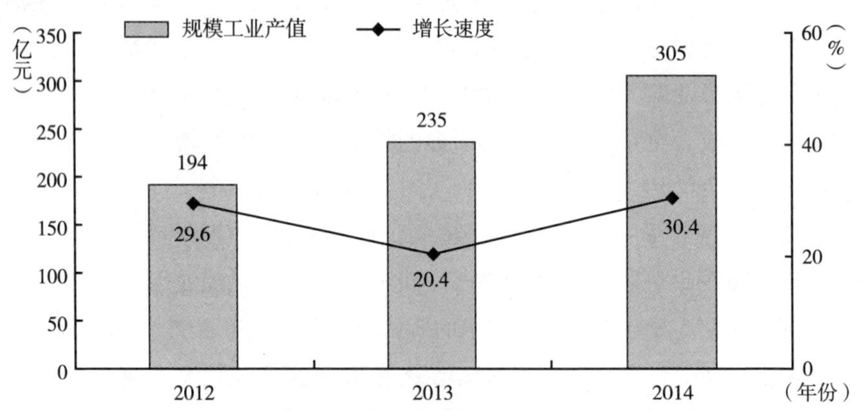

图5　生物医药规模工业产值及增速

5. 节能环保产业

2014年，以远大住工、永清环保、凯天环保等为代表的节能环保产业完成总产值765亿元，占全市规模工业总产值的8.1%，比上年增长31.2%。我市现有的节能环保生产、研发与服务型企业基本覆盖了节能环保产业全领域，初步形成了掌握核心技术、自主研发生产、规模逐渐扩大、涉及领域不断延伸、技术水平逐步提高的发展态势。特别是远大住工、远大可建、三一快而居等企业的住宅产业化市场不断拓展，已经形成了较强的钢结构、预制混凝土结构以及生产装配等生产供应能力，长沙的工业化住宅产业在全国处于领先地位。

6. 新能源汽车

新能源汽车异军突起。在电动汽车动力电池、控制系统等技术方面占据优势。目前，全市新能源汽车生产企业主要为比亚迪、众泰和中联重科。比亚迪目前正在推进电动大巴、乘用车、卡车等全系车型电动化，并实现了电动巴士1500 辆的产销。众泰云 100 推出市场后深受欢迎，2013 年以来，已销售 9278 辆，特别是今年 6 ~7 月，完成销售 3901 辆，市场行情看好。中联重科推出了新能源环保车，目前市场反响也较好。

7. 文化创意产业

2014 年，以湖南广电、湖南出版、长沙广电等为代表的文化创意产业总产出 1818 亿元，增加值达 689 亿元，占全市 GDP 的 8.8%。基本形成以影视传媒、动漫游戏、数字出版等为载体的文化创意产业体系，在全国具有广泛影响和较大优势，文化创意产业品牌效应持续扩大。目前，全市已有国家级文化产业园区和基地 11 家，省级 13 家（见图 6）。

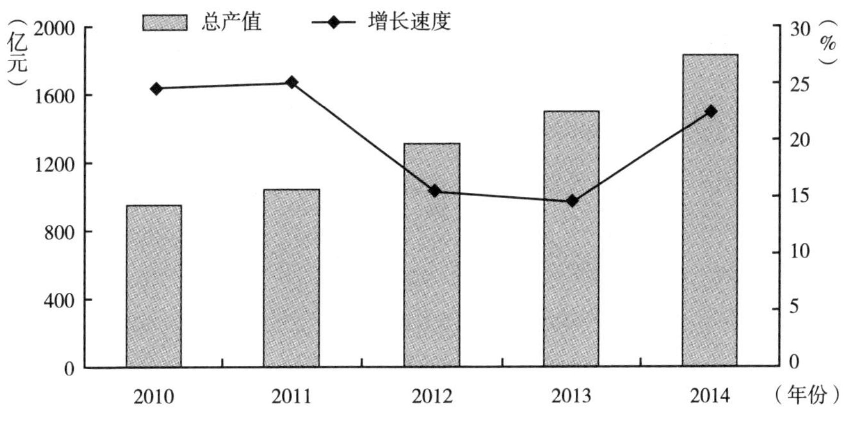

图 6　文化产业总产值与增速

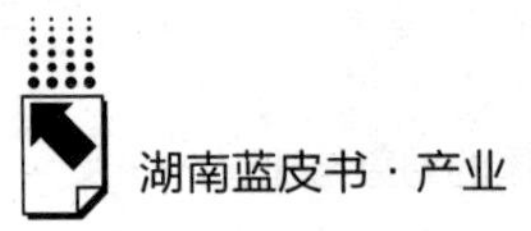

三　长沙战略性新兴产业发展的机遇与问题

（一）机遇分析

1. 国家战略带来的宏观政策优势

长沙是“一带一路”重要节点城市，也是长江中游城市群中心城市，拥有湘江新区、自主创新示范区、两型社会建设综合配套改革试验区3个国家级战略平台，是全国少有的政策洼地。当前，国家大力实施创新驱动战略，出台《中国制造2025》行动纲领，制定“互联网+”行动的指导意见、促进大数据发展的行动纲领等政策，长沙作为制造强市和移动互联网发展高地，发展战略性新兴产业具备良好的优势。

2. 科技资源带来的自主创新优势

长沙创新体系相对完备，有高等院校55所、科研机构97家、两院院士55名、各类科技人员50万人，建成国家工程（技术）研究中心17家、国家重点（工程）实验室16个。近三年共获国家级科技奖励50项。2014年累计申请专利17763件、获专利授权11448件，连续三年居全国城市前10强，是全国知识产权示范城市（见表4）。科技成果转化较快，市场化程度较高，国家级和省级园区是科技成果转化的重要阵地；连续7届举办中国（长沙）科技成果转化交易会；连同株洲、湘潭被科技部誉为自主创新“长株潭现象”，雄厚的自主创新实力为长沙战略性新兴产业发展奠定了坚实基础（见表5）。

表4　中部六省省会城市创新要素比较

城市＼指标	国家级重点实验室(个)	国家级企业技术中心(个)	科研机构(家)	专利授权量(件)	获国家奖成果(项)	两院院士(人)	从事科技活动专业技术人员(人)	R&D(亿元)	R&D占当年GDP比重(%)
武汉	20	19	104	13698	35	58	—	212.9	2.66
长沙	15	12	97	10382	16	55	420000	142	2.22
郑州	3	13	1300	9065	4	28	—	99	1.7
合肥	7	18	562	9639	6	60	30000	88.14	2.2
太原	6	8	109	3900	3	5	320000	70	3.03
南昌	4	3	92	3002	0	4	—	—	—

表 5 中部六省省会城市创新能力综合测评结果

城市	城市类别	创新能力综合得分	排名
武汉市	副省级、省会城市	74.8534	13
长沙市	省会城市	91.7159	5
郑州市	省会城市	83.8023	14
合肥市	省会城市	81.9369	17
太原市	省会城市	76.4288	24
南昌市	省会城市	72.8777	30

3. 省会区位带来的协同发展优势

长沙是全国重要高铁枢纽城市和国家级综合交通枢纽城市，京广、沪昆和规划中的厦渝高铁在此交汇，与珠三角和长三角经济带，及成渝经济圈和京津冀经济圈的联系日趋紧密。以长沙为圆心 500 公里为半径画一个圆，有 5 亿多人口的集聚，独特的区位优势为战略性新兴产业发展带来良好机遇。此外，长沙作为湖南省会，经济首位度达 28.9%，在区位、人才、资源、要素等各方面优势十分突出，有很强的产业集聚能力和资源整合能力，在全省协同发展战略中，可在产业布局上获得重点倾斜，在政策实施上实现先行先试，这些因素为长沙战略性新兴产业快速发展提供有力保障。

4. 产业升级带来的集聚吸纳优势

近年来，长沙推动产业高端发展，工业总量快速壮大，2014 年全市完成规模工业总产值 9496.20 亿元，居全国省会城市第六位（见图 7）。产业结构深刻变化，产业集群效应逐步显现，优势产业的发展带动产业链的延伸，如围绕工程机械、新能源汽车等产业形成了配套产业集群，终端产品不断涌现，工业向高端化、轻质化发展，战略性新兴产业占工业的比重达 31.6%，高新技术产业增加值占 GDP 的比重 28.5%，为战略性新兴产业进一步集聚发展提供有力支撑。

（二）问题分析

1. 有基础，但产业的层次还不高

近年来，长沙市按照“扶持壮大特色支柱产业、精心培育新兴产业、提

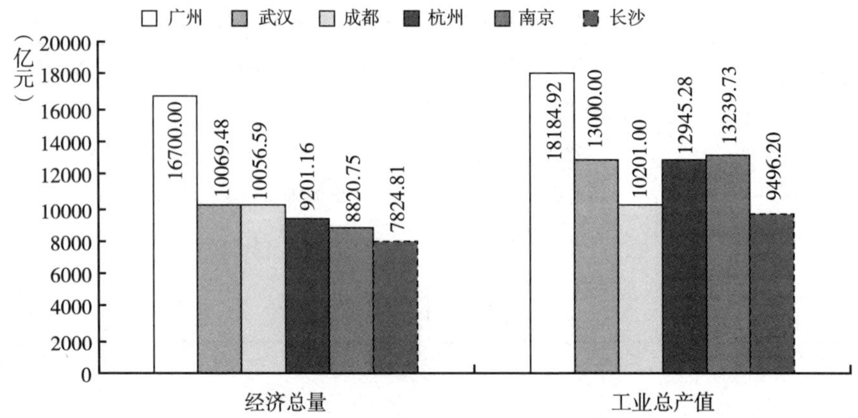

图7　长沙工业总产值在全国省会城市排名情况

质改造传统产业”的思路，大力推进新型工业化进程，全市战略性新兴产业增加值占工业的比重不断加大，2014 年为 31.6%，比 2011 年提升 14.5 个百分点。但总的来看，发展层次偏低，产业发展还不成熟，有的还处在初级创业阶段，产品中“大路货”较多。产业集聚度不够，同质化严重，企业规模小，核心竞争力不强。以生物医药产业为例，2014 年产值占全市工业总产值的比重仅为3%左右，约为武汉的40%，不足南京的30%；且现有制药企业以传统制药为主，真正的生物医药生产企业不多。

2. 有优势，但产业竞争力还不强

长沙市在高端制造、生物医药、文化创意、新材料等战略性新兴产业领域有一定的优势，这些产业成为全市经济最活跃的增长点，但与国际先进城市相比仍存在较大差距，缺乏核心竞争力，一些产业关键技术和核心零部件受制于人，自主知识创新能力有待提升（见表6）。即便是三一、中联这样的大企业，其发动机、液压件、底盘等核心部件仍主要依赖进口。尤其是缺乏自己的终端产品和知名品牌，像蓝思科技、晟通集团等一些企业虽然发展较快，但仍是以产业配套为主，依附性很强，缺乏市场主导权，易受市场波动影响。

3. 有成果，但产业转化率还不够

长沙在超级计算、先进储能材料、碳碳复合材料、杂交水稻等领域具有较

表 6　中部六省会城市战略性新兴产业比较

城市	增加值(亿元)	占工业增加值比重(%)	增速(%)	重点产业
武汉市	6725	51.73	31	智能制造、新能源汽车、“互联网+”
长沙市	1129.2	31.59	13.5	高端制造、生物医药、文化创意
郑州市	1447.3	46.8	2.9	汽车及装备制造、电子信息、新材料、生物及医药
合肥市	681	60	29.7	电子信息、新能源、新能源汽车、公共安全
太原市	482.56	28	21.4	新能源、节能环保、新材料
南昌市	450	35.8	17.43	航空、光电、新材料

强的技术优势，但科技成果转化率不高，据统计，长沙每年有省部级以上科技成果约600件、授权专利1万多件，但转化为商品并取得规模效益的比例不到15%，转化率远低于先进城市水平，且80%以上为异地转化。湖南大学每年有近300项发明专利，能够在长沙就地转化的不到10项。目前，全市科技进步贡献率仅54%左右，研发投入占GDP比重只有2.15%，居省会城市第13位，特别是企业自主研发投入严重滞后，只占企业主营业务收入1.3%，离创新型城市“十二五”目标还有一定差距（见表7），全市战略性新兴产业的整体竞争力有待进一步提升。

表 7　长沙创新型城市部分指标完成情况

序号	项目	目标(2015年)	完成情况(2014年)	差距
1	科学研究与试验发展(R&D)经费占GDP比重	2.5%	2.15%	0.35个百分点
2	国家级创新平台	35个	41个	已达到
3	企业设有科技机构占比	40%	32%	8个百分点
4	专业技术人员	700人/万人	600人/万人	100人/万人
5	引进创业及管理团队	150个	137个	13个团队
6	高新技术工业总产值占规模工业总产值	60%	58%	2个百分点
7	现代服务业增加值占GDP比重	30%	40%	已达到
8	文化创意产业产值	1500亿元	1818亿元	已达到
9	战略性新兴产业集群产值	4000亿元	3800亿元	200亿元
10	科技进步贡献率	60%	54%	6个百分点

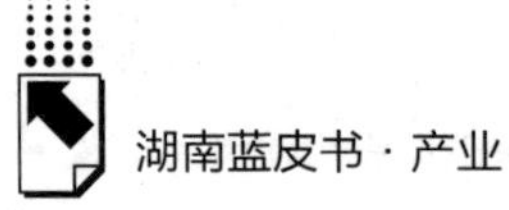

4. 有特色，但产业的链条还不长

近年来，长沙市着力突破产业链关键环节，促进战略性新兴产业高端、集聚、跨越发展，工程机械、新材料、电子信息、汽车及零部件等产业快速兴起，形成了长沙特色的优势产业集群。但从整体看，大多数企业的产业链和盈利模式仍在探索之中，市场前景光明但企业发展尚需突破瓶颈。特别是产业链还不长，本地配套能力不强，支柱产业和主导产业在本地配套率较低，关键原材料、零部件主要从省外、国外购买，其中工程机械主导产品、新材料、电子信息产业本地配套率低于30%，汽车关键零部件产品90%以上依赖进口或从其他区域购买；新能源汽车虽然拥有较完整的电池、电机和电控技术体系，但整车产业化处于起步阶段，产业链结构矛盾仍然突出。

5. 有支持，但助推的力度还不大

近年来，长沙围绕战略性新兴产业发展出台了系列政策措施，在用地、用房、财税、贴息、贷款及基础设施配套等方面提供支持，对加快全市战略性新兴产业发展起到积极的促进作用，但相对战略性新兴产业的发展需求来说，扶持力度还不够。此外，扶持政策的系统性、精准性亟待提升，例如，由于尚未建立完善的扶持政策效益评估机制，一些高新技术领域因属新兴事物往往关注不够，资金往往投入不足，而一些低端技术领域则因为惯性大量重复投入，致使产业的扩张混乱，财政扶持政策的实际作用被大打折扣。

四　推进长沙战略型新兴产业发展的对策建议

（一）做好顶层设计，完善产业发展规划

一是建立健全战略性新兴产业总体规划。从长沙现有产业基础和比较优势出发，进一步突出产业发展重点，把智能制造、新材料、创新创意、移动互联网、节能环保、生物制药、新能源汽车、增材制造等作为主攻方向。坚持差异发展原则，优化全市战略性新兴产业布局，引导各园区形成富有特色的支柱性战略性新兴产业，避免重复建设、恶性竞争。力争通过5～10年的努力，形成创新能力突出、产业特色鲜明、空间布局合理的战略性新兴产业体系，努力培育世界级的战略性新兴产业集群，将长沙打造成为中西部地区战略性新兴产业

集聚基地。二是出台和落实战略性新兴产业专门行动计划。根据战略性新兴产业发展总体规划，抓好已出台的工业机器人、新材料、移动互联网、电子商务、智能制造等行动计划的落实，同时，抓紧制订其他产业专门行动计划，分年度明确计划目标、行动重点、工作要求，扎实推进产业发展。力争“十三五”期间，长沙战略性新兴产业增加值年均增长12%以上，到2020年，预期战略性新兴产业营业收入12000亿元左右，培育形成3～5个销售收入千亿级产业，长沙高新区、2个二千亿级园区，10个左右五百亿级企业集团和一批具有创新活力的中小企业。三是加快建立战略性新兴产业重大项目库。建立全市专门的战略性新兴产业项目储备库，加强对重大项目的调度和协调，做到动态管理、滚动实施，通过一个一个重大项目的推进，真正把战略性新兴产业发展的目标落到实处。

（二）加强创新驱动，提升自主创新能力

一是实施战略性新兴产业核心技术攻关。立足产业的智能化、高端化、两型化，充分利用国家基础研究成果，整合国内外高校、科研院所科研力量，形成自主知识产权。同时，通过组建长沙智能制造研究院等方式，大力发展产学研政一体化的新型混合组织，加快技术研发和产业化步伐。二是完善科技创新载体。培育和壮大一批科技企业孵化器和科技创业园，对战略性新兴产业领域初创企业进行孵化。三是加强战略性新兴产业人才培育。深入实施“3635”工程，着力引进培养一批紧缺急需和战略型科学、工程、技术、管理人才，实行人才柔性服务，为产业高端人才和团队提供优越的干事创业平台。

（三）破解制约瓶颈，增强园区承载功能

一是坚持产业向园区集聚。强化园区主战场地位，以长沙高新区为核心大力发展电子信息产业、新能源产业，以长沙经开区为重点积极培育高端先进制造业，以浏阳生物医药园为载体发展壮大电子信息和生物医药产业，以金霞物流园和青竹湖服务外包基地为平台精心扶持现代物流、服务外包业，形成园区功能完善、发展重点突出、产业特色鲜明的战略性新兴产业发展格局。二是完善园区配套协作。进一步优化产业空间布局，提升产业配套能力。依托产业园区和产业基地，重点提升先进装备制造业、信息产业、节能环保产业等产业的

配套能力，特别是加大对新能源汽车制造、电子信息设备制造、高端工程机械等战略性新兴产业的关键零部件和核心配套体系的培育支持，大力推动自主研发，积极引资促进吸收利用，提高重点产业的本土配套率。三是建设产业示范园区。高起点规划建设战略性新兴产业示范园区，依托现有产业基地，扶持发展一批新兴产业集聚的“园中园”，培育一批科技企业孵化器和科技创业园，打造若干重要的战略性新兴产业创新基地和生产制造基地，推动产业集群发展。同时，加强示范园区发展战略性新兴产业的引导，切实解决产业发展过程中“散、乱、小、弱”问题。

（四）坚持重点突破，打造优势产业集群

一是突出重点产业发展。围绕重点产业领域，集中各类创新资源，选择一批技术含量高、市场前景好的产品，组织实施一批科技重大专项和重点项目。重点做强智能制造、新材料、节能环保、电子信息、生物医药、新能源、工业机器人、文化创意等产业集群，提升产业综合竞争力。二是突出重点企业培育。加大扶持力度，培育一批市场带动力强的龙头企业和拳头产品，打造精品名牌。引导中小企业进入以重点龙头企业为核心的分工协作网络，向“专精特新”方向发展，延长和完善产业链，不断加强重点新兴产业配套，形成新兴产业发展的聚积效应。三是突出重点领域招商。优化产业布局，避免招商引资过程中的“内耗”和产业布局上的“雷同”；抓住“两型”社会和国家自主创新示范区建设的机遇，主动出击，力争吸引国内外大资金、大公司在长沙进行大规模新兴产业投资，整体推进传统产业“两型”化进程。四是突出企业孵化服务。根据产业发展的趋势，面向处于“窗口期”的产业，成立产业研究院，由产业研究院提供相关的技术、信息、融资等服务，帮助初创企业解决实际困难，推动初创企业加快孵化。同时，完善产业公共服务平台建设，努力实现资源共享，降低初创企业成本。

（五）加速产业融合，强化产业竞争能力

一是推动信息化与工业化融合发展。积极对接《制造业强省五年行动计划》，认真落实好《长沙智能制造三年（2015～2018 年）行动计划》等政策，以智能制造为主攻方向，推进两化深度融合。通过以各类试点示范为突破口，

加快提升制造业产品、装备及生产、管理、服务的信息化、智能化水平。二是推进新兴产业与传统产业融合发展。充分运用高新技术改造提升传统产业。采取企业购买、租赁和政府主导等多种模式，实施战略性新兴产业技改行动，转化、催生一批新兴产业。大力推广传统产业新兴技术，培育传统产业新兴业态，促进传统产业新转型，推动产业优化升级和向高端化发展，加快传统产业重点领域产业化和规模化进程，形成战略性新兴产业和传统产业有机结合、相互促进、共同发展的良好局面。三是推进服务业与制造业融合发展。围绕长沙市现有产业集群，延伸制造业产业链条，配套发展生产性服务业，打造研发、生产、销售、维修、测试、物流、金融服务等为一体的产业链。加快创新成果产业化，使研发设计、信息技术等服务业成为制造业升级的主动力。大力实施集群化战略，提高集群内制造业与服务业的相互协同、配套服务水平，使集群成为集成制造与服务功能的产业链集合。

（六）加大引导力度，构建政策支持体系

一是成立战略性新兴产业引导基金。整合发改、经信、科技等部门的资金，成立市战略性新兴产业引导基金，按照一定的比例吸引社会资本参与，以“母基金+子基金”的方式运作，每个子基金对应一个具体产业，组建市场化的战略性新兴产业发展公司，支持一批有潜力的战略性新兴产业企业，待企业发展到一定程度后财政资金逐步退出，再转投新的企业，实现基金与战略性新兴产业的共同发展壮大。二是强化配套扶持政策。建立规范、长效的财政投入增长机制，明确财政政策支持重点，对初创期、早中期创新型企业实行市级税收全额返还。转变财政资金支持方式，采取政府股权投资、财政贴息、投资补贴、政府奖励、融资担保等方式，努力实现由直接支持企业向重点支持园区建设转变；由分散支持企业向重点支持产业转变；由无偿拨款向有偿投资转变；由支持研发向促成果转化转变。三是健全考核评价政策。统筹协调部门、地区、行业关系，促进新技术的应用推广和战略性新产业的发展壮大。加强组织领导，建立健全推动战略性新兴产业发展的领导体制和工作机制，明确责任分工，制定推进措施，完善统计考核评价，形成推动战略性新兴产业发展的强大合力。

B.38

湖南省“十三五”现代物流产业发展对策思考

黄福华　周 敏　王 松　李坚飞　袁世军*

湖南省应充分发挥“一带一部”区位新优势，坚持“五个发展”的新理念，加快发展湖南现代物流产业，促进国民经济运行效率的提高，推动经济结构调整和发展方式转变，助推“五化同步”新战略，开创“三量齐升”新局面，建设富饶美丽幸福新湖南。

一　“十二五”时期湖南省物流产业发展回顾与评估

（一）湖南物流产业进入成长期，经济贡献能力显著提升

“十二五”期间，全省物流产业规模持续扩大。2014 年，全省物流业增加值达 1604 亿元，比上年增长 13.3%，高于全国平均增长水平；物流业增加值占 GDP 的比重达 5.9%；物流业增加值占服务业增加值的比重达到 14.9%，比全国平均水平高 3.6 个百分点；物流业从业人员达 135 万人，比 2010 年增加了 3 倍多，这表明物流产业已经成为湖南省的支柱性产业。

表 1　2007 ~ 2014 年全国物流业基本统计数据

年度	社会物流总额（万亿元）	物流业增加值（万亿元）	物流业增加值占 GDP 比重(%)	社会物流总费用占 GDP 比重(%)
2007	75.2	1.7	6.9	18.4
2008	89.9	2.0	6.4	18.1
2009	96.65	2.3	6.8	18.1
2010	125.4	2.7	6.9	17.8

* 黄福华，湖南商学院教授，其他均为湖南商学院教师。

续表

年度	社会物流总额（万亿元）	物流业增加值（万亿元）	物流业增加值占GDP比重(%)	社会物流总费用占GDP比重(%)
2011	158.4	3.2	6.8	17.8
2012	177.3	3.5	6.8	18.0
2013	197.8	3.9	6.8	16.9
2014	213.5	3.5	5.5	16.6

说明：资料来源为国家发展改革委、国家统计局、中国物流与采购联合会2008～2015年联合发布的《全国物流运行情况通报》及中国物流与采购网。

表2　2007～2014年湖南物流业基本统计数据

年度	社会物流总额（万亿元）	物流业增加值（亿元）	物流业增加值占GDP比重(%)	社会物流总费用占GDP比重(%)
2007	1.72	637	6.7	18.9
2008	2.26	745	6.5	18.7
2009	2.46	832	6.4	18.5
2010	3.26	946	5.9	18.2
2011	3.72	1077	5.5	18.1
2012	4.21	1226	5.5	18.4
2013	4.78	1401	5.7	18.5
2014	5.37	1604	5.9	18.7

说明：资料来源为省发展改革委、省经信委、省统计局、湖南物流与采购联合会联合发布《物流运行情况通报》数据。

根据霍利斯·钱纳里（Hollis B. Chenery）产业周期核算模型，湖南物流产业成熟度指标为2.32，处于成长期前半段，进入快速增长的后续发展阶段；全国物流产业成熟度指标为2.76，处于成长期后半段，后续发展将保持相对稳定速度增长，服务水平和能力将逐步提升，进入成熟期。随着湖南省现代物流体系初步形成，物流产业在传统制造业向“工业4.0”转型升级、传统流通业向“互联网+现代流通”变革中起到激活的关键作用，对国民经济发展的引领力度不断提高，战略性和支柱性地位不断凸显。

（二）物流基础设施覆盖全面，技术装备条件改善

物流基础设施覆盖全省14各地州市，形成全省物流网络体系。截至2014

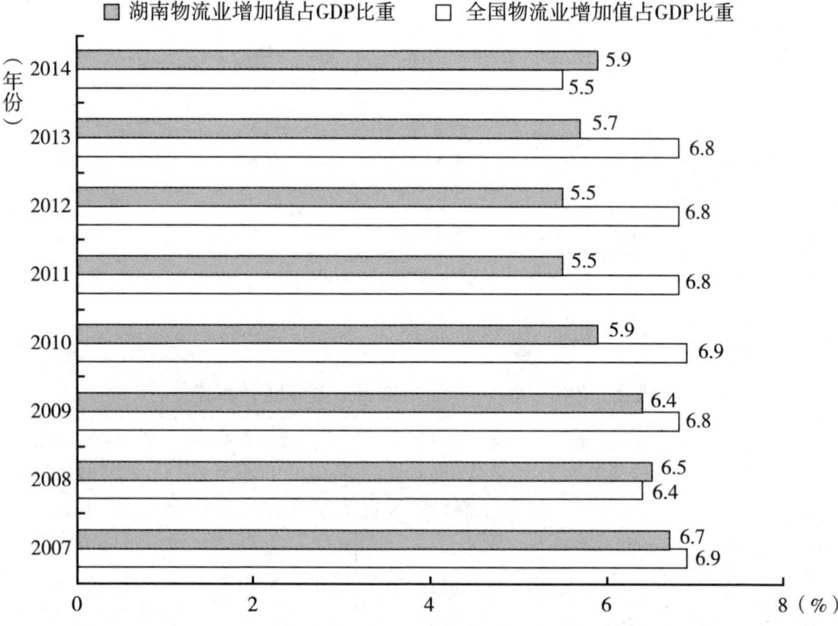

图1　2007～2014年全国和湖南省物流业增加值占GDP比重对比情况

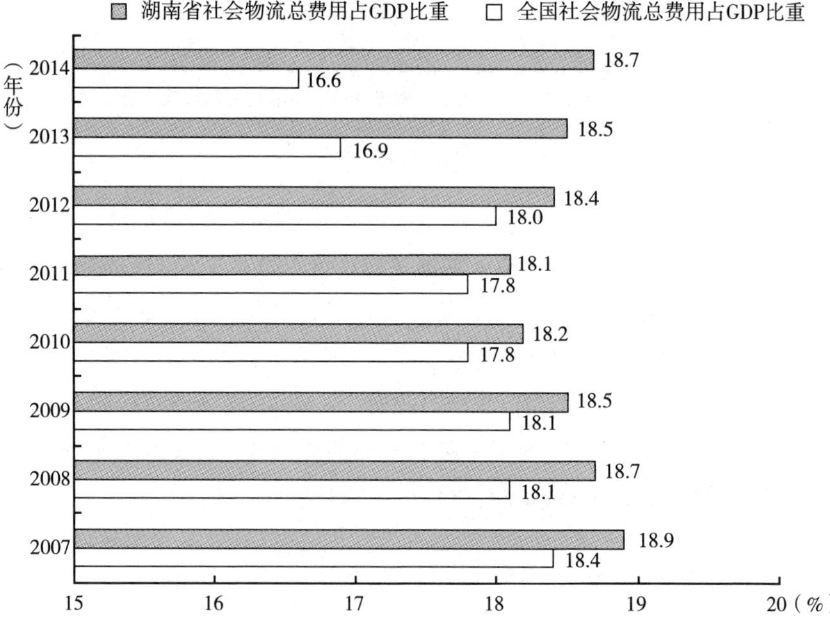

图2　2007～2014年全国和湖南省社会物流总费用占GDP比重对比情况

年底，全省铁路营业里程达4532公里，其中高速铁路1296公里，居全国第一位；全省公路总里程达到23万公里，其中高速公路5493公里；全省内河航道通航里程11968公里；民用运输机场5个；全省营业性库房面积约13亿平方米。另外，信息技术广泛应用，物流信息平台建设快速推进。

表3　湖南省2005～2014年物流基础条件

年份	铁路营业里程（公里）	#复线里程	公路里程（公里）	#高速公路	内河航道（公里）	民用汽车拥有量（万辆）
2005	2802	1247	88200	1403	11968	82.76
2006	2806	1246	171848	1403	11968	94.64
2007	2799	1250	175415	1764	11398	121.72
2008	2795	1246	184568	2001	11398	142.67
2009	3693	1852	191405	2226	11968	200.07
2010	3695	1847	227998	2386	11968	243.72
2011	3693	1852	232190	2649	11968	290.58
2012	3825	1987	234051	3968	11968	340.18
2013	4028	2033	235396	5084	11968	397.75
2014	4532	2540	236250	5493	11968	443.42

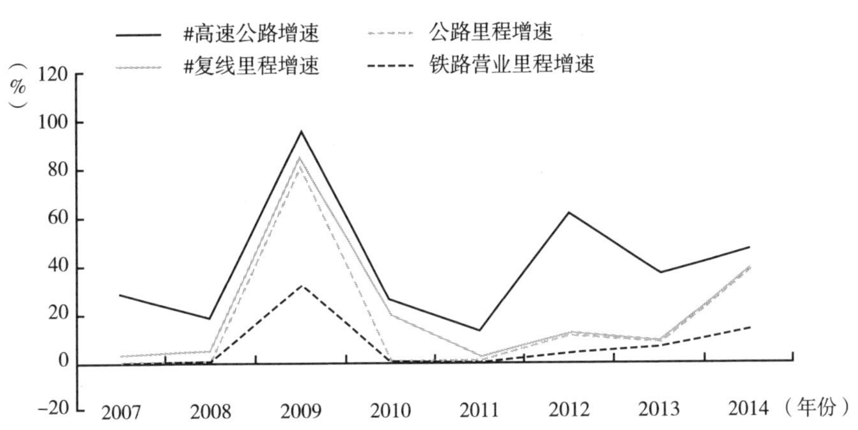

图3　湖南2007～2014年交通基础设施条件增速变化

（三）物流市场成熟度提高，行业自律逐渐形成

湖南省主要物流领域的资源已市场化，大部分价格已放开，物流服务的运作主体已公司化，工商登记注册的物流公司已达13.2万家。在政府指导、协会组织下，湖南省物流行业加强自律，物流产业自主升级趋势明显。

（四）物流企业竞争力增强，服务效率得到提高

“十二五”期间，全省有13家通过评估认定，其中五星级仓库7个，仓储服务金牌企业6个。已有146家物流企业通过国家标准认定，其中5A级企业8家，4A级企业45家，3A级企业60家，省级重点物流企业33家。总数在全国排名第8位。第三方、第四方物流企业迅猛发展，电商物流、快递物流、智慧社区等新兴业态探索前行。

（五）各级政府重视，发展环境不断优化

省政府先后印发《物流业调整和振兴规划》《湖南省现代物流业发展三年行动计划（2015~2017年）》《湖南省农产品冷链物流三年实施计划（2015~2017年）》等引导性文件，相关部门制定出台了促进物流业健康发展的政策措施。物流标准化工作有序推进，人才培养工作进一步加强。

湖南物流产业发展总体评价：相比全国平均水平，湖南物流产业对经济的推动作用更为直接、更为明显，湖南物流产业感应度系数明显高于全国平均水平。但是从湖南省经济社会发展要求来看，物流产业还存在部分发展问题，具体表现在：一是湖南省物流产业结构不平衡、区域不平衡，特别是高端物流服务业态规模偏小、湘西等经济欠发达地区物流产业条件较为落后。二是湖南省物流产业贝恩系数CR_{20}约为13.5%，明显低于全国16%的平均水平，物流产业集中度低，产业集聚效应尚不明显。三是湖南省物流产业在技术、产品、模式、业态上还没有形成突出的创新成果，特别是在物流链创新、物联网技术应用、供应链金融等商业模式上的成果还不多见。四是湖南省物流产业联动效应不显著、区域空间发展不协同，尤其是物流业与先进制造业联动效应不显著、长株潭物流区对其他经济区物流产业带动能力还比较弱。五是湖南省物流的供给能力不能满足服务需求，特别是流量、流向与物流资源条件不匹配。

二 “十三五”湖南物流产业发展面临的环境

（一）物流产业发展的四大机遇

一是，“十三五”时期湖南省经济增长必然带来物流需求和物流市场规模的快速扩大。二是，湖南省新型工业化和承接产业转移，必然带来大宗能源、原材料和主要商品的物流需求持续增长。三是，湖南省居民消费水平、心理、方式和结构的变化，必然带来高附加值和个性化物流需求旺盛。四是，新技术、新业态推动网络消费，必然带来快递物流与共同物流新需求。

（二）物流产业内部环境变革

据测算，湖南省物流业正处于由成长期的前期迈向后期的发展阶段，物流产业规模增长最为迅速，创新、技术进步及效率提升最为快速，市场竞争加剧，市场集中度快速提高、要素成本上升、产业转型升级不断加速。

综上所述，湖南省物流产业正处于重要战略机遇期。一系列外部环境和内在条件的变化，将成为湖南省物流产业发展与转型升级的重要驱动力。湖南省物流产业的发展模式要更加绿色低碳，民生优先要更加突出，改革红利要更大程度释放。

三 发展战略思路

（一）战略思路

湖南物流产业正经历从传统物流到现代物流的重要变革，物流产业正成为超2000亿元产值的战略性新兴产业。

“十三五”时期，湖南省物流产业发展以“一带一路”“长江经济带”等国家经济发展战略引领，充分发挥“一带一部”新优势，按照“大流通”“大物流”“大产业”的思路，优化顶层设计，高标准制定物流产业发展规划，引领物流业跨越式发展。坚持“五个发展”新原则，落实“三量齐升”新要

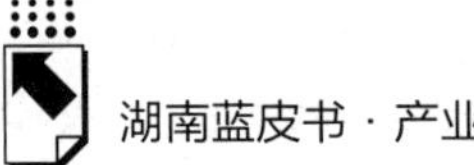

求，加快实施“五化两型”新战略，助力“两个全面”战略，着力建立和完善现代物流服务体系，加快提升物流产业发展水平，实施物流产业倍增计划，打造扶贫攻坚新引擎，提升经济增长质量，为全面建成小康社会提供物流保障。

（二）战略定位

“十三五”期间是湖南扶贫攻坚和全面建成小康社会的关键期，湖南现代物流产业是经济社会发展中战略性、基础性和支柱性产业，是全省国民经济的新增长点和广大企业的“第三利润源泉”，对于产业优化升级和经济转型起到关键性作用。

（三）战略内容

1. 适应需求变化，强化物流产业的创新发展

通过技术、模式、理念、制度、组织管理等创新，加快形成以创新为主要引领和支持的物流体系和发展模式，通过“双创”为物流持续增长提供巨大的微观动力，加快实现物流产业发展动力转换。

2. 促进多业联动，实现物流产业的协调发展

要始终注重发展整体性、系统性、协同性，着眼于物流业服务生产、流通和消费的内在要求，实施物流业与制造业、商贸业、金融业等多业联动、协调发展。深化改革，整合资源，通过加强物流自身资源和供应链整合，提高物流市场集中度和产业集聚度。加强产业、部门以及企业的联动与融合，形成物流业与制造业、商贸业、金融业协同发展的新优势，增强物流产业与各次产业、地区经济协同和互动发展。

3. 推进开放合作，实施物流产业国际化发展

开放是走向繁荣发展的必由之路，也是湖南物流产业做大做强的根本路径。站在全球化和区域一体化发展的高度，深化省际与国际合作，提升物流产业的竞争力，融入全球物流市场。充分发挥湖南“一带一部”的区位优势，依托铁路、公路、水运、航空等现代综合交通枢纽网络，完善物流通道集散能力，加快建设长江经济带区域性物流中心，将湖南打造成为中部崛起的重要引擎和长江中游城市群的战略支点。提升物流通道能力，构筑好面向国际的

“湘欧快线”铁路货运班列等跨境物流大通道和覆盖城乡的省内物流网络，大力发展保税物流，增开湖南直达欧美等地的国际水运和空运航线。支持优势物流企业强强联合，共同开发周边国家物流市场。支持优势物流企业实施“走出去”战略，联合、兼并和重组周边、欧美、新兴市场等国家的物流企业，构筑对外国际快递网络，打造全球性知名物流企业。

4. 推广新型业态，坚持物流产业绿色发展

良好生态环境是最公平的公共产品，是最普惠的民生福祉。坚持绿色发展，绿色惠民，把生态文明建设摆在突出位置，融入物流产业发展的各方面和全过程，加快推动物流生产与运作方式绿色化，走生态良好的文明发展之路，形成人与自然和谐发展的现代物流新格局。大力发展物流服务新业态，鼓励采用节能环保的技术、装备，推广低能耗低污染的物流运输方式，降低物流业的总体能耗和污染物排放水平，现实节能减排的目标。大力发展再生资源物流，实现环境友好的绿色发展，形成人与自然和谐发展的新局面。

5. 加快资源共享，形成“互联网＋”物流产业的融合发展

共享是中国特色社会主义的本质要求，是湖南省现代物流产业主动适应新常态的保障。加强信息网络技术应用，建立一体化的物流信息系统，实现全省、全国、全球范围内现代物流信息共享。推动“互联网＋”变革物流产业的资源共享方式，形成“利他共生，共创共享，互利共赢”的局面，促进物流服务体系高效运转。

四　发展对策

（一）全面深化改革释放新红利

抢抓新一轮改革发展机遇，以打造“开放、创新、生态、规范”的物流产业市场环境为核心，以问题为牵引，全面推进改革，不断完善现代物流产业市场体系，创新管理机制，努力建立物流产业发展的“负面清单”，改善发展环境，最大限度释放改革红利。将物流产业纳入节能降耗、提高国民经济质量“总盘子”，探索物流产业生态化发展路径。

（二）优化物流产业发展空间布局

推动湖南与国家重点战略实施区域的互动合作，优化物流产业空间布局，明确湖南三级节点城市。一级节点城市：长沙市、岳阳市、怀化市、郴州市；二级节点城市：株洲市、湘潭市、衡阳市、娄底市、常德市、邵阳市；三级节点城市：张家界市、永州市、湘西州、益阳市。

打造“一核三极多点”的物流发展集约区。

一核：长株潭物流产业核心区。突出长沙作为国家一级物流园区布局城市的地位，重点发展长沙金霞物流园、长沙临空物流产业园、湘潭荷塘物流园，积极推动长沙高铁物流、湘潭一力公路港物流、株洲轨道交通物流、株洲芦淞服饰物流园等项目建设。

三极：依托城陵矶港和洞庭湖生态经济区，打造岳阳临港物流新增长极；依托湘南承接产业转移示范区，打造郴州制造业物流新增长极；依托区域性交通枢纽和生态优势，打造辐射大西南、对接成渝城市群的怀化商贸物流新增长极。

多点：民族地区与边贸区域物流产业示范点。在湘西自治州、永州市、郴州市、张家界市等省际边界城镇，建设一批商贸物流中心，形成辐射面宽、带动力强的区域物流示范节点。

（三）完善四大运输体系

发挥湖南“一带一部”的区位优势，结合湖南省“十三五”经济社会发展规划思路，打造四大运输体系，加快建设长江经济带区域性物流中心，将湖南打造成为中部崛起的重要引擎和长江中游城市群的战略支点。依托航空、铁路、公路等现代综合交通枢纽网络，完善物流通道集散能力。

四大运输体系：将多式联运作为重要的着力点，打造物流通道、完善物流格局、优化运输组织。优化以覆盖全省的高速公路网络和省道为骨干的公路运输体系；完善以长沙为重点，构筑好面向国际的“湘欧快线”铁路货运班列，以怀化、郴州、株洲为核心的铁路运输体系；建成以岳阳城陵矶港、长沙新港和常德港为主体的水运综合物流体系；加快发展以长沙黄花机场、张家界荷花机场、怀化芷江机场、常德桃花源机场等为基础的航空货运体系。

（四）着力发展四大优势物流产业

电子商务物流。重点建设电子商务快递物流园、邮政速递物流邮件处理中心和快递分拨集散中心。推动国际大型快递企业在长沙设立转运中心。

农产品冷链物流。建设产业链全流程质量监控和追溯系统，提升批发市场等重要节点的冷链设施水平，完善冷链物流网络。

保税物流。积极推进衡阳综合保税区、湘潭综合保税区、岳阳城陵矶综合保税区、郴州出口加工区项目建设，支持郴州出口加工区升级为综合保税区，加快长沙自由贸易试验区申建筹备工作，加强各地市州保税仓库和监管仓库建设。

再生资源回收物流。依托汨罗、松木、永兴、桂阳等国家循环经济示范园区，加快建立再生资源回收物流体系。

（五）重点发展二十大支柱产业物流

重点发展工业机器人、3D 打印装备、智能制造装备、先进轨道交通、节能与新能源汽车、航空及航天装备、新能源装备、海洋工程装备、高端工程机械、智能集成建筑、现代农业机械、电子信息、新材料、节能环保、生物医药、钢铁产业、有色金属、石化化工、轻工食品、纺织服装等支柱产业物流。积极发展“互联网 +”物流，升级改造传统物流。

（六）完善物流产业发展的政策措施

首先要建立健全与国家相对应且符合湖南省实际的促进物流业健康发展组织协调工作推进机制。在条件成熟基础上，充分借鉴国内部分省份先进经验，整合发改、经信、交通、商务等部门资源，组建湖南省交通委物流局，并进一步完善部门职能与工作职责。具体职责是：（1）贯彻执行国家和省有关物流发展工作的有关法律、法规、政策和技术标准；（2）参与拟定全省物流发展规划及有关政策；（3）拟定全省重点物流发展项目，指导和推进物流基础设施和信息化、标准化建设；（4）扶持和指导全省物流企业发展，推进传统运输业向现代物流产业转型；（5）承担物流市场的监管工作，维护物流市场秩序；（6）承担物流从业人员培训和职业资格管理工作；（7）承担物流发展有

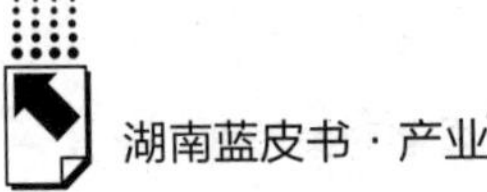

关协调工作。

其次要多渠道加大物流产业资金投入力度。积极争取国家服务业专项资金，积极运用湖南省“十三五”服务业发展引导资金、技术改造和信息化专项资金等，加大对物流基础设施投资的扶持力度。建立政府资金投入统筹评估机制，积极引导银行资金、社会资本通过信贷、股权投资基金等方式，提高对物流企业的金融服务水平。

再次要建立健全物流统计调查制度。加强物流统计基础工作，完善湖南省物流业统计指标体系，研究科学统计方法。建立湖南物流产业发展的大数据中心和云计算平台，实现物流产业发展的动态调控。

最后要加强物流专业人才培养与引进，进一步发挥行业中介组织作用。积极鼓励物流企业联合省内外知名高校建设现代物流创客学院，鼓励产、教融合，共同培养新时期物流产业“双创”人才。

B.39

湖南建设厅关于建筑业改革发展的专题调研报告

湖南省住房和城乡建设厅

近期，湖南省住建厅对江苏、浙江两省建筑业改革发展进行了专题调研。其间，参加了在苏州举办的中国第十三届建筑企业高峰论坛，实地考察了两地省、市、县住建部门和部分建筑企业。深感两地推动建筑业改革的经验值得湖南省学习借鉴。

一 两省建筑业发展的主要成绩和经验

多年来，江苏、浙江两省的建筑业发展水平一直领跑全国，突出的特点是产值总量大、发展速度快、行业实力强。从产值看，2014 年两省建筑业总产值占全国的 26.7%。江苏、浙江分别达到 24592.93 亿元、22668.19 亿元，分列全国第一位和第二位，是全国仅有的两个产值突破两万亿元大关的省份。从增速看，2014 年江苏、浙江分别增长 11.8% 和 9.0%，居于全国前列。从实力看，江苏、浙江完成跨省建筑业产值分别为 10298.65 亿元、11325.65 亿元，两省合计占全国跨省产值的 37.8%。两省都拥有一批建筑业强市和强县。例如，江苏南通市（地级市）建筑业产值达到 5800 亿元、浙江东阳市（县级市）达到 2102 亿元。

（一）优化产业发展环境，提升企业竞争优势

一是专题研究部署。多年来，两省对建筑业发展常抓不懈，每五年召开一次由省四大班子主要领导参加的建筑业发展大会，研究建筑业的问题所在，出台支持建筑业发展的战略规划和指导意见。各市、县党委政府也定期召开四大

班子主要领导参加的建筑业发展大会，根据具体情况，出台具体举措，形成了高规格、多层级、常态化的决策支持体系。二是解决具体问题。在资金支持方面，两省各级政府每年举办银企对接会和授信签约活动，推荐业绩优良、信誉较好、还贷能力强的建筑企业，鼓励金融机构创新服务方式，如增加授信额度、实行优惠贷款利率以及工程合同、建筑材料、工程设备等动产、股权、专利权质押，支持建筑企业融资；鼓励担保公司为建筑企业提供融资担保服务。在企业减负方面，两省各市县大都采用了返还所得税的方式。浙江金华市对企业在外埠承建工程且回注册地缴纳所得税的，按照企业所得税地方留成部分的30%奖励给企业，浙江丽水市和温州市奖励50%。在人才培养方面，江浙两省规定，对获得国家和省级工程项目奖的项目经理可破格申报高级职称且对外语不作要求。两省市县两级人事部门对本地建筑经济做出重大贡献、业绩突出的专业人员，给予评定中、初级专业职称。南通市政府还组织开展了“建筑业人才培训百千万工程”由财政安排专项经费，选送一百名企业家、一千名项目经理、一万名技术工人到高等院校深造、出国出境培训。支持企业依托建设中等职业学校、建筑工地农民工业余学校、建筑劳务基地等开展建筑农民工岗前培训工作，允许企业按计税工资总额的2% ~2.5%提取教育培训经费并计入成本。拥有一大批高素质的建筑业企业经理人和技术工人，已成为两省建筑业发展的核心竞争力之一。三是大力宣传表彰。两省定期组织开展全省“建筑强市（县）”命名活动，积极培育“中国建筑之乡”；“建筑强市”所在地每年对质量安全管理工作突出、对地方经济社会发展贡献突出的建筑企业及企业家进行专项的宣传表彰，努力营造重视、关心、支持建筑业发展的良好氛围。四是支持企业外拓。江苏省政府批准住建厅建立10个区域性驻外办事处，重点负责建筑行业外拓项目服务，同时与有关省市签署合作框架协议，为企业外拓提供稳定的市场政策环境；每年省政府定期在全国重点区域、重点城市举办建筑业企业推介会，与兄弟省份企业进行合作，实现互利双赢的格局。

（二）转变部门服务理念，促进企业协调发展

一是服务企业的意识强。两省各级行业主管部门秉承“不是告诉企业哪里不对，而是告诉企业怎么做才是对的”的观念，主动服务企业。两地省住建厅定期命名“建筑强企”或“百强企业”，扶优扶强，点对点地帮助他们解

决实际问题。同时，发挥“建筑强企”或“百强企业”的引领和带动作用，组织他们与中小企业结对帮扶，带动中小企业共同发展。二是支持企业外拓的工作实。江苏省住建厅的10个区域性办事处积极协调与当地住建部门沟通，大力宣传推介本省建筑企业；同时，引导当地江苏企业加强合作，避免恶性竞争，并为企业送教送考上门，提供法律援助等。三是引导行业发展的措施细。两省对建筑业企业进行分类指导，引导骨干企业做大做强，引导中小企业做专做精。鼓励实力雄厚的施工企业进行全产业链整合，积极拓展地产开发、设计、金融、建筑材料等领域；鼓励中小企业积极向幕墙、钢结构、装饰装修等高附加值的专业领域发展。各级行业主管部门定期赴省内外的企业进行调研，总结优秀企业在精细化管理、信息化管理、标准化管理、经营模式等方面的经验，并通过举办论坛、组织观摩等方式及时进行推广。

（三）强化行业内部管理，做大做强企业品牌

一是推动企业股权改革。从20世纪90年代中期，江苏省建筑业开展了股权改制工作。目前，90%以上的企业完成了股份制改造。很多企业秉承“财散人聚”的理念，建立了符合企业发展实际的股权流转机制，在股东退休时实行“人退股留”，改变了“家族式”企业的管理模式，让在职在岗的经营、管理、技术骨干入股，为优秀员工创造了上升通道。企业改制极大提升了决策层和经营层的积极性，企业经营规模得到快速发展。二是推行区域化运作、标准化管理。以浙江中天为代表的部分外拓产值较高的企业按“下放生产经营权、控制人事权、强化审计财务监督权”的原则，合理划分总部与各区域公司间的责任权利，建立了适合企业规模扩张的区域化经营管理运作体制；通过总部、区域公司、项目部的三级绩效管理和项目质量安全标准化管理，推动企业质量安全总体水平不断提升。三是运用“互联网+”提升信息化管理水平。近十年来，随着江浙建筑企业外向程度不断提升，为降低过去的项目管理大包干模式的经营风险，强化企业对项目的管控，部分外向度较高的建筑企业如金螳螂、中南集团等，以企业信息化建设为抓手，积极运用BIM、大数据、云计算、移动应用等“互联网+”领域的先进技术强化企业管理，建立了基于企业大数据沉淀分析的“管理驾驶舱”，使企业各职能部门成为所辖项目的人力资源调配中心、材料设备采购中心、项目成本分析中心、质量安全监控中心，

促进了企业的集约化经营和精细化管理。四是积极拓展企业经营范围。以江苏龙信为代表的骨干企业在坚持建筑施工主业的同时，积极拓展地产开发、设计、装饰装修、建材、投资、教育、物业等领域，建立了全产业链运作模式，从单纯追求完成产值和施工面积的粗放式发展，转变到注重品质和利润贡献率的集约化经营，从单一的施工承包商转变为建筑整合服务商，完成服务的转型和价值的提升。

二　对湖南省建筑业发展的启示建议

“十二五”期间，湖南省建筑业总产值年均增长17%，排名全国第十位左右。2015年，全省建筑业总产值预计6600亿元，建筑业增加值约占全省GDP的比重为6%，行业从业人数超过220万，已实实在在成为湖南省国民经济支柱性产业。但与江苏、浙江等省建筑业相比，存在着建筑业总产值和外向化程度不高、对产能合作的带动作用不明显、培育龙头企业的措施不多、扶持企业“走出去”的力度不大、管理和技术人才不足、企业管理水平较低、管理手段落后等问题。同时，随着我国经济发展进入新常态，经济下行压力的增大，固定资产投资增幅放缓，湖南省建筑业主要指标增幅相比近年来两位数的高增长下滑明显，特别是受湖南省建筑业新签合同额增幅和新开工面积增长率双下滑的影响，未来湖南省建筑市场形势将持续下行，加之全国建筑市场开放水平进一步提升，大量央企及省外优秀企业涌入，湖南省建筑市场竞争日趋激烈。通过对江浙两地建筑业调研，两地发展的理念新、环境好、工作实、成效大，亮点频出，让我们深深感受到加快湖南省建筑业发展的紧迫感和责任感，因此提出以下意见。

（一）加快推动湖南省建筑业改革发展，研究出台具体的政策措施

1. 强化顶层设计，健全工作协调机制

结合国家推动供给侧结构性改革对建筑业提出的新要求，制定全省建筑业发展规划，出台《湖南省推进建筑业发展的指导意见》。定期召开省直有关部门参加的工作协调会，及时研究解决湖南省建筑业发展遇到的问题。

2. 支持建筑行业人才培养和信息化建设

建议省财政专项预算支持建筑企业加强人才培养，着重培养高级管理人员和后备力量，支持建筑业企业加强信息化建设，提高 BIM（建筑信息化模型）、大数据、“互联网 +”等新一代信息技术的应用水平。

3. 营造氛围，表彰先进

建议省政府开展“建筑强市”、“建筑强县”命名活动。批准省住建厅定期组织开展“建筑强企”命名，设立“湖南省建筑业外拓先进企业”专项奖，制定专门的支持政策。建议省政府为湖南省建筑企业尤其是“建筑强企”参与建设省内轨道交通等重点项目建设领域的项目，提供具体的政策支持。

4. 建立外拓协调机制，支持企业“走出去”

建议批准省住建厅在湖南省外拓市场份额集中的地区依托相关单位设立办事处，履行建筑企业外拓市场的服务、监管、协调职能；每年在重点地区组织湖南省优秀建筑企业推介会，并与外（省）市相关部门和建筑市场联合签署合作框架协议，构建区域间的协作关系。

（二）加强主管部门对建筑业的指导服务，支持企业做强做精

江浙两地建筑业的发展壮大，得益于两地各级行业主管部门一方面不断加大行业管理引导，另一方面能够主动转变工作观念，强化服务意识，努力提高服务质量和水平，积极为企业服好务、办实事，这也是湖南省各级主管部门值得学习和借鉴的地方。

1. 明确服务工作清单

各级住房城乡建设主管部门切实树立服务意识，建立起“横到边、纵到底”的企业服务网络，明确服务事项，全面做好辖区内建筑业企业的服务工作，定期走访服务辖区企业，及时帮助企业查找市场经营、工程管理、企业发展等方面存在的问题，点对点协调解决。

2. 推进工程总承包

各级住房城乡建设主管部门在政府投资项目尤其是房建和市政项目中试点工程总承包。借鉴浙江的经验做法，在招投标、施工图许可等市场监管和现场监督等层面研究出台适应总承包模式的配套政策措施，为湖南省企业参与工程总承包试点提供支持。

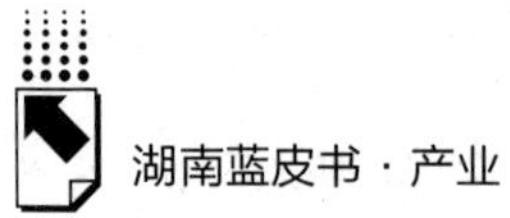

3. 推进中小建筑企业走精专化道路

各级住房城乡建设主管部门积极帮扶中小建筑企业拓展钢结构、装饰装修、电力、古建筑、建筑智能化、环保工程等附加值较高的专业承包领域，优化行业结构。

4. 推广先进的企业管理经验

各级住房城乡建设主管部门定期组织企业调研考察，学习优秀企业在精细化、信息化、标准化管理等方面的先进经验，推动企业从投标经营向投资经营转变。通过举办论坛、组织现场观摩等，大力向辖区内企业推介。

（三）加大责任部门支持建筑业发展力度，出台具体的实施意见

建筑业发展是一个涉及方方面面的系统工程，需要多部门参与、全社会关注，这是我们在学习调研中的一个深刻认识。因此，建筑业发展不仅需要住建部门努力，也需要财政、金融、税务、人事、国有资产等有关部门分类完善服务体系，形成配套政策支持的合力。

1. 出台人才培养和职称评定方面的优惠政策

建议人事部门根据建筑业从业人员长期在一线工作的实际，降低工程管理工程技术和管理人员的职称评定门槛，加大建筑工人培训组织和资金支持力度。

2. 出台税收方面的扶持政策

建议地方税务管理部门针对建筑业企业省外施工所得税管理出台优惠政策，减免或返还外出施工企业的所得税。

3. 加大金融扶持力度

建议金融管理部门协调金融机构降低为建筑企业开具各类保函的条件，提高重点骨干企业授信额度，为企业承建重大项目和外埠工程提供信贷和保函支持，提高骨干企业的投融资能力。

4. 提升国有企业管理水平

湖南省国有建筑企业规模大、实力强、市场份额大，建议省国有资产管理部门引导企业认真学习借鉴江浙两地企业的经验，加强内部管理，切实成为建筑行业龙头。

B.40 推进湖南石墨烯产业发展研究

曾玉湘*

自2004年人类剥离出石墨烯以来，石墨烯由于其理想的二维结构和奇特的电子性质引起了科学界的极大关注，被称为未来高新技术产业竞争的战略制高点，世界各国纷纷加大研发和商业化支持力度。湖南如能在石墨烯发展中抓住机会，必将为湖南产业转型奠定坚实基础。

一 石墨烯的主要用途

随着石墨烯的研究和产业化发展持续升温，其主要用途集中在四个领域：

一是传感器领域。石墨烯能提升传感器各项性能。主要用于气体、生物小分子、酶和DNA电化学传感器制作。

二是储能和新型显示领域。石墨烯具有极好的电导性和透光性，在触摸屏、液晶显示、储能电池等方面应用广泛。

三是半导体材料领域。石墨烯被认为是替代硅的理想材料。

四是生物医学领域。石墨烯及其衍生物在纳米药物运输系统、生物检测、生物成像、肿瘤治疗等方面应用广阔。

二 国内发展现状

在国内，石墨烯发展主要地区有四个：

1. 江苏常州

江苏常州是国内首个重视石墨烯产业的地区，早在10年前就开始布局。

* 曾玉湘，湖南现代物流职业技术学院高级经济师、高级物流师、一级企业人力资源管理师。

一是在2011年9月由常州市人民政府、武进区人民政府共同出资创建了江南石墨烯研究院，属公益性科研型事业单位，是全球第一家石墨烯研究机构。二是研究院获得社会承认。研究院是江苏省产业技术研究院联盟单位，是江苏省先进碳材料检测技术重点实验室，也是常州市石墨烯制备及应用重点实验室等。三是集聚了一批高端人才。截至2014年底，研究院有员工57名，其中博士15名；已建成1.4万平方米的综合性研发基地，建有薄膜材料、粉体材料等11个专业实验室和分析测试中心。四是自建院起，各级政府共计投入近20亿元支持研究院发展。2015开始，常州规划今后三年，累计再投入2亿元支持石墨烯孵化，并设立石墨烯暨先进碳产业基金。产业园现有石墨烯及先进碳材料企业30多家，其中常州第六元素材料科技股份有限公司在"新三板"成功上市，成为国内石墨烯行业首家新三板挂牌企业。

2. 北京丰台

2014年9月，北京中关村正式启动石墨烯新材料产业化项目，打造近40万平方米的丰台石墨烯产业园。一是项目由丰台园与中伦国际、英国布鲁内尔大学、美国马勒动力总成和EOS英国公司等机构联合实施。园区目前已完成石墨烯汽车电池充电8分钟续航1000公里、轻薄手机可以弯曲折叠等试验。二是以推进石墨烯产业化作为产业转型升级的突破口，重点布局石墨烯研发、孵化、检测认证、技术与产品交易等公共服务平台，吸引全球石墨烯研发机构、原材料生产企业、应用材料及元器件企业入驻。

3. 重庆

2013年，中科院重庆研究所制备出国内首片15英寸的单层石墨烯，并成功地将石墨烯透明电极应用于电阻触摸屏上，制备出7英寸石墨烯触摸屏。2014年，重庆高新区金凤电子信息产业园宣布投产石墨烯手机。一是依托中国科学院重庆绿色智能技术研究院取得的40多项石墨烯相关技术专利，市政府将石墨烯列入重庆十大战略性新兴产业。二是集群发展推动创新成果产业化。围绕产品上中下游，打造产业链集群发展。把生产性服务业和生产性制造业，不同性质的企业互动配合。园区现有多家涉烯智能终端、显示触控、锂电池、合金材料企业落户。三是让资本市场参与科研成果产业化，明确企业和科学家的股权及分红，促进创新驱动。政府设立产业引导基金，并将资本引入新兴产业，带动整个产业集群资金链。

4. 黑龙江哈尔滨

依托黑龙江多家先进军工科研院所和具有资质的大型军工企业优势，中国石墨烯产业技术创新战略联盟石墨烯军工应用委员会选择在哈尔滨南岗产业园布局石墨烯产业，构建石墨烯军工研究应用平台。

三　国外发展情况

综观各国石墨烯技术研发布局，均以产业化为导向。

1. 欧盟

2013 年 1 月，欧盟委员会将石墨烯列为“未来新兴技术旗舰项目”之一，核心是石墨烯的制备。英国政府在曼彻斯特大学设立国家石墨烯研究院，由两位诺奖得主负责领导，是世界上最领先的石墨烯研究和商业化中心。德国于 2009 年由科学基金会开展石墨烯新兴前沿研究项目，2012 年德国慕尼黑工业大学成功制成石墨烯光电探测器，能非常快速地处理和引导光电信号。

2. 美国

2006～2011 年，美国国家自然科学基金关于石墨烯的资助项目有 200 项，包括石墨烯超级电容器、石墨烯连续和大规模纳米制造等。2008 年美国国防部高级研究计划署投资 2200 万美元研发超高速和低耗能的石墨烯晶体管。2013 年研发出石墨烯墨水和以石墨烯技术为基础的超级电容器。2014 年美国国家直线加速器实验室和斯坦福大学首次揭示了石墨烯插层复合材料的超导机制，开发出高速晶体管、纳米传感器和量子计算设备，同年制造出中红外和远红外图像传感器，有望在军事、安保、医学等多个领域获得应用。IBM 公司制做出世界上首个多级石墨烯射频接收器，加州大学伯克利分校研制出石墨调制器，辉锐科技公司研发并制造出大面积柔性触控屏。

3. 日本

日本学术振兴机构从 2007 年起开始对石墨烯硅材料、器件的技术进行资助。2013 年日本名古屋大学开发出像马鞍一般弯曲的碳纳米分子，有望在电子元件和医疗等领域应用，东北大学与昭和电工联合开发出量产优质石墨烯片技术，意味着在利用石墨烯作为汽车电池材料及轻量高强度结构材料方面迈出重要一步。索尼公司成功合成大面积（120 米×230 米）石墨烯薄膜。

表1　世界主要国家开展石墨烯相关的研发项目与资助情况一览

	国家资助项目	资助力度	实施时间
美国	国家自然科学基金项目:复合材料研究	2000 万美元	2008 年至今
	国家自然科学基金项目:石墨烯电子器件开发	850 万美元	
	国家自然科学基金项目:场效应晶体管、储存器件开发	170 万美元	
	国家自然科学基金项目:石墨烯连续制备工艺	150 万美元	
	国防高级研究计划署资助碳电子射频应用项目	2200 万美元	2008 ~ 2012 年
	国防部资助多学科大学研究计划	750 万美元	2009 ~ 2013 年
欧盟	FP7:石墨烯基纳米电子器件项目	239 万欧元	2008 年至今
	FP7:悬浮石墨烯纳米结构项目	389 万欧元	
	FP7:用于超级电容的石墨烯电极项目	494 万欧元	
	欧洲研究理事会:石墨烯物理性能和应用研究项目	177.5 万美元	
	欧洲科学基金会:欧洲石墨烯项目		2009 年
	未来新兴技术旗舰项目	5400 万欧元	2013 年
德国	德国科学基金会:石墨烯新兴前沿研究项目		2009 年至今
	德国科学基金会:石墨烯优先研究项目	1060 万欧元	2010 ~ 2013 年
英国	英国工程和自然科学研究委员会、英国技术战略委员会:建立石墨烯技术创新中心	3150 万英镑	2011 年至今
日本	经济产业省:实施低碳社会之超轻、高轻度创新融合材料项目,重点支持碳纳米管和石墨烯批量合成技术	9 亿日元	2011 ~ 2016 年
韩国	教育科学部:资助石墨烯项目 90 余项	1870 万美元	2007 ~ 2009 年
	产业通商资源部:资助企业石墨烯应用产品与相关技术商业化	4230 万美元	2013 年至今

四　几点建议

湖南郴州素有中国“微晶石墨之乡”的美誉，微晶石墨储量占世界的70%。随着石墨烯技术的快速发展，石墨烯凭借其特殊结构和性能，可引发多个领域革命性突破，带动数万亿美元的新兴产业链。为此，湖南要在四个方面着力。

1. 争取国家重大科技专项支持

2007 ~ 2012 年，国家自然科学基金委员会对石墨烯项目累计资助经费达到 3.30 亿元，科技部和中国科学院对石墨烯的累计资助经费分别达到 5915 万元和4605万元。因此，一是要积极争取科技部专项支持，争取湖南产业项目进入国家“十三五”新材料产业规划和国家新材料重大专项的笼子。二是要争取工信部专项支持。加强与工信部等部门的衔接，紧盯国家“十三五”新材料规划，争取一批石墨烯研究或产业化项目落户湖南。三是争取国家《关键材料升级换代工程实施方案》支持，促成方案提出的石墨烯重大项目落户湖南。四是引进重大科技团队。积极引进国内专家团队的基础上，还要引进西班牙、澳大利亚等海外项目，优选引进研发团队10个以上，实验室项目20个以上。

2. 积极参与石墨烯合作研究

企业发展必须和高校研究所结合起来，高校和研究所做一些前沿性的工作，企业紧跟，使研发成果有“用武之地”。一是加强与北京大学、清华大学、浙江大学、中国科学院等高校或科研单位合作，联合开展石墨烯基础研究和应用研发，并促进成果在湘转化。二是加强与美国密苏里州立大学、伯克利国家实验室、英国曼彻斯特大学以及日本东京大学等国际石墨烯研究前沿高校合作。三是积极加入中国石墨烯产业技术创新战略联盟。加强与江苏、浙江、上海、重庆、黑龙江等联盟省份合作，以多种形式开展协同创新，促进创新资源优化组合和创新产业化进程。

3. 加强石墨烯产业共性平台建设

在做强、做实隆平高科技园石墨烯产业基地的基础上，积极支持石墨烯产业共性平台建设。一是成立湖南石墨烯研究院。建立以在湘石墨烯企业为主体，以中南大学、湖南大学等高校为基础的湖南省石墨烯研究院，促进产、学、研一体化发展。二是加强产业配套设施建设。以政府资助为辅、市场为主的方式，加强石墨烯研发楼、标准厂房、配套宿舍等管理设施建设，解决企业启动资金不足的问题。三是加强石墨烯研发平台、检测平台，孵化平台建设，为初创企业提供技术开发、经营管理、人力资源、科技交流等高端服务。

其他，还有全力支持石墨烯产业链项目建设、建立健全石墨烯投融资服务体系等，都将进一步推进湖南石墨产业的快速发展。

B.41

国内旅游业发展的成功案例及对湖南的启示

左　宏*

旅游已成为居民日常生活的必要组成部分，成为人民群众享受休息权的一个重要体现。旅游正从“景点旅游”向“全域旅游”转变，从未来旅游业发展趋势看，将呈现竞争加剧与合作深化并存态势，旅游产业链加速整合，旅游产品不断创新，个性化旅游将继续强化。本报告拟通过分析国内的一些典型案例，对进一步促进湖南旅游业发展的若干问题进行探讨。

一　整合片区旅游资源，形成集群发展态势

1. 案例：云南特色定位打造集群，长三角携手构建网络

云南的旅游产业集群已初具规模。省内 16 个地（州市），其中 10 个把旅游业作为支柱产业，6 个把旅游业作为重点产业或第三产业先导产业。全省注重两个层面的整合，打造鲜明的云南特色。一是各市州着力打造相互关联、各具特色的模块化集群；二是全省在昆明、大理、丽江等经典品牌的基础上营造“七彩云南”省域旅游品牌。云南旅游集群发展主要特点：一是突出特色，差别定位。云南各地多具有旖旎的自然风光，浓郁的民族风情，既有发展旅游产业的资源优势，但也容易出现“大家搞的都差不多”的低层次开发“俗套”。为此，各景区精心规划，合理分工，特色强调差异化特色定位。例如西双版纳是热带风情 + 傣族文化，香格里拉是高原风情 + 藏族文化，丽江是古镇风情 + 纳西族文化等。大理也是古镇风情，于是以白族文化定位区别于丽江；与丽江

* 左宏，湖南省人民政府发展研究中心产业处副处长。

仅20分钟车程的束河在古镇风格上与丽江相似，于是突出其独特的田园风情。位居昆明和大理之间的楚雄县人文旅游资源相对缺乏，于是从发掘出土的一颗恐龙牙齿萌发“创意”，打造出世界恐龙谷博物馆，填补了昆明与大理之间的旅游地域空白，同时以科普概念丰富了云南旅游内涵。二是围绕“核心”，延伸开发。丽江蜚声中外，吸引了大批游客。云南以此作其区域性的“旅游核心增长极”，进一步将其逐渐发展成为旅游集散中心，使线路继续延伸到虎跳峡、香格里拉、梅里雪山、玉龙雪山、泸沽湖等景点，定位成为“大香格里拉生态旅游区”的桥头堡、核心城市，以及滇西北的游客主要集散地和中转站。

长三角旅游协作区则是跨省旅游网络构建的成功之例。上海、江苏和浙江三省以建立“大上海”旅游集散中心的方式，主动进行上海与江苏、浙江14个沿江城市的150多个景点的连横贯通，集中包装并推出36条跨区域旅游线路。

2. 对湖南的启示

近年各地旅游业正反经验表明，孤立的景点打造，分散、四面撒网式的旅游开发，往往导致旅游经济发展事倍功半，“全域旅游”才是发展的趋势。云南与长三角旅游发展的成功经验，就是通过全域性的旅游资源的开发、整合与创新，打造“形成片，连成线”的旅游产业发展模式。首先注重已有旅游景点（品牌）的深度开发，进而以此为中心，辐射带动周边新景点、新旅游产品的开发，形成片区集群；其次注重旅游网络的打造。要力促省内旅游景点之间的连接，重视对景点之间交通沿线进行连带开发；加强与省外景点及客源地的对接，融入“大区域、大旅游、大市场、大产业”发展格局，并积极提升自身在此格局中的地位。

湖南旅游资源丰富，在全国居前十位之列，旅游产业待发掘的潜力依然巨大。借鉴云南等省经验，湖南要进一步推进各市州旅游开发的整合创新。要打破省内行政地区界限，根据区域特色制定旅游规划、统筹开发产品、促进联合与整体营销，努力构建旅游产业集群，打造“形成片、连成线”的发展布局。可在以下方面着力：一是强力打造5个特色旅游区，形成3个旅游集散中心。要进一步强化5个旅游区特色分工，突出地区旅游的差异化定位。长株潭旅游区要充分利用两型综改契机，着重打造新型“两型”都市旅游、“两型”产业与文化旅游、发展“两型”休闲旅游等。大湘西旅游区要将自然风光与民族、民俗风情有机结合，利用张家界、凤凰带动整个区域旅游的发展。例如，在张家界—芙蓉镇（王村古镇）—古丈—吉首—凤凰这条近190千米的旅游“黄金走廊”上，就分布着王村、猛洞河、老司城、小溪、不二门、坐龙溪、红石林、栖凤湖、德夯、奇梁洞、凤凰古城、南方长城、黄丝桥古城等景区、景点，这些景区、景点均只相隔半个小时车程，布局非常合理，联动开发潜力很大。环洞庭湖旅游区将洞庭湖治理与环境友好型开发、新农村建设与旅游发展结合，开发湖区渔家生活、水域风光游览、湿地观鸟以及环湖农家乐等特色旅游。大湘南旅游区要注重与广东的对接，提升基础设施建设水平，进一步做强休闲旅游与福文化旅游品牌。要打造形成长株潭、湘西、郴州三个旅游集散中心。长株潭旅游集散中心要立足省内，辐射中部地区；以张家界-凤凰重点建设西部旅游集散次中心，重点带动“湘鄂渝黔边大旅游圈”发展；以郴州为南部次旅游集散中心，成为泛珠三角旅游圈重要支点。二是重视高速公路沿线风景旅游带开发。湖南高速公路通车总里程超过5600公里，全省出省通道还在不断增加，这对湖南省旅游产业发展将起到巨大的助推作用。在进一步加强景区与高速公路的对接基础上，要有重点地同步开发高速公路沿线景点游项目，将沿线风景作为湖南省旅游的一大亮点推出。以邵怀高速为例，沿线风景怡人，田野风光、保存完好的飞檐木屋建筑、小桥流水、雪峰高耸等，可以利用目前交通的便利，开发具有休闲性质的乡村游项目。三是可考虑推出湖南游“通票”和“年票”，在交通和宣传上加强整体效果。“通票”和“年票”可以整合省内景点，带动新景点的宣传和发展，增加游客境内逗留时间和消费水平。尽快开设省内景区与景区之间的旅游专线车，到旅游城市的长途汽车增设核心景区站，减少游客转换车麻烦。仿效云南“七彩云南”游云南的主题，推出“湖光山色”“自然人文”游湖南等主题。四是积极开展与客源地和其他景区对接工作，嵌入全球旅游网络。在拓展现有的旅游跨省通道的基础上打造“泛珠三角”旅游合作板块，实现与周边省市的旅游通关“零等待”。进一步开发与国内其他经典旅游景区的点对点旅游线路对接，进一步增加对接线路，打造与国内主要知名景点的联结网络；与国内经济发达省市和国外重点客源地城市逐步展开湖南旅游交通对接，时机成熟开设和增开城际旅游专线（专列）等。

二　探索旅游经济与地方产业联动发展，延伸旅游产业链

1. 案例：大连城市变风景为资本，丽江旅游资源联动经济

大连积极探索“将城市变成风景，将风景变成资本”的旅游发展模式。推动旅游旅游项目建设投融资体制改革，加强基础设施和城市建设投入，按照“谁投资、谁受益”原则，开创出“政府引导、社会参与、多元投入、市场运作”的旅游发展思路，使得大连市的旅游设施进一步完善。以此为基础，大连向国内外旅游市场大力推介城市旅游品牌，旅游产业迅速壮大。旅游产业的蓬勃发展进一步打响做强了城市品牌，进而为招商引资创造了良好条件，促进了城建、商业、交通、会展、航运、金融、房地产、服务外包等相关产业的全面发展。

云南丽江形成了以旅游业兴市富民的发展模式。丽江以旅游业为龙头的第三产业产值占全市地区生产总值50%以上。首先，旅游带动了饮食、宾馆、交通、导游、购物、娱乐、景点服务等行业迅速兴旺。例如，丽江古城的家庭旅馆大部分是原有民宅改建，保留了原汁原味的本土特色，价格低于宾馆，既满足了游客的住宿要求，又成为当地居民的收入来源。其次，旅游带动了民间传统行业复苏及艺术文化产业的积聚。许多濒临失传的纳西族传统文化与产业，在旅游崛起中“重见天日”。勒巴舞、白沙细乐及东巴音乐、字画等民间艺术重新复活，打铜、制陶、打银、木雕等传统手工业得到新生。丽江还引来大批国内外艺术创作者栖居创作，推动了旅游艺术品市场的发展。旅游已成为丽江新农村建设及贫困人口脱贫致富的一大支柱。丽江是86%的人口在农村，据介绍，居住在玉龙雪山等地的彝族、藏族、纳西族居民，通过出租马匹、出租服装、经营土特产品等提高收入水平。在旅游高峰期，一个农民最多一天可收入2000元，年均收入在3万元左右。

2. 对湖南的启示

湖南旅游产业对当地经济的带动还有很大的潜力可挖。要进一步打造高水平旅游基础设施，为旅游关联产业构建发展硬平台；进一步优化旅游发展的政

策法制环境，形成“政府打下基础，企业主导发展，居民创业就业”的联动机制。一是将基础设施建设与旅游产业发展紧密结合。要“线”“点”统筹建设，促进旅游资源开发，提升旅游资源品位。“线”的打造主要着眼于构建快捷舒适、运营高效的交通网络。要进一步加快高速公路网、铁路网建设，为做强和开辟省内高品位旅游线路提供有力支撑。除长沙、张家界外，对省内其他重要旅游中心，如岳阳、衡阳、郴州等，都要逐步发展和增强航空客运能力，针对客源地开辟新航线，培育旅游航空市场。“点”的打造主要着眼于发展“优、精、特、新”旅游产品。在新型城市化和新农村建设进程中，重要的公共设施、代表性公共场所、标志性建筑的建设，例如图书馆、博物馆、体育场、剧院、城市“两型”新区、新农村建设示范点等，都要科学规划，力求将现代科技理念、传统与现代文化艺术、本土与外来建筑特色等具有吸引力的旅游元素有机融合，注重与自然环境、人文特色、旅游需求的协调一致，使新的建设成为新的旅游资源，成为旅游业发展壮大的新型动力之源。二是以旅游集镇打造为重点促进核心旅游资源的立体开发。风景名胜等核心旅游资源开发不能过度，这使得眼光局限于景区的开发模式发展空间受限。云南经验表明，打造旅游集镇是破解这一难题的重要途径。旅游集镇的发展，依托于重要的旅游线路和景区，其规划要注重以人为本原则，完善“吃、住、行、游、购、娱”功能，提供游客所需要的精细化优质服务。旅游集镇的建设，包括建筑风格、整体形象等，都要与景区风格相和谐，体现民族、民俗和传统的特色，表达出地域文化的特有内涵。核心景区线路与旅游集镇有机结合，有利于形成“内核观景，外围休闲”的立体旅游格局。以张家界为例，便可考虑在东线旅游区域内的阳和境内规划集休闲、度假、科考、康体、商务、会展于一体的旅游集镇。三是营造利于旅游相关产业创业、就业的大环境。在旅游集镇中专门规划适合小投资、低门槛的家庭旅馆、餐饮、商业区域，免费培训和指导，采取扶持与监管相结合的办法鼓励当地个体私营从事旅游配套产业。加强本土居民的旅游培训，培养一批本土导游、本土艺术创作者、本土传统产品传承者、本土旅游业经营者。借助他们对本土文化民俗、风光美景的了解，通过培训充分发挥他们从事旅游产业的积极性，发掘民俗风情，因地制宜地对本土旅游深度开发，全方位增加旅游产业产品供给。

三　打造内涵丰富、风格多元独特的文化旅游品牌

1. 案例：青岛啤酒飘香促旅游，云南民族文化添异彩

青岛啤酒具有百年历史，青啤文化也成为青岛旅游的一个金字招牌。1993年动工的国际啤酒城是为适应青岛旅游业发展而兴建，20世纪90年代开始的一年一度的青岛国际啤酒节吸引众多中外客商和游客云集岛城，“青岛啤酒博物馆”成为一个重要景点。2008年青岛旅游局与青岛啤酒签订战略合作协议，携手提升旅游和青啤的知名度和美誉度。根据协议，青岛啤酒将利用广泛的营销网络宣传推广青岛旅游，并在啤酒包装上印上青岛著名景点图案；青岛旅游局则会利用各种国际性旅游展会和友好合作机构，推广青岛啤酒及其旅游资源，将青岛啤酒旅游产品打造成在国际上具有影响力的品牌旅游项目。

多民族省份云南特别善用民族文化促进旅游发展。首先是善用民族文化特色做响旅游品牌，如丽江突出纳西族东巴文化，大理展示白族风情，西双版纳融汇傣族的热带风情，香格里拉呈现藏族的高原风情等，民族文化特色鲜明，极大地丰富了旅游内涵。其次是推动民族文化产品的开发。如丽江纳西族东巴纸，以纳西文字、图案设计的饰品、版画等都成为当地热卖的产品。张艺谋《印象丽江》民族歌舞盛会成为代言丽江的最好载体。大理周城等普通白族村落由政府补贴修缮或新建的传统黑砖白墙檐廊民居，吸引大批游客的游览，推动了当地传统扎染业发展。

2. 对湖南的启示

将文化资源融入旅游发展，是旅游产业升级的关键之一，也是文化传承和发扬的重要方式。文化与旅游结合主要包括三个方面：一是旅游地的文化特色提炼。有条件的旅游地应确立鲜明的文化定位，着重品牌宣传，以区别于其他景区景点。这种文化，既可以是传统文化的渊远传承，也可以是新兴文化的创新发展。例如，可将自然风景与当地民俗结合打造旅游特色，也可将城市风景与新兴产业结合共育旅游热点等。二是旅游文化的深度发掘与开发。可邀请文化专家、艺术工作者和商业经营者参与传统、民族民俗文化的发掘，从保护的角度重拾“失落的文明”，并发掘商业运作点；也可以积极结合现代文化元素来经营旅游产业，注重将城市文化、文化产业、现代艺术等旅游元素融汇提升

强化。鼓励具有商业价值的文化产品和服务借助旅游经济推向市场。

湖南是文化大省，既具有源远流长的湖湘文化、多民族的民俗资源，又拥有电广传媒、动漫等异军突起的新兴文化产业。要进一步发掘湖南省文化资源，从文化角度规划提升省内重要旅游景点，区别定位，统筹打造，给旅游产业赋予深厚文化“灵魂”，以文化提升旅游产业，以旅游产业传承光大湖湘文明。可以考虑：一是少数民族聚居区的旅游打造。湖南省土家族、苗族、瑶族、侗族等少数民族文化富有特色，可考虑逐步将湘西自治州、城步苗族自治县、江华瑶族自治县、新晃侗族自治县、芷江侗族自治县、通道侗族自治县、靖州苗族侗族自治县、麻阳苗族自治县分别定位，特色开发，并坚持旅游“反哺”文化保护的原则。二是湖湘文化的深度发掘。可考虑以马王堆为代表的湖湘出土文物的深度开发，围绕出土文物、历史重现进行考古、鉴赏和仿品推广等一系列的旅游产品开发。以曾国藩等历史名人为代表的湖湘人物旅游产品深度开发，围绕其故居、旧迹、思想研究，以及湖南风土人情与历史名人成长环境开发旅游产品等。对具有湖南特色的传统节日盛会也可以作为旅游产品推向市场，例如已有的汨罗端午龙舟节已经取得较好的市场反响，可以进一步发掘传统节日的旅游经济价值，打造湖南民俗节日品牌。三是与电视湘军等优势产业相关的联动开发。可依托电广传媒已有资源，着力打造中国“好莱坞”新型旅游景点，开发以电视娱乐节目互动为主的旅游新项目。例如，湖南卫视热门节目《超级女声》《快乐男生》《快乐大本营》等节目都可以开发为旅游产品，可以在旅游线路上加入参加节目互动的项目；针对各地粉丝，开发举行快乐旅游节（旅游周）等方式吸引来湘旅游等。加强旅游景点、旅行社与湖南电视媒体合作，鼓励以广告、新闻、电视剧取景、专题节目等方式的湖南旅游景点和线路的宣传，创新媒体与景区合作的利益分成机制。四是艺术元素与旅游的开发创新。加强与艺术学院以及艺术家的合作，邀请时尚人士和艺术专家参与湖南省旅游景点开发和产品创新。在大湘西旅游区规划若干画家村、艺术家村，邀请省内外从事艺术创作人员聚集，打造中西部艺术品交易集散地。

四　顺应休闲旅游发展趋势，全面提升休闲旅游产业

1. 案例：成都休闲产业风景这边独好

成都休闲产业最初的发展是为了满足本地人休闲需求，为典型的内需拉动

型经济。近年来，成都的休闲文化逐渐成为城市品牌，休闲产业规模不断扩大，吸引了很多外地人慕名来成都，拉动了成都旅游经济的发展。不仅如此，“宜居”和“休闲”还逐步成为成都吸引人才聚集、吸引企业投资的重要因素。近年成都总部经济、空港经济、物流中心、金融中心、IT基地、研发中心等高端经济不断聚集，初步走上了一条低污染、低消耗、高效益的跨越式发展之路，这背后休闲产业的带动与宣传作用功不可没。

2. 对湖南的启示

休闲活动的兴盛已经成为旅游产业发展的又一契机。休闲产业本来立足于当地市场，但与旅游经济一结合，其辐射放大效应便应运而生。可以说，休闲资源是一种独特的旅游资源，旅游加入休闲要素可以提高其吸引力和经济效益。

近年来湖南休闲产业发展较快，基本涉及休闲消费各门类，休闲项目繁多。今后，要顺应休闲旅游发展大势，进一步提升休闲旅游产业。关键是要在原有的享乐型休闲产业基础上，扩大规模，提升结构，往体验型、学习型、健身型等方向拓展。尤其是长株潭要通过提升休闲产业，通过“宜居、宜学、宜游、宜玩”的城市特征进一步带动形成“宜商、宜业”的氛围。一是加强文化娱乐、体育健身、培训等与旅游产品的结合。在已有的大众娱乐业基础上加大具有文化鉴赏力的文史博物、音乐话剧等休闲产品引进力度；积极引导市民的体育健身活动，鼓励体育健身产业发展，加大基础体育设施建设；鼓励培训企业与旅游景点（旅行社）开展合作，积极引进国内知名培训机构来湖南旅游区设培训基地，鼓励旅游资源丰富地区以培训作为旅游卖点进行开发；注重老年休闲产业发展，以老年休闲培训、歌舞活动等产业发展。二是鼓励各类俱乐部、社工团体等对休闲旅游的带动。湖南户外运动俱乐部往往是休闲旅游的开拓者和创新者，该类俱乐部的发展有利于带动居民生活方式的变革，形成休闲旅游消费新热点。参加社工团体也越来越成为城市生活的一种方式。以长沙社工团体为例，他们往往在做义工之余也积极举办各类休闲旅游活动，并将义工活动与休闲结合起来，这也可以成为旅游开发的一个方向。三是加大自助游的配套产业发展。休闲短途游以自助方式为主，而与此配套的汽车出租、自助游指南、订票服务、中途休憩场所、预订旅馆服务以及针对自助游的其他创新型行业的开发和发展都需要一定的引导和支持。要以适度超前为原则，开发和打造长株潭自助游产业，并以此辐射周边地区自助游市场，抢占发展先机。四是“乡村游”的集群发展。在长株潭周边风景较好地区的乡村试点集中规划“农家乐”布局，形成特色鲜明的农家乐产业集群。政府对农家乐发展给予引导，鼓励以村为单位的农家乐创业活动。将鼓励农家乐发展与新农村建设有效结合。安排项目引导资金，支持农家乐集中发展区的道路、公交、沼气池、管网等基础设施建设和环境综合治理。

B.42

湖南省产学研合作的现状、问题及对策研究

胡跃平*

党的十八届五中全会明确了我国创新、协调、绿色、开放、共享的五大发展理念，创新发展是五大发展理念之首。创新已经成为关系我国经济长期健康发展的重大课题，产学研合作是提高各地科技创新能力、推动创新发展的重要途径。本文在调研湖南省产学研合作情况的基础上，分析存在的问题，提出促进湖南省产学研合作发展的对策建议。

一 湖南省产学研合作发展现状

2008 年以来，省委省政府出台了一系列政策文件以支持产学研合作发展，这些政策极大地推动了湖南省产学研合作水平的提升，取得了较好的效果。

表 1 湖南省产学研合作政策文件

年份	产学研政策文件
2008	《关于促进产学研合作，增强自主创新能力的意见》《湖南省产、学、研合作专项资金管理办法》
2009	《湖南省高新技术发展条例》
2011	《湖南省高新技术产业发展十大创新工程实施方案》《关于推动产业技术创新战略联盟构建与发展的实施办法》

* 胡跃平，湖南省人民政府发展研究中心财金区域处副主任科员。

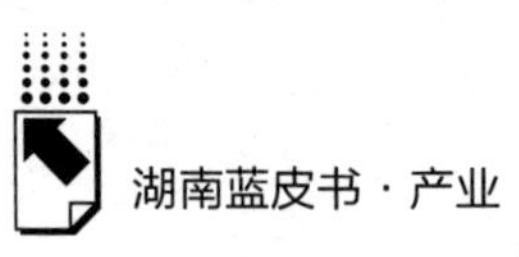

续表

年份	产学研政策文件
2012	《促进科技与金融合作加快创新型湖南建设的实施意见》《创新性湖南省建设纲要》《长株潭国家高新技术产业开发区企业股权和分红激励试点实施办法》《湖南省战略性新兴产业文化创意产业发展专项规划》
2013	《湖南省县、市、区科技服务与创新平台认定和绩效考核实施方案》《湖南省科研院(所)技术创新发展专项管理暂行办法》
2014	《湖南省大学科技园认定和管理办法》

（一）产学研合作技术创新体系初步形成

建设了一批技术创新平台。企业和高校、科研院所在推进产学研合作过程中，共同建设了一批高水平的技术创新平台，如三一集团投资三千万元建立中南大学三一研究院，湖南有色控股集团与中南大学联合建立实验室，湘潭大学与湘潭市政府共同成立“湘潭市产业创新研究院”，与泰富重装集团成立“湘潭大学泰富重装研究院”，泰富重装联合龙净环保、澳大利亚卧龙岗大学成立联合研究中心等。目前湖南省已拥有南车株机等 14 家国家技术创新企业，234 家省级企业技术中心，全省以国家技术创新示范企业为龙头，省级企业技术中心为主体的创新平台格局基本形成。

形成了一批产学研技术创新联盟。产学研联盟既可以解决行业共性关键技术，又可以满足国家需要成为行业集成创新的平台和行业发展的“加速器”。湖南现已有产学研技术创新联盟 74 家，成员单位超过 800 家。如由中南大学和中国铝业公司等 14 家有色行业骨干企业和科研院所组成中国有色金属产学研科技创新联合体等。

建成了一批大学科技园。如中南大学与省政府合作建设中南大学科技园，以“政府引导、学校牵头、校地共建、市场运作”的模式共建，旨在建成湖南最有活力的国家级科技成果转化平台和示范基地。还有湖南大学建立的国家级大学科技园、湘潭大学科技园等。

创办了一批产业实体。湖南院所改制领跑全国，原建设部长沙建机院、湖南化工院、长沙矿冶院、省邮电科研所等率先转制，如今发展壮大成为中联重科、海利化工、隆平高科、金瑞科技、红太阳光电和湘邮科技等一批行业龙头企业。高新技术成果孵化成效显著，累计孵化出博云新材、山河智能、瑞翔新材、湘潭湘大比德化工技术有限公司等一大批高新技术企业。

以项目为纽带开展了一批技术专题合作。2011 年以来，湖南省连续 5 年安排专项资金实施以企业为主体的技术创新“311”工程，每年选择 30 项战略性新兴产业关键共性技术开展联合攻关，每年支持 100 项重点新产品实施推进计划，每年支持 100 项专利转化推进计划。建立了重大技术装备首台套、重点新材料首批次推广应用制度，以企业为主体、产学研合作开发出了一批产业技术创新重大项目。比如中南大学与金川公司合作开发高温合金粉末和母合金，解决发动机“两片一盘”原材料制备难题，与深圳万泽集团签订战略合作协议突破发动机“两片一盘”关键工艺技术，取得我国航空发动机材料自主知识产权并实现产业化。特变电工衡变与全球最先进的变压器研究所乌克兰扎波罗热变压器研究所在特电抗器产品领域保持长期合作，掌握了超、特高压并联电抗器核心技术，形成自主知识产权，拥有技术专利 32 项等。

（二）产学研合作成效显著

一是搭建了科技成果转化交易平台。由科技部、教育部、中国科学院和湖南省政府主办的中国（长沙）科技成果转化交易会连续 7 年在长沙成功举办，累计签约项目 1700 多个，签约资金达到 1400 多亿元，成为继北京科博会、深圳高交会之后的国内第三大科技类会展品牌。

二是企业成为湖南省技术创新主体。研发投入方面：2013 年，湖南省各类企业 R&D 经费支出占全社会 R&D 经费投入总量的 86.2%，企业研发经费支出占主营业务收入比重位列全国第 8，中部第 1。质量品牌建设主体方面：2014 年，全省共 6 家企业获得 2014 年省长质量奖，其中工业企业有晚安家居实业有限公司、凯美特气体股份有限公司、华菱线缆股份有限公司、高斯贝尔数码科技股份有限公司、熙可食品有限公司，占总数的 83.3%。13 家企业商标被认定为中国驰名商标，获得认定的湖南省著名商标和湖南省铭牌中，工业企业达 90% 以上。知识产权创造运用主体方面：2015 年 1 ~ 9 月，全省工业企业专利申请量和授权量占全省总量的比重分别达到 45.3%、54.8%，工业企业成为知识产权创造运用主体。在第 16 届中国专利奖评选中，湖南省获奖的

17 个项目中 100% 来自工业企业。

三是自主创新能力稳步提升。2014 年 12 月 11 日，国务院正式批复建设长株潭国家自主创新示范区，长株潭国家自主创新示范区是继北京中关村、武汉东湖、上海张江、深圳及苏南之后由国务院批复的全国第 6 个国家级自主创新示范区，这是国务院对湖南省自主创新能力的肯定。近年来，长沙高新区先后承担国家“863”“973”计划等国家级项目 55 多项，开发高新技术项目近 1 万项，企业累计授权专利 1 万多件，每万人拥有发明专利位列全国高新区前列。一批企业在关键核心技术领域取得重大突破，累计获得国家级科技进步奖和技术发明奖 40 余项。两系法杂交水稻技术研究与应用获特等奖，博云新材的高性能碳航空制动材料制备技术、中联重科超高压泵送混凝土成套设备及施工技术等 4 个项目获一等奖等。科技成果转化率方面，湖南大体已达到 10%，和全国平均水平相当。

二　湖南省产学研合作存在的问题

（一）产学研合作存在体制障碍

一是现行科研人员考核评价体系不利于产学研合作。受职称评定、岗位管理、考核评价和工资、奖励制度等考核机制导向影响，高校、科研院所科研工作者更注重对纵向财政科研经费课题的申报与研究，对横向产学研合作项目积极性并不高。二是高校科研成果评价体系不科学。科研成果的“价值”片面地以获得国家经费多少、发表论文数量、所获奖励级别和数量来确定，单纯追求学术价值而忽略了市场价值，导致科研成果与生产实际脱机，科研成果难以向生产领域转化。三是产学研合作经费管理模式不符合产学研合作实际。现行产学研经费管理套用纵向财政科研经费的管理模式，使得科研工作者在使用经费上遇到诸多的束缚与不便，科技工作者的积极性受到抑制。科研工作者对产学研合作项目经费使用畏首畏尾，不知道哪些是合法合规的，哪些又是不能做的，由此干脆不愿意参与这类课题。四是产学研合作各方权责利界定缺乏规范。产学研合作没有完备的法律政策体系引导，在合作过程中各方权责利分配不规范，导致合作问题突出。例如产学研合作各方对知识产权权属、成果报奖、项目经费投入及使用管理等难以达成一致意见，经常导致合作受阻，甚至使得项目终止。

（二）产学研合作体系不健全

一是缺乏有效的信息沟通平台。产学研各方信息不对称，“能研发什么”与“需要什么样的研发成果”普遍存在脱节。一方面科研院所难以及时了解市场需求信息，科研活动缺乏企业主体的有效参与，尤其是一些产学研项目缺乏企业主导，造成产学研脱节，科研成果不被市场接受。另一方面企业获取高校、科研院所科研信息困难，有大量的技术问题需要解决，又难以找到合适的科研机构和人员。市场信息需求不对称严重影响了产学研合作的实现，制约了科研成果的转化。二是缺乏为产学研合作服务的创新平台。湖南省大型科学仪器设备共享平台、公共科技资源共享平台、产业共性技术公共服务平台、科技成果转化服务平台建设滞后，制约了产学研合作的发展。三是中试平台建设滞后。中试作为产品正式投产前的试验环节，在技术创新尤其是科技成果转化过程中起着关键作用，是产学研合作的“最后一公里”，然而湖南省中试平台紧缺，远不能满足产学研合作的市场需求，一些产业领域甚至中式平台空缺，由此导致很多产学研项目长期处于实验室阶段最后不得不终止。四是产学研合作中介组织发展缓慢，中介组织公信力较差，服务水平不高。

（三）产学研合作缺乏引导和顶层设计

目前，省内产学研合作多是自发零散的个体行为，项目以高校、科研院所与企业的“点对点”合作为主，大项目、高层次的合作极少，尤其是针对行业长远发展的技术支持体系研发很少。一些高校、科研院所对开展产学研缺乏规划和管理，多数企业对技术创新和产学研合作缺少总体规划，导致产学研合作缺乏计划和发展方向，效率不高。产学研合作急需政府来引导和整合各方面创新要素，加强技术研发顶层设计，促进产学研合作的计划性和项目发展优先领域和发展方向，实现产学研合作的层次提升。

（四）产学研合作经费来源不足

产学研合作创新，既是科研活动的延续，也是企业市场经营活动的一种形式。对科研机构来说，自身并不具备成果转化的资金能力和实力；对企业来说，也存在承担产业化失败的风险，因此企业在产学研资金投入并不积极。另外，中试阶段是产学研合作的关键一环，是科技成果产业化的必经阶段，需要投入大量的资金。由于中试阶段技术还不成熟，市场前景不明朗，风险较大，企业都不愿意对中试进行投资，中试资金来源困难。另外湖南省目前没有中试风险补偿机制，社会风险基金只愿意投向已经成熟的项目，中试资金来源困难使得产学研合作难以顺利开展。

三　湖南省产学研合作的对策建议

推动产学研合作发展关键在于破除制约合作的体制机制障碍，打通科技与工业经济发展之间的通道，进一步加大政府引导力度，完善产学研合作经费投入机制，加强产学研合作创新平台建设和政府顶层设计。

（一）破除产学研合作体制机制障碍

尽快出台湖南省推动高校院所科技人员服务企业研发活动的意见，一是改革企业委托研发项目经费管理方式，对于省内企业委托高校院所研发项目经费实行有别于财政科研经费的分类管理；二是实行高校院所部分职称评定与服务企业挂钩，将任省内企业技术职务经历作为高校院所理、工、农、管学科人员晋升高一级职称的重要条件，科技人员参与职称评定时，其主持研发的技术在省内企业成功实现转化和产业化的，技术转化成交额与纵向课题指标要求同等对待；三是鼓励高校院所科技人员到企业开展研发服务，高校院所科技人员在完成本职工作、履行聘用合同、不损害本单位利益的前提下可自主到省内企业兼职从事研发活动，获得报酬按照规定计缴个人所得税后归个人所有。

（二）加强产、学、研合作信息沟通平台建设

一是建立产学研合作资源信息共享和交易服务平台。解决产学研各方信息不对称问题，促进技术需求方和技术供给方无缝对接。二是围绕重点产业发展，组织企业和高校、科研院所进行产学研合作对接活动，降低产学研合作成本。三是加快培育专业化产学研合作中介组织，中介机构具有信息渠道广泛、

信息资源丰富、专业性强等特点，可以在技术转让中发挥重要作用。政府应加强对中介组织的监管，提高中介组织的服务水平。

（三）加强产学研合作创新平台建设

一是着力打造三类平台，以原创性科学研究为主要目标的研发基地，以行业共性技术、产品开发和技术转移为主要目标的技术创新与成果转化基地，以公共服务和创新资源共享为主要目标的公共服务基地，例如大型科学仪器设备共享平台、公共科技资源共享平台、产业共性技术公共服务平台等。二是加强中试基地建设。设立中试风险补偿基金，引导企业和社会资本建立一批从事技术集成、熟化和工程化的中试基地，打通产学研合作和科研成果转化的“最后一公里”。三是鼓励高校在企业建立研究院、企业在高校建立实验室，共建一批技术创新平台。

（四）发挥好政府的协调引导与顶层设计作用

政府要发挥好产学研合作的协调引导和顶层设计作用。一是创新高校、科研院所与企业合作模式。支持产学研双方共同介入对方发展战略制定，推进产业链和学科链结合，推动以单个项目为基础的“点对点”产学研合作向大规模、高层次的全方位合作模式转变。二是围绕产业链部署创新链。重点对《中国制造 2025》确定的新一代信息技术、高档数控机床和机器人、航空航天装备、先进轨道交通装备等 10 大领域制定发布产业链技术创新路线图，引导产、学、研合作方向。三是明确产学研合作各方的权责利。规范管理产学研合作合同，加强对合作各方合法权利的保护；完善知识产权保护政策、制定针对性强、可操作性强的知识产权保护规则；建立产学研合作矛盾纠纷协调、仲裁机制，保障产学研各方合法权益。

（五）完善产学研合作的多元化投入机制

一是加大政府的引导投入。各级政府应安排专项资金支持创新型企业创新能力建设的引导投入，要按市场机制，遵循突出重点、专款专用、滚动发展的原则，充分发挥其使用效益和导向作用。建立后补助奖励政策，在产学研合作项目成果验收后给予财政资金奖补。二是引导企业加大对产学研合作的技术创新投入。在财政、金融和税收等多个方面激发企业增加产学研合作创新投入的积极性，推动企业技术开发经费逐年递增，真正做到产学研合作实现以企业为主体，尤其应支持中小企业增加研发投入，参与产学研合作。三是加大对产学研合作创新的金融支持。建立政府引导、企业投入、风险投资和社会资金参与的多元化投融资体系，大力拓宽融资渠道，鼓励和引导社会资本参与产学研合作创新。

附　　录

Appendix

B.43

2015年湖南产业发展大事记

1月4日　湖南卫星导航定位公共服务平台（HNCORS）北斗信号加载调试工作全部完成，这是全国首家且唯一能提供北斗信号的省级地基增强系统（CORS）。

1月7日　华菱涟钢研发的薄规格 LG960QT 高强钢（即“薄规格工程机械用高强钢”）填补国内空白。

1月10日　中国旅游资源整合联盟华中机构在长沙成立。

1月15日　省煤炭地质勘查院承担的湖南省首个煤炭整装勘查项目——攸县黄兰煤炭整装勘查，共探获煤炭资源储量 3.43 亿吨。

1月16日　湘江株洲至城陵矶 2000 吨级标准航道全线贯通。

1月21日　第一届中国海泡石新材料产业发展研讨会在“中国海泡石之都”湘潭开幕。湘潭市境内海泡石探明储量为 2140 万吨，占全国探明储量的八成，约占世界探明储量的 25%。

1月26日　省政府与国防科技大学产业技术协同创新联席会议在长沙举行，会议就湖南省产业技术协同创新研究院的发展定位、园区建设、落实专利使用权出资办埋企业工商登记等内容进行了审议。

1月27日 高速铁路建造技术国家工程实验室与梅溪湖投资有限公司签订合作协议。根据协议，高铁实验室将注册地落户长沙梅溪湖国际新城。

1月28日 南车株洲电机有限公司与一家国际知名风电公司，签订了5兆瓦海上半直驱永磁发电机项目原型机购销合同，国产兆瓦级风力发电机将首次进入欧盟市场。

2月2日 湘江长沙综合枢纽第一台机组正式并网发电，这标志着湘江流域梯级开发的最下游一级正式投产运行。

2月6日 《湖南省外商投资准入管理目录（2015年）》在省发改委发布，目录包含外商投资的37项禁止类58项限制类。

2月9日 湘赣边界洪口界到上栗、萍乡的萍洪高速正式通车，与长浏高速无缝对接，湖南省再添一条快速、便捷的出省通道。

2月12日 2015年湖南省中小企业集合债券，由国家发改委核准并成功发行，募集资金3.22亿元用于各发行人补充营运资金，这是湖南省发行的首支中小企业集合债券。

2月13日 南车株洲电力机车有限公司首列储能式现代有轨电车成功下线。

2月26日 省民政厅、省发改委、省财政厅等12家单位联合出台《关于引导扶持社会力量投资举办养老服务机构的若干意见》。

3月7日 湖南“机器人产业集聚区”授牌仪式暨长泰机器人新品发布会在雨花经开区举行。

3月13日 “十三五”国家重点研发计划优先启动的重点研发任务“保压取芯勘探系统研制与应用示范”通过专家组论证。

3月17日 汉能常德300兆瓦铜铟镓硒柔性薄膜太阳能电池生产项目在常德经开区正式开工建设。

3月22日 由湖南建工集团承建的“海南三亚国际养生度假中心2#栋工程”和“湖南三建兴城培训中心工程”两个项目荣膺8项鲁班奖。至此，湖南建工已荣获70项鲁班奖。

3月26日 中国陶瓷艺术大展暨首届湖南（醴陵）陶瓷博览会在醴陵·世界陶瓷艺术城开幕。

3月26日 中国航天科工集团浮空器产业化项目正式落户岳阳。

3 月 27 日 浦发银行长沙生物医药支行在长沙挂牌，这是全国首家挂牌的生物医药专业银行。

4 月 1 日 省政府与中国邮政储蓄银行在长沙签署战略合作框架协议。根据协议，中国邮政储蓄银行在今后 5 年内，将向湖南省提供总额不低于 2000 亿元的信贷投放。

4 月 10 日 为南非量身定制的首台 22E 型电力机车，在南车株洲电力机车有限公司下线。这是该公司近 3 年来为南非研制的第三款电力机车，填补了中国和南非两国在双流制窄轨六轴电力机车上的空白。

4 月 15 日 湖南省人民政府与江西省人民政府在南昌市签署了《共建湘赣开放合作试验区战略合作框架协议》，将探索在湖南长株潭地区和江西赣西地区共建开放合作试验区。

4 月 15 日 中国南车旗下的南车时代电气与英国海工企业 Specialist Machine Developments Limited 签署股权收购合同，南车时代电气斥资 1.3 亿英镑（约合 12 亿元人民币），正式收购 SMD100% 的股权。此举标志中国南车从轨道交通装备制造向海工装备领域“跨界”发展。

4 月 20 日 长株潭地区首家综保区，湘潭综合保税区正式封关运行。湘潭综保区于 2013 年 9 月 7 日获国务院批准设立，规划总面积为 3.12 平方公里。

4 月 28 日 我国首台高速永磁变频电机系统在南车株洲电机有限公司成功下线，标志着“南车电机”已全面掌握高速永磁变频电机系统核心技术。

4 月 29 日 欧洲投资银行贷款湖南油茶发展项目启动，这是湖南实施的首个欧投行贷款项目。

5 月 5 日 省经信委、省知识产权局联合发布 2015 年度全省工业领域专利技术转化目录。

5 月 13 日 湖南城陵矶国际港务集团有限公司揭牌暨 21 世纪海上丝绸之路岳阳 - 东盟接力航线开通仪式在岳阳城陵矶新港码头举行。这是湖南、上海携手融入国家“一带一路”战略、加快推进长江经济带建设的重要举措。

5 月 15 日 长沙雨花经开区与湖南股权交易所签订战略合作协议，正式成立长沙雨花经开区“企业上市挂牌孵化基地”。

5 月 15 日 省质量技术监督局正式发布土家织锦湖南省地方标准，这是湖南省发布的第一个民族民间文化产品的“省标”，也填补了我国土家族民族工艺品标准制定的空白。

5月18日 比亚迪股份有限公司与长沙雨花经开区签署合作备忘录，宣布投资50亿元，将比亚迪电动卡车及专用车项目落户长沙，长沙将成比亚迪电动卡车及专用车全球制造中心。

5月19日 由国防科技大学卫星导航定位技术工程研究中心和海格通信集团合作研发的北斗高性能多频多模基带芯片，在第六届中国卫星导航学术年会上正式发布。

5月21日 亚洲最大、世界前三的矿物化石宝石展——第三届中国（湖南）国际矿物宝石博览会在郴州国际会展中心举行。

5月24日 上海大众汽车有限公司长沙工厂正式建成投产。

5月28日 2015年湖南省文化产业与金融业合作对接会在长沙举行，共签约18个项目，总金额207.83亿元。

5月28日 南车时代新材研制的TMT2.5－53.8型风电叶片获得TUV南德意志集团（TUV）A级认证，为产品打入国际市场获得“通行证”。

6月4日 省政府接连颁发《湖南省现代物流业发展三年行动计划》《湖南省农产品冷链物流三年实施计划》和《关于开展省级物流园区示范工程的通知》。

6月15日 “麓谷15债01期”通过湖南股权交易所备案小组会议，此举标志着湖南省区域性股权市场首单私募债将正式发行。

6月26日 湖南省大学科技产业园、湖南省高等院校知识产权运营服务中心在宁乡揭牌。

6月26日 湖南首批制造强省重点项目启动。首批制造强省重点项目共40个，总投资354.86亿元。

6月30日 中兴通信长沙基地项目启动仪式在长沙高新区信息产业园举行，项目总投资40亿元。

6月30日 湖南省地方标准《建设用粉末喷涂锌钢防护型材》正式发布。

7月5日 株洲钻石切削刀具（欧洲）有限公司荣获2015年度“北威州投资奖”。该奖项此前已评出10届，株洲钻石切削刀具（欧洲）有限公司是中国第三家获此殊荣的企业。

7月7日 中国首列出口欧洲动车组在中国中车株洲电力机车有限公司下线。

7月13日 国防科技大学研制的天河二号超级计算机系统，在国际TOP500组织发布的第45届世界超级计算机500强排行榜上再次位居第一。这是天河二号连续5次位居世界超算500强榜首。

7月17日 浙江吉利控股集团与湘潭市政府签署合作协议，共同推进吉利汽车湘潭生产基地新增新能源SUV产品平台项目建设，项目总投资35亿元，预计2018年实现整车量产。

7月22日 省商务厅分别与渤海商品交易所、北京互易联盟签订合作框架协议。根据协议，将在湖南省建设“中部大宗商品交易中心”，同时组织实施“互联网+连锁商超”百城万店工程。

7月24日 三一集团入选工信部2015年智能制造试点示范项目名单。

7月28日 湖南股权交易所推出全国区域股权市场上首个“移动互联网专板”。

8月10日 永清环保股份有限公司正式完成对Integrated Science & Technology公司51%股权的收购。IST公司是美国的一家环境修复技术服务公司。

8月29日 湖南省地理信息产业园在暮云经开区正式授牌。湖南地理信息产业园规划占地面积约300亩，包括大数据中心、地理信息云服务中心、军地融合协同创新基地等12个功能分区。

8月31日 中国动力谷自主创新园在株洲高新区开园。

9月11日 2015中国（长沙）国际食品展览会在长沙红星国际会展中心开幕。

9月13日 湖南永清环保研究院自主研发的“制革废液中铬（Ⅲ）的资源化处理技术”“废水中铊的高效处理技术”顺利通过了湖南省科学技术成果评价，并达到国内领先水平。

9月17日 湖南“走出去”项目融资服务对接会在长沙举行，24个“走出去”项目成功签约，涉及金额近千亿元。

9月18日 第七届湖南茶业博览会在长沙红星国际会展中心开幕。

9月19日 2015中国（湖南）人力资源服务业博览会在中国湖南人才市

场举行。

9月20日 由国防科技大学自主设计与研制的“天拓三号”微纳卫星在我国太原卫星发射中心搭载“长征六号”运载火箭发射升空，准确进入预定轨道。

9月24日 湘南承接产业转移示范区投资环境说明暨重大项目推介会、第三届湘南承接产业转移投资贸易洽谈会在郴州举行。

10月4日 长沙高新区与微软中国签订战略合作协议，微软云暨移动应用孵化平台正式落户麓谷。

10月14日 长沙智能制造研究总院和中国电子——IBM联合创新研究室同时落地长沙，将对长沙现有制造业进行全面调查，提供智能制造的解决方案和咨询服务。

10月17日 首届“湘九味”中药材论坛开幕暨湖南省中药材产业联盟网站上线启动仪式在湖南农业大学举行。

10月19日 广汽菲亚特克莱斯勒汽车有限公司首款国产SUV——Jeep自由光在长沙正式下线，填补了湖南省在高端SUV汽车制造领域的空白。

10月21日 2015中国湖南（国际）老年产业博览会在湖南国际会展中心开幕。

10月23～24日 第四届“军地高端战略论坛”在国防科技大学举办。“军地高端战略论坛”是由军事科学院与国防科大共同发起，与中国科学院、中国社会科学院、北京大学、清华大学、中国人民大学等国内著名院校和科研机构联合建立的高端学术创新平台。

11月6日 以“培育特色，转型发展”为主题的省第六届农业机械、矿山机械、电子陶瓷产品博览会在娄底举行。

11月9日 总规模50亿元的湖南省新兴产业发展基金设立，将对湖南省先进装备制造、新材料、文化创意、生物、新能源、信息、节能环保等战略性新兴产业进行扶持。

11月9日 第十届中国湘菜美食文化节在北京启动。

11月9日 2015中国（长沙）国际工程机械配套件博览交易会在湖南国际会展中心开幕。

11月10日 湖南省投资规模最大的文化产业项目——美丽中国·长沙文

化产业示范园在宁乡正式动工。项目选址在宁乡县沩东新城，总用地面积3000亩，总投资90亿元。

11月11日 总投资50亿元的福田汽车纯电动卡车与环境装备产业园在长沙经开区正式开工。

11月12日 湖南省首家智能手机整机生产企业——全球智能通信品牌基伍（G'FIVE）在浏阳经开区举行生产基地投产仪式。

11月14日 首台国产铁路大直径盾构机在长沙顺利下线。这一装备由中国铁建重工集团和中铁十六局集团合作研发，它的成功下线，填补了我国铁路大直径盾构机自主品牌的空白。

11月15日 长沙市政府与中国铁路通信有限公司签订战略合作框架协议，其将在麓谷投资50亿元建设列车控制系统与城市轻轨车辆生产基地。

11月18日 2015中国中部（湖南）农业博览会在长沙红星国际会展中心开幕。

11月24日 省政府与中国电子信息产业集团有限公司在长沙签署深化合作框架协议，共同推进智能制造、"互联网+"、网络安全、智慧城市等领域战略合作。

11月28日 "2015首届中国湘菜博览会"在湖南省展览馆开幕。

11月29日 中国石化与壳牌在巴陵石化合资运营的岳阳中石化壳牌煤气化公司，顺利通过壳牌Gas-GAME全面审查，成为国内第一家、全球第七家通过Gas-GAME认证的企业。

12月1日 《湖南省贯彻〈中国制造2025〉建设制造强省5年行动计划（2016~2020年）》发布。

12月8日 中部地区首个省级知识产权交易中心——湖南省知识产权交易中心在长沙高新区科技金融大厦授牌。

12月9日 株洲高新区留学人员创业园、岳阳经济技术开发区创业孵化基地、湘潭火炬创新创业园、麓谷科技孵化器4家园区入选国家工信部公布的首批95家国家小型微型企业创业创新示范基地。

12月14日 湖南省信用信息共享交换平台和"信用湖南"网站正式运行开通。

12月22日 中联重科收购意大利纳都勒（LADURNER）公司签约。这是

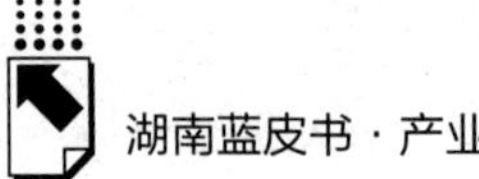

中联重科继工程机械板块之后，再次以并购方式实现在环境产业领域与国际资源全面接轨。

12月25日 计划投资200亿元的全省重点项目——怀化石煤资源综合利用发电厂项目，在会同县开工建设，系国内首创，也是世界首个大型石煤综合利用项目。

12月28日 省加速推进新型工业化工作领导小组办公室、省经信委联合发布了2015年度全省制造业技术创新10大标志性成果。

12月29日 总投资60亿元、年产30万辆整车的北京汽车株洲基地二工厂项目正式启动建设。

12月29日 湖南省中小商贸流通企业公共服务平台正式上线。

12月30日 岳阳城陵矶汽车整车进口口岸正式营运。

皮书起源

“皮书”起源于十七、十八世纪的英国，主要指官方或社会组织正式发表的重要文件或报告，多以“白皮书”命名。在中国，“皮书”这一概念被社会广泛接受，并被成功运作、发展成为一种全新的出版形态，则源于中国社会科学院社会科学文献出版社。

皮书定义

皮书是对中国与世界发展状况和热点问题进行年度监测，以专业的角度、专家的视野和实证研究方法，针对某一领域或区域现状与发展态势展开分析和预测，具备原创性、实证性、专业性、连续性、前沿性、时效性等特点的公开出版物，由一系列权威研究报告组成。

皮书作者

皮书系列的作者以中国社会科学院、著名高校、地方社会科学院的研究人员为主，多为国内一流研究机构的权威专家学者，他们的看法和观点代表了学界对中国与世界的现实和未来最高水平的解读与分析。

皮书荣誉

皮书系列已成为社会科学文献出版社的著名图书品牌和中国社会科学院的知名学术品牌。2011 年，皮书系列正式列入“十二五”国家重点出版规划项目；2012~2015 年，重点皮书列入中国社会科学院承担的国家哲学社会科学创新工程项目；2016 年，46 种院外皮书使用“中国社会科学院创新工程学术出版项目”标识。

法律声明